U0629964

本书受"河南省高校科技创新人才支持计划（人文社科类）"（编号：2021-CX-014）资助。

大学基础研究高质量发展战略国际比较

科研范式转型视角

武学超 ◎ 著

科学出版社

北 京

内 容 简 介

本书从科研范式转型的视角，以新时代大学基础研究高质量发展战略需求为导向，以世界一流基础研究强国和国际组织为研究对象，对主要发达国家和国际组织的大学基础研究高质量发展战略进行了比较研究。本书从模式 3 知识生产和开放科学两个维度阐释了当代科研范式转型基本规律，借助国际权威数据实证分析了欧盟、英国、美国、瑞士的基础研究竞争力，对这些国家和国际组织的大学基础研究高质量发展战略进行了专题研究，验证了世界一流基础研究生成的相关性逻辑命题，提炼出了科研范式转型视角下世界主要国家和国际组织大学基础研究高质量发展战略的普适性成功经验。

本书对比较教育学、高等教育学、公共政策学、公共管理学等学科专业的硕士研究生、博士研究生及相关学者具有重要学术参考价值，对科技战略决策部门、高校管理部门也具有借鉴指导意义。

图书在版编目（CIP）数据

大学基础研究高质量发展战略国际比较：科研范式转型视角 / 武学超著. —北京：科学出版社，2021.12
　ISBN 978-7-03-070967-7

　Ⅰ. ①大… Ⅱ. ①武… Ⅲ. ①高等学校—基础科学—科学研究工作—对比研究—世界 Ⅳ. ①G644

中国版本图书馆 CIP 数据核字（2021）第 260379 号

责任编辑：朱丽娜　冯雅萌 / 责任校对：杨　然
责任印制：徐晓晨 / 封面设计：润一文化

科 学 出 版 社 出版
北京东黄城根北街 16 号
邮政编码：100717
http://www.sciencep.com

北京虎彩文化传播有限公司 印刷
科学出版社发行　各地新华书店经销
*
2021 年 12 月第 一 版　开本：720×1000　B5
2021 年 12 月第一次印刷　印张：18 3/4
字数：365 000
定价：118.00 元
（如有印装质量问题，我社负责调换）

前　言

近代以来，许多科技发展均基于哥白尼、伽利略、牛顿、麦克斯韦、普朗克、爱因斯坦等世界基础研究巨匠的科学成果。没有相对论，全球定位系统（global positioning system，GPS）就无法精确定位；没有生物科学，物种改良将事倍功半；没有基础化学，改变日常生活的整个化学工业就无法建立。基础科学研究是人类社会科技进步的逻辑基础。在走向产业 4.0 创新驱动高级知识经济发展的新时代，作为未来人工智能等高科技发展的原动力，基础科学研究的地位不断提升。党的十八大以来，我国在科技创新领域取得了巨大成就，大学基础科学研究整体水平显著提高，学科发展全面加速，青年科学人才不断崛起，重大成果不断涌现，国际影响力日益攀升，大学基础科学研究支撑引领经济社会发展的作用不断增强，我国基础科学研究已进入了从量的积累到质的飞跃、从点的突破到总体能力提升的重大转折期。追求世界一流，建设基础科学研究强国，已成为新时代国家创新驱动发展战略的重要逻辑价值所向。

2018 年 1 月，《国务院关于全面加强基础科学研究的若干意见》发布，明确了新时代我国政府推动世界一流基础科学研究的指导思想、基本原则和发展目标，具有鲜明的时代性、战略性和前瞻性。为深入贯彻落实《国务院关于全面加强基础科学研究的若干意见》，在新形势下进一步加强基础研究，提升我国基础研究和科技创新能力，2020 年 5 月 11 日，《科技部办公厅 财政部办公厅 教育部办公厅 中科院办公厅 工程院办公厅 自然科学基金委办公室关于印发〈新形势下加强基础研究若干重点举措〉的通知》发布，明确了优化基础研究总体布局、激发创新主体活力、深化项目管理改革、营造有利于基础研究发展的创新环境、完善支持机制等举措，并提出了"制定基础研究 2021—2035 年的总体规划"的战略任务。2021 年 3 月，《中华人民共和国国民经济和社会发展第十四个五年规划和 2035 年远景目标纲要》又明确提出"持之以恒加强基础研究""制定实施基础研究十年行动方案""基础研究经费投入占研发经费投入比重提高到 8%以上"等中长期战略任务。

　　与主要发达国家相比，我国大学基础科学研究仍存在一系列突出问题和挑战，亟待在新时代背景下转型发展：国家基础研究资金投入持续增加，但多元投入机制尚未形成，并且基础科学研究及开发（research and development，R&D）经费占研发总投入的比例偏低，投入结构和资助机制不甚合理，投入主要靠中央财政，地方、企业投入比例较低；基础研究产出数量持续增加，但产出质量有待提高，虽然科研论文发表数量不断增加，被引用率持续提高，但跟踪式的基础科学研究居多，开拓性的原创基础科学研究缺失；基础研究人才队伍规模较大，但国际高水平基础研究人才资源仍较为短缺，引领当代科学潮流的世界顶级科学家不多，卓越学术团队和青年拔尖人才的规模不大，比例较低；学科布局相对完整，但学科划分过细，难以实现学科交叉融合；基础研究评价体系基本确立，但评价实践仍有所偏离；跨地域、跨部门、跨边界科研协同模式初步形成，但多维协同机制仍不健全、不完善，教育-研究-创新"知识三角"（knowledge triangle）生态系统仍未形成；基础研究开放性不断增强，但开放科学在大学基础研究中的生态文化并未形成；我国原始创新能力不强，具有国际影响力的重大原创成果较少，对人类科学知识的贡献还有待增加，特别是科学的发展很少产生能惠及全人类、推动经济与社会发展的发现与发明；国家虽然出台了一系列政策举措，但在实践中尚未把基础科学研究摆在优先发展的地位；此外，投入的区域结构不合理，超过40%的国家重点实验室集中在东部地区，中西部地区虽有国家在政策布局上的支持，但基础研究发展仍相对落后。①基础研究创新环境仍然不够理想，评价导向不太适应创新要求，存在不同程度的急功近利和浮躁现象。整体看来，我国基础科学研究还缺少推动学科发展的重大科学发现，鲜有能引领产业变革的原创性突破，缺乏破解制约发展关键科学问题的支撑能力，这些极大地制约了我国从"0"到"1"原始创新的积累。

同时，在创新驱动高级知识经济时代，人类科学域中的科学研究范式正在发生根本性转型。从人类科学发展史看，自科学建制开始，科学范式发生了几次重大变革和转型。当前，科学研究范式转型主要表现在两个维度：一是从传统的以大学为主要场所、学科为本、科研共同体同质性、为科学而科学为基本特质的模式1知识生产范式，向以社会分布式、跨学科、应用情境、科研共同体异质性、组织形式多样性、为社会而科学为基本特质的模式2知识生产范式转型，并正在走向包容模式1和模式2，且以大学-政府-产业-公民社会"四重螺旋"为其适应性情境，以创新集群和知识网络为基本单元的多主体、多层次、多节点、多形态的模式3知识生产范式。二是从传统闭合式科学范式正在走向以高端信息技术网络为支撑的、科学研究全谱系开放的开放科学范式。科研范式转型为当代世界各国大学基础科学研究发展战略提供了全新的理论逻辑基础，世界基础科学研究强国和国际组织，如欧盟、英国、美国、瑞士等率先依循新型科学范式转型规律制定和实施了大学基础科学研究高质量发展战略，旨在创建世界一流基础科学研究强国和国际组织。这些国家和国际组织在推进大学基础科学研究转型发展进程中积累了丰富的具有普适性的基本规律和成功经验。在中国特色社会主义新时代，机遇和挑战并存，深刻认识人类科学域科研范式高质量发展的基本规律，准确把握主要发达国家和国际组织大学基础研究高质量发展战略的前沿趋势，并

① 刘莉. 对基础研究不能"表面重视"[N]. 科技日报，2016-04-07（02）.

将科研范式转型转化为大学基础研究高质量发展的新动力机制，对于我国面向 2035 年的大学基础研究战略选择具有重要的理论价值和战略意义。

然而，学界已有研究成果缺乏从科研范式转型视角对大学基础研究高质量发展战略进行国际比较研究。为此，本书以新时代我国大学基础研究高质量发展战略需求为导向，采取定性和定量分析相结合，理论、政策、实践研究相结合的方法，以理论-战略-经验为基本架构，基于理论研究战略，基于战略提炼经验，从科研范式转型视角阐述了大学基础研究高质量发展战略的逻辑基础，选取了基础研究竞争力非常强的欧盟、英国、美国、瑞士等为研究对象，分别对其大学基础研究高质量发展战略进行了专题研究。在此基础上，运用国际大数据资源，通过计量统计分析和逻辑推理，提炼出了世界一流基础研究生成的相关性逻辑命题和成功经验，以为我国大学基础研究高质量发展提供参考和借鉴。

本书内容共分六章。第一章主要采用文献分析法阐释了大学基础研究高质量发展战略的逻辑基础——科研范式转型。科研范式正经历着一场重大转型或变革：一方面，由以学科为本、组织同质性的模式 1 知识生产范式向跨学科性、应用情境性、组织异质性的社会分布式模式 2 知识生产范式和多维协同的模式 3 知识生产范式转型；另一方面，由闭合式科学范式向科研谱系全开放的开放科学范式转型。科研范式转型引领着新一轮大学基础研究高质量发展。该部分从科学知识生产和开放科学两个维度阐述了科研范式转型的基本逻辑，重点阐述了模式 3 知识生产和开放科学的核心思想，解析了科研范式转型视角下大学基础研究发展的五大逻辑向度。

第二章至第五章主要采用统计分析法、政策文本分析法，综合运用定性和定量分析方法，从科研范式转型视角对欧盟、英国、美国、瑞士的大学基础研究竞争力和发展战略进行了深入研究。首先依据国际通用的资金投入、人才投入、成果产出三大指标，运用国际权威大数据，对欧盟、英国、美国、瑞士的基础研究竞争力进行了统计分析。然后从科研范式转型视角对 21 世纪以来欧盟大学基础研究走向区域生态整合的五大核心战略向度和四大核心战略报告进行了文本解读，选取奥地利和瑞典两个欧盟基础研究强国的大学基础研究高质量发展战略并对其进行了案例分析，总结了欧盟大学基础研究高质量发展战略的五大基本特征；分析了英国大学基础研究高质量发展的四大核心战略向度，以罗素大学集团为案例，分析了英国大学基础研究高质量发展战略的具体实施，总结了英国大学基础研究发展战略的四大基本特征；分析了美国大学基础研究高质量发展的四大核心战略向度，以加利福尼亚大学伯克利分校为案例，分析了美国大学基础研究高质量发展战略的具体实施，总结了美国大学基础研究高质量发展战略的四大基本特征；分析了瑞士大学基础研究高质量发展的五大核心战略向度，以苏黎世大学为案例，考察了瑞士大学基础研究高质量发展战略的具体实施情况，总结了瑞士大学基础研究高质量发展战略的四大基本特征。

在对欧盟、英国、美国、瑞士的大学基础研究高质量发展战略分别进行专题研究的基础上，第六章提炼了科研范式转型视角下世界一流基础研究生成的相关性逻辑命题及国际经验。这一章基于科研范式转型视角，运用统计分析法、比较分析法、逻辑推理法提炼出了世界一流基础研究生成的七大相关性逻辑命题，并总结了世界主要发达国家和国际组织大学基础研究高质量发展战略的六条成功经验。

由于笔者水平有限，书中难免存在不足之处，敬请各位同人、读者批评指正！

目　　录

第一章　大学基础研究高质量发展战略的逻辑基础——科研范式转型

在人类历史发展进程中，受社会经济转型发展和科学域内在固有发展逻辑的双重驱动，人类社会经历了多次重大科技革命。当前，科研范式正在经历着两个维度的重大转型和深刻变革：一个维度是知识生产范式从模式 1 到模式 2 再到模式 3 转型；另一个维度是从闭合式科学向开放科学转型。当今世界，全球知识经济向纵深发展，创新成为整个社会经济发展的最核心要素，创新驱动发展是当今高级知识经济社会发展的时代主题。在内外双重逻辑驱动下，创新范式不断演化，由传统线性创新范式逐渐演化为以"三重螺旋""四重螺旋""五重螺旋"为典型模式的非线性开放式创新生态系统范式。创新范式不断演化为知识生产范式转型提供了必要的适应性情境。面对日趋复杂的社会经济发展环境和科技创新问题，特别是气候变化、人口老龄化等一系列社会大挑战问题，以传统线性创新范式引领的且以单一学科、单一部门、单一共同体为中心的模式 1 知识生产范式显得无能为力，模式 2 和模式 3 知识生产范式开始兴起，当代知识生产范式正从模式 1 向模式 2 和模式 3 转型。

在知识生产范式重大转型中，随着知识产出速度、数量和质量的不断变化，科学域的开放度日趋增大，科学范式另一维度的转型开始出现，正由传统的闭合式科学走向开放科学。在伽利略时期，科学家不得不运用"换位符号"（anagrams）来规避科学上的宗教审判，随后科学家运用"信件"（letter）在学者同行之间传播其生成的知识。1665 年《哲学汇刊》（*Philosophical Transactions*）创刊后，科学家开始通过科学期刊表达其学术思想。在过去一个世纪，出现了一个令人费解的科学事实：科学期刊爆炸式发展的同时，知识传播速度却日益减慢。在一些学科领域，繁杂的闭合式同行评审过程导致从作者投稿到最终发表需要几年的漫长时间。信息技术支撑的投稿和评审查询平台并没有从根本上缩短评审时间，评审专家仍是论文发表周期过长的重要瓶颈。对此，越来越多的科研机构通过开放获取期刊、共享科研数据或公众参与科研过程等方式推动科学域向社会开放，以最大限度地消除科学生产和传播的时空限制，开放科学作为一种新型科学范式开始在世界范围内盛行。西方著名学者尼尔森（Nielsen M）认为，开放科学是指"各种形式的科学知识在科学发现过程初期实现其开放共享的理念和范式，它主要包括开放数据、开放方法、开放获取、开放同行评审、开放资源等维度"①。因此，在高端信息和网络技术快速发展的高技术时代，科学域正经历一场新的动态深度变革过程，科研协同方式日益占据主导地位，科研论文合作率不断上升，大量在线科学工具和开放获取科学资源日渐膨胀，世界科学域正在进入开放协同的新时代，这是历史的必然趋势，也是基础研究所要遵循的基本规律，并已成为世界各国政府的共识，在大学基础研究发展战略决策中得到充分体现。新一轮科研范式转型正在成为引领世界大学基础研究高质量发展战略的重要理论纲领。

第一节　知识生产范式转型——模式1—模式2—模式3

一、知识生产范式转型的适应性情境

知识生产范式转型有其特定的社会经济环境。知识生产作为创新情境中的重要基础性科研活动，创新范式的持续转型为知识生产转型提供了适应性情境，主要表现在其行为主体的持续拓展，即由学术界或大学（"一重螺旋"）到大学（学术界）-政府（"二重螺旋"），再到大学（学术界）-政府-产业（"三重螺旋"），最后到当代的大学（学术界）-政府-产业-公民社会（"四重螺旋"）转型。从创新范式及其内在权力关系的逻辑演化过程来看，创新范式经历了一个由传统线性创新模式向非线性开放式创新模式的根本转型。1945年，被誉为美国"科技政策之父"的布什（Bush V）在其著名科技政策报告

---

① Nielsen M. An Informal Definition of Open Science[EB/OL]. http://www.openscience.org/blog/?p= 454. [2020-10-16].

《科学：无止境的前沿》中，从科学研究层面对创新范式进行了逻辑表述：大学主要开展由政府公共资助的基础研究，然后通过溢出原理将大学基础研究扩散到社会和经济领域，最后经济发展体和企业将大学组织生成的部分具有潜在转化价值的基础研究转移到应用研究和实验开发阶段，进而创造商业化产品和服务，获得经济收益。①这是一种典型的从基础研究到应用研究再到实验开发和商业化的单向线性创新范式，在这一范式中，大学是创新的发源地，与外界部门存在一种线性输送的逻辑关系。

在创新范式演化中，随着创新过程的复杂性不断增加，20 世纪 80 年代以来，非线性创新范式特别是开放式创新生态系统范式开始兴起，导致传统线性创新模式在理论上陷入"终结"的困境。在非线性开放式创新模式中，政府、大学、科研院所、企业等利益相关组织和部门成为创新主体，这些创新主体以协同方式共同开展基础研究、应用研究或实验开发，相对于线性创新模式，基础研究、应用研究和实验开发的横向协同则要求创新主体充分考虑不同创新的活动过程，即横向过程（parallel process）。②随着非线性开放式创新模式的盛行，虽然在大学组织和机构微观层面上仍存在线性创新模式，但对于中观和宏观层面的运行，大学组织和机构能够在不同阶段参与到由不同线性创新链构成的非线性开放式创新网络。其逻辑结果是，大学、科研院所、企业等部门能够同时开展基础研究、应用研究和实验开发，研发活动走向横向协同，即线性"先—后"（first-then）的序列关系开始转向"首先-首先"（first-first）的横向协同关系。在非线性开放式创新模式中，关键问题是如何实现不同线性创新链或科研链之间的"互涉"和"互育"。对此，华盛顿大学教授卡拉雅尼斯（Carayannis E）提出：线性和非线性创新链的叠合能够共同生成非线性创新系统网络。大学参与应用研究，企业参与基础研究，就能够为大学、企业以及其他组织[如大学相关组织、基于媒体和基于文化的公众（media-based and culture-based public）、公民社会（civil society）]之间的混合网络式协同创新提供可能机会。

卡拉雅尼斯还在大学-产业-政府"三重螺旋"非线性创新模式的基础上，构建了大学-产业-政府-公民社会（基于媒体和基于文化的公众）"四重螺

---

① Bush V. Science：The Endless Frontier[R]. Washington：United States Government Printing Office，1945：23.

② Campbell D F J，Güttel W H. Knowledge production of firms：Research networks and the scientification of business R&D[J]. International Journal of Technology Management，2005，31（1/2）：152-175.

旋"和大学-产业-政府-公民社会-自然环境"五重螺旋"创新生态模式。①创新的"多重螺旋"模式表达了这种在多边网络和混合组织情境中的互动和互涉机理，代表了开放式创新生态系统的形成。在此情境下，大学能够也应该引入企业运行和管理模式，企业能够也应该向学术界开放，这就为创业型大学和"学术公司"（academic firm）创造了适宜生存与发展的空间环境。在卡拉雅尼斯和坎贝尔（Campbell D）教授看来，学术公司与商业公司是共存共生的，但又有其区别于商业公司的本质属性：商业公司强调利益最大化，而学术公司则强调通过特定社会环境的发展促进学术性知识和创造性知识的生产，并与大学情境保持高度一致。学术公司既可以是一个完整、独立的组织，也可以是具有某些学术特质[如支持继续教育、终身学习或在大学等其他组织进行"跨域就业"（cross-employment）]的商业公司的组成部分或分支。但是，创业型大学和学术公司并不等同。②这种由大学、创业型大学、商业公司和学术公司共同构成的多重互动混合创新集群能够促成"创造性知识环境"。"创造性知识环境"是对人们从事新知识生产的创造性工作产生积极影响的环境，既可以形成于单一组织，也可以形成于多组织协同体。③因此，线性创新模式向多元非线性开放式创新生态系统范式的根本性转型，推动了创新主体之间权力关系的深刻变革，为知识生产范式走向多方协同的转型提供了适应性逻辑环境。

二、知识生产范式转型的基本过程

1. 从模式 1 到模式 2 知识生产范式转型

随着社会深刻变革和创新范式的不断演化，作为基础研究的代名词，知识生产范式也发生了根本性转型，并大致经历了由模式 1 到模式 2 再到模式 3 的两次重大转型。第一次转型即由模式 1 到模式 2，这次转型以 1994 年西方著名科学社会学家吉本斯（Gibbons M）等学者出版的《知识生产的新模式：当代社会科学与研究的动力学》一书为代表，该书从科学社会学视角探讨了模

① Carayannis E G, Campbell D F J. Triple helix, quadruple helix and quintuple helix and how do knowledge, innovation and the environment relate to each other? A proposed framework for a trans-disciplinary analysis of sustainable development and social ecology[J]. International Journal of Social Ecology and Sustainable Development, 2010, 1（1）：41-69.

② Carayannis E G, Campbell D F J. Mode 3 and quadruple helix：Toward a 21st Century fractal innovation ecosystem[J]. International Journal of Technology Management, 2009, 46（3/4）：201-234.

③ Hemlin S, Allwood C M, Martin B R. Creative Knowledge Environments：The Influences on Creativity in Research and Innovation[M]. Cheltenham：Edward Elgar Publishing Limited, 2004：57.

式 1 走向模式 2 知识生产的重大转变。他们所称的模式 1 知识生产是指那些不关涉知识应用的现代大学基础研究，这种知识生产模式是根据学科逻辑进行组织和构建的。随着知识社会的深入发展，模式 2 知识生产开始兴起，作为现代大学新兴知识范式，模式 2 知识生产的范畴超越了模式 1 知识生产的范畴，以 "应用情境" "跨学科性" "异质性和组织多样性" "社会责任和反身性" "质量控制" 五条原则为其典型特质，并遵循 "模式 2 产生于模式 1 并与模式 1 协同演进" 的逻辑规律。①具体来讲，模式 2 知识生产强调跨学科性、问题中心、应用为本、团队驱动、多元场所、伙伴为本、社会运用、多样化的、反思性和适应性以及非层级性等新特征。

根据吉本斯的科学社会学思想，社会分布式知识生产范式使大学成为众多参与知识生产事业的机构之一，这给大学的发展带来了新的挑战。首先，大学需要与其他知识生产机构合作共享诸如物质、智能和财政等资源，消除独霸思想；需要持续性地探索与其他知识生产者的合作关系，营造广泛的问题情境，适应问题情境的更变和新的需求；学者要学会适应工作环境中的各种变化，走出自己单一的研究实验室，走向各种机构环境中，学术工作环境要紧随应用环境的改变；机构应该改革传统的晋升机制，在跨学科情境中对学者的绩效进行认证，资助方式应该能够激励学者在应用性环境中创新；本科课程应该适应新的应用问题情境，消除单一学科局限，以社会需求为导向开发课程。②大学的新使命应该是发现新知识、应用和检验新知识、传播和传授知识、与知识利益者对话。在模式 2 知识生产范式下，知识生产不再是一种自容性活动，其方式的转变是以知识经济为特征的中心化过程，而不再是运用大学的科学和产业的技术的旧式分类来加以阐释。模式 2 知识生产对高等教育局限于研究和培养人才的政策提出质疑。社会分布式知识生产要求大学和其他知识生产者融为一体，如果说主导层面的知识生产表征为模式 2 的话，那么大学需要变成更加疏松性的组织，需要更多的旋转门，以容许学人走出和非学人进入。

在认识论上，模式 1 知识生产与大学基础研究的传统认知图景相吻合，而模式 2 则更强调社会弥散性知识生产，强调社会不同知识生产场域的整合性。模式 2 基础研究直接指向社会问题解决，因此强调科研机构创造的知识类型必然要具有社会经济的实用价值。模式 2 知识生产意味着将基础研究、应用研究和实验开发整个知识谱系置于应用情境，其逻辑结果是：科学发现日

---

① Gibbons M，Limoges C，Nowotny H，et al. The New Production of Knowledge：The Dynamics of Science and Research in Contemporary Societies[M]. London：Sage，1994：26.

② Gibbons M，Limoges C，Nowotny H，et al. The New Production of Knowledge：The Dynamics of Science and Research in Contemporary Societies[M]. London：Sage，1994：48.

益累积，知识日益实用化，通过知识应用促进新知识再生。这就赋予人们对知识范式认知的新空间：从线性和非线性知识创新模式叠合意义上讲，知识应用是基础研究进一步发展的必要条件；知识应用结果反馈到基础研究，从而支持理论知识的进一步发展和创造；知识应用也是"持续创新"（continuous innovation）的关键环节。

与模式 2 知识生产相吻合的另一科学范式转型理论是美国普林斯顿大学著名学者斯托克斯（Stokes D）提出的"巴斯德象限"理论，斯托克斯将科学研究全谱系划分为两个维度、四个象限：一是由好奇心驱动的、以认知为基本特性的玻尔象限，这一象限是指传统上所称的"纯基础研究"（pure basic research）；二是以实际应用为目的，不需要相关科学理论支撑的纯应用研究的爱迪生象限；三是在解决实际应用问题中引发的基础研究的巴斯德象限；四是系统探索特殊现象研究的皮特森象限。在斯托克斯看来，这四大科学研究象限相互联系和交织，如应用引发的基础研究是连接纯基础研究和纯应用研究的枢纽。在创新驱动的高级知识经济时代，应用引发的基础研究正逐渐表现为创新引发的基础研究。应用引发的基础研究的巴斯德象限的提出，为基础研究发展战略提供了更广域的空间，也为基础研究价值取向走向多元化、组织形式走向多维聚合提供了全新的学理依据。

2. 模式 3 知识生产范式兴起

全球本土化（glocalization）的时代浪潮和由非线性动态创新范式驱动的协同创新集群的兴起，共同促生了模式 3 知识生产。卡拉雅尼斯和坎贝尔教授在吉本斯的模式 1、模式 2 知识生产观的基础上，以"生态系统"形式提出了其模式 3 知识生产思想。模式 3 作为新型知识和知识生产范式，主要强调不同类型知识和知识范式的共生性和共同演进性。实际上，一个知识体系的竞争力和卓越性主要取决于其通过共同演进、共同专属和竞合的知识储存与流动的动态机理整合不同知识生产模式的适应性能力。[1]模式 3 知识生产这种多元结构设计意味着其与"民主共体"（democracy）之间存在着潜在的叠合属性。也就是说，模式 3 知识和知识民主共体之间互为关联，模式 3 知识生产表达了高级知识和高级民主共体结构与过程的某种叠合。[2]因此，模式 3 知识生产

① Carayannis E G, Campbell D F J. Mode 3 and quadruple helix: Toward a 21st century fractal innovation ecosystem[J]. International Journal of Technology Management, 2009, 46（3/4）: 201-234.

② Carayannis E G, Campbell D F J. Triple helix, quadruple helix and quintuple helix and how do knowledge, innovation and the environment relate to each other? A proposed framework for a trans-disciplinary analysis of sustainable development and social ecology[J]. International Journal of Social Ecology and Sustainable Development, 2010, 1（1）: 41-69.

赋予了大学依据不同知识范式共时运行的逻辑特质，由此出现了模式 3 大学形态，模式 3 大学将这种不同知识范式的多元统一性、共同生发性和共同演进性的运行机理看作"知识时代"（age of knowledge）大学、社会和经济协同发展的必然选择。

在模式 3 大学体系中，模式 1 和模式 2 知识生产可以依据网络化制度安排在创造性组织设计中共同存在和共同专属。模式 1 和模式 2 的"联婚"也可以在大学知识生产情境中创造新的协同机制，因此这种"联婚"对知识社会和创造性知识经济发展也是必要的。可以说，在高级知识社会，整个大学系统都属于模式 3，然而，一个高级的模式 3 大学系统必然承认和积极看待知识范式的多元性、共存性、共演性特质，能够促生不同知识和知识生产范式的高度整合。大学能够根据模式 1、模式 2 或模式 3 来构建和发展，这就意味着高级知识社会的大学包括模式 1 和模式 2，不但能够实现二者共存、共进，而且能够构建"互涉"的富有创造性的模式 3 大学系统，以生成高质量知识生产的"附值体"。

模式 1、模式 2、模式 3 既能够生发于大学组织层面，也能够存在于大学院系及其他下属机构层面。从组织发展视角看，各项发展战略或发展领域构成的综合谱系应该向大学及其所属机构开放。实际上，我们可以构想一个由模式 1 大学、模式 2 大学、模式 3 大学以及模式 1、模式 2、模式 3 二级机构共同存在和共同演进的大学新图景。模式 1（线性创新）大学、模式 2（创业型）大学、模式 3（非线性开放式创新）大学以及大学内部机构的创造性混叠体系能够为创造性知识环境提供充分机会。创造性对大学知识生产具有重要意义，也就是说，大学生产的知识必须是创造性知识，如果创造性缺失，创新过程的知识输入将受到严重制约。在众多情景中，"网络"代表一种由模式 1、模式 2 和模式 3 知识生产整合的组织形式。卡拉雅尼斯等认为，"在整个国家创新系统聚合层面，模式 1、模式 2、模式 3 大学及其所属机构和商业公司、学术公司及其所属机构之间知识共同演进的聚合动力能够推动知识社会、知识经济和知识民主的进一步发展"[①]。在模式 2 和模式 3 知识生产体系中，一方面，知识生产主体超脱了大学"象牙塔"，形成了包括大学、企业、科研院所、政府、社会组织在内的多主体协同的网络化权力关系；另一方面，大学所生产的知识类型也开始由模式 1 所强调的纯基础科学走向多形态知识类型。因此，

---

① Carayannis E G, Campbell D F J. Mode 3 Knowledge Production in Quadruple Helix Innovation Systems: Twenty-First-Century Democracy, Innovation, and Entrepreneurship for Development[M]. New York: Springer, 2012: 208.

在当前大学发展过程中，模式 1、模式 2、模式 3 知识类型及其知识生产已成为支撑现代大学发展的基本知识范式。

三、模式 3 知识生产范式的提出及多元阐释

1. 模式 3 知识生产范式的提出

模式 3 知识生产观的存在性源于吉本斯等西方学者于 1994 年出版的《知识生产的新模式：当代社会科学与研究的动力学》这一经典论著，该论著从科学社会学视角将知识生产方式分为模式 1 和模式 2，是对大学知识生产转型发展国际趋势的学术反应的逻辑结果。在吉本斯等学者看来，模式 1 知识生产属于典型的以学科性、同质性、层级性、永恒性、学术专家导向质量控制为基本特征的传统"默顿式"知识生产；与之相对应，模式 2 知识生产则是以跨学科性、异质性、变态多样性、灵活性和多元参与主体导向质量监控为主要特征的知识生产，强调社会责任和市场化知识的生成。[①]向模式 2 知识生产转型就意味着大学不再是知识生产的唯一场所，因此模式 2 知识生产观具有消解"大学中心"的趋向，开始强调大学与其他社会行为主体（如政府、企业、媒体等）之间的权利共享。因此，大学的目标是要寻找其所关注的解决问题的专业知识领域，同时也追求超越大学教学和科学研究边界的社会固着职能。科学知识的社会固着性源于 20 世纪初兴起的科学社会学思想。科学社会学者认为，科学具有社会性，而非个体的特权。这一观点一方面赋予了所谓的"从事科学"和"科学思维"以新的理解，另一方面又重塑了知识生产的传统思想，由此带来了 20 世纪末以来兴起的"科学战"（science wars），即科学与"伪科学"、"原始科学"（protoscience）、"非科学"边界划定之争，但区别于批判理论和后现代哲学。[②]

全球本土化背景下，世界不同地域、人群、社会经济、技术和文化等各情境和各要素的相互融合，使人们对知识生产方式产生了新的认识。在科学域内外环境不断变化的双重逻辑的驱动下，知识及其生产方式持续变革，模式 3 知识及其生产已初见端倪，并表现出多种存在形态。新兴的模式 3 知识生产

---

① Carayannis E G, Campbell, D F J, Rehman S S. Mode 3 knowledge production: Systems and systems theory, clusters and networks[J]. Journal of Innovation and Entrepreneurship, 2016, 17（5）: 28-42.

② Nowotny H, Scott P, Gibbons M. Re-Thinking Science: Knowledge and the Public in an Age of Uncertainty[M]. Cambridge: Polity Press, 2001: 29.

注重学者个体和学术共同体运用科学技术和其他知识方式实现社会转型发展的潜能意识和态度。2003 年，华盛顿大学卡拉雅尼斯教授在《创造+创新=竞争力？》一文中首次谈及"模式 3"知识创新思想，随后以卡拉雅尼斯和坎贝尔为代表的西方学者共同阐述了"模式 3 知识生产"这一概念和思想。2006年，卡拉雅尼斯和坎贝尔在其出版的《创新网络和知识集群中的知识生产、散播和运用》一书中，正式以"模式 3"概念描述了欧美主要国家"创新网络"和"知识集群"中的新知识生产现象。2007 年，卡拉雅尼斯和兹姆诺威茨（Ziemnowicz C）在《重新发现熊彼特：从"创造性破坏"到"模式 3"》一书中阐释了由熊彼特的"创造性破坏理论"到"模式 3 知识生产观"的变革逻辑。2009 年，卡拉雅尼斯和坎贝尔教授在其《模式 3 和四重螺旋：走向 21 世纪分形创新生态系统》一文中详细论述了模式 3 知识生产的相关概念及其内涵，勾画了"四重螺旋"和"分形创新生态系统"模式。随后，他们又于2011 年发表了《开放创新外交与 21 世纪分形研究、教育和创新生态系统：基于四重螺旋、五重螺旋创新设想的模式 3 知识生产系统》，并于 2012 年发表了《四重螺旋创新系统中的模式 3 知识生产：为 21 世纪发展的民主、创新与创业》等经典论作。至此，模式 3 知识生产观已成为臻于完备的思想体系。

2. 模式 3 知识生产范式的多元阐释

近年来，西方诸多学者开始依循吉本斯关于知识生产模式 1 和模式 2 逻辑演进法则，分别从不同理论视角，针对不同目的和对象，提出了模式 3 知识及模式 3 知识生产观，形成了诸如"模式 3 知识"、"模式 3 知识生成"（mode 3 knowledge generation）、"模式 3 知识生产"（mode 3 knowledge production）、"模式 3 知识生产系统"、"模式 3 大学"等话语体系。然而，模式 3 知识生产观仍是一个悬而未决的热议话题，值得学者深入探讨和审思。目前，关于模式 3 知识生产的论题，国外学界主要从高等教育学、知识哲学、创新生态学以及社会生态学视角对模式 3 知识生产的本质性问题进行了深刻探讨，为广域学界理解模式 3 知识生产提供了多维思考空间。

（1）高等教育学视角下模式 3 知识生产观——知识及其生产的缄默性和不确定性

较早提出模式 3 知识生产相关概念的是西方学者泰勒（Taylor S）和雷（Ray T），他们在 2001 年发表的《集体缄默知识：企业大学及潜在的有限性》一文中指出，模式 1 和模式 2 知识生产观的争论仍处于不完整图景状态，"集体缄默知识"（collective tacit knowledge）应该被称为"模式 3 知识"。[①]同年，雷和李特尔（Little S）又发表了《交流与情境：日本工作场域中集体缄默知识和实践》一文，文章指出，并非所有知识都是物化的和显性的，它们也可以是个体理念性的和内隐性的；高等教育机构所提供的任何教学项目和课程，在一定程度上都受学习者自身缄默知识的影响，这种集体缄默知识被称为模式 3 知识；模式 3 知识通常由集体共享经验生成，具有明显的前意识性特质。[②]雷在 2009 年发表的《重新思考博兰伊的缄默知识思想：从个体知识到设想机构》一文得到了新的支持：知识生产在教育教学过程中正从作为超然的、非个体的认识论走向个体化社会认识论，这一认识论转型过程与模式 3 知识及其生产的思想相呼应。[③]从上述三位学者的观点来看，模式 3 知识主要是指集体缄默知识，强调知识的缄默性，它是相对于传统显性知识而言的，相应地，模式 3 知识生产过程是缄默知识的生成过程。

英国伦敦大学终身教育与教育国际发展学院院长巴内塔（Barnett R）在其2004 年发表的《为未知未来而学习》一文中首次论及模式 3 知识生产。该文基于高等教育视角，运用模式 3 知识生产表达了在当前"超复杂性时代"（age of super-complexity）和"不确定时代"（age of uncertainty）人类知识生产模式的新表征。巴内塔勾画了未来大学场景："知识概念所依赖的机构自治基础不再适用于大学，在一个超复杂性世界中，大学不可能有确定性的认识论基础；然而，在形成新认识论过程中，大学仍存在于历史连续体，并获得重生。"[④]这一观点在目前西方学界得到了广泛认同。对我们生活在知识文化和知识社会的理解，意味着高等教育发展的基本方式必须发生变革，以适应高等教育新环境。巴内塔对此所持的观点是：超复杂性时代是以世界新事件冗余性为特质的，如新形象、新技术、新文本、新话语、新职业等，所有这些新事件要素统一服务于新知识生产。[⑤]这是超复杂性时代和不确定性时代的客观需求，也是当代大学自我生存的新空域。这一观点的逻辑结果是模

① Taylor S，Ray T. Collective Tacit Knowledge：Corporate Universities and the Limits Tovirtuality [EB/OL]. http://www2.warwick.ac.uk/fac/soc/wbs/conf/olkc3/archive/oklc3/papers/id329.pdf. [2020-06-06].

② Ray T，Little S. Communication and context：Collective tacit knowledge in workplace[J]. Journal of Innovation and Creativity Management，2001，10（3）：154-164.

③ Ray T. Rethinking Polanyi's concept of tacit knowledge：From personal knowing to imagined institutions[J]. Minerva，2009，47（1）：75-92.

④ Barnett R. Learning for an unknown future[J]. Higher Education Research & Development，2004，23（3）：247-260.

⑤ Barnett R. The Future University：Ideas and Possibilities[M]. London：Routledge，2012：48.

式 3 知识生产开始兴起。在巴内塔看来，模式 3 知识即"不确定世界的不确定知识"①。

高等教育新环境使人们认识到，人类正面临一种本体存在论的转型，这就需要为了人类存在的新教育出现。巴内塔指出，不管知识生产有多强的创新性和创造性，人们难以在认识论上对其进行理解。但是，巴内塔仍然希望新的模式 3 知识生产出现。他认为，科学研究必须活跃于人类世界，科学研究并不单单为科学或知识而存在，即超越大学发展的"洪堡模式"；人类正处于未知世界，任何问题的解决都难以完全令人满意。因此，人们不可能期望高等教育以传统方式适应社会发展并服务于未来社会。对此，巴内塔强调，学生必须被看作超越"认知者"（knower）的主体，课程应该以人类高质量发展为终极目标，人们必须以卓越胆识来思考高等教育组织管理模式变革，并将高等教育目标对象定位于生产工作者、人类世界和全球公民。②

巴内塔的模式 3 知识及其生产观自提出后就得到了西方诸多学者的支持和追捧。伦敦大学教育学院托马斯（Thomas E）教授指出，模式 3 知识是一种与复杂世界相关的知识形态。在这种人类生存条件难以预测的情境下，大学教育的高水平课程整合将囊括模式 1、模式 2 和模式 3 三种知识形态，即高等教育教学不再仅仅局限于模式 1 知识活动，还包容模式 2 和模式 3 知识活动，应更加强调不确定知识建构过程而非传授过程，强调探究学习而非盲目接受，强调知识过程而非知识结果。③加拿大高等教育界著名学者维拉琦（Wheelahan L）运用"社会现实主义者"（social realist）表达了其对高等教育哲学转型的思考，充分肯定了巴内塔教授关于模式 3 知识生产的思想。她认为，教育是生成知识的过程，巴内塔倡导高等教育课程和教学需要从注重知识技能到注重人类生存发展教育的本体论转型，是在未来不确定世界人类知识生产的逻辑必然，但不必然具有职业情景性特质。④模式 3 知识作为高等教育课程和教学的基础要素，教学本身必然具有不确定性，知识必然具有松散性、开放性和不稳定性，课程必然要根据知识领域的不确定性进行设计；知识已经成

① 武学超. 西方学者对模式 3 知识生产的多视角理论阐释[J]. 科技进步与对策，2016，33（11）：147-151.

② Barnett R，Gibbs P. Thinking about Higher Education[M]. New York：Springer，2013：22.

③ Thomas E. Knowledge Cultures and Higher Education：Achieving Balance in the Context of Globalization[R]. Paris：UNESCO Publishing，2004.

④ Wheelahan L.Why Knowledge Matters in Curriculum：A Social Realist Argument[M]. London：Routledge，2010：50.

为主动构建过程，而非个体之外之物。①

巴内塔学派认为，在超复杂世界中，除了大学作为唯一知识生产者丧失其特权地位外，超复杂世界所需求的知识也给学科为本和交叉学科知识（模式1和模式2）带来了新的挑战，要求大学必须在本体论上予以转型，以满足不确定世界的知识生产（模式3）。尽管学科性、学科内和交叉学科知识生产（模式1和模式2）仍在高等教育中占重要地位，但模式3知识生产有力支持了高等教育界的本体论转型，学生的存在与其所知同样重要。在这一转型过程中，高等教育将继续把学生置于各种学科、学科内和跨学科学术空间，也必将强调对未知领域的开放性。②

（2）知识哲学视角下的模式3知识生产观——昆尼曼学派关于知识及其生产的道德伦理性

西方学者昆尼曼（Kunneman H）从社会整体需求出发来探讨模式3知识生产，引介了后现代社会人类回归道德伦理的思想。他指出，之所以区别模式1和模式2知识生产，不但因为伦理道德对于模式2知识生产中实际问题的解决质量至关重要，还因为这种知识形态依赖于可持续繁荣的特殊条件，而这一条件与模式3知识生产特质和后现代文化情境中的存在性学习相吻合。③

昆尼曼认为，模式3知识生产是针对吉本斯所提出的模式1和模式2知识生产观而言的。对此，他指出，后现代和后工业社会知识生产第三模式主要强调知识密集型组织实践问题解决所需的伦理道德和存在主义知识观，目的是要建立一个后工业化社会知识生产的有影响力的新型动态模式。相对于其他学者来说，昆尼曼更强调模式3知识生产的伦理道德和存在维度，他引用"干扰空间"或"麻烦地方"（places of bother）术语来说明规范性和存在性话语使学习过程更难控制。因此，他主张人们应该更多关注教育中的道德素养和存在性学习过程。这一论断的逻辑依据是，在他看来，吉本斯等学者所引证的大量实证材料过分强调了自然科学和技术创新过程，而忽视了人文和社会科学领域；吉本斯的逻辑思想代表了英美社会关于"科学"仅指"自然科学"的思维范式，在这一"科学"思维范式中，人文和社会科学属于"非科学"，因此被

---

① Wheelahan L. Technology enhanced courses and a mode 3 organization of instructional work[J]. Tertiary Education and Management, 2007, 13（1）：1-17.

② Barnett R, Gibbs P. Thinking about Higher Education[M]. New York：Springer, 2013：59.

③ 武学超. 西方学者对模式3知识生产的多视角理论阐释[J]. 科技进步与对策, 2016, 33（11）：147-151.

看作"软科学"。①昆尼曼还指出，认知模式（cognitive models）为人类世界提供了广阔图景及其典型特征（模式 1）；致用模式（pragmatic models）发展了专门技术和专业问题的解决途径（模式 2）；叙述模式（narrative models）基于释义的复杂性和空间的跨越性解决与科学技术发展相关的存在性和道德问题（模式 3）。这种知识形态为道德政治意境与技术创新提供了直接联系的桥梁。②

昆尼曼认为，模式 3 知识及其生产观主要是针对模式 2 知识及其生产的利益驱动观而提出的。然而，关于模式 3 知识生产的学术对话日益复杂和混沌，诸多哲学标签付之于模式 3 知识生产，如实用主义、解释学、认识论、本体论、现实主义、资本社会主义等。艾萨克（Isaac R）和普莱顿卡姆（Platenkamp V）认为，模式 3 知识生产是指具有规范性和存在主义形态的知识生产，这种知识生产并不必然"发现真理"或"解决问题"，而是将学习过程看作广域生活世界的重要组成部分，儿童、青年、成年均可以在广域生活世界中以正式和非正式、官方和非官方的形式接受代际教育。③同时，模式 3 知识生产明显超越了当代高等教育边界，生活成为个体和全球共同体的教育过程。④他们还认为，在知识生产变革过程中，亟须界清模式 1 的"真理发现"、模式 2 的"复杂问题解决"的归旨与模式 3 具有明显相对性和争论性的"软实力"之间的区别，由此生成了包括伦理道德和价值观在内的规范性和存在性话语体系，如知识全球化或国际化、社会文化共容性和本土性以及在新教育情景中对真善美的理解方式等。⑤可以肯定的是，模式 3 并不是以"进化方式"（如古代是原始的、近代是文明的）产生的。这样，从上述关于模式 3 知识生产的高等教育和知识哲学领域的理论学家来看，其思想背后存在一些问题需要澄清，例如，高等教育仍然是一个自治组织体吗？创建国家或区域创新企业是否已成为知识生产的主要目的？高等教育商业化是如何影响知识生产话语体系的？在线课程如慕课（又称大规模在线开放课程，massive open online courses，MOOC）以及其他免费在线教育方式如何解释模式 3 知识生

① Kunneman H. Cosmopolitanism and the humanist myopia[A]//Rovisco M, Nowiska M（Eds.）. Cosmopolitanism（pp.21-34）. Farnham：Ashgate Publishing, 2011.

② Kunneman H. Cosmopolitanism and the humanist myopia[A]//Rovisco M, Nowiska M（Eds.）. Cosmopolitanism（pp.21-34）. Farnham：Ashgate Publishing, 2011.

③ 转引自武学超. 西方学者对模式 3 知识生产的多视角理论阐释[J]. 科技进步与对策，2016，33（11）：147-151.

④ Isaac R, Platenkamp V. Voices in Tourism Development：Creating Spaces for Tacit Knowledge and Innovation[R]. NHTV Breda：University of Applied Sciences, 2008：43.

⑤ Isaac R, Platenkamp V. Voices in Tourism Development：Creating Spaces for Tacit Knowledge and Innovation[R]. NHTV Breda：University of Applied Sciences, 2008：66.

产？等等。

（3）创新生态学视角下的模式 3 知识生产观——卡拉雅尼斯学派关于知识生产的创新生态系统性

卡拉雅尼斯教授首次从创新生态学视角阐释了"模式 3 知识生产系统"概念体系。2011 年，卡拉雅尼斯指出，"作为一个新论题，我希望引入'模式 3 知识生产系统'"。2003 年，卡拉雅尼斯第一次从创新生态系统视角阐述了"模式 3"知识生产的核心观点，随后，卡拉雅尼斯与坎贝尔教授共同提出了"模式 3 知识生产"理论思想。卡拉雅尼斯教授在 2004 年发表的《跨大西洋创新基础设施网络：公-私、欧盟-美国研发伙伴》、2006 年发表的《全球与本土知识：全球本土化跨大西洋公私部门研发伙伴》等论作中阐述了"全球本土化""公-私部门创新网络""国际协同研发网络"等推动"模式 3 知识生产系统"生成的逻辑背景。①

在卡拉雅尼斯看来，模式 3 知识生产系统结构强调并注重高级学习过程和动态灵活机制，既关注自上而下的政府、大学、产业政策与实践过程，也关注自下而上的公民社会和草根行动计划，通过行为主体互动实现高效协同。②另外，卡拉雅尼斯将模式 3 知识生产话语置于更广域的大学-产业-政府"三重螺旋"以及大学-产业-政府-公民社会"四重螺旋"甚至大学-产业-政府-公民社会-自然环境"五重螺旋"创新生态情境中，赋予了模式 3 知识生产以新的话语体系。对于卡拉雅尼斯来说，模式 3 知识生产超然于"三重螺旋"，而与"四重螺旋""五重螺旋"密切相关。他将模式 3 知识生产进程看作知识生产模式的变革。卡拉雅尼斯声称，模式知识生产和散播适用于更加多样化和多元化高级知识经济社会，模式 3 强调知识和创新模式的多元性和多样性，以适应不断发展的社会经济体。这里的多元性支持了不同知识模式的互动学习过程。卡拉雅尼斯和坎贝尔在 2007 年阐释了模式 3 知识生产的逻辑背景：模式 3 是基于知识驱动、全球本土化经济社会中新的社会经济、政治、技术和文化环境这一系统理论视角产生的。卡拉雅尼斯将模式 3 置于知识创新范式、知识系统专业化以及媒体、文化、分形知识相整合的生态系统情境中，表达了模式 3 知识生产对于社会可持续发展、社会大挑战问题、创新创业等人类

---

① Carayannis E G, Campbell D F J. Mode 3：Meaning and implications from a knowledge systems perspective[A]//Carayannis E G, Campbell D F J（Eds.）. Knowledge Creation, Diffusion, and Use in Innovation Networks and Knowledge Clusters：A Comparative Systems Approach across the United States, Europe and Asia（pp.1-25）. Connecticut：Praeger, 2006.

② 武学超. 西方学者对模式 3 知识生产的多视角理论阐释[J]. 科技进步与对策, 2016, 33（11）：147-151.

存在和发展的生态哲学问题的意义。①因此，在卡拉雅尼斯等学者看来，多主体（multi-agent，又称"多边"）、多形态（multi-modal）、多节点（multi-nodal）、多层次（multi-level）四维结构模式与竞合（co-opetition）、共同专属化（co-specialization）和共同演进（co-evolution）三重逻辑运行机理是模式 3 知识生产的典型特质。

（4）社会生态学视角下模式 3 知识生产观——吉门尼兹学派关于知识生产的社会生态性

吉门尼兹（Jiménezian）学派对模式 3 知识生产所持的观点与卡拉雅尼斯有异曲同工之意。墨西哥著名社会学家吉门尼兹（Jiménez J）于 2006 年国际社会学世界大会上在与丹尼斯（Denis A）教授的谈话中指出，模式 2 知识生产对于像墨西哥这样的发展中国家来说是不充分的。丹尼斯建议吉门尼兹教授提出模式 3 知识生产思想体系，将发展中国家引入大会议题。于是，针对吉本斯的模式 2 知识生产，吉门尼兹提出了模式 3 知识生产概念。吉门尼兹认为，我们生活在一种不同于模式 2 知识生产的情境中，即模式 3 科学世界。吉门尼兹的最终目的是要提出一种适应 21 世纪发展的科学范式，即一种更具社会责任感和共有性的科学观。因此，他指出，需要创造一种新型科研方式直接与社会需求相联系，即具有"布达佩斯的精神"特质的模式 3 知识生产。②

吉门尼兹构建新型科学研究模式的愿景早在 1998 年世界社会学大会以及 2001 年世界社会论坛中就已有之，其目的是为解决新自由主义主导的世界市场以及高等教育商业化导致的严重的社会阶层隔离问题提供新方案。吉门尼兹的模式 3 知识生产观是以另类发展而非增长为逻辑基础的。他认为，发展是一个相对概念，完全依赖于个体、群体或共同体的需求和愿景。在草根科学发展主题上，吉门尼兹认为，区域科学共同体是有效满足农村社区个体需求和愿景的途径，区域科学共同体通过实施创新型科研模式，可以更好地适应地区社会经济发展。③实际上，吉门尼兹所提出的模式 3 知识生产强调既要关注草根群体，又要关注非城市区域群体。

吉门尼兹是墨西哥创新与教育发展中心践行模式区域科学共同体的重要成员，该中心致力于科学研究和教育模式创新。吉门尼兹的核心观点是，模式

---

① 武学超. 五重螺旋创新生态系统要素构成及运行机理[J]. 自然辩证法研究，2015（6）：50-53.

② Jiménez J. Research socially responsible：May we speak of a mode 3 knowledge production[J]. Journal of Communication Information & Innovation in Health，2008，2（1）：48-56.

③ Jiménez J. New collaborative forms of doing research[A]//Dennis A，Kalekin-Fishman D（Eds.）. The ISA Handbook in Contemporary Sociology：Conflict，Competition，Cooperation（pp.91-105）. London：Sage，2009.

2 知识生产实际上真正实现了其宣扬的"社会责任"，模式 3 知识生产才是能真正实现其"社会责任"的生产方式。模式 3 知识生产的社会责任职能在发展中国家和新兴国家表现得尤为突出，在这些国家，科学精英并不总是回馈整个社会，而是在新的教育环境中忽视了更加贫穷、边缘化的社会群族。①吉门尼兹采取的是一种消除等级制的"自下而上"的模式 3 知识生产方式，而模式 2 对他来说则是"自上而下"的知识生产方式。然而，吉门尼兹在构建模式 3 知识生产的过程中，却忽视了教育领域的个体和社会平衡社会学理论，因此其模式 3 知识生产观具有一定的局限性。吉门尼兹的模式 3 知识生产观源于主流社会之外世界的实践诉求，缺乏教育理论逻辑依据，但并非说明吉门尼兹所提出的模式 3 不关注高等教育理论，而是从更广域的社会生态系统理论构建模式 3 知识生产，高等教育高质量发展仍然是广域社会生态系统运行的重要组成部分。②

　　总体来看，关于模式 3 知识生产，西方学界仍未形成统一思想。从高等教育视角看，学者认为，模式 3 知识生产是高等教育知识领域兴起的一种新范式、新模式、新理论或新方式。但这是否意味着教育者真正回归到高等教育的存在性旨意，也就是说，高等教育教学并非仅仅是认识论和技术论的事务，也包括人的存在和生存？这是否意味着高等教育战略性改革能够对高等教育组织结构、师生关系进行重塑？对此，为解决信息技术时代大挑战问题，教育者应该将学习者看作个体和参与者，而非简单的顾客和客户。高级信息技术日益成为高等教育变革的重要推动力。模式 3 知识生产如何融入这个新时代，已成为高等教育界面临的重大理论和战略问题。尽管我们处于超复杂性、不确定性和不均衡的风险性社会，但仍能够通过模式 3 知识生产方式解决高等教育界面临的新挑战，实现其超越世俗和机械的教育目的。在信息技术时代，知识源于并服务于社会各领域，大学承载着知识发现、创新、散播的功能，并实现对学习者和教师的非课堂影响，需要不断更新高等教育领域的知识生产和应用，这就需要引入模式 3 知识生产体系。一些学者认为，模式 3 知识生产是关于不确定的后现代高等教育转型和知识生产模式创新的逻辑结果。这就需要推动高等教育本体论发生根本转型。在西方学者对模式 3 知识生产理论的探讨中，比较典型是卡拉雅尼斯学派所持的创新生态观，这一学派明确指出，模式

---

① Jiménez J. New collaborative forms of doing research[A]//Dennis A, Kalekin-Fishman D（Eds.）. The ISA Handbook in Contemporary Sociology：Conflict, Competition, Cooperation（pp.91-105）. London：Sage，2009.

② 武学超. 西方学者对模式 3 知识生产的多视角理论阐释[J]. 科技进步与对策，2016，33（11）：147-151.

3 知识生产是在当前全球本土化浪潮和高级知识社会背景下产生的，是模式 1 和模式 2 知识生产演进的逻辑结果，为当前分形开放式创新生态系统的构建、加快实施创新驱动发展战略和学术企业导向的大学变革提供了新的理论视角。① 这一学派是当前西方学界对模式 3 知识生产阐释最为成熟和深刻的理论学派。

四、模式 3 知识生产范式的主流理论思想

在全球本土化和高级知识经济社会背景下，依据知识生产方式的逻辑演进规律，西方学者开始从不同理论视角提出了模式 3 知识生产的多维观点，其中以卡拉雅尼斯和坎贝尔教授从创新生态系统视角提出的模式 3 知识生产思想体系最为盛行，其理论体系最为成熟和完善。在卡拉雅尼斯等学者看来，在资源紧缺和国际竞争日趋剧烈的社会现实以及世界经济发展模式正由传统"要素驱动"（factor-driven）和"效率驱动"（efficiency-driven）向"创新驱动"（innovation-driven）转型中，以多层次、多节点、多形态、多主体为组织结构特征和以共同演进、共同专属化、竞合为逻辑运行机理的多维协同创新，日益成为世界主流科学知识创新范式。与此同时，全球本土化的时代浪潮和由非线性动态知识创新范式驱动的协同创新集群的兴起，共同促生了模式 3 知识生产方式，为大学组织模式创新提供了具有鲜明时代特色的理论视角。简言之，模式 3 知识生产以知识集群、创新网络、分形创新生态系统为其核心组织模式，并以"四重螺旋创新生态系统"为其存在的适应性情境，强调组织结构的多层次、多节点、多形态、多主体的多维聚合性以及运行机理的共同演进、共同专属化、竞合的非线性协同性。在模式 3 知识生产方式下，学术企业将成为大学未来发展的逻辑向度。

1. 模式 3 知识生产观的核心概念与内涵

"集群"（cluster）、"网络"（network）和"生态系统"（ecosystem）是模式 3 知识生产系统的核心要件和概念。这里的"集群"主要包括"地域/空间集群"（geographic/spatial clusters）、"部门集群"（sectoral clusters）和"知识集群"（knowledge clusters）。"地域/空间集群"主要指某一地域或空间上相近或相邻的组织联合体，旨在加强更广地域范围内各要素之间隐性知识的传播和交流。"地域/空间集群"的"地方性"主要指国家内实体间的联合，

---

① 武学超. 西方学者对模式 3 知识生产的多视角理论阐释[J]. 科技进步与对策，2016，33（11）：147-151.

"区域性"主要指国家内或超国家实体间的联合（如欧洲研究区）。"部门集群"意指知识生产、散播和应用过程中不同大学、企业、科研院所以及其他利益相关组织之间构成的跨部门联合体，旨在培育和支撑某种"知识文化"（knowledge cultures）的发展，在创新性科研活动中，主要是促生某种"创新文化"。"知识集群"是模式3知识生产观的核心概念，也是模式3知识生产系统的关键元素。这里的"知识集群"主要指一种专门的知识创新组织联合体。相对于"地域/空间集群"和"部门集群"，"知识集群"具有明显的超时空性，能够跨越不同地域和部门界限，穿越多层知识谱系。因此，"知识集群"是由"共同专属性"（co-specialized）（能够同时满足具有相互依赖性的利益各方需求的属性）、相互补充性和相互增进性的知识资产（knowledge asset）以知识储存和知识流动形式生成的知识联盟，具有明显的自组织性、动态适应性和系统开放性。①

"网络"主要是强调系统的不同要素之间相互作用、相互连接、相互补充和相互强化的特性。相对于"集群"来讲，"网络"既指具有内在联系的"集群"式联合体，也指具有外在联系的不同"集群"联合体。"网络"对于理解高级知识社会的发展动力具有重要价值，它一方面将知识生产和应用的不同模式相整合，另一方面也将社会不同层次的异质系统和部门相联系，构成新的协同创新联盟。因此，"创新网络"和"知识集群"构成了创新"母体"（matrix），表达了知识和创新相互作用的复杂体。作为模式3知识生产观的核心概念，"创新网络"可以被理解为在公共或私营部门环境中，用来培育创意、激励发明、催化创新的现实或虚拟化基础设施联盟和基础技术联盟。②例如，"政府-大学-产业三重螺旋关系""公-私部门研发竞合伙伴"就属于典型的"创新网络"。

模式3知识生产观的另一个核心概念是"分形研究、教育与创新生态系统"（fractal research, education and innovation ecosystem, FREIE）。FREIE是一个多层次、多形态、多节点和多主体的系统网络，其组合系统包括"创新元网络"（innovation meta-networks）（即创新网络与知识集群的网络）和"知识元集群"（knowledge meta-clusters）（即创新网络与知识集群的集群），并形成基于自我指涉的（self-referential）和混沌分形的（chaotic fractual）知识创新

---

① Carayannis E G, Campbell D F J. Knowledge Creation, Diffusion, and Use in Innovation Networks and Knowledge Clusters: A Comparative Systems Approach across the United States, Europe and Asia[M]. Connecticut: Praeger, 2006: 16.

② Carayannis E G, Campbell D F J, Rehman S S. Mode 3 knowledge production: Systems and systems theory, clusters and networks[J]. Journal of Innovation and Entrepreneurship, 2016, 17 (5): 28-42.

体系；反过来，"创新元网络"和"知识元集群"又构成了人力资本、社会资本、知识资本、金融资本以及文化和技术形态的联合体，并以共同演进、共同专属化和竞合的逻辑机理不断发展。这些创新网络和知识集群又在多样化的组织（如大学、企业、政府以及非政府组织等）和技术领域（如信息技术、生物技术、高级材料、纳米技术和新能源技术等领域）中不断建构、解构、再建构。①因此，FREIE 是在共同演进、共同专属化和竞合的逻辑机理下各创新要素相互作用的资源联合体，旨在实现知识创新资源创造、分配和运用的高效性和协同放大效应，其逻辑结果是，通过创新网络和知识集群方式促成知识创新生态系统的形成。

模式 3 知识生产是模式 1 和模式 2 知识生产顺应时代发展特色的逻辑演进结果。模式 1 知识生产主要是指在学科结构体系中组织开展的"牛顿模式"的大学基础研究。模式 2 知识生产观强调知识应用和以知识为基础的问题解决，基本特征是跨学科性、应用情境、知识生产参与者的多样性和异质性、知识生产组织形式的敏捷性和灵活性。②在此基础上，卡拉雅尼斯和坎贝尔教授以"系统"逻辑展现了其模式 3 知识生产的观点，开拓性地提出了"模式 3 知识生产系统"，即对模式 1 和模式 2 知识生产系统的拓展，该生产系统是 FREIE 的核心，包括"创新网络"和"知识集群"。③在卡拉雅尼斯和坎贝尔教授看来，"模式 3 知识生产系统"是一个多层次、多形态、多节点、多主体互动的知识创新系统，融合相互补充、相互促进的"创新网络"和"知识集群"，包括人力资本、知识资本、社会资本和金融资本等要素；它强调大学、产业、政府和公民社会实体之间以多主体、多形态、多节点和多层次方式的协同创新，并以竞合、共同专属化和共同演进的逻辑机理驱动知识生产资源的生成、分配和应用过程，最终形成不同形态的创新网络和知识集群，实现知识创新资源的动态优化整合。④显然，多主体、多形态、多节点、多层次四维

① Carayannis E G, Campbell D F J. Open innovation diplomacy and a 21st century fractal research, education and innovation ecosystem: Building on the quadruple and quintuple helix innovation concepts and the mode 3 knowledge production system[J]. Journal of the Knowledge Economy, 2011, 2 (3): 327-372.

② Gibbons M, Limoges C, Nowotny H, et al. The New Production of Knowledge: The Dynamics of Science and Research in Contemporary Societies[M]. London: Sage, 1994: 56.

③ Carayannis E G, Campbell D F J. Knowledge Creation, Diffusion, and Use in Innovation Networks and Knowledge Clusters: A Comparative Systems Approach Across the United States, Europe and Asia[M]. Connecticut: Praeger, 2006: 12.

④ Carayannis E G, Campbell D F J. Mode 3 Knowledge Production in Quadruple Helix Innovation Systems: Twenty-First-Century Democracy, Innovation, and Entrepreneurship for Development[M]. New York: Springer, 2012: 22.

结构模式和共同演进、共同专属化和竞合三重逻辑机理共同生成了"模式3知识生产系统"（图1-1）。

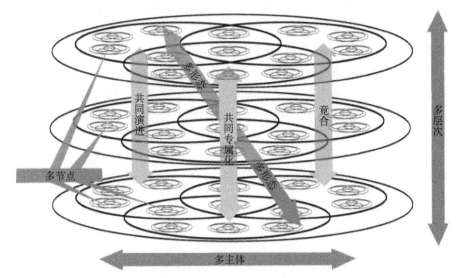

图1-1　模式3知识生产系统结构图

资料来源：Carayannis E G. Quadruple Helix and Mode 3 Knowledge Creation：Moving from Tactical Fragmentation to Strategic Integration[R]. Washington：The George Washington University，2009：26

2. 模式3知识生产的适应性情境

在阐释模式3知识生产观的过程中，卡拉雅尼斯和坎贝尔教授基于"三重螺旋"创新生态系统，引出了"四重螺旋"创新生态系统观。其逻辑前设是：知识社会和知识经济越进步，人们对更广域的创新模式的需求就越强烈；人类社会已进入快速发展的高级知识经济社会，"创意"已成为当今社会经济发展的主要特征和逻辑起点；"四重螺旋"创新模式是对初级知识经济发展的"三重螺旋"创新模式情景化的逻辑结果，是在当前高级知识经济社会深入发展的情境下应运而生的。由此，卡拉雅尼斯和坎贝尔依据高级知识经济发展的必需要件，并根据创新模式的广域度，在"三重螺旋"创新生态系统的基础上开创性地提出了"四重螺旋"创新生态系统理论，以此赋予了模式3知识生产的适应性情境。

艾茨科维兹（Etzkowitz H）和雷德斯多夫（Leydesdorff L）在2000年发表的《创新动力学：从国家创新系统和模式2到大学-产业-政府三重螺旋关系》一文中阐述了"三重螺旋"创新模式，即通过大学、产业和政府的三螺旋相互交织生成了"大学-产业-政府关系网络"，即强调三边网络和"水族"

组织特质。①基于对"三重螺旋"的拓展，卡拉雅尼斯和坎贝尔提出了"四重螺旋"的概念，将"第四螺旋"添加到"三重螺旋"创新生态系统图景中。"第四螺旋"直接指向"基于媒体和基于文化的公众"和"公民社会"，强调围绕共同利益、目的和价值观构成的非强制性的集体行为。因此，这里的"公众"和"公民社会"不但指公民群体，也包含其创新文化、知识文化、价值观、生活方式以及媒体等要素。"第四螺旋"概念的提出，要求人们对当代知识生产进行更广域的理解："公众"和"公民社会"是知识创新的用户群体，具有知识生产和应用的高相关性，理应成为高级知识生产的行为主体和知识创新系统的重要元素。②作为"第四螺旋"，公众文化、价值观，以及生活方式和媒体交际方式等要素会对多层知识创新系统产生影响：积极的"创新文化"能够推动高级知识经济发展；公众话语以及媒体信息传播和解说能够帮助公民社会规划知识生产和创新的优先战略。③因此，在知识生产领域的知识创新政策和战略，必然要承认"公众"在实现创新战略目标中的重要价值。一方面，"公众"的现实情境是由媒体或媒体系统传播路径予以构建的；另一方面，"公众"的思想和行为受文化和价值理念的深刻影响。因此，在模式 3 知识生产中，知识创新政策战略主要是通过媒体传播到"公众"，从而试图使这些政策战略得到"公民社会"的合法性和合理性的支持。

以此得出，"三重螺旋"为人们提供了知识生产的"社会结构模式"，而"第四螺旋"则赋予了知识生产必要的分析工具；"三重螺旋"揭示了大学-产业-政府之间在协同创新中的互动关系，而"四重螺旋"则展现了大学-产业-政府-公民社会之间在协同创新中的互动关系（图 1-2）。由此可见，"四重螺旋"模式赋予了"三重螺旋"更广域的公民社会情境，使新知识生产具备了赖以生存的适应性情境，从而生成了新知识创新生态系统图谱。

在"四重螺旋"情境中，卡拉雅尼斯和坎贝尔又提出了"创意经济"（creativity economy）的概念。他们认为，创意产业是高级知识经济体的重要组成部分。由创意产业作为支柱的经济可被称为"创意经济"。对此，卡拉雅尼斯和坎贝尔的逻辑思想是：高级知识经济是一种创新型和创意型经济。创新

---

① Etzkowitz H, Leydesdorff L. The dynamics of innovation: From national systems and "Mode 2" to a triple helix of university-industry-government relations[J]. Research Policy, 2000, 29（2）: 109-123.

② Andreas R, Agnezia M, Resetarits T. Fuzzy concepts—A new approach in the description of boundaries as creative knowledge environments in educational sciences[J]. Journal of the Knowledge Economy, 2012, 3（1）: 53-67.

③ Carayannis E G, Campbell D F J. Mode 3and quadruple helix: Toward a 21st century fractal innovation ecosystem[J]. International Journal of Technology Management, 2009, 46（3/4）: 201-234.

驱动的知识经济社会发展越成熟、越高级，其所需的创意水平就越高。正如杜比纳（Dubina I N）等所言："知识经济（创意经济）和知识社会（创意社会）发展越成熟、越高级，其对知识、创新和创意的吸纳能力就越强；创意经济能够创造性地将技术创新与社会创新融为一体。"[①]模式 3 知识生产就是这种创意经济的逻辑需求，同时创意经济也赋予了模式 3 知识生产的适应性情境。

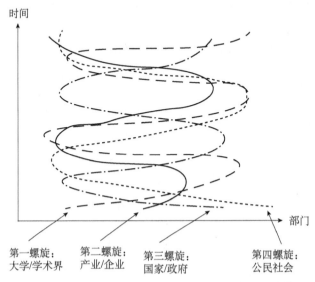

图 1-2　大学-产业-政府-公民社会"四重螺旋"结构

资料来源：Carayannis E G，Campbell D F J. The ecosystem as helix：An exploratory theory-building study of regional co-opetitive entrepreneurial ecosystems as quadruple/quintuple helix innovation models[J]. R&D Management，2018，48（1）：148-162

3. 模式 3 知识生产的时代特质

（1）静态结构模式的多维聚合性

在组织结构上，模式 3 知识生产是一种典型的多层次、多主体、多形态、多节点四维结构模式。首先，模式 3 知识生产是一个多层次知识创新生态系统，具有明显的多层次性。"全球本土化多层次性"（glocal multilevel）是模式 3 知识生产的逻辑背景和典型特质，充分体现了知识创新系统各要素之间的水族叠合性。在卡拉雅尼斯和坎贝尔看来，这里的多层次性包括三个维度，即空间维度、研究维度和教育维度，其中后两个维度组成知识功能维度，他们根据各要素的聚合程度形成了知识生产"三维聚合"模式（图 1-3）。空

　　① Dubina I N，Carayannis E G，Campbell D F J. Creativity economy and a crisis of the economy? Coevolution of knowledge，innovation，and creativity，and of the knowledge economy and knowledge society[J]. Journal of the Knowledge Economy，2012，3（1）：1-24.

间维度可分为国家层次、次国家层次和超国家层次：国家层次主要指民族国家，是空间聚合的典型形式；次国家层次是民族国家内部的地方性实体；超国家层次是指如欧盟等国家与国家之间的区域性聚合体。模式 3 知识生产还强调"全球本土化"地域聚合性，即包容了所有空间维度。知识功能维度属于非空间维度，包括教育维度和研究维度聚合系统。其中研究维度主要指由研究（研发）、科技及研究和科技创新构成的多层研究图谱。①

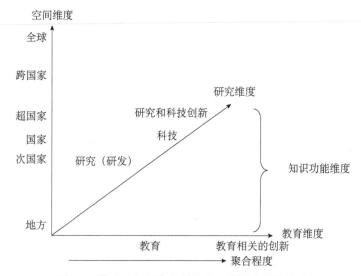

图 1-3　模式 3 知识生产系统的三维聚合层次结构

资料来源：Carayannis E G，Campbell D F J. Mode 3 and quadruple helix：Toward a 21st century fractal innovation ecosystem[J]. International Journal of Technology Management，2009，46（3/4）：201-234

因此，模式 3 知识生产系统作为多层次知识创新系统，包容了空间维度和非空间维度（研究维度与教育维度），如全球化和全球本土化生发的科研国际化现象，就是处于国家、次国家和超国家层面上的大学、企业、政府等组织行为主体协同生成知识集群和创新网络的过程。科研国际化所要解决的关键问题是：不同区域集群如何能够在全球层面上协同生成更广域的跨国知识创新集群或网络。因此，科研国际化充分表达了模式 3 知识生产过程中聚合国家、次国家和超国家层面的政府、大学、企业和公民社会行为主体的多边生态性。②

---

① 武学超. 模式 3 知识生产的理论阐释——内涵、情境、特质与大学向度[J]. 科学学研究，2014，32（9）：1297-1305.
② 武学超. 模式 3 知识生产的理论阐释——内涵、情境、特质与大学向度[J]. 科学学研究，2014，32（9）：1297-1305.

在模式3知识生产系统中，"知识分形"是其多形态性的核心体现，即多种知识创新模式的共存性，强调一个复杂系统的连续体式的"自下而上"和"自上而下"知识形态。

多节点性体现在模式3知识生产系统是由多个知识集群和创新网络构成的，每一个节点都是人力、技术和文化的多要素联合体，知识集群和创新网络的每个要素又都是一个相对微观的亚知识集群和创新网络。同时，每个知识集群和创新网络都可以被理解为一个更宏观知识集群和创新网络的亚要素，即创新元网络和知识元集群。

在卡拉雅尼斯和坎贝尔看来，多层次、多主体、多形态、多节点的特质集中体现了模式3知识生产系统的开放性和包容性，但也赋予了具体情境中模式3知识生产系统构成的特殊性，即特殊情境（环境、需求、组织等）决定了运用何种知识和创新模式（多形态）、在何层面（多层次）、包容哪些行为主体（多边）和知识集群或创新网络（多节点），以最适宜的逻辑环境生成模式3知识生产系统。这充分体现了模式3知识生产的一般与个别、开放性与闭合性的辩证逻辑属性。①

（2）动态运行模式的非线性网络协同性

从创新模式看，传统的线性创新模式难以适应多层次、多形态、多节点、多主体协同的模式3知识创新生态系统，而与之相应的是非线性创新模式。模式2知识生产系统所强调的应用情境、跨学科性、异质性和组织多样性、社会责任和反思性、质量控制等特质彻底打破了传统的线性创新模式，取而代之的是为不同研发活动的横向协同（即不同研发阶段相融合和不同部门相协同）提供了逻辑支撑。"三重螺旋"创新模式生动表达了大学-政府-产业之间协同互动关系和三边水族网络组织关系。卡拉雅尼斯和拉格特（Laget P）强调跨国家和跨部门科研协同联盟在知识生产中的价值。②艾茨科维兹从创业型大学角度出发，认为大学与企业科研活动的有效"联婚"要求创建创业型大学和学术企业。美国麻省理工学院教授冯希培（von Hippel E）基于"创新民主化"（democratizing innovation）思想，提出了"用户中心创新模式"（user-centric innovation model），在该模式中，"领袖型用户"代表了"创新型用户"集群，"领袖型用户"既可以是个人，也可以是公司。③另外，当前在软

---

① 武学超. 模式3知识生产的理论阐释——内涵、情境、特质与大学向度[J]. 科学学研究，2014，32（9）：1297-1305.

② Carayannis E G，Laget P. Transatlantic innovation infrastructure networks：Public-private，EU-US R&D partnerships[J]. R&D Management，2004，34（1）：17-31.

③ von Hippel E. Democratizing Innovation[M]. Cambridge：MIT Press，2005：39.

件产业部门兴起的"开放型资源运动"（open source movement）就是一个全球本土化的自组织用户共同体的成功典范。由此可见，模式1知识生产和"技术生命周期"概念与线性创新模式密切相关，而模式2知识生产、"三重螺旋"知识模式，以及具有多层创新体系、跨组织和部门的横向协同特征的模式3知识生产方式，都可归于非线性创新模式。竞合、共同专属化和协同演进三重逻辑运行机理是模式3知识生产的本质属性。首先，模式3知识生产强调知识集群、创新网络和竞合特质。知识集群代表了地域空间和部门集群的深度逻辑演进结果；创新网络则驱动知识集群的广域化演进，并叠合不同知识集群，从而增强知识创新系统的动力机制。创新网络表达的是一种竞合机制，反映了竞争与合作的特殊平衡，网络内部与跨网络关系是基于竞争与协同合作的竞合关系。在模式3高级知识生产系统中，竞合其实是对市场概念中的竞争与合作之间的复杂平衡，也就是说，网络并不代替市场动力机制，也不代表市场经济的竞争原则，而是强调竞合逻辑，即网络主要源于合作或协同，并承认内在固有的竞争特性。[1]合作动机决定了不同网络之间的关系。然而，在实践上，知识创新中的竞争通常发生在多个灵活组建的网络界面，也就是说，网络内在的协同合作与网络外在的竞争同时并存。简言之，竞合是创新网络的驱动力，竞争与协同合作的具体内容总是由特殊情景所决定的。

在模式3知识生产系统中，卡拉雅尼斯和坎贝尔借助于库恩的范式演进规律，提出了知识创新范式的逻辑演进过程，即知识创新范式的共同生存和共同演进过程。卡拉雅尼斯和坎贝尔将知识生产、散播和应用的不同创新模式归入"知识范式"。由于知识创新系统与多层次社会环境密切相关，"认知知识范式"可被归入更广域的"社会科学领域"。[2]不同知识创新模式之间的关系是不同知识范式动态协同演进的互动过程。模式3一方面整合了模式1、模式2和"三重螺旋"模式，另一方面整合了线性和非线性创新模式，这充分体现了不同知识范式的共同演进和共同专属化的应有特质。这种将知识生产、散播和应用的不同模式的持续性整合，生成了具有附加增值效应的协同创新网络。因此，模式3强调不同知识创新模式、"四重螺旋"生态系统的适应性整合和共同专属化。模式3知识生产观的一个核心假设是：知识生产系统的竞争能力

① Carayannis E G, Grigoroudis E, Campbell D F J, et al. Mode 3 universities and academic firms: Thinking beyond the box trans-disciplinarity and nonlinear innovation dynamics within coopetitive entrepreneurial ecosystems[J]. International Journal of Technology Management, 2018, 77 (3): 145-185.
② Carayannis E G, Campbell D F J. Mode 3 Knowledge Production in Quadruple Helix Innovation Systems: Twenty-First-Century Democracy, Innovation, and Entrepreneurship for Development[M]. New York: Springer, 2012: 47.

和高级知识生产系统的发展程度是由其通过共同演进、共同专属化和竞合知识动力机制的方式对不同知识创新模式（模式 1、模式 2、"三重螺旋"、线性和非线性创新模式）的整合程度所决定的。①这充分体现了模式 3 知识生产系统在运行机理上互补、互动、共进、共专、竞合的特质。②

第二节　开放科学范式的兴起及基本思想

在人类社会发展过程中，随着高级知识经济社会对科学知识需求的不断变化和现代网络信息技术的快速发展，科学域正在经历着由传统闭合式科学向高度开放科学范式的根本转型。开放科学是科学范式演化的内在逻辑和网络 2.0 时代发展共同作用的逻辑结果，是各种形式的科学知识在科学发现过程中实现其开放共享的理念和范式，主要包括开放数据、开放方法、开放获取、开放同行评审、开放资源等维度。③在这一动态深度转型中，多方科研协同方式日益成为知识生产的主流趋向，科研成果多方协同率不断上升，科学社交网站平台大量涌现，在线科学工具以及开放获取科学资源日渐膨胀，人类科学域正在进入高度开放协同的开放科学新时代，这是科学历史发展的必然结果，也是科学研究所要遵循的基本规律。开放科学在全球快速发展，推动了大学科研范式转型。④

一、开放科学范式在全球兴起

1. 开放科学战略全球兴起

开放科学具有鲜明的时代性，是符合全开放高级知识经济社会发展需求的一种新兴科学范式，在快速发展的第二代互联网以及高端信息技术网络平台

---

① Carayannis E G, Campbell D F J. Mode 3 Knowledge Production in Quadruple Helix Innovation Systems: Twenty-First-Century Democracy, Innovation, and Entrepreneurship for Development[M]. New York: Springer, 2012: 49.

② 武学超. 模式 3 知识生产的理论阐释——内涵、情境、特质与大学向度[J]. 科学学研究，2014, 32（9）：1297-1305.

③ 武学超. 开放科学的内涵、特质及发展模式[J]. 科技进步与对策，2016, 33（20）：7-12.

④ 武学超，罗志敏. 开放科学时代大学科研范式转型[J]. 高教探索，2019（4）：5-11.

的驱动下，开放科学已成为世界各国的一项重大科学战略，全球掀起了开放科学战略浪潮。欧盟于 2016 年启动了"欧洲开放科学云计划"，并于 2018 年 3 月发布了《欧洲开放科学云实施路线图》，旨在通过数据基础设施、数据信息库、服务支持、开放获取平台、开放科学制度和治理体系六个方面的能力建设推动开放科学在欧盟成员国快速发展，全面提升欧洲科研数据治理现代化水平和大数据驱动卓越科研创新能力。①在欧盟和经济合作与发展组织（Organization for Economic Co-operation and Development，OECD）关于开放科学的政策框架下，其成员国都出台了相应的开放科学法律和政策框架，如芬兰教育与文化部出台了芬兰《开放科学与研究路线图》，并启动了"开放科学与研究计划"（Open Science and Research Initiative），旨在促进芬兰大学开放科学的快速发展，提升芬兰大学的科研卓越水平和国际竞争力。②捷克于 2017 年 6 月出台了《国家科学信息开放获取战略 2017—2020》（National Strategy of Open Access Science and Information 2017—2020），丹麦于 2015 年 11 月发布了《国家开放获取战略》（National Open Access Strategy），美国于 2013 年出台了《科学与技术研究平等获取法案》（Fair Access to Science and Technology Research Act），瑞士于 2017 年 1 月启动了《国家开放获取战略》（National Open Access Strategy）。③这些政策框架有效推动了国家开放科学治理体系和治理能力现代化进程。

从全球开放科学战略工具分类看，大致包括强制性、激励性和使能性三大类型政策工具。在大多数 OECD 成员国中，政府强制公共资助科研成果开放获取（即开放获取出版物的金色路径）或在线知识库自主获取（绿色路径）。比利时开放科学战略要求公共资助科研人员必须将其科研成果输入大学知识数据库；西班牙《国家科学与技术研究创新计划》要求科研人员在发表论文后 12 个月内输入大学知识数据库；美国联邦政府科学与技术政策办公室（Office of Science and Technology Policy，OSTP）备忘录强制所有公共资助科研成果必须公开自由获取；英国研究委员会要求公共资助科研成果必须以金色开放获取路径向公共开放。

财政激励是世界各国开放科学战略普遍运用的政策工具，旨在通过激励机制推动科学研究全面开放，通用的战略工具包括开放科学财政支持、对开放

---

① European Commission. Implementation Roadmap for the European Open Science Cloud[R]. Brussels：European Commission，2018：26.

② Ministry of Education and Culture. The Roadmap to Finnish Open Science and Research[EB/OL]. http://openscience.fi/open-science-and-research-roadmap. [2020-09-12].

③ 武学超，罗志敏. 开放科学时代大学科研范式转型[J]. 高教探索，2019（4）：5-11.

科学研究人员的学术认同和奖励、将开放科学及其影响引入新的科研评价体系等，如芬兰的"开放科学与研究计划"为从事开放科学研究人员提供专项资金奖励，比利时运用大学绿色开放获取知识数据库评价和奖励科研人员，西班牙在科研人员评估机制中引入开放科学相关指标，美国根据 PubMed 数据库中的论文及其下载量来评价科研人员的开放存取能力。

使能性政策工具主要包括开放科学基础设施建设、开放科学技能培训。大多数国家通过投资基础设施来支持开放科学事业的快速发展，包括在线知识储存库、数据库、数字化图书馆、研发项目和科研人员数据信息平台等政策工具。例如，芬兰启动了开放科学基础设施路线图，阿根廷创建了国家研究人员 SICyTAR 数据库，西班牙创建了 RECOLECTA 国家知识储存库和其他重要基础设施来支持研究人员和其他利益相关者自由存取其科研成果，波兰建立了多家在线虚拟图书馆来支持开放获取，英国通过数字化基础设施开发战略来支持开放科学相关活动。①这些基础设施不但实现了科学信息资源的开放共享，也有效地促进了开放科研协同创新和开放科学文化发展。

另外一项使能性政策工具是为开放科学各利益相关主体提供技能培训。例如，芬兰教育与文化部在大学实施了科研人员数据管理培训项目；波兰在政府支持下成立了 OCEAN 大数据研究中心，一方面为大数据储存提供数字化基础设施，另一方面为相关人员提供大数据分析技术培训；欧盟启动了 FOSTER 全欧开放获取和开放数据培训项目；法国通过"国家数字化科学图书馆"（National Digital Science Library）和"直接科学交流中心"（Direct Science Communication Center）平台为相关人员提供开放获取和开放数据知识培训；美国国家科学与技术办公室备忘录强调支持国家科学数据管理、分析、存储等领域专业人员的培训和教育；加拿大政府通过实施《开放政府 2.0 行动计划》（Action Plan for Open Government 2.0）来加强开放科学相关人员的数字化技能、在线工具运用等培训，以实现政府资助科研成果公共获取最大化，促进产学研用协同创新；英国通过"数据能力战略"（Data Capacity Strategy）在大学设立大数据博士培养项目，并成立伦敦开放数据研究院，为专业人员提供数据分析、获取、共享技能培养。②

2. 开放科学平台快速发展

开放科学实践在全球得到了前所未有的快速发展，借助于数字化信息网络，全球科学域兴起了大量科学社交网络平台，不同形式的在线科学工具和开

---

① OECD. Making Open Science a Reality[R]. Paris：OECD Publishing，2015：58.
② OECD. Making Open Science a Reality[R]. Paris：OECD Publishing，2015：46.

放获取资源日益膨胀，形成了不同类型的平台模式。作为全球最著名的开放获取信息平台，开放获取知识库注册表（registry of open access repositories）是一个记录开放获取知识库创建及发展的可检索国际数据库，已注册的全球开放获取知识库由 2000 年的 64 家猛增到 2020 年 4 月的 5600 家。[①]作为世界最大的开放科学在线平台，"研究之门"（ResearchGate）旨在为科学家提供科学交流、科研协同新工具，联系整个科学世界，促使科学研究面向所有人开放，自2008 年以来得到了快速发展，截至 2019 年底，已注册 1800 多万名科学家成员，分别来自 193 个国家，共收录 1 亿多篇开放获取学术论文，成员中包括64 位诺贝尔奖获得者，89%以上的成员具有研究生以上学历。[②]"学术界"（Academia）是在美国设立的一个全球学者社交网络平台，该平台主要用来共享成员科研论文，开展科研论文影响力的深度分析，紧跟学者研究前沿动向等。该平台创建于 2008 年 9 月，截至 2020 年 4 月，已拥有全球成员 6200 万名。[③]开放科学数字化在线共享工具以及大量学术社交网络平台大量涌现，促进开放获取出版物也得到了快速发展，存放在开放存储库中的科学数据和科研论文急速增加，并且所有科研论文都能够直接链接到研究人员的个人资料。

二、开放科学范式的基本思想

随着科学范式内外逻辑的生态演化，开放科学范式开始兴起，世界科学域正在走向开放科学时代。开放科学内涵包括公众化、民主权、方法论、技术源、评价法五个向度。开放科学范式下，科学研究表现出全方位的高度开放性、参与主体的多元全纳性、过程的高度透明性的典型时代特质。从目前国际社会开放科学发展模式看，大致分为慈善模式（philanthropic model）、扩张模式（inflationary model）和建构主义模式（constructivistic model）。

1. 开放科学范式的内涵向度

（1）开放科学的公众化向度

从公众化向度理解开放科学，主要是指开放科学具有公众化特质，即科学研究过程应具有普通公众的可参与性。开放科学要求传统封闭的隐形科学研

---

① Registry of Open Access Repositories. Browse by Year[EB/OL]. http://roar.eprints.org/view/year/. [2020-05-10].

② ResearchGate. About Us[EB/OL]. http://www.researchgate.net/about. [2020-05-12].

③ Academia. About Us[EB/OL]. http://www.academia.edu/about. [2020-05-10].

究过程不但要实现社会可视化，而且鼓励非科学专业人士参与科学研究过程。其逻辑结果是，那些传统上被拒于科学域之外的普通公众正逐步成为科学研究过程的重要参与者，由此出现了由非专家型公众参与的"公众科学"或"公众参与式科学"。"公众参与式科学"并不要求公众具有对科学研究产生决定性影响的科学知识，而是鼓励公众参与科学研究过程中的科学问题探索、科学数据搜集和分析等活动，增强公众对科研过程的科学认识，使其科学舆论能够在一定程度上影响政府对科学事业的决策行为，提高科学研究的科学化水平。[①]

（2）开放科学的民主权向度

从民主权向度理解开放科学，主要是指开放科学是一种更有效地获取科学知识的权利，即开放科学强调获取科学研究成果的自由权。其逻辑前提是，在科学域中，人人都应该享有同等获取科学知识，特别是公共资助的科学知识的权利，主要表现在科学数据和科学出版物的获取方面。[②]从开放科学数据看，科学数据使用权并不必然局限于期刊，而是存在于广域科学共同体。开放科学强调，科学数据可不经期刊商的正式许可而能够为任何科学目的使用。但科学数据不应该是"无限自由"的，而是在科学研究中"开放使用"。[③]这就意味着开放科学数据具有"研究者中心"的专属性，其常用策略是有意义的数据挖掘和从多篇论文中析出数据集。简言之，开放科学数据允许科研协同，但防止数据复制。从人的发展理性逻辑看，科学知识开放获取是知识信息的最大化传播，是人类发展的必要条件，也是人应该享有的一项权利；从经济理性逻辑看，纳税人资助的科学研究成果应该允许公众免费使用，纳税人不应对科学数据和科学出版物二次付费。公众如向科学数据和科学出版物二次付费，就意味着公民不但作为纳税人间接支付了政府资助的科学研究，还直接支付了获取科学数据和科学出版物的相关费用。开放科学所强调的开放获取，一方面能够摆脱订购支付的限制并促进出版物的广泛应用，另一方面能够确保著作者和出版商通过开放许可等形式获得合理回报。

（3）开放科学的方法论向度

从方法论向度来看，开放科学是一种能够把知识生产过程模块化和科学研究价值链开放化的新范式。从这一点来讲，开放式创新（open innovation）的内化（外部知识内化到知识生产过程）和外化（从闭合式知识生产过程溢

---

① Hand E. Citizen science: People power[J]. Nature, 2010, 466 (7307): 685-687.

② 武学超. 开放科学的内涵、特质及发展模式[J]. 科技进步与对策, 2016, 33 (20): 7-12.

③ Murray R P. Open data, open source and open standards in chemistry: The blue obelisk five years on[J]. Journal of Cheminformatics, 2011, 3 (1): 21-37.

出）方法论原理可用于开放科学域，主要体现为科学域的开放协同性。[①]达科特（Ductor L）教授的研究发现，在经济学领域，多作者合作论文占世界论文总量的比例在 20 世纪 70 年代为 24.7%，到 21 世纪初快速提高到 2000 年的 52% 和 2011 年的 62.7%。[②]OECD 相关统计数据显示，20 世纪 80 年代以来，国际合作科研论文比例有大幅提高趋势，如美国国际合作科研论文占本国科研论文总量的比例由 1981 年的 6% 提高到 2012 年的 33%，英国国际合作论文占本国科研论文总量的比例由 1981 年的 15% 提高到 2012 年的 52%。[③]这表明国际科学研究的开放度不断增大，世界已进入开放协同科学时代。开放科学方法论创新需要通过开放科学信息共享平台推动科学范式向开放式协同转型。科学家共享科学信息的行为在本质上并不具有利他性，而是希望获得非物质回报。第二代互联网技术具有显著加速科学发现的工具属性，这种工具属性能够推动科学家实现其开放科学活动。因此，开放科学的方法论问题关键是要建立科学家共享科学知识和将信息技术工具纳入科学实践的激励机制。[④]

（4）开放科学的技术源向度

从技术源向度来看，开放科学可以看作科学域中的一项重大技术挑战，它注重特定开放科学项目的技术性条件，而新技术源为现有科学实践变革提供了可能。当前，比较流行的如分布式计算技术和科学家社会协同网络都是催生新科学实践变革的技术源。从科学域中的分布式计算技术源来看，开放科学网（open science grid）是当前国际上最典型的技术工具，它通过将多功能计算机与高性能计算机网络联合，催生了大规模数据密集型研究项目，为科学家实现数据密集性项目研究、高流量信息加工和稀缺资源共享提供了必要的技术条件。[⑤]分布式计算技术源使科学家实现了独立于个体计算资源的科学研究，高效计算技术网络赋予了科学家突破获取可利用资源时空限制的技术可能性。随着大数据时代的到来，科学计算技术必将成为未来一项关键性科学基础设施。基于第二代互联网技术兴起的各种科学社交网络平台具有明显的开放性和可拓展性，能够将大规模科学数据资源进行整合，为科学家及时向公众开放其科学

---

① 邹友峰. 科学需要公众参与[N]. 光明日报，2015-10-08（02）.

② Ductor L. Does co-authorship lead to higher academic productivity?[J]. Oxford Bulletin of Economics and Statistics，2015，77（3）：385-407.

③ OECD. Science，Technology and Industry Scoreboard 2015：Innovation for Growth and Society[R]. Paris：OECD Publishing，2015：26.

④ 武学超. 开放科学的内涵、特质及发展模式[J]. 科技进步与对策，2016，33（20）：7-12.

⑤ Altunay M，Avery P，Blackburn B. A science driven production cyberinfrastructure：The open science grid[J]. Journal of Grid Computing，2011，9（2）：201-218.

数据提供有力的技术支撑。[①]

（5）开放科学的评价法向度

从评价法向度理解开放科学，主要是厘清开放科学影响力的另类评价标准和方法。长期以来，学界实施的影响因子评价存在诸多不足：一是同行评价较费时；二是影响因子仅与期刊直接相关，而与论文本身的相关度不够，同时忽视了新的出版形式（如在线开放获取期刊、微博等）。为此，开放科学要求构建一种多元快速的科学影响力评价方法。目前，科学界普遍认为，当科学研究工作流程日益转入网络平台时，传统的阅读、书签、共享、研讨等隐性知识应用都将以在线形式显性地呈现出来，这为科学影响评价提供了新情景和新挑战，替代计量学（altmetrics）开始成为开放科学影响力评价的惯用词。替代计量学不同于传统的网络计量学，网络计量学有相对较慢、非结构性和闭合性等缺点，替代计量学通过博客、推特、网摘等广域开放在线评价工具，使终端出版物和科研协同过程对不同形式的科研成果的影响力和引用情况进行评价。[②]在这方面，诸多学者已经认识到亟须一个适应数字化时代的新型计量学来替代网络计量学。在开放科学时代，替代计量成为主流科学评价方式。[③]

2. 开放科学范式的时代特质

开放科学是科学范式演化的内在逻辑和网络 2.0 时代发展的外在逻辑共同驱动的结果，是一种区别于传统闭合式科学的新型科学范式，具有典型的时代特质，既遵循又超越了默顿的"科学规范结构"特质。默顿在其"科学规范结构"中提出了"普遍主义""公有性""无私利性""有组织的怀疑"的现代科学精神特质，其"普遍主义"和"公有性"充分揭示了"科学向一切有才能的人开放，任何人都同样具有从事科学研究的机会"，"科学具有共有性和共享性，科学发现是科学共同体、全社会乃至全人类的公共产品，科学成果应公开发表并尽快进入科学交流系统中"。[④]这是任何科学范式的精神内核，也是现代科学自身固有的逻辑特征。开放科学一方面顺应了现代科学自身固有的逻辑特征，另一方面在网络与信息技术高度发达时代超越了传统科学边界，具有自由、开放、共享、民主、透明、全纳等典型特质。概括而论，开放科学的基本特质主要表现为科学研究全方位的高度开放性、科学研究参与主体的多元全纳

① 武学超. 开放科学的内涵、特质及发展模式[J]. 科技进步与对策，2016，33（20）：7-12.

② Yeong C H, Abdullah B J J. Altmetrics: The right step forward[J]. Biomedical Imaging and Intervention Journal, 2012, 8（3）: 1-2.

③ 武学超. 开放科学的内涵、特质及发展模式[J]. 科技进步与对策，2016，33（20）：7-12.

④ 马来平. 关于默顿科学规范的几个理论问题[J]. 科学文化评论，2006（3）：98-109.

性、科学研究过程的高度透明性。这些特质为加速科学研究过程，实现大众创新、万众创业的开放式创新提供了必要条件。①

（1）科学研究全方位的高度开放性

传统闭合式科学走向现代科学范式后，开放性就成了现代科学的固有属性。但随着社会民主化程度的不断提高，高级知识社会对科学的需求日益增大，在高度发达的网络技术源的支撑下，开放科学范式显示出了超乎以往任何科学时代的高度开放性，表现为全方位的高度开放性。一方面，开放科学强调公众直接或间接参与科学研究过程和跨边界科研协同，赋予了开放科学范式下科学研究过程的协同开放性，超越了科学共同体边界，具有明显的跨部门、跨地域、跨学科边界的高度开放性，突破了科学域的时空限制；另一方面，开放科学强调开放获取科学数据，免费开放获取成为开放科学范式的重要组成部分。对于开放科学的开放性特质，卡罗尔（Corrall S）和平菲尔德（Pinfield S）将其分为内容的开放性、过程的开放性、基础设施的开放性，内容的开放性主要表现在科研成果的开放获取、开放数据等，过程的开放性主要表现在科学研究方法、同行评审过程乃至科研创新各阶段都具有高度开放性，基础设施的开放性主要表现在科研基础设施具有面向全社会免费共享和运用的特性。②博尔顿（Boulton G）和坎贝尔（Campbell P）从科学数据层面将开放科学的开放性表述为"智能开放性"（intelligent openness），即开放科学范式下的科学数据具有可发现性（discoverable）、可获取性（accessible）、可理解性（intelligible）、可评价性（assessable）、可重复使用性（reusable）。③

（2）科学研究参与主体的多元全纳性

开放科学的高度开放性必然带来科学研究参与主体的多元全纳性。开放科学以公民科学、协同科研、开放数据获取为主要形式，这就涉及个体、组织、地方、国家和国际层面的利益相关主体，如研究者个体及其共同体、大学、企业、政府、公民社会、出版商等。也就是说，开放科学范式下，科学研究参与主体具有多层面、多主体的多元全纳性。④首先，开放科学强调公众参与，即鼓励非职业科学家、科学爱好者和个人志愿者参与探究科学问题、发展新技术、收集与分析科学数据等。公众作为开放科学参与主体，不但可以直接参与科学研究过程，也可以通过提供相关科学问题信息和反馈间接参与科学研

① 武学超. 开放科学的内涵、特质及发展模式[J]. 科技进步与对策，2016，33（20）：7-12.

② Corrall S，Pinfield S. Coherence of Open Initiatives in Higher Education and Research：Framing a Policy Agenda[R]. Berlin：iConference 2014 Proceedings，2014：293-313.

③ Boulton G，Campbell P. Science as an Open Enterprise[R]. London：The Royal Society，2012：36.

④ 武学超. 开放科学的内涵、特质及发展模式[J]. 科技进步与对策，2016，33（20）：7-12.

究及其决策过程。这是开放科学民主权和公众化内涵向度的集中体现，也是区别于传统局限于科学共同体内部科学范式的典型特质。研究者或科学共同体作为开放科学的专业性参与主体，无私利性和共有性的科学文化价值观是其参与开放科学研究的核心驱动力。政府部门主要负责制定国家开放科学政策或战略规划，发起开放科学战略计划，提供必要的基础设施和财力支持，在推动开放科学发展中发挥着不可替代的支撑作用。

科研资助部门（如各类研究委员会等）在开放科学发展中负责制定资助标准，并通过有效的财政资助机制为开放科学提供必要的财政支持。大学和公共科研机构一方面负责制定自身开放科学策略，另一方面负责实施开放科学资助部门的相关政策，并致力于培养学生和研究者具备开展开放科学活动所必需的知识与技能。图书馆、资料档案库、数据中心等组织是开放科学的核心主体和使能者，负责储存、修正、出版、传播数字化科学资料，通过实体化开放共享平台支持科学家共享和运用科学成果。非营利性社会组织和基金会在提升开放科学意识和培育开放科学文化中发挥着重要作用，这些组织不但资助开放科学研究，而且帮助创建开放科学利益相关者网络关系。私营科学出版商主要提供广泛的开放获取出版物和相关服务，如数字化储存库、数据库等的维护，或电子文本和数据挖掘工具开发等。企业主要通过运用开放获取数据来开发新产品，并通过与大学、科研院所建立战略协同伙伴开展开放科学活动。国际组织主要通过发布开放科学纲要帮助解决国际上共同存在的开放科学相关问题。由此可见，开放科学范式下，科学研究的多元参与主体协同开展科学研究和推动开放科学发展，与传统科学范式下的科学研究相比，开放科学参与主体具有明显的多元全纳性。①

（3）科学研究过程的高度透明性

开放科学范式下，科学研究全方位的高度开放性赋予了科学研究整个生命周期的高度透明性。大量在线开放工具在科学域中得以广泛应用，为科学研究全过程高度开放的透明化和显性化提供了必要条件。在线工作流（online workflow）工具使科学研究过程从科学研究方法论共享到科学数据发布所有阶段都表现出高度显性化和透明化。科学研究方法和数据编码的高度开放共享和讨论在很大程度上能够消除其模糊性和不科学性，增强其清晰性；同时，科学研究方法在不同行为主体之间的交流也在很大程度上增强了其可信度，社会媒体为科学研究方法在广域异质化情境中的开放性交流提供了便利。"整个科学数据生命周期的开放性也为科学家提供了从科学共同体其他成员以及公众获得

---

① 武学超. 开放科学的内涵、特质及发展模式[J]. 科技进步与对策, 2016, 33（20）: 7-12.

相应反馈信息的机会，一方面减少了科学探究过程的冗余性，另一方面能够加速科学研究过程，提高科学研究过程的透明性。"①

科学研究过程的透明性驱动科学研究者必然要关注科学数据和编码的标准化结构。共同标准和共享性、可获取性基础设施有利于提高科学数据库的开放性和可发现性，并能够帮助科学家识别潜在协同伙伴。同时，国际社会盛行的大量学术社交网站等社会媒体的广泛应用，使不同领域的科学爱好者能够公开探讨科学思想、科学假设、实验设计、数据搜集、分析方法以及最终成果发表等广域科学研究问题。例如，电子实验室记事本（electronic lab notebooks）在线工具能够帮助公众跟踪和共享研究者科学实验和分析结果背后的逻辑推理过程，即通过持续、全面地记录科学研究过程来促使科学研究者思维过程的显性化和透明化。OECD 相关报告指出，"开放科学的透明性主要表现在，科学数据及其生成组织相关信息、科学数据记录以及科学数据应用条件都需要通过在线网络平台以高度透明化方式实现科学数据的国际可利用性"②。美国弗吉尼亚大学的"开放科学中心"（Center for Open Science）将开放科学透明性分为科学数据引证透明性、科学数据透明性、科学分析方法或编码透明性、研究材料透明性、研究设计和分析透明性等类别。③总之，开放科学范式全方位高度开放性决定了科学研究过程必然具有高度透明性。正如米格尔（Miguel E）和卡默勒（Camerer C）指出的，科学研究数据运用以及科学研究整个过程高度透明化能够提高科学研究的可信度，这就要求研究人员通过公开其科学研究数据、公开阐明其科学研究方法来支持自己的研究结论；通过高度透明化方式将其科学研究资料、计划和数据存档并共享，以供研究者检验并无限扩展已得出的研究结果。④

3. 开放科学范式的发展模式

从场域看，开放科学可分为学术域开放科学和产业域开放科学。在学术域开放科学中，随着科学问题日益专业化和复杂化，不同学科领域科学研究协同活动得到前所未有的扩张。根据默顿的"规范科学"观，开放性是学术共同

① Byrnes J E K, Baskerville E B, Cohen J, et al. The four pillars of scholarly publishing: The future and a foundation[J]. Ideas in Ecology and Evolution, 2014（7）: 27-33.

② OECD. Making Open Science a Reality[R]. Paris: OECD Publishing, 2015: 33.

③ Center for Open Science. Guidelines for Transparency and Openness Promotion[EB/OL]. http://cos.io/top/. [2020-09-16].

④ Miguel E, Camerer C. Promoting transparency in social science research[J]. Science, 2014（343）: 30-31.

体内的固有属性，并根深于将新研究发现贡献于科学共同体的第一人以获得不同形式的认可回报的奖励机制。[①]然而，信息技术的兴起有效地推动了学术科学的进一步开放，从而生成了开放科学范式。西方学者霍伊斯勒（Haeussler C）教授发现，开放科学行为主体包括大学、企业以及个体研究者；学术域科学家和产业域科学家的科研协同性主要决定于知识信息的竞争价值以及研究者共同体遵循开放科学规范的程度，学术域科学和产业域科学的边界日趋模糊，开放资源、开放科学、联盟与伙伴、开放式创新等作为开放科学范畴的话语体系日渐形成。[②]从学术领域开放科学发展模式看，目前国际上存在如下三种典型模式，并且许多开放科学项目存在模式叠合特征（表1-1）。

表1-1　世界主要开放科学项目平台及其模式特征

项目名称	模式特征	模式类型		
		慈善型	扩张型	建构型
Acadmica.edu	学者知识共享在线平台	Y	Y	Y
Alexandria（UniSG）	圣加仑大学科学出版物及目录索引开放获取平台	Y		
Altmetrics	基于社会媒体、报刊、政府政策文件等来源的论文替代计量平台			Y
Atlas Twiki Portal	欧洲核子研究实验室科研成果出版开放获取平台	Y	Y	
Citizen Cyberscience Centre	公民网络科学项目平台	Y		
CleanTechNRW	清洁技术开发能力提升与学术-企业技术交换培育集群平台			Y
DataCite	科学数据挖掘、获取和再利用多元服务平台	Y		
Directory of Open Access Journals	国际所有开放获取科技学术期刊目录服务平台	Y		
Frontiers	科学共同体发表开放获取论文和构建同行合作网络在线平台	Y		Y
Fund Science	科学家和公众为开展研究项目而形成的协同生态系统	Y		Y
iAMscientist	加速研究、支持学术职业发展和帮助发现科学众筹（crowd funding）的全球研究者共同体	Y		Y
ImpactStory	便于研究者快速查阅大规模科研产出影响力的网站平台			Y
MyScienceWork	连接多学科科学家促进科学知识传播平台			Y

① Merton R K. The Sociology of Science：Theoretical and Empirical Investigations[M]. Chicago：University of Chicago Press，1973：36.

② Haeussler C. Information-sharing in academia and the industry：A comparative study[J]. Research Policy，2011，40（1）：105-122.

续表

项目名称	模式特征	模式类型		
		慈善型	扩张型	建构型
Nature Network	通过论坛和博客为研究者提供协同研究和信息共享的虚拟工作平台		Y	
Open Knowledge Foundation	促进开放知识生产和提供多学科研究项目的开放学术共同体	Y		
Open Science Data Cloud	为科学共同体提供云服务平台,旨在促进科学数据分析、管理和共享	Y	Y	
Open Science Framework	促成开放科学研讨,开展开放科学实践研究的平台	Y		
Open Source Science Project	世界范围的学术研究者协同开展基础研究项目的平台		Y	Y
Opening Science	传播开放科学领域相关学术计划信息的平台	Y	Y	
PeerEvaluation	促使科学著作输入学术搜索引擎的学术交流同行评审平台	Y		
ResearchGate	致力于科学和研究的社会网络平台	Y	Y	Y
Science 3.0	共享学术思想、工具及创建协同关系的科学共同体		Y	

(1)慈善模式

开展科学研究需要基础设施要素和与科学研究内容相关的要素,而这些要素传统上通常会受到严重限制。在当前开放科学时代,世界学术领域开始出现了开放科学"慈善模式",科学内容、研究工具和基础设施等方面的资源呈现出高度共享的态势,科学研究的民主化程度得到不断提高。在这一模式中,比较典型的举措是,世界上许多著名大学免费为公众提供公共学术讲座和学术课程,旨在强化科学研究与社会公众之间的互动联系,并促进科学发现市场化。目前大量公共学术讲座具有大规模在线开放性和全球可利用性特征。另外,这一模式还包括大量开放获取期刊涌现,开放获取期刊旨在为科学成果用户提供无限制阅读、下载、复制、打印、搜索、链接科学论文的权利。与绝大多数传统期刊以购买订阅方式生成版税收入一样,大多数开放获取期刊主要是由作者通过提供出版费予以间接资助的。比较典型的如瑞典路德大学(Lund University)于 2003 年创建的"开放获取期刊目录"(Directory of Open Access Journals),它是一个面向全球的免费提供开放获取期刊信息的在线平台,主要是加强开放获取学术期刊的可见性和简捷性,从而提升开放获取期刊的使用度和影响力。[①]"开放获取期刊目录"除了可以使用户查询开放获取期刊目录

---

① 武学超. 开放科学的内涵、特质及发展模式[J]. 科技进步与对策,2016,33(20):7-12.

外，还可以使其查询部分期刊的文章内容。①

（2）扩张模式

近年来，越来越多的科学研究成果在正式发表前能够被自由运用，这已成为当前学术界开放科学的一种主流发展模式，即所谓的"扩张模式"。这一模式打破了传统上新知识只能在科学研究结束后才能得到获取和利用的时间局限，而在开放科学"扩张模式"中，新知识在科学研究过程的初期就能得到开放获取和共享。这一模式形成的逻辑缘由是多方面的。第一，科学研究者能够对其雏形科学思想进行反思，传播其初步科研成果，进而在科学共同体内部修正和完善其新科学思想。这些研究者能够向学术界传递其缄默知识和学术声誉的信号，以吸引其他研究者和机构参与。第二，科学研究者能够通过向科学共同体开放其早期科学思想，从而对其未来科研方向产生积极影响，并能够发起新的科学研讨，邀请同行和非学术人士为其提供反馈并参与到科学共同体开展协同知识生产过程中。这种外部参与式公民科学减少了地方搜索偏见以及闭合式科学研究团队面临的群体思维等学术问题。第三，学术期刊和发表者在正式出版前向公众开放，也是出于自身利益的考量。在印刷前通过在线平台发表的学术论文能够增加其被引频次，从而增加其引证影响因子，提高期刊的吸引力。第四，互联网技术的量存性和透明性为追踪新思想生成和知识生产提供了技术基础，这在很大程度上降低了作者漏失的风险，同行评价也能够在高度不确定的科学研究过程中为作者提供引导。比较典型的如"研究之门"，这既是一个全球性科学研究协同平台和科学共同体互动网络，也是一个大型免费综合性电子资源共享平台。通过"研究之门"，学者能够及时了解世界范围内科学家的最新研究动态，免费共享各领域前沿研究成果，加强世界范围科学研究人员之间的交流与合作，推动国际科研协同，加快科学研究成果的广域传播。②因此，"研究之门"属于典型的扩张型开放科学模式。

（3）建构主义模式

建构主义开放科学模式主要表现在，科学研究开放性能够推动协同知识生产新模式的建构。这种协同式知识生产不但能够促进新科学知识的生成，也能够为科学知识新用户提供发展的新机会。科学众包（crowdsourcing science）就是一种典型的建构主义开放科学模式。科学众包是通过互联网汇聚全球科研人员协同开展科学研究，共同解决科研难题，即学术问题探求者通过

---

① The Directory of Open Access Journals. About DOAJ[EB/OL]. http://doaj.org/about#aimscope. [2019-04-13].

② ResearchGate. About Us[EB/OL]. http://www.researchgate.net/about. [2020-09-13].

将学术问题散播到未知规模的潜在学术问题解决者群体中，力图寻求新的科学方案。科学众包的实质是依托于互联网的万众创新。在这一模式中，"虚拟空间"通常用来作为科学问题探求者和解决者之间互动的学术平台。建构虚拟科研空间平台是这一模式的典型特质。这种虚拟平台一般由小型科学团体形成虚拟交换平台，以非严格的学术信息交换机制实现新知识生产。虚拟化开放交换平台主要以跨学科方式整合多学科领域要素，而非典型的单一学科主流期刊。这种在同一学术情景下的多科学领域整合能够实现研究者和科学家的互育效应，其跨学科性也能够促进技术融合和创新性学术方案的生成。比较典型的建构主义模式如"开源科学项目"（Open Source Science Project），该项目是一个全球基础研究社交平台，旨在为世界范围各领域学术研究者提供开展基础研究项目的共享市场和增强学术研究的公共可获取性。学术研究人员能够通过该项目平台与同行相互交流学术思想、管理学术出版物、获取科研资金等；同时，作为投资者，非学术研究人员可以通过该平台了解学术研究前沿、与学术人员交流思想、为科研项目提供资金支持等。①

从开放科学范式的理论思想看，开放科学作为知识生产范式内外逻辑驱动的演化结果，从公众化、民主权、方法论、技术源、评价法多向度描述了当代科学研究范式的多重变革。基于开放科学理念，开放科学的慈善型、扩张型、建构主义型发展模式开始在全球范围内兴起，大量开放科学项目在科学域中涌现，显示出强劲发展势态。可以预测，在全球化进程加速发展过程中，随着开放科学理念深入人心，以及 Web2.0 等网络信息技术的日渐成熟，人类科学范式将全面进入开放科学时代。第一，在开放科学平台的激励机制下，随着世界各国开放获取战略的实施，科学论文开放获取将得到人们的普遍认同。第二，在"研究之门""谷歌学术"等开放科学平台的支撑下，同行评审过程将由传统闭合式走向开放式，科学影响评价将超脱期刊影响因子评价而走向替代计量评价。第三，随着开放科学平台的兴起，公民参与式科学日益凸显，科学研究过程全开放性将驱动科学研究质量保障机制高透明化。第四，随着网络技术的广泛运用，以虚拟网络协同知识生产为特质的电子科学（E-science）将成为未来知识生产的主流模式。第五，基于开放科学平台，交叉学科科学研究将加速发展，同时以科学众包和科学外包为特征的跨部门协同知识生产将成为知识生产力提升的主要途径。对此，如何应对开放科学带来的理念、技术、方法、权利等方面的挑战，是科学共同体走向开放科学

---

① Open Source Science Project. About Us[EB/OL]. http://www.theopensourcescienceproject.com/aboutus.php. [2020-09-13].

时代所要解决的突出问题。①

第三节　科研范式转型视角下大学基础研究
高质量发展的逻辑向度

一、大学基础研究分类走向多元化

自科学建制以来，人类科学域科研范式发生了几次重大变革和转型，特别是在创新驱动的高级知识经济时代，知识创新成为新经济增长最关键的要素和支撑。随着社会复杂性日益增加，社会大挑战问题日益突出，这些问题的解决亟待传统知识生产范式发生根本性转型。在科学域外在环境影响和内在固有演化逻辑的双重驱动下，科学范式正在经历着一场世界范围内的重大变革和转型，一方面表现为从模式1到模式2再到模式3的知识生产范式转型，另一方面表现为由传统闭合式科学到全开放的开放科学范式转型。这两个维度的范式之间并非平行相悖，而是相互交织的，共同促生了基础科学研究范式的整合变革。基础研究作为科学进步和原创性创新的逻辑基础，在推进应用性研究、技术创新、社会繁荣、新经济增长中发挥着不可替代的重大作用，直接决定着科技创新的成败和效能。在当今高度创新时代，如果基础研究体系无法适应科学范式转型，那么科学突破、技术创新、社会经济发展就会成为无源之水、无本之木。在科学范式现代转型中，一系列具有历史性突破的新样态逐渐表现出来。其中，基础研究基本取向开始由一元走向多元，并形成了新的基础研究分类，为基础研究适应社会经济新发展需求提供了新的空域。

在模式1主导的传统知识生产范式中，科学研究的基本取向是"为科学而科学"，即"象牙塔"内的纯基础研究，核心是为科学发现和进步而开展的自由探索性研究。在模式2知识生产范式中，社会与科学之间的关系开始发生深刻变革，二者的互动关系开始形成，进而出现了知识生产的应用性价值取向，即基础科学研究并非完全为科学而科学，而是可以在应用情境中生产新知识，科学问题可以是由科学域之外的实际应用问题所引发的，由此出现了斯托克斯所提出的"应用引发的基础研究"和吉本斯所称的"知识生产应用情

---

① 武学超. 开放科学的内涵、特质及发展模式[J]. 科技进步与对策，2016，33（20）：7-12.

境"。这一应用取向的基础研究到了模式 3 知识生产新时代则表现为创新取向的基础研究，即创新引发的知识生产。这已成为当代世界主要发达国家推进世界一流基础研究的重大战略性取向。这一新取向并不排斥传统为科学而科学的价值取向，二者之间形成了相互融合和互补的基础研究生态系统。同时，大学基础研究与应用研究之间的联系更加密切，二者相互融合，边界日趋模糊。基础研究的二元分类突破了传统纯基础研究与应用技术创新之间的边界壁垒，二者实现了互融、互通、互惠。目标导向基础研究、应用基础研究、创新引发基础研究、使命性基础研究等日益成为创新驱动时代基础研究的主流话语体系。与此相适应的是，基础研究评价由仅注重科学质量开始走向科学质量与社会贡献并重的双取向科研评价新体系。

二、大学基础研究组织形态走向多维深度协同

在模式 1 知识生产观下，大学是科学研究的合法主体，基础研究与应用研究二元分离；而在模式 2 和模式 3 的新知识生产系统下，应用引发的基础研究（巴斯德象限）成为主导，是知识创新模式重构的逻辑起点。因此，在新知识生产系统中，需要以"应用友好"（application-friendly）的观点重新审视和界定基础研究，根据斯托克斯的观点，基础研究应包括纯基础研究和应用引发的基础研究。另外，开放科学所倡导的公民科学思想，为公民社会积极参与基础科学研究过程提供了法理依据。从创新模式看，传统线性创新模式可被描述为"大学基础研究—大学相关中介组织的应用研究—企业将应用研究转化为实验开发—商业市场应用"[1]。这是万尼瓦尔的经典论断。"非线性创新模式"则淡化了上述线性流程，在"非线性创新模式"中，大学或高等教育机构、大学相关组织、企业以及公民社会利益相关者等行为主体借助各种网络平台构建创新网络和知识集群，以实现多部门协同创新，在任何一个协同部门都可以同时开展基础研究、应用研究和实验开发项目，部门分工日趋消解。[2]模式 3 知识生产则代表了一种典型的互动式"非线性创新模式"。由此可见，在模式 3 知识生产观下，大学发展路径依赖于与其他利益相关组织构成的创新网络和知识集群。

---

① Bush V. Science：The Endless Frontier[R]. Washington：United States Government Printing Office，1945：12.

② Carayannis E G，Campbell D F J. Mode 3 Knowledge Production in Quadruple Helix Innovation Systems：Twenty-First-Century Democracy，Innovation，and Entrepreneurship for Development[M]. New York：Springer，2012：23.

模式 1 强调纯基础研究和学科逻辑的大学知识生产，并不关注知识应用和创新，即以探究高深学问和揭示世界本质逻辑为核心要旨。模式 2 强调的是具有情境性、跨学科性、异质性与组织多样性、社会责任等特征的大学知识生产。在吉本斯和埃兹克维茨看来，创业型大学与模式 2 知识生产观下的大学至少在概念上存在一定的叠合性，即创业型大学强调大学科研与企业研发市场活动的密切联合，可以说，创业型大学是模式 2 知识生产的一种实践逻辑结果。模式 3 知识生产观下的大学或高等教育部门则可以看作依据模式 1 和模式 2 的两套逻辑原则共同运作的知识生产组织。所谓的"模式 3 大学"试图以协同共进的方式整合模式 1 和模式 2 的知识生产逻辑原则，从而构建卓越性、创造性和可持续性的新型知识生产组织模式。

为突出"模式 3 大学"属性，卡拉雅尼斯和坎贝尔引入了"学术企业"（academic firm）概念，代表了"模式 3 大学"的根本属性。学术企业具有如下特征：支持经济与大学之间互动；支持基础研究、应用研究和实验开发三者的平衡；激励雇员对知识进行逻辑编码；支持科研协同和科研网络；企业研发有限科学化。[①]在模式 3 知识生产系统中，尽管大学与企业之间存在一定的功能差异，但在创业型大学和学术企业之间存在诸多元素的"水族叠合"，充分显示了创业型大学与学术企业能够更容易地参与和组建大学与企业科研协同网络。从学术企业与大学的关系看，学术企业虽然也参与企业基础研究，但学术企业不同于大学，它代表了企业组织的核心要素，其利益仍在于创造商业利润和价值。从学术企业与商业企业的关系看，商业企业强调收益最大化和最优化，而学术企业则强调知识和创新的最大化和最优化。从学术企业与创业型大学的关系看，创业型大学（"模式 2 大学"）是将部分企业要素延伸到学术界，而学术企业则是将学术要素延伸到企业界。学术企业是以知识为导向的，并与大学或高等教育部门构建协同网络，鼓励学术文化和价值以激励其员工，承认不同形式的学术成果，支持其员工的继续教育和终身学习。

从学科角度看，模式 1 知识生产强调学科为本，即科学研究主要在学科内部开展，不同学科之间存在明显边界，所开展的科学研究主要是解决科学内部的科学问题。模式 2 知识生产则重点强调了"交叉学科""跨学科""超学科"知识生产的品性，其典型特征是学科边界趋于模糊，不同学科之间交叉融合和互涉成为新样态，其逻辑基础是，日益复杂的社会问题远远超出了单一学

---

① Campbell D F J, Güttel W H. Knowledge production of firms: Research networks and the scientification of business R&D[J]. International Journal of Technology Management, 2005, 31 (1/2): 152-175.

科领域范畴，复杂的社会问题仅靠单一学科难以解决，必须通过学科互涉或跨学科共同体协同完成和解决。特别是在创新驱动的高级知识经济社会中，创新引发的社会大挑战问题更需要以跨学科群的形式来解决，由此，围绕共同社会创新问题形成的不同学科深度协同的学科群成为科学范式转型中的新形态。

从共同体组成看，在模式1知识生产范式中，科学共同体具有显著的同质性，即科研人员基本上是由从事纯科学研究的科学家或学术人构成的。在模式2知识生产范式中，科学研究共同体则表现出明显的异质性，即跨部门性。科学研究共同体不但来自科学领域，还有来自产业应用部门、政府管理部门等的代表，于是形成了学术界-产业界-政府"三重螺旋"跨部门共同体，跨部门科研协同成为模式2知识生产新的组织形态。模式3知识生产强调政府-大学-企业-公民社会"四重螺旋"创新生态系统情境，跨部门协同范围开始拓展到公民社会群体，即"四重螺旋"成为当前乃至今后基础科学研究的全新组织样态。与之相吻合的是开放科学所倡导的"公民参与式科学"。从地域场所看，模式1知识生产主要是在区域内单一大学或科研机构进行的；模式2知识生产强调知识的社会弥散性，主要是国家内部区域间的协同；而模式3知识生产所提出的多层次主要指个体、地方、国家、国际等多层次，与第四代科研范式和开放科学范式相吻合，跨国科研协同开始日益成为主流跨域形态。因此，基础科学研究正在走向模式3知识生产所指出的多主体、多层次、多形态、多节点的跨学科、跨部门、跨地域多维协同组织形态。

特别地，模式3知识生产所提出的学术企业是模式3知识生产和"四重螺旋"创新生态系统中大学存在的理想模式，在程度、密度、宽度和深度上处于最优水平。在实践上，虽然学术衍生公司和产业新创公司与学术企业具有诸多共性，但仍存在很大差异。例如，借助麻省理工学院的学术研究而创建的早期热电公司（Thermo Electron Corporation）最后完全演变为实体性创新生态系统，属于典型的学术衍生企业；而新近兴起的欧洲创新与技术研究院（The European Institute of Innovation & Technology）是集研究、教育与创新要素为一体的"知识三角"协同创新模式，属于典型的学术企业。学术企业将成为模式3知识生产情境下大学变革的新向度，是"模式3大学"的基本属性。另外，模式3知识生产强调多层次科研协同，其中最重要的一个协同层次是国际科研协同。模式3知识生产、开放科学中的公民科学，以及斯托克斯的应用引发的基础研究（即巴斯德象限）等理论思想，为高级知识经济时代大学基础科学研究跨部门、跨地域、跨边界多维深度协同、产学研协同培育基础研究人才提供了深厚的理论逻辑基础。

三、大学基础研究学术职业走向跨界就业

　　线性和非线性创新模式下的三种知识生产范式构成的"知识范式谱系"衍生了大学新型学术职业结构。模式1中大学学术专业人员的地位及其职业属性主要以"核心教职"（core faculty）为主体，以"终身教职"为最终追求。以基础研究为基本特征的模式1知识生产直接指向"学术卓越"，并根据一定学术学科背景和逻辑对其进行同行评价。也就是说，模式1知识生产范式中的学术卓越在很大程度上是与学科为本同行评价的评价结果相吻合的。模式1知识生产与线性创新模式相吻合，二者都遵循"先一后"序列，因此，其学术职业模式是：学术研究者的工作始于大学内部，而后走向公司，最后可能又重归大学。

　　模式2大学场域则较为复杂，在模式2知识生产范式中，"质量"直接指向有效的问题解决，并由知识生产者和知识应用者共同体联合对其进行评价，因此模式2的潜在同行谱系得到了无限扩张。[①]模式1的学科为本同行评价在模式2中丧失了其存在的合理性。尽管模式2知识与模式1知识具有同等重要的价值，但核心教职群体主要是模式1知识生产范式中的主体，模式2知识生产范式中的主体则指向非核心教职群体。在大学组织领域，尽管大学整合的模式1和模式2知识生产的整合谱系对创新起着关键作用，但模式1和模式2之间潜在的不匹配运行对模式2也是不利的。模式3知识生产范式则强调，现代大学应该有意识地对模式1与模式2知识生产范式进行创造性整合并对其可能性条件予以深刻反思，也就是说，现代大学发展的逻辑基础并不在于模式1和模式2知识生产范式的"二元分离"，而是将大学从模式1和模式2的二元争论"僵局"中解放出来，实现二者共同发展，鼓励开辟质量提升的新路径，即质量提升路径的多元化。模式3知识生产与非线性生态创新模式相吻合，在这一情景中，学术人员不必遵循由大学基础研究到企业应用研究的"先一后"逻辑，二者可以同时进行。[②]

　　对于第二种选择，坎贝尔提出了"跨域就业"或"多重就业"（multi-employment）的理论路径。[③]这就意味着，知识生产者和研发工作者可以同时

　　① 武学超. 知识生产范式转型及对大学学术职业的影响[J]. 科技进步与对策，2018，35（1）：149-153.

　　② 武学超. 知识生产范式转型及对大学学术职业的影响[J]. 科技进步与对策，2018，35（1）：149-153.

　　③ Carayannis E G. Encyclopedia of Creativity, Invention, Innovation and Entrepreneurship[M]. New York：Springer, 2013：503-508.

受聘于多个组织和机构。跨域就业形式具有多样性，既可以在网络化制度安排和不同大学机构之间实现，也可以在大学与非大学（如大学之外的公司、公民社会组织）组织部门之间实现。跨域就业旨在培育知识生产的创造性，学术职业共同体有效参与更广域的模式 1 和模式 2 知识生产的整合谱系。在模式 3 知识生产情景下的大学组织中，同一学术专业群体能够根据相互联系的多元学术就业合同实现横向跨域就业，就业合同的叠合可以增强核心和非核心学术教职群体之间边界的灵活性、开放性和公平性。跨域就业能够推动学术人员同时参与大学内外的横向跨域职业生涯。同一知识生产者能够追寻多所不同大学或大学与非大学组织的职业生涯轨迹。因此，跨域职业（cross-career）或跨域就业有利于不同组织之间混合网络的形成，从而为非线性开放式创新提供人才资本保障。在模式 1、模式 2、模式 3 交叉连接中，跨域就业和跨域职业也能够确定大学学术职业发展的潜在目标。跨域就业也代表了一种与终身教职学术职业模式同等重要的大学新型学术职业生涯模式，这是新科研范式下大学基础研究学术职业发展所应遵循的基本规律。①

四、大学基础研究谱系走向全方位开放

开放科学作为一种范式、一种理念抑或是一种技术工具创新，在全球开放科学战略和平台大规模兴起的浪潮下，正在推动大学基础研究全谱系重大转型。大学研究机构作为追求高深学问的重要场所，开始由传统的学术"象牙塔"向"知识经纪人"的组织角色转型；大学与企业科研契约关系开始由企业全自主研发向将部分基础研究攻关项目外包给大学的外包模式转型；大学科研成果传播开始由闭合式期刊向开放获取出版物的传播方式转型。②

1. 大学研究机构角色转型——从"象牙塔"走向"知识经纪人"

传统上，以科研为导向的大学和以技术应用为导向的企业部门之间存在明显的边界壁垒。然而，在科学日益开放时代，随着学术界和产业界之间科学责任分配的不断变化，部门之间的边界也日趋模糊。大学和企业之间日益频繁的知识转移、知识交换活动进一步缩小了科学域和生产域之间的边界鸿沟，大学作为"象牙塔"的传统学术形象开始转变为"知识经纪人"的新形象。近年来，世界许多著名大学研究机构的发展定位发生了根本性转变，开始从基

---

① 武学超. 知识生产范式转型及对大学学术职业的影响[J]. 科技进步与对策，2018，35（1）：149-153.

② 武学超，罗志敏. 开放科学时代大学科研范式转型[J]. 高教探索，2019（4）：5-11.

础研究提供者转变为开放式跨部门、跨地域科研协同联盟组建者，即从传统"象牙塔"走向"知识经纪人"的角色转型，各大学研究机构开始主动与外界利益相关组织组建网络化科研协同战略伙伴关系，旨在为企业创新问题提供直接的解决方案。例如，2011 年，瑞士苏黎世联邦理工学院（Eidgenössische Technische Hochschule Zürich，ETH Zürich）与国际商业机器（International Business Machines，IBM）公司协同创建了"苏黎世宾宁-罗勒纳米技术中心"（Binnig and Rohrer Nanotechnology Center），为双方研究者提供了大型研发协同平台，作为平等协同伙伴，双方都有权出版和出售其联合创造的知识产权。这种研发协同新型契约关系推动了双方伙伴及时发现其科研成果的潜在应用机会，并进一步促使其科研成果商业化。同时，苏黎世联邦理工学院与 IBM 公司的双向动态学术职业路径也体现了协同双方共同治理的时代特色，促进了缄默知识转移的溢出效应。"苏黎世宾宁-罗勒纳米技术中心"现已发展成为面向全球的开放式协同创新平台，包括来自 45 个国家的世界顶尖科学家。[1]苏黎世联邦理工学院在当前开放科学时代彰显了其作为"知识经纪人"的角色。

作为世界著名网络化无线射频识别和新兴传感技术研究组织，自动识别实验室网络（Auto-ID Lab Network）成员包括如麻省理工学院、剑桥大学、苏黎世联邦理工学院、复旦大学等 7 所分布于四大洲的世界著名大学，旨在通过"物联网"（internet of things）构建世界著名企业的供应链，通过软件和硬件设备为相关领域创新企业提供其研究成果，以推动新企业模式生成和关键技术应用。[2]瑞典著名乌普萨拉大学通过"乌普萨拉大学创新"（Uppsala University Innovation）项目的"乌普萨拉大学专家型创新支持职员"（Uppsala University professional innovation support officers）子项目实现其"知识经纪人"的角色，这些职员负责利用其产业与学术战略协同关系网来强化大学与产业的科研协同创新伙伴关系。[3]

2. 企业与大学科研契约关系转型——从全自主研发走向外包给大学

近年来，在开放科学理念引领和平台的推动下，许多创新企业开始通过简化技术研发价值链活动来强化其核心研发能力，这促使了创新企业与大学及公共科研院所之间的科研契约关系发生根本转型。在这一发展进程中，许多创

---

① ETH Zurich. The Binnig and Rohrer Nanotechnology Center Introduction and Explanations[R]. Rüschlikon: ETH Zurich, 2017: 16.

② Ilic A, Harrison M, Bhattacharyya R. Auto-ID Labs Annual Report 2018-2019[EB/OL]. http://autoidlabs.org/wordpress_website/?page_id=165. [2020-12-20].

③ Meyer M. The rise of the knowledge broker[J]. Science Communication, 2015, 32（1）: 118-127.

新企业大幅削减自身基础研究开支，采取外包研究形式将其大量基础研究活动移交给大学研究机构，其发展模式开始由自主开展基础研究走向购买大学研究成果。例如，迅达电梯公司（Elevator Company Schindler）与德国科隆大学（University of Cologne）应用数学研究院组成协同创新联盟并开展外包研究活动。基于精密技术要求，迅达电梯公司外包了遗传算法研发项目，以实现其电梯控制系统的优化升级。在这方面，科隆大学应用数学研究院成为迅达电梯公司技术创新过程前端知识和关键技术的供应商。其他如德国戴姆勒股份公司（Daimler）向德国一些著名大学和研究院外包了其远程信息处理研究项目；瑞士著名艾波比集团公司（Asea Brown Boveri Ltd.）与苏黎世联邦理工学院组成研发协同联盟，并向苏黎世联邦理工学院外包了检测机器人装置基础研发项目。①德国思爱普公司（SAP）在德国达姆施塔特工业大学（Technische Universitaet Darmstadt）、瑞士苏黎世联邦理工学院和圣加仑大学（University of St. Gallen）等世界著名大学创建了多家跨国分布式研究实验室网络，并向这些大学外包其所需关键技术研发攻关项目。诺华制药有限公司（Novartis）也日益加强与世界著名大学研究机构的合作，向具有相关领域基础研究优势的大学外包其研究项目，以填补其研究和前临床开发的关键技术缺口。这种外包研究模式为有效解决基础研发领域的"小企业缺陷"（liabilities of smallness）问题提供了新路径。传统上，受资源和规模限制，许多中小企业难以自主开展基础研究项目，将科学难题外包给大学及科研院所的发展模式更有利于提升这些企业的核心竞争力，并正成为新兴开放式协同研发模式在全球兴起。②

3. 大学科研成果传播方式转型——从闭合式期刊走向开放获取出版物

在传统闭合式科学范式下，科研成果传播方式主要依赖于学术共同体同行评审的闭合式期刊。在开放科学理念的推动下，世界许多大学科研机构通过大规模跨学科、跨区域、多边互动的科研协同平台和开放获取平台向社会公众开放其科学研究过程，加速其知识生产和传播。例如，位于瑞士日内瓦的世界最大高能物理实验室"欧洲核子研究组织"（European Organization for Nuclear Research，CERN）拥有来自全世界 80 多个国家、500 多所世界著名大学（包括我国的清华大学、山东大学等）及研究机构的 2500 多名科学家（占全球粒子物理学家的一半），每项实验通常由数百名科学家在巨型科研设备上共同完成，其科研资金已超 11 亿瑞士法郎，拥有 27 000 米长的加速器基础设施。该

① ETH Zurich. Research Projects with Industry[EB/OL]. http://www.ethz.ch/en/industry-and-society/research-projects-with-industry.html. [2020-04-18].

② 武学超，罗志敏. 开放科学时代大学科研范式转型[J]. 高教探索，2019（4）：5-11.

实验室基于"向所有人开放"（open to all）的理念，先后创建了"阿特拉斯Twiki 门户"（Atlas Twiki Portal）开放获取平台，可供全球 15 000 名高能物理科学家及时查阅。"欧洲核子研究组织"还与世界上 1000 多家权威图书馆、图书馆联盟和研究组织联合成立了"粒子物理开放获取出版资助联盟"（Sponsoring Consortium for Open Access Publishing in Particle Physics，SCOAP3）国际协同组织和"开放数据门户"（Open Data Portal），实验室科学家可将其所有研究成果及数据通过这些开放平台向公众开放共享。[①]"欧洲核子研究组织"已发展成为世界最大的以世界著名大学为主导的开放科学平台，旨在使公众能够免费开放获取科研论文，包括大约 24 000 种世界范围内的同行评审科学期刊，其实施路径包括"绿色通道"（green-road）和"金色通道"（gold-road），"绿色通道"是指作者可以在著名科学期刊持续发表论文，由出版商赋予作者获取自己科学论文复版的权利；"金色通道"是指作者能够在开放获取期刊发表其科研成果。[②]相对于大量同行评审纸质期刊的迟缓和严格的出版程序，基于互联网的开放获取期刊平台为学者即时利用科研成果提供了可能。从高能物理实验室"欧洲核子研究组织"的发展经验看，开放获取出版物有效地加速了新知识的传播。在欧洲大型强子对撞器（Large Hadron Collider，LHC）加速器蓝图在线发表后，几天之内就有上千次下载注册。一项引证数据分析显示，印刷前免费即时在线传播能够生成巨大的引证优势，上传到开放获取学科知识库的高能物理学科论文被引次数是未上传论文的 6 倍。[③]开放科学时代，许多国家政府开始要求其资助的大学科研成果必须即时公开发表和开放获取。在大多数欧盟资助的大学科研项目中，科学知识开放传播已经成为政府公共科研资助的先决条件。

五、大学基础研究评价走向卓越与影响双导向

知识生产模式现代转型、开放科学全球兴起及公共科研资助价值诉求等多重逻辑为大学科研非学术影响评价提供了认识论逻辑动因，世界主要创新型国家纷纷开展了以影响为导向的基础科研评价体制改革，非学术影响评价正成为世界大学科研评价的新常态。近年来，我国高校科研协同创新战略和新型高

---

① CERN. CERN Annual Report 2017[R]. Geneva：CERN，2017：11.

② University of St. Gallen. Open Access Policy der Universität St. Gallen[R]. St. Gallen：University of St. Gallen，2019：12.

③ Gentil-Beccot A，Mele S. Citing and reading behaviors in high-energy physics[J]. Scientometrics，2010（84）：345-355.

校智库建设也都赋予了大学基础科学研究非学术影响评价的现实使命。2012年发布的《教育部 财政部关于实施高等学校创新能力提升计划的意见》指出，"实施'高等学校创新能力提升计划'"，"形成以创新质量和贡献为导向的评价机制"。2013年，《教育部关于深化高等学校科技评价改革的意见》发布，明确提出了"建立涵盖科研诚信和学风、创新质量与贡献、科教结合支撑人才培养、科学传播与普及、机制创新与开放共享等内容，科学合理、各有侧重的评价标准"。2014年，《教育部关于印发〈中国特色新型高校智库建设推进计划〉的通知》指出，"实施科学合理的分类评价标准，把解决国家重大需求的实际贡献作为核心标准，完善以贡献和质量为导向的绩效评估办法"。因此，建立以"质量和贡献为导向"的大学科研影响（包括学术影响和非学术影响）评价体系是推进高校协同创新和新型智库建设的迫切需求，也是深化大学科技评价改革的必然选择。近年来，世界主要创新型国家纷纷进行大学科研评价体制改革，掀起了以非学术影响评价为主题的新一轮改革浪潮，非学术影响评价正成为世界大学科研评价新常态，并具有学术合法性。非学术影响评价既是对现代大学学术自治逻辑的尊崇，也是对传统学术边界逻辑的超越，是高级知识社会大学科研评价的必然选择。基础科学研究评价指标体系正在发生根本性变革。传统以学术期刊影响因子为主要评价指标的体系难以适应开放科学在社会、政治、经济等相关领域发展中多重影响的新图景，单纯以学术影响力作为科研成果评价唯一标准与开放科学时代的发展不相适应。①

1. 基础研究非学术影响评价的逻辑动因

驱动大学科研非学术影响评价的逻辑因素是多方面的，既包括大学自身内在因素，也包括政治、经济等外部因素。从大学自身因素看，一方面是顺应知识生产模式现代转型的逻辑诉求，另一方面是为了有效监测和管理大学科研绩效，促使大学科研对地方、国家、国际社会贡献显性化；从政治视角看，是为了向政府、公众展示大学公共科研资助的社会经济价值；从经济视角看，是为了理解科研社会经济价值，并传播拨款决策。正如杜诺万（Donovan C）所言："科研影响是为政府有效资助科研提供证据的有力武器。"②总体来看，大学科研非学术影响评价的最主要动因是知识生产模式转型及科研公共资助价值实现的逻辑诉求。

---

① 武学超. 大学科研非学术影响评价及其学术逻辑[J]. 中国高教研究，2015（11）：23-28.

② Donovan C. Impact is a Strong Weapon for Making an Evidence-Based Case Study for Enhanced Research Support But a State-of-The-Art Approach to Measurement is Needed[EB/OL]. http://blogs.lse.ac.uk/impactofsocialsciences/tag/claire-donovan/. [2020-12-10].

（1）科学范式现代转型对科研评价改革的逻辑诉求

科研评价是大学科研事业发展的指挥棒，评价的取向和维度直接影响和引领着大学科研的基本走向。反过来，不同社会发展阶段的时代特质赋予了大学科研以新的使命，科研评价必须顺应这一新的逻辑需求。在知识经济社会，大学知识生产模式发生了深刻变革，已由传统的以学科为本、追求"高深学问"为基本特征的模式1知识生产走向以跨学科、应用情境、学术使命和社会责任并驱为基本特征的模式2知识生产①，目前正呈现出以"分形创新生态系统"、知识集群、创新网络为基本要素和以静态非线性网络集群性、动态协同互动的多节点、多形态、多层次、多主体的模式3知识生产新图景②。在知识生产新图景中，知识生产由大学-产业-政府-公民社会等多主体协同开展，知识生产的结果并不单单为科学知识增长服务，更强调直接贡献于社会经济发展的终端用户。这就赋予了知识生产结果评价的新使命——评价不但注重新知识的"质"的卓越性，更强调其"贡献"的影响力。正如吉本斯和卡拉雅尼斯教授所坚持的，在新知识生产模式下，评价标准应该是多维度的，知识生产者以及知识传播和使用者将从不同价值标准对知识成果予以评价，因此知识成果评价不仅要考虑知识本身的价值，还必须兼顾知识对社会、经济、政治等多方面的非学术影响。另外，开放科学实现了基础科学研究过程和结果的全生命周期透明开放，将公民社会用户纳入异质性多利益相关者科研共同体中，这些用户对科学研究成果具有强烈的针对性的利益诉求。在此逻辑的驱动下，大学科研必须顺应高级知识经济社会对研发创新的时代需求，在追求科研"卓越性"的同时，应充分发挥其服务社会的"影响"，这就赋予了大学科研评价的质量与贡献的价值取向，反过来又引领大学科研追求卓越和影响的发展方向。这是顺应人类社会科学范式演变的逻辑规律，充分发挥大学科研服务高级知识经济社会发展的必然选择。

（2）公共科研资助对科研社会价值的逻辑诉求

随着知识经济的深入、快速发展，知识创新驱动经济发展的战略思维促使世界主要经济发展体的研发强度已达到2%—5%，我国也在2013年突破了2%的目标。③早在20世纪80年代之前，大多数国家将科学看作确保国家竞争力的"精灵"（genie），同时，政治决策者从未对公共研发投入的社会经济影

① Gibbons M, Limoges C, Nowotny H, et al. The New Production of Knowledge：The Dynamics of Science and Research in Contemporary Societies[M]. London：Sage，1994：39.

② Carayannis E G, Campbell D F J. Mode 3 knowledge production in quadruple helix innovation systems[J]. Springer Briefs in Business，2012，34（7）：28-34.

③ OECD. Main Science and Technology Indicators[R]. Paris：OECD Publishing，2019：98.

响产生怀疑，秉持"科学会自动生成社会经济效益"的逻辑信念。[①]布什就曾指出，任何科学投入本质上都是有利于社会的。[②]但从 20 世纪 80 年代后期开始，诸多国家出现的公共科研资金严重赤字的困境迫使科学通过内部同行评估以及科学产出与影响指标解释其成效。科研影响评价的主要利益诉求就是科学研究对学术界和科学知识的影响。其逻辑假设是，社会能够"自动地"从最高质量科学中获取最大收益。20 世纪 90 年代，人们开始偏离了这一"自动信任"的逻辑思维观点，希望通过证据展示科学对社会的价值。正如欧盟所质问的："社会真正能从公共资助科研的产出中获得什么利益？"[③]因此，科研评价范围开始超越大学学术领域，日益关注其社会产品（产出）、社会运用、社会利益（社会变革）等非学术影响。只有当大学科研成果转化为市场化和可消费的产品时，社会才能从高质量的科研成果中获益。对此，在"美国再投入科技：评估科研对创新、竞争力和科学的影响"（Science and Technology for America's Reinvestment：Measuring the Effects of Research on Innovation, Competitiveness and Science，STAR METRICS）框架下，美国联邦政府开展了包括大学在内的公共资助科研对就业、经济等产出效益的影响评价。另外，传统上，基础研究对社会发展的重要性并未得到人们的充分认识。那些高被引论文或顶尖学术期刊论文虽然具有很高的学术影响，但并未发挥其应有的社会影响效应。为彰显大学科研的非学术影响，引领大学科研社会功能的发挥，贡献于科技创新，近年来世界诸多国家开始关注基础研究的社会效益，实施基础研究非学术影响评价机制。

2. 基础研究非学术影响评价国际主流模式

基础研究非学术影响是相对于学术影响而言的，前者主要包括社会、经济、文化、环境等维度。社会影响意指科学研究对国家社会资本的贡献（如创新社会问题解决方式、传播公共舆论、提升决策能力等）；经济影响是对国家经济资本的增值（如增强技能、提高生产力等）；文化影响是对国家文化资本的增值（如贡献于文化传承和创新等）；环境影响是对国家自然资本的增值（如减少污染和浪费、利用再循环技术等）。因此，大学科研非学术影响涉及社会、经济、公共政策、政治舆论、文化等领域，近年来，主要创新型国家都在

① Stephan P. How Economics Shapes Science[M]. Cambridge：Harvard University Press，2012：60.

② Bush V. Science：The Endless Frontier[R]. Washington：United States Government Printing Office，1945：11.

③ European Commission. Assessing Europe's University-Based Research[R]. Brussels：D-G Research Expert Group on Assessment of University-Based Research，2010：26.

积极实施科研非学术影响评价机制，比较典型的如英国的"科研卓越框架"（Research Excellence Framework，REF）、澳大利亚的"研究质量与获取性框架"（Research Quality and Access Framework）、美国的 STAR METRICS、荷兰的"情境中的科研评价"（Evaluating Research in Context，ERiC）、欧盟的"开放科学职业评价矩阵"（Open Science Career Assessment Matrix，OS-CAM）等评价机制，非学术影响评价正在成为世界大学基础科学研究评价体系改革的新样态。①

（1）英国的 REF 模式

面对日趋激烈的国际经济和科技竞争，英国政府决定对高校科研评价机制进行改革，引领创建一个动态的、机敏的、具有国际竞争力的卓越研究基地联合体，以最大限度地贡献于国家社会经济发展和知识扩散。对此，英国政府从 2014 年开始创建 REF 评价体系，以取代传统的科研评价体系（Research Assessment Exercise，RAE），首次用"研究影响"这一指标替代了原来的"研究声誉"指标，并将其权重定为 20%（"质量"占 65%，"环境"占 15%），即从"研究成果质量""研究环境""研究影响"三个维度对大学卓越科研成果进行测评。②其评价方法是，根据影响力模板采用案例描述（叙事）方法，并辅以案例和定量数据作为证据，由专家评估。专家组由国内外行业专家以及用户专家构成，超越了传统的同行评价。③英国 REF 中的科研影响评价指标主要包括外部组织等获取的科研收益指标；与所有科研用户（如新创公司）协同的数量和程度指标；社会、经济、政策、文化、卫生、生活质量影响指标（表 1-2）。评价结果分为五个等级，即 4 星级、3 星级、2 星级、1 星级和未分类，分别代表影响的"卓越""非常可观""可观""认可但适度"，以及影响"很小"或"根本没有"等水平。④

表 1-2　英国 REF 科研影响评价指标公共菜单

影响领域	指标描述
高技能人才	科研人员在大学和产业之间的跨部门流动性，博士后科研人员在企业的受聘情况
创建新公司，提高已有公司绩效或成果商业化	大学与企业的科研合同，从企业获得的经费量，与企业的合作成果，知识产权收入，衍生公司税收增长，专利和许可授权等
吸纳全球企业获取研发经费	从国外企业获取的研究收入，与国外企业合作开展的研究项目

① 武学超. 大学科研非学术影响评价及其学术逻辑[J]. 中国高教研究，2015（11）：23-28.

② Higher Education Funding Council for England. The 2014 REF Assessment Criteria and Level Definitions[R]. London：Higher Education Funding Council for England，2014：10.

③ UKRI. Initial Decisions on the Research Excellence Framework 2021[R]. London：UKRI，2017：6.

④ UKRI. Initial Decisions on the Research Excellence Framework 2021[R]. London：UKRI，2017：9.

影响领域	指标描述
贡献于公共决策或公共服务	从政府部门获得的科研收入，对公共部门政策改革产生的影响，对公共服务部门产生的影响，参与公共决策咨询的情况
公众卫生、健康质量提升	从国家卫生部门、医学研究慈善机构等获得的科研经费，通过科研成果挽救病人的数量，降低公共传染病率，新药品的开发和利用，公共不良行为的改善情况等
促进环境等的可持续发展	科研成果对促进可持续发展、减少污染、提高自然资源利用率等的贡献
促进公众参与科学研究	公共参与科研的水平，公众对科学的态度变化，公众对文化遗产的尊重情况
提升社会福利、社会融合或国家安全水平	科研成果在提升社会公平、促进社会融合和增强社会福利效能方面的作用，对弱势群体接受教育或参与社会活动的积极影响

（2）澳大利亚的"研究质量与获取性框架"模式

"研究质量与获取性框架"是 2004 年由澳大利亚政府创立的，旨在评价所有纳税人资助的科研质量、公共资助科研影响力（包括科研对区域、国家或国际社会中终端用户的社会、经济、环境和文化影响）。根据该框架的规定，科研影响的表述包括：科研团队如何与终端用户联合解决社会、经济、环境或文化议题；终端用户获得的科研团队新产品，以及政策咨询的社会、经济、环境、文化效益是什么；科研成果对社会、经济、环境和文化效益的贡献程度有多大。该框架科研影响评价指标主要包括污染减排、自然资源再生、生活质量提高、传染病发生率下降、文化意识增强、就业率提高、产业竞争力提升、衍生公司数量、新产品和发明、技术许可、政策咨询、科研合同与产业资助、非学术出版物、与终端用户协同创新项目、政府工作报告引用情况、专家咨询服务等。科研社会影响的评价结果分为 A、B、C、D、E 五个等级：①A 等，指被采用的科研成果在区域、国家和国际层面生成了卓越的（前 2%）显性社会、经济、环境或文化效益；②B 等，指被采用的科研成果在区域、国家和国际层面生成了较卓越的（前 20%）显性社会、经济、环境或文化效益；③C 等，指被采用的科研成果在区域、国家和国际层面生成了较好的（前 30%）显性社会、经济、环境或文化效益；④D 等，指科研团队正在与终端共同体联合解决区域、国家或国际上的社会、经济、环境或文化问题；⑤E 等，指科研成果在区域、国家或国际共同体中产生较低或未产生社会、经济、环境或文化效益。[①]

---

① RAND Europe. Capturing Research Impacts: A Review of International Practice[R]. London: HEFCE, 2009: 37.

（3）美国的 STAR METRICS 模式

STAR METRICS 是由美国联邦政府科学与技术政策办公室、国家卫生研究院（National Institutes of Health，NIH）、国家科学基金会等部门于 2008 年联合开发的科研影响评价机制。这一新的评价模式旨在监测联邦政府在就业、知识生产和卫生领域的科学投入效果，由国家卫生研究院、国家科学基金会以及美国联邦政府科学与技术政策办公室共同负责实施。STAR METRICS 旨在帮助美国联邦政府最大限度地评估其在研发领域投入的价值，从而生成美国联邦政府科学投入绩效收益的严格透明评估结果。正如美国国家卫生研究院主任弗朗西斯·柯林斯（Francis Collins）指出的：“通过 STAR METRICS 评估，短期内我们能够了解政府公共研发投入对就业的影响，长期看，我们能够监测技术专利、公共出版物、成果引用以及新创企业的创新成效。”①该评估项目数据来源于包括大学在内的科研机构以及联邦各部门，信息主要通过高度自动化方式存于大学数据库，大学科学家和管理者不需承担过多任务。STAR METRICS 主要测评科学投入的其他四大核心领域：经济增长通过专利、新创公司等指标进行评估；劳动力收益通过学生流入劳动力市场和就业领域的数量来测算；科学知识通过出版物和引用频次来测算；社会效益通过科研资助的长期卫生和环境影响来测算。该模式用来描述科学家之间的互动以及开展的科学研究活动，评价科学研究对经济、知识生成、社会、卫生等效益的影响。②

（4）荷兰的“情境中的科研评价”模式

2009 年，荷兰政府启动“情境中的科研评价”模式改革，旨在对大学学术研究在私营部门和公共部门（如产业、教育、决策、卫生等）中解决社会问题（如创新、气候变化、社会融合、全球化等）的社会影响进行评价。该评价体系将“社会影响”界定为科学研究对社会部门解决社会问题的贡献程度，所采用的方法主要是“生成性互动”（productive interaction），即如果科研在社会上具有潜在影响，就需要研究团队与社会利益相关者之间进行互动，这种互动可以发生在科研设定、科研过程和科研结束等不同阶段。其逻辑前设是，如果科学研究团队与利益相关者之间存在“生成性互动”，那么这项研究或早或晚就会产生社会影响。“互动”包括个人合同（如联合项目、研发网络或联盟、咨询服务等）、出版物、实物产品、利益相关者支持科研（如财政、直接参

---

① National Institutes of Health. STAR METRICS：New Way to Measure the Impact of Federally Funded Research[EB/OL]. http://www.nih.gov/news/health/jun2010/od-01.htm. [2020-12-22].

② U. S. Department of Health and Human Services. STAR METRICS：Research Institution Participation Guide[R]. Washington：U.S. Department of Health and Human Services，2012：16-19.

与、设备共享）等。①在该模式中，"社会影响"评价过程分为四个阶段：使命描述、社会影响定性描述、社会影响指标量化、评估委员会综合评价。前三个阶段采用自我评价，第四阶段采用第三方评估委员会的外部评价。使命描述主要是对科研团队社会贡献的目标和战略举措的描述，以准确反映科研情景，如某领域科研专业人才培养、产业或商业化导向知识生产、公共服务导向知识生产、政策导向知识生产等；社会影响定性描述包括科研成果对社会的可能性影响、科研成果在社会利益相关者之间的传播方式、通过生成性互动选取社会利益相关者关注的证据、科研成果的影响范围等方面；社会影响指标量化包括科研成果广度、社会利益相关者对科研成果的关注度、科研成果的实际运用等方面；评估委员会综合评价主要是通过与科研参与者及利益相关者访谈等方式评价科研的社会意义。②

（5）欧盟的"开放科学职业评价矩阵"模式

为适应开放科学时代的新型出版形式，如在线开放获取期刊、微博等，需要大学科研评价体系走向一种多元科学影响力评价方法。在开放科学时代，替代计量学必然成为主流的科学评价方式。另外，另类科研成果评价也开始在全球兴起，它能够跟踪在线出版物如何通过像社交网络平台和博客这样的网络社区传播，以及如何通过传统媒体进行有效传播。另类科研成果评价除了评价学术论文被引频次之外，还要对科研成果的社会、政策、经济、文化等各方面的非学术影响进行评价，如英国的 REF、澳大利亚的"研究质量与获取性框架"、美国的 STAR METRICS、荷兰的"情境中的科研评价"等，都是开放科学时代大学科研评价体系改革的基本趋势，"卓越"和"非学术影响"正成为世界大学科研评价新常态和高质量发展新向度。同时，开放科学跨部门、跨地域、跨学科协同研究的学术品性赋予了大学科研评价的多维度特质。为激励开放科学，全面提升大学科研卓越水平，欧盟设计并实施了多维综合评价框架——"开放科学职业评价矩阵"，它涵盖了卓越科研人员更广域的学术能力，包括科研产出、科研过程、科研服务和领导、科研影响力、科研对教学的贡献度、专业经验等指标（表 1-3）。③

① 武学超. 大学科研非学术影响评价及其学术逻辑[J]. 中国高教研究，2015（11）：23-28.

② RAND Europe. Capturing Research Impacts: A Review of International Practice[R]. London: HEFCE, 2009: 32.

③ European Commission. Evaluation of Research Careers Fully Acknowledging Open Science Practices: Rewards, Incentives and Recognition for Researchers Practicing Open Science[R]. Brussels: European Commission, 2017: 15.

表 1-3　欧盟的开放科学职业评价矩阵

开放科学活动维度		科研评价指标
科研产出	科研活动	将开放科学作为科研活动新范式
	出版物	在开放获取期刊发表论文，在开放获取知识库中自我存取
	数据库和科研成果	依循开放数据管理和开放数据库指标标准，充分利用其他研究人员开放科研数据
	开放资源	充分运用开放资源软件，面向其他用户开发新开放资源软件
	科研经费	确保开放科学活动经费充足
科研过程	利益相关者参与/公民科学	吸纳非专业人士和科研成果用户参与科研过程，通过开放平台与利益相关者共享科研成果
	科研协同和跨学科研究	通过开放协同科研项目促进利益相关者参与科研过程，通过多样化跨学科团队开展科学研究
	科研诚信	增强与开放科学数据共享、数据保密、学术品性和环境影响相关的伦理和法律意识；充分认识其他利益相关者（如科研协同者、论文合作者、公民用户、开放数据提供者等）对科研项目的贡献
	科研风险管理	增强开放科学活动中的各种风险意识和管理能力
科研服务和领导	科研领导	领导团队开展开放科学实践，为开放科学研究提供决策咨询
	学术地位	提升开放科学活动的学术声誉
	同行评审	开展开放同行评审、开放型科研审查和评估
	科研网络协同	参与开放科学相关的国家和国际协同网络
科研影响力	学术交流和传播	参与公共科研服务活动；通过非学术传播路径共享科研成果；将科研成果翻译为通用语种
	知识产权（专利、许可）	将知识产权转化为科技创新和广域经济增长
	社会影响	科研成果向社会开放使用；科研成果得到社会群体的认可
	知识交换	与非学术利益相关者开展开放式创新活动
科研对教学的贡献度	教学	培养其他科研人员开放科学原理和方法；开发开放科学方法课程项目（包括开放科学数据管理课程）；增强本科生和研究生的开放科学意识，促进其对开放科学的理解
	指导	指导其他研究人员开放科学工作能力；为早期科研生涯人员提供开放科学指导
专业经验	继续专业发展	通过自身专业发展加强开放科学能力建设
	科研项目管理	成功管理多团队参与开放科研项目
	参与开放科学的人格品性	彰显个人与公民社会和科研用户协同开展开放科学的人格品性

简言之，模式 1 知识生产"为科学而科学"的价值取向决定了其在评价导向上主要强调科学研究的科学质量，即基础研究的质量监控以科学质量卓越

为唯一标准；模式 2 知识生产的应用价值取向决定了其科学研究评价不但要关注科学本身的质量，还强调所生成的科研成果的应用性价值，特别是在以更广域创新应用为价值取向的模式 3 知识生产范式的影响下，世界各国基础研究评价开始走向质量和贡献共生的评价导向，近年来在全球兴起的以卓越和影响（主要是非学术影响）为双元导向的基础研究评价体系改革就是新知识生产和开放科学范式影响下的战略新走向。在开放科学范式的影响下，基础研究评价指标日益多元，不单单指传统的科研论文的科学共同体同行评审，多元在线科研成果形式也开始受到重视，传统科学共同体的闭合式同行评审也开始走向多利益相关者参与的开放式同行评审。

第二章　科研范式转型视角下欧盟大学基础研究高质量发展战略

21世纪以来，在欧洲一体化进程中，作为经济、教育、科技高度统一的欧洲区域联盟，欧盟启动并实施了欧洲研究区战略，旨在通过促进科学研究人员、科学知识和技术自由流动，以研究型大学为战略要地，最终将欧盟创建为面向世界开放的世界一流科学研究基地和世界知识创新网络中心。该战略的基本取向是依循新的知识生产范式和开放科学基本思想，以大学为突破口，通过基础研究范式转型，为欧盟基础研究竞争力提升提供新的增长点。经过20年左右的持续实施，欧洲研究区战略已成为引领欧盟大学基础研究高质量发展的最大跨国协同联盟典范，有效推动了欧盟大学基础研究高质量发展，成为世界一流基础研究和知识创新的重要战略基地。2000年，欧洲委员会（以下简称欧委会）最先提出"欧洲研究区"理念。2007年，《欧洲研究区：新视野》报告提出，加强欧委会、欧盟成员国及利益相关者之间的战略合作伙伴关系，推进欧洲研究区建设进程。2009年，《里斯本条约》中正式引入欧洲研究区，将"欧洲科研人员、科学知识和技术自由流动"作为欧盟科研发展的正式战略目标。2015年，欧盟发布了《欧洲研究区2015—2020路线图》，提出了2015—2020年，欧盟成员国实施六项欧洲研究区优先战略的国家行动计划。2019年，欧委会发布《欧洲研究区进展报告》，提出了进一步加速欧洲研究区优先战略实施进程，并启动2021—2027年"地平线欧洲"（即第九科研与创新框架计划）战略。

第一节　欧盟基础研究竞争力评价

欧盟拥有世界主要发达创新型国家，特别是自欧洲研究区战略和欧盟科研与创新框架计划实施以来，欧盟整体的基础科学研究实力不断增强，各项竞争力指标位居世界前列，创新能力持续提升。根据 2019 年《欧洲创新记分牌》统计报告，欧盟的创新能力已经超过了美国，仅次于韩国、加拿大、澳大利亚和日本，居世界第 5 位；2011 年，欧盟创新能力上升了 8.8 个百分点，特别是在新增博士生、国际科研协同论文等方面增长速度最快，在 28 个成员国中仅有 3 国的创新能力下降，其他 25 国的创新能力均有不同程度的提升。根据整体创新指标，丹麦、芬兰、荷兰、瑞典 4 国被归为创新领先型国家，其创新能力为欧盟平均值的 120%以上；奥地利、比利时、法国、德国、英国、卢森堡等 8 国被归为强创新型国家，其创新能力高于或接近欧盟平均值，为欧盟平均值的 90%以上；希腊、匈牙利、意大利、波兰、西班牙等 14 国的创新能力低于欧盟平均值，为欧盟平均值的 50%—90%，被归为中等创新型国家；罗马尼亚等国的创新能力为欧盟平均值的 50%以下，被归为低创新型国家。①

一、欧盟科研资金投入强度竞争力

一个国家和地区科研资金投入占国内生产总值（gross domestic product，GDP）的比例（即研发强度）是衡量一个国家和地区科研投入竞争力的核心指标。OECD 于 2020 年 3 月发布的《科学与技术主要指标》报告显示，2018 年，欧盟 28 国的平均研发强度为 2.03%，欧盟整体上处于中等偏上水平，OECD 成员国的平均值则为 2.40%。欧盟内部也存在较大差异。研发强度较大的如瑞典为 3.31%，德国为 3.13%，奥地利为 3.17%，丹麦为 3.03%；研发强度较小的如土耳其、英国、波兰、西班牙、葡萄牙、希腊等国，都不到 2%。②

---

① European Commission. European Innovation Scoreboard[R]. Brussels：European Commission，2019：36.

② OECD. Main Science and Technology Indicators[R]. Paris：OECD Publishing，2020：65.

二、欧盟基础研究人员投入竞争力

人力资源是科学研究的重要资本投入，国际上通常用单位就业人口中科研人员数量作为衡量科研人才投入竞争力的重要指标。2018年，欧盟每千人就业人员中科研人员的数量为8.8人，略高于OECD成员国的平均值8.6人。世界单位就业人口科研人员密集度较高的国家也主要集中在欧盟成员国，如丹麦高达15.7人，为世界之最，瑞典为14.8人，芬兰为14.5人，中国仅为2.4人（图2-1）。

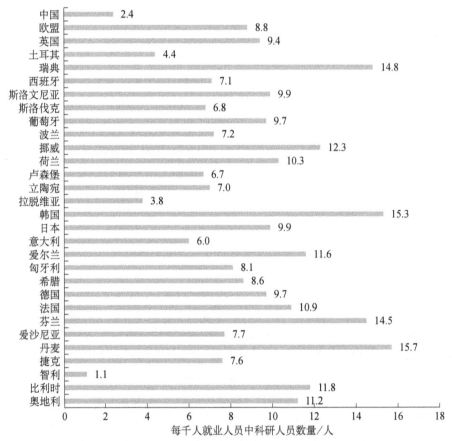

图2-1   中国、欧盟与OECD主要成员国每千人就业人员中科研人员数量

资料来源：OECD. Main Science and Technology Indicators[R]. Paris：OECD Publishing，2020：28

新增博士毕业生是基础科学研究的重要人才群体。近年来，欧盟加大了博士研究生培养力度，新增博士毕业生规模持续快速增长，为欧盟大学基础研

究卓越发展提供了宝贵的人才资源。2019 年《欧洲创新记分牌》统计报告的数据显示，2017 年，欧盟每千人口中新增博士毕业生为 2.09 人，产出博士毕业生较多的欧盟成员国如丹麦为 3.17 人，英国为 3.08 人。从欧洲范围看，2017 年，瑞士单位人口产出博士生最多，为 3.42 人，但与 2010 年的 3.70 人相比有所减少（表 2-1）。

表 2-1　2010—2017 年欧盟及欧洲其他国家 25—34 岁
每千人口中新增博士毕业生　　　　　　　单位/人

国家和国际组织	2010 年	2011 年	2012 年	2013 年	2014 年	2015 年	2016 年	2017 年
欧盟	1.50	1.50	1.80	1.95	1.94	2.01	2.09	2.09
比利时	1.50	1.50	1.60	1.71	1.79	1.93	1.98	1.98
保加利亚	0.60	0.60	1.00	1.21	1.38	1.48	1.52	1.52
捷克	1.30	1.50	1.70	1.60	1.68	1.69	1.67	1.67
丹麦	2.10	2.30	2.40	2.90	3.24	3.27	3.21	3.17
德国	2.70	2.80	2.70	2.82	2.80	2.85	2.78	2.68
爱沙尼亚	0.90	1.30	1.00	1.24	1.13	1.08	1.24	1.31
爱尔兰	1.60	1.90	2.00	2.13	2.50	2.60	2.17	2.24
希腊	1.10	1.00	1.10	1.02	1.13	1.32	1.54	1.54
西班牙	1.20	1.20	1.40	1.60	1.75	1.91	2.59	2.59
法国	1.60	1.70	1.70	1.73	1.65	1.70	1.71	1.71
克罗地亚	1.40	1.40	2.30	1.44	1.50	1.57	1.18	1.35
意大利	1.60	1.60	1.60	1.54	1.53	1.52	1.44	1.44
塞浦路斯	0.20	0.30	0.30	0.36	0.42	0.55	0.65	0.65
拉脱维亚	0.50	1.00	1.00	1.12	0.94	0.91	0.71	0.55
立陶宛	1.00	0.90	1.10	1.19	1.11	1.12	0.86	0.86
卢森堡	0.80	0.80	0.70	0.81	1.01	1.28	1.24	1.24
匈牙利	0.80	0.80	0.90	0.81	0.90	0.96	1.01	0.96
马耳他	0.20	0.30	1.00	0.39	0.35	0.45	0.53	0.53
荷兰	1.90	1.90	2.00	2.13	2.22	2.26	2.38	2.24
奥地利	2.30	2.20	2.20	2.01	1.95	1.89	1.89	2.20
波兰	0.50	0.50	0.60	0.60	0.55	0.63	0.63	0.55
葡萄牙	1.90	1.60	2.10	1.86	1.96	1.90	1.96	1.83
罗马尼亚	1.60	2.00	1.80	1.92	1.36	1.45	0.85	0.73
斯洛文尼亚	1.50	1.70	1.90	3.95	3.46	3.55	1.76	1.94
斯洛伐克	3.20	1.90	2.40	2.40	2.52	2.25	2.11	2.00
芬兰	2.60	2.70	2.70	2.77	2.91	2.88	2.87	2.63
瑞典	2.90	2.90	2.80	2.79	2.91	2.88	2.71	2.71

续表

国家和国际组织	2010 年	2011 年	2012 年	2013 年	2014 年	2015 年	2016 年	2017 年
英国	2.30	2.40	2.40	3.00	2.87	3.03	3.08	3.08
冰岛	0.80	1.10	0.90	0.90	0.90	0.90	0.90	0.90
以色列	1.45	1.43	1.48	1.80	1.80	1.87	1.87	1.87
北马其顿	0.50	0.60	0.50	0.67	0.63	0.75	0.61	0.61
挪威	1.90	2.00	2.20	2.32	2.11	2.01	1.92	2.06
塞尔维亚	0.58	0.65	0.79	1.04	1.04	1.55	1.55	1.55
瑞士	3.70	3.50	3.40	3.33	3.45	3.40	3.42	3.42
土耳其	0.40	0.40	0.40	0.40	0.35	0.41	0.48	0.48
乌克兰	1.72	1.72	1.72	1.72	1.73	1.56	1.54	1.54

资料来源：European Commission. European Innovation Scoreboard[R]. Brussels：European Commission，2020：38

国际博士生既是一个国家和地区开展基础研究的重要人才资源，也是一个国家和地区开展国际科研协同的一项重要内容和指标。欧盟在积极推进欧洲研究区战略和欧洲高等教育区战略进程中，包括博士生在内的基础研究人才的流动性不断增强。从 2010—2017 年欧盟及欧洲其他国家国际博士生占本国博士生总数的比例看，2010 年，欧盟国际博士生占本国博士生总数的比例为21.2%，虽然 2013 年和 2014 年有所下降，但其余年份仍保持在20%以上。2017 年，国际博士生占本国博士生总数比例较高的国家如卢森堡为 80.8%，法国为 39.5%，比利时为 37.9%，丹麦为 35.2%，瑞典为 35.1%，英国高达43.2%，仅次于瑞士的 55.3%（表 2-2）。

表 2-2　2010—2017 年欧盟及欧洲其他国家国际博士生
占本国博士生总数的比例　　　　　　　　　单位/%

国家和国际组织	2010 年	2011 年	2012 年	2013 年	2014 年	2015 年	2016 年	2017 年
欧盟	21.2	21.2	21.9	19.2	19.0	20.1	21.0	20.3
比利时	32.3	34.1	36.2	37.7	36.6	42.3	44.2	37.9
保加利亚	5.8	5.4	4.3	4.0	4.2	5.1	6.3	6.6
捷克	10.8	11.4	12.2	12.8	13.9	14.8	15.9	15.9
丹麦	25.5	29.0	30.3	29.5	30.5	32.1	33.7	35.2
德国	11.2	11.2	11.3	7.1	7.4	9.1	9.4	9.7
爱沙尼亚	6.3	7.1	7.8	7.2	8.1	10.7	12.0	12.9
爱尔兰	37.1	36.5	34.7	34.7	23.1	25.4	27.0	27.0
希腊	1.8	1.8	1.8	1.8	1.8	1.8	1.5	1.4
西班牙	22.7	22.9	26.0	16.2	15.7	11.9	15.5	12.0

续表

国家和国际组织	2010 年	2011 年	2012 年	2013 年	2014 年	2015 年	2016 年	2017 年
法国	42.0	42.2	42.3	39.9	39.9	40.1	39.5	39.5
克罗地亚	2.2	2.7	3.1	2.6	3.4	3.2	3.9	3.9
意大利	9.3	10.5	11.3	12.5	13.2	13.5	14.2	14.2
塞浦路斯	8.4	10.0	11.3	4.8	6.8	11.4	14.3	14.3
拉脱维亚	1.3	0.5	3.1	5.9	6.5	8.8	11.4	9.8
立陶宛	0.5	0.2	0.4	2.8	3.0	3.9	4.6	4.6
卢森堡	80.7	80.7	84.1	84.1	85.0	87.0	84.8	80.8
匈牙利	6.6	7.3	7.5	7.5	8.5	7.2	11.6	11.6
马耳他	2.7	2.7	7.8	7.7	7.4	12.4	11.6	11.6
荷兰	38.7	38.7	41.9	41.9	37.8	36.6	40.1	39.9
奥地利	24.3	24.6	26.0	27.7	25.1	27.0	28.3	30.3
波兰	2.3	2.4	2.3	1.6	1.7	1.9	2.0	2.0
葡萄牙	13.2	14.8	16.8	15.1	15.8	21.2	25.6	25.0
罗马尼亚	2.9	3.0	2.9	3.5	2.5	2.3	3.8	4.4
斯洛文尼亚	8.5	10.2	10.8	7.6	9.1	8.5	9.7	8.9
斯洛伐克	7.3	7.7	8.5	8.6	9.0	9.1	9.1	8.7
芬兰	10.5	12.0	13.3	16.8	18.7	19.9	21.1	21.9
瑞典	28.1	30.7	33.3	31.5	32.8	32.7	34.7	35.1
英国	47.4	46.7	47.0	41.4	42.5	42.9	43.2	43.2
冰岛	20.8	23.4	23.9	19.8	27.3	31.6	35.7	35.7
北马其顿	7.0	7.0	3.9	4.0	9.9	29.7	33.4	33.4
挪威	30.9	33.0	33.5	20.9	19.9	20.5	21.6	20.6
塞尔维亚	4.9	4.9	4.9	4.9	5.2	6.5	6.5	6.5
瑞士	48.2	49.3	50.2	52.1	53.4	54.3	54.9	55.3
土耳其	2.5	3.2	3.8	4.5	5.0	6.5	7.4	7.0
乌克兰	5.9	5.9	6.3	6.6	7.7	8.6	6.7	7.0

资料来源：European Commission. European Innovation Scoreboard[R]. Brussels：European Commission，2020：39

三、欧盟基础研究成果产出竞争力

国际科研论文是衡量一个国家和地区基础研究成果产出竞争力的一项重要指标，特别是高被引论文占本国科研论文总量的比例，是衡量基础研究成果产出质量的最核心指标。从 2009—2016 年欧盟及欧洲其他国家世界前 10%科研论文占本国科研论文总量的比例看，欧盟 28 国的世界前 10%高被引论文占欧盟科研论文总量的比例持续提高，2016 年，欧盟世界前 10%高被引论文占欧盟科研论文总量的比例为 11.46%，其中荷兰高达 15.67%，高于非欧盟国家瑞士的 15.61%，丹麦高达 15.77%，英国为 14.64%（表 2-3）。国际科研协同作为科学范式转型中基础研究的重要战略和组织形式，在推进世界一流基础研究发展中发挥着重要作用。从 2011—2018 年欧盟及欧洲其他国家每百万人口国际科研合作论文量看，欧盟 28 国每百万人口国际科研合作论文总量从 2011年的 757.5 篇持续增加到 2018 年的 1070.4 篇，其中 2018 年产出量较多的国家如丹麦为 2929.3 篇，芬兰为 2099.9 篇，瑞典为 2464.3 篇，卢森堡为 2451.8篇（表 2-4）。

表 2-3　2009—2016 年欧盟及欧洲其他国家世界前 10%
科研论文占本国论文总量的比例　　　　单位/%

国家和国际组织	2009 年	2010 年	2011 年	2012 年	2013 年	2014 年	2015 年	2016 年
欧盟	10.60	10.81	10.93	11.10	11.21	11.23	11.32	11.46
比利时	13.06	13.07	13.58	14.02	14.13	13.64	14.03	13.10
保加利亚	2.52	2.97	2.75	1.99	2.47	2.58	2.37	2.68
捷克	4.92	5.27	4.76	4.92	5.31	5.59	5.48	5.89
丹麦	14.59	14.95	15.32	15.86	15.07	15.16	15.03	15.77
德国	11.12	11.53	11.66	11.74	11.87	11.81	11.88	11.83
爱沙尼亚	7.12	8.30	8.09	7.28	8.11	8.91	9.71	9.99
爱尔兰	11.81	11.50	11.62	12.73	12.57	12.38	12.79	12.67
希腊	8.46	8.32	8.14	8.64	8.88	8.46	9.28	9.32
西班牙	9.73	9.67	9.72	9.87	9.91	9.73	9.74	9.72
法国	10.23	10.19	10.43	10.31	10.44	10.15	9.98	10.09
克罗地亚	2.91	2.78	3.01	2.83	2.92	3.26	3.31	4.07
意大利	10.00	10.40	10.43	11.05	11.35	11.75	12.20	12.40
塞浦路斯	7.05	8.78	10.98	9.85	10.31	11.21	9.66	9.72
拉脱维亚	2.28	1.66	2.20	2.79	3.63	3.03	5.31	5.29
立陶宛	3.11	3.20	2.75	2.64	4.35	4.04	4.59	5.01
卢森堡	11.64	14.58	11.93	12.69	15.40	13.49	14.87	13.93
匈牙利	4.73	5.13	4.97	5.86	4.80	5.00	5.40	6.09
马耳他	3.85	6.09	5.27	5.17	6.68	7.35	8.65	4.54
荷兰	15.53	16.16	16.35	16.10	15.84	15.65	15.67	15.67
奥地利	10.74	10.97	11.22	11.44	11.51	11.96	11.24	11.51
波兰	3.27	3.24	3.50	3.97	4.31	4.78	5.22	5.71

续表

国家和国际组织	2009 年	2010 年	2011 年	2012 年	2013 年	2014 年	2015 年	2016 年
葡萄牙	10.59	9.95	10.26	10.41	9.72	9.94	9.41	9.94
罗马尼亚	2.87	3.31	3.07	3.48	3.33	3.50	3.75	4.43
斯洛文尼亚	6.14	6.68	6.07	6.96	6.68	6.84	7.41	7.76
斯洛伐克	2.94	3.23	2.81	3.63	3.85	3.78	4.10	4.70
芬兰	11.31	11.97	11.93	11.87	12.23	12.51	11.74	12.72
瑞典	12.88	12.68	13.28	13.46	13.37	13.60	13.28	13.54
英国	12.99	13.35	13.67	13.68	14.07	14.20	14.49	14.64
冰岛	9.75	13.71	10.93	12.06	13.08	10.44	10.25	9.57
以色列	10.30	10.67	11.02	10.20	9.81	10.12	9.98	9.94
北马其顿	3.50	2.18	2.68	2.47	2.84	2.66	3.44	2.76
挪威	11.87	11.89	12.59	12.03	12.34	12.06	12.42	12.04
塞尔维亚	4.97	4.73	4.06	3.55	4.05	4.58	3.95	4.10
瑞士	15.76	15.45	15.96	15.48	15.70	15.35	15.33	15.61
土耳其	6.11	5.38	5.08	4.72	4.42	4.72	4.69	5.08
乌克兰	1.65	1.59	1.54	1.58	1.74	1.96	1.92	2.26

资料来源：European Commission. European Innovation Scoreboard[R]. Brussels：European Commission，2020：43

表 2-4　2011—2018 年欧盟及欧洲其他国家每百万人口
国际科研合作论文量　　　　　单位/篇

国家和国际组织	2011 年	2012 年	2013 年	2014 年	2015 年	2016 年	2017 年	2018 年
欧盟	757.5	822.0	875.1	933.3	969.6	1016.6	1051.1	1070.4
比利时	1376.1	1460.4	1540.8	1658.9	1731.3	1757.3	1797.7	1834.7
保加利亚	230.3	240.6	243.7	261.8	249.4	287.7	315.0	324.1
捷克	576.8	638.5	695.5	817.8	874.1	902.9	968.5	980.1
丹麦	1838.8	2034.4	2174.3	2398.5	2602.6	2709.7	2799.6	2929.3
德国	792.3	850.1	887.0	926.6	947.1	971.8	991.9	995.1
爱沙尼亚	801.7	925.1	1026.4	1135.4	1194.8	1326.8	1383.4	1488.1
爱尔兰	1217.5	1273.2	1348.7	1418.1	1454.8	1565.5	1593.9	1685.6
希腊	605.9	664.2	702.1	747.2	771.1	816.8	828.6	845.6
西班牙	636.7	694.2	739.4	804.7	825.6	874.9	901.5	914.2
法国	741.9	787.6	829.6	862.0	874.2	904.5	928.9	914.0
克罗地亚	432.4	483.4	485.0	526.5	557.6	605.2	647.5	703.2
意大利	558.4	610.4	659.4	699.2	735.4	776.2	809.2	830.5
塞浦路斯	1109.9	1229.7	1354.7	1321.7	1466.3	1669.2	1829.7	2038.8

续表

国家和国际组织	2011 年	2012 年	2013 年	2014 年	2015 年	2016 年	2017 年	2018 年
拉脱维亚	221.2	235.7	262.9	287.3	360.0	423.1	473.8	468.4
立陶宛	313.8	346.9	361.7	427.0	466.6	504.4	590.3	634.1
卢森堡	1592.3	1832.9	2091.1	2457.8	2392.7	2361.8	2424.4	2451.8
匈牙利	421.6	465.2	466.4	501.2	505.0	544.6	548.6	563.7
马耳他	388.0	534.1	596.4	689.3	761.9	812.6	892.9	981.7
荷兰	1435.1	1613.2	1685.3	1777.1	1824.7	1911.5	1956.6	1990.0
奥地利	1299.1	1402.3	1490.4	1571.4	1619.2	1697.8	1716.9	1735.2
波兰	232.5	255.3	277.6	306.6	321.8	353.0	377.9	392.7
葡萄牙	744.9	851.3	944.5	1009.2	1068.5	1144.0	1189.2	1234.7
罗马尼亚	177.3	202.4	222.4	229.1	238.4	251.4	254.6	256.9
斯洛文尼亚	1032.6	1189.5	1231.8	1233.8	1365.1	1403.5	1416.8	1492.1
斯洛伐克	427.6	463.7	457.0	547.3	557.2	618.8	656.9	648.0
芬兰	1442.0	1568.9	1709.7	1848.7	1950.6	2045.4	2089.5	2099.9
瑞典	1731.5	1889.2	2011.5	2156.7	2268.3	2390.5	2429.4	2464.3
英国	1062.4	1135.5	1227.1	1314.8	1376.9	1439.5	1500.9	1542.5
冰岛	2499.6	2722.4	2917.4	3036.8	3293.8	3611.7	3588.0	3507.0
以色列	976.3	981.9	1000.1	1031.8	1093.1	1097.1	1086.0	1114.8
北马其顿	148.7	163.1	165.8	198.5	209.3	213.9	241.6	232.7
挪威	1608.4	1787.7	1844.1	2028.2	2083.4	2278.8	2381.9	2455.2
塞尔维亚	282.8	366.4	359.3	389.1	408.6	427.9	471.1	479.2
瑞士	2724.0	2945.7	3081.0	3236.9	3321.3	3407.7	3512.7	3491.7
土耳其	76.4	88.7	96.0	97.8	106.4	119.0	118.9	120.9
乌克兰	69.0	72.4	77.8	84.0	89.4	95.1	102.2	108.4

资料来源：European Commission. European Innovation Scoreboard[R]. Brussels：European Commission，2020：46

　　跨部门协同作为科研范式转型中的重要组织形式，欧盟政府高度重视公共部门与私营部门之间的科研协同，从 2011—2018 年欧盟及欧洲其他非欧盟国家每百万人口公共部门和私营部门科研合作论文量看，欧盟公共部门和私营部门科研合作论文量基本上处于持续增加趋势，2011 年，欧盟每百万人口公共部门和私营部门科研合作论文量为 70 篇，2017 年增加到 83.3 篇，其中2018 年每百万人口公共部门和私营部门科研合作论文量较多的国家如瑞士为388.5 篇，丹麦为 267.6 篇，奥地利为 200.5 篇，瑞典为 251.4 篇，位居欧盟第二、欧洲第三（表 2-5）。

表 2-5　2011—2018 年欧盟及欧洲其他国家每百万人口
公共部门和私营部门科研合作论文量　　　　单位/篇

国家和国际组织	2011 年	2012 年	2013 年	2014 年	2015 年	2016 年	2017 年	2018 年
欧盟	70.0	76.2	77.1	79.3	80.3	82.8	83.3	81.7
比利时	98.4	104.4	109.6	108.8	116.3	122.1	115.1	120.0
保加利亚	9.4	9.3	7.6	9.9	8.5	13.6	13.1	16.5
捷克	50.7	59.1	57.1	65.9	60.7	61.0	64.9	60.3
丹麦	238.1	249.6	251.8	273.0	274.2	295.8	275.0	267.6
德国	112.4	125.2	123.0	127.9	129.4	135.0	134.8	137.3
爱沙尼亚	30.1	43.8	43.9	37.2	44.1	46.4	55.5	53.1
爱尔兰	64.5	88.9	94.6	99.8	107.5	109.4	111.4	111.2
希腊	23.7	27.7	28.7	32.6	33.4	36.6	33.9	35.1
西班牙	33.3	39.7	39.1	42.0	39.0	42.3	40.9	38.5
法国	69.5	75.8	77.1	78.0	75.9	74.9	72.9	64.3
克罗地亚	60.6	60.8	58.9	45.2	49.0	42.7	60.7	46.8
意大利	45.2	51.0	54.9	55.4	62.3	60.6	60.0	63.3
塞浦路斯	39.3	58.0	45.0	43.1	57.9	61.3	73.7	81.0
拉脱维亚	7.2	5.9	7.4	12.0	24.7	20.8	22.6	23.8
立陶宛	12.8	11.3	11.8	11.6	13.7	9.7	13.7	16.4
卢森堡	62.5	97.1	80.1	72.8	81.7	123.2	108.4	104.7
匈牙利	33.3	43.1	42.1	44.9	45.3	47.2	48.9	50.0
马耳他	24.1	14.4	21.3	32.6	15.9	17.8	21.7	23.1
荷兰	156.2	155.4	152.9	153.7	154.9	156.3	159.2	150.6
奥地利	155.1	175.5	172.4	192.8	191.7	197.5	211.2	200.5
波兰	9.0	12.0	14.1	15.9	17.1	18.9	21.9	20.9
葡萄牙	27.8	34.0	34.0	35.6	37.1	39.7	37.1	32.9
罗马尼亚	16.0	16.5	16.8	17.0	17.8	18.0	21.6	19.1
斯洛文尼亚	136.6	153.7	174.4	175.6	149.8	135.6	127.3	95.3
斯洛伐克	23.4	25.5	29.6	35.5	28.0	31.3	33.9	28.5
芬兰	160.7	166.8	166.4	158.3	166.7	175.1	167.4	162.5
瑞典	209.2	219.7	211.9	233.1	223.2	246.4	243.4	251.4
英国	104.2	107.1	110.1	109.3	112.2	117.0	118.4	116.7
冰岛	273.2	203.4	189.5	233.4	215.7	207.5	239.4	232.5
以色列	69.0	72.8	65.6	63.8	67.5	61.3	63.8	56.7
北马其顿	3.9	2.9	5.8	8.2	5.8	4.3	6.8	4.3
挪威	169.7	170.5	173.0	186.2	181.4	189.0	199.1	182.4
塞尔维亚	20.5	23.7	19.9	16.5	17.4	24.7	27.0	20.9

续表

国家和国际组织	2011 年	2012 年	2013 年	2014 年	2015 年	2016 年	2017 年	2018 年
瑞士	340.7	349.4	356.5	366.8	385.2	391.6	407.0	388.5
土耳其	4.5	5.0	5.8	6.2	6.7	8.0	8.4	8.6
乌克兰	2.6	3.1	4.0	4.0	4.2	4.5	6.1	5.8

资料来源：European Commission. European Innovation Scoreboard[R]. Brussels：European Commission，2020：35

第二节　科研范式转型视角下欧盟大学基础研究高质量发展战略核心向度

从欧盟区域层面看，为将欧盟建成世界一流科学研究和知识创新中心，21 世纪伊始，欧盟就启动了欧洲研究区战略，该战略成为欧盟成员国推进世界一流大学基础研究和知识创新发展的重大战略框架，该战略框架依循科学范式转型的基本规律，从多维度实现了欧盟大学基础研究高质量发展。

一、欧洲研究区战略进程

自 21 世纪以来 20 年左右的战略发展进程中，欧洲研究区战略经历了三大历史发展阶段。第一阶段为 2000—2007 年，这一阶段是欧洲研究区战略的启动和初期发展阶段，旨在促进欧洲欧盟科学研究体系由碎片化向整合性转型；第二阶段为 2008—2012 年，这一阶段是欧洲研究区战略的拓展阶段，旨在促进实施"第五自由"（the fifth freedom）战略；第三阶段为 2013—2020 年，这一阶段为欧洲研究区战略的强化阶段，旨在进一步强化欧委会、欧盟成员国和利益相关者之间的战略伙伴关系。目前正在走向面向 2021—2027 年的第九框架计划阶段。

1. 欧洲科学研究碎片化走向整合性战略

20 世纪 80 年代以来，欧洲启动了一系列重大研发战略计划，在很大程度上推进了欧洲科技联合，调动了欧洲各国科技研发的积极性，提升了欧洲区域的科技创新能力和国际竞争力。但与美国、日本等主要发达国家相比，欧盟在科技研发方面仍存在较大差距，特别是欧盟各成员国在科技创新政策、研发经费投入和水平等方面千差万别,导致欧洲在研发方面具有极大的脆弱性。例如,由于各国科研经费总额差异较大,欧洲整体研发经费严重不足;由于各国研发计划差异较大,欧盟难以集中全欧洲的研发力量,只能汇聚各成员国的优势研发力量;各成员国研发机构之间信息流动不畅。对此,亟须建立一个系统的欧洲研发网络,以集成欧洲优先研发领域,整合欧洲研发结构,增加欧洲研发投入。基于上述背景,2000年1月18日,欧盟委员会在法国斯特拉斯堡举行会议,讨论并通过了《走向欧洲研究区》战略报告,提出了建立欧洲研究区的战略构想。该战略报告提出,建立欧洲研究区的基本要素包括:通过运用新型交互工具建立卓越研究中心网络和虚拟中心;采取共同行动满足欧洲大型研究基础设施的需求和投资需求;成员国协同实施欧洲研究活动,提高欧洲各个技术合作部门之间的协同创新能力;通过间接资助体系、专利和风险资本,更好地投资欧洲研究和创新活动;提高科技人力资源的开发能力,增强科研人员的流动性,激发青年研究人员的职业兴趣。①

这一阶段的战略重点是解决欧洲各国之间科学研究体系过于碎片化、孤立化,以及科研政策缺乏协调性等问题,其优先战略任务主要包括大规模科研基础设施建设、实施大科学计划以推进国家和欧洲科研活动整合化、为科研人力资源提供流动机会、增强欧洲科研创新体系的国际吸引力、倡导欧洲共同社会和理论价值理念。为实现战略目标,欧盟采取了如下措施:建立"欧洲研究区网络"(European Research Area Networks)和"欧洲科研人员网络"(EURAXESS),制定和实施《欧洲研究者章程》《研究者聘任行为规范》等。

2. 战略领域拓展,实施"第五自由"战略

为消除欧洲研究区成员国之间的知识自由流动障碍,2007年发布的《欧洲研究区:新视角》绿皮书进一步明确了欧洲研究区战略领域拓展途径:一是推动优秀研究人员的充分流动,即通过单一劳动力市场消除跨国流动的财政和行政障碍,确保科研人员的学术研究地位和国家研究项目的充分开放,促进不同学科、不同部门之间研发人员的自由流动;二是确保世界一流研究基础设施的建设;三是建立跨学科卓越研发集群;四是促进有效的知识转移和共享;五是通过多边项目促使欧洲研究区向世界开放。②2008年12月2日,欧盟又通过了《欧洲研究区2020愿景》报告,旨在进一步推动欧洲研究区各成员国以

---

① Commission of the European Communities. Towards a European Research Area[R]. Brussels: European Commission, 2000: 7-9.

② European Commission. European Research Area: New Perspectives[R]. Brussels: European Commission, 2007: 23.

及其他国家和地区的科技研发协作，增强研究人员、知识和技术在欧洲研究区中的自由流动性。《欧洲研究区 2020 愿景》明确提出了到 2020 年实现欧洲研究区"第五自由"（即研究人员、知识与技术流动自由）的实施途径和战略构想，在强调欧洲研究区对社会可持续性发展的重大意义的基础上，确立了欧洲卓越研发的方式和路径，具体战略举措有：提升研究、教育和创新"知识三角"系统的协同现代化水平，通过"知识三角"的强烈互动，促进提高研究人员、研发资助部门、大学、科研院所、企业之间的协同创新能力；欧洲研究区全力支持欧洲竞争力的提升，通过单一知识市场，充分开发欧洲协同创新潜力；欧洲研究区将通过充分的公共研发资金向卓越研究人员和研发机构提供有力支持；通过大型研发基础设施能力建设，提升欧洲卓越研发能力；通过欧洲研究区高性能共享平台，为欧盟各国研究人员提供单一劳动力市场，促进科研人员在欧洲研究区的灵活流动。①2009 年 5 月，欧盟委员会通过了《实现欧洲研究区 2020 愿景初步规划决议》，同年 12 月又通过了《完善欧洲研究区治理决议》。

2010 年初，西班牙科学与创新部部长又进一步明确了通过如下三个方面加速欧洲研究区建设进程：一是整合，即将欧洲研发政策整合到欧洲 2020 战略政策中；二是参与，即确保欧洲所有相关机构都支持研发与创新活动；三是全纳，即充分发挥科学与创新的独特作用，促进欧洲社会的全面融合，消除贫困等社会问题。2010 年 2 月，欧盟科研基础设施专家小组发布了《加强欧洲研究区世界级科研基础设施愿景》报告，该报告指出，卓越科研基础设施对于发挥其作为研究资源的价值至关重要，必须为所有信息化基础设施提供稳定的资金支持，以实现支持卓越科研基础设施的信息通信技术生态系统的建设效率，并倡导基础设施开放共享。为此，该报告建议：第一，经过同行评估对科研基础设施的开放利用，将促进竞争并提高欧洲研究区作为友好型研究环境的国际声誉；第二，应针对促进成员国之间资源交流和集中的方法开展试点工作；第三，通过共享关键的或独特的泛欧级别的资源，使现有资源得到更有效的利用；第四，加大集成信息化基础设施，解决不同科研共同体的共同需要，实现资源共享；第五，科学开发数据基础设施与专业知识，促进可解决跨学科数据管理挑战的合作。欧洲研究区不仅确立了欧洲推进世界一流基础研究的新战略，还成为在全球经济一体化框架下欧盟创新竞争力提升的重要支柱。②

---

① European Commission. 2020 Vision for the ERA[R]. Brussels：European Commission，2009：12.
② 中国科学院规划战略局. 欧洲研究区 2020 年愿景[J]. 科学研究动态监测快报，2009（12）：12-13.

这一阶段的战略重心是加强欧委会和成员国之间的战略伙伴关系，将"知识流动"定位于"第五自由"，其优先战略任务包括促进多层次、多主体科研流动，加强世界一流科研基础设施建设，推动卓越科研机构形成科研集群和知识网络，促进有效知识共享，启动高度协调的重大科研项目，优先发展联合科研计划，并推动欧洲研究区向世界开放。该阶段所运用的战略工具包括"卢布尔雅那进程"（Ljubljana Process）、《欧洲研究区 2020 愿景》、"路德宣言"（Lund Declaration）、联合科研计划、知识转移知识产权管理、"大学和其他公共科研组织实践规范"、欧洲科研战略伙伴、欧洲国际科研协同战略框架、欧洲科研基础设施联盟等。

3. 欧洲研究区战略跨越式发展

2012 年 12 月，欧盟委员会通过了《强化面向卓越和增长的欧洲研究区伙伴决议》，该决议就欧洲研究区框架内容进行了进一步强化规划。为促进国家科研体系更有效，该决议指出：一是开放国家层面科研竞争机制。通过开放竞争招标方式实现科研资源的卓越导向分布，实施国家研发和创新的结构性资助机制；优化跨国协同与竞争，围绕社会大挑战国际问题，充分利用国际可利用科研优势资源，鼓励各成员国通过联合研发项目计划制定战略研究日程，建立国家研发项目与国际研发项目的有效协同机制，推动跨国研发和创新活动，并在研发基础设施和高端研发人才领域推动国际协同伙伴关系建设，通过计算机和数据密集型协同研发，激励科学、研究、教育、创新等协同发展，最终实现卓越发展。二是加快建立研究人员开放劳动力市场，通过透明、开放、绩效为本的聘任机制，完善科研组织人力资源政策，提升科学研究职业的吸引力和研究人员的国际流动性，促进创新博士培养、性别平等、产学研协同。三是加强科研领域性别平等。加强国家和欧盟层面的战略规划，通过建立更具吸引力的工作条件，提高女性高端技术人才参与科研活动的能力，充分发挥女性研发人才潜质；将性别要素列入科研评估机制；实施大学和科研院所性别平等机构改革。四是促进科学知识的流动、获取和转移。为实现欧盟公共资助科学研究成果的开发、快速获取，提升欧盟创新能力，有效解决社会大挑战问题，《强化面向卓越和增长的欧洲研究区伙伴决议》指出，建立开放的创新生态环境，促进公共部门与私营部门的有效知识转移，充分利用数字化信息平台，构建数字化欧洲研究区系统，在推动欧盟与非欧盟国家科研协同创新中实现知识转移。[①]这一阶段的战略重点是创建欧洲单一的知识、科研和创新市场，其战略任务是

---

① Council of European Union. Conclusions on Reinforced European Research Area Partnership for Excellence and Growth[R]. Brussels：Council of European Union，2012：26.

创建更有效的国家科研体系，增强最优化跨国科研协同和竞争，建立开放的科研人才劳动力市场，增强科研领域性别平等和性别主流化，促进科研成果和新知识最优化流动、转移和获取，加强国际科研协同关系。

二、欧洲研究区战略优先任务

1. 建立高度自由流动的"研究者单一劳动力市场"

欧洲研究区战略的重要任务之一就是要实现欧洲研究区内研究人员的自由流动，形成欧洲研究者单一劳动力市场。对此，欧盟启动了一系列战略计划：一是"欧洲研究者流动门户"（European Researcher's Mobility Portal）。欧洲研究区的"研究人员流动战略"旨在通过改善欧洲研究人员的生活和工作环境，以吸纳和确保欧洲拥有充分的优质研究人力资源。其重要任务之一就是要大力提升研究人员流动信息服务质量。对此，2001 年欧委会决议明确提出了成立"欧洲研究者流动门户"优先战略计划，重申了消除研究人员流动障碍的必要性，通过成立互联网门户提升研究人员流动信息服务质量，确保欧洲研究人员就业渠道、社会保障、税收、工作环境等方面信息的开放性。二是"欧洲流动中心网络"（European Network of Mobility Centres）。2004 年，欧委会成立了"欧洲流动中心网络"，该网络的主要目的是为研究者及其家庭就工作流动过程中的各项困难提供帮助，如社会安全、养老金领取权、文凭认证、住房、入职条件、语言课程等相关问题。三是"第三国指令"（Third-Country Directive），即"科研签证"（scientific visa）。欧委会同成员国合作制定了关于非欧盟研究人员及其家庭的"第三国指令"，即来自第三国的研究人员可以不需要工作许可证自由进入欧盟，以提升欧洲研究区的竞争力和吸引力。四是章程与准则。2005 年的《欧洲研究人员章程和研究人员聘任行为准则》明确了包括大学、企业、公私研究机构等研发部门在内的研究人员、雇主和资助部门的权利与义务。

欧盟在 2008 年发表了《实现研究人员单一劳动市场》的战略报告，该报告又明确了推进欧盟成员国科研人员自由流动的四大战略任务：一是研究人员的引进、聘任和留守。该报告要求包括大学在内的研究机构必须通过"欧洲研究者流动门户"公开发布其所有研究职位；必须采取具体行动简化申请程序，鼓励外部申请者积极参与；必须高度透明地澄清每个研究职位的长期职业前途；必须切实提升青年研究人员的科研成就和科研能力；必须确保研究人员具有较强的可转化性技能；必须采取积极有效措施确保研究团队的性别平等；为在合同期内的研究人员提供必要的产假；创建结构性博士学位项目，实现从传统的以高度个性化的医学书为导向的学徒制模式向以就业市场为导向的新模式转型，为博士毕业生提供多元职业选择机会。二是地理位置、部门、学科领域等所有方面的流动。该报告要求接收公共研究资助的所有单位必须重视在地理位置、部门、学科领域等所有方面研究人员流动的重要性，并将其整合到研究人员课程体系内；必须设立激励性资金以分担研究人员流动的直接和间接成本（如公共研发机构资金激励、研究人员职业激励等）；促进和支持虚拟流动活动的开展与基础设施的建设，如在线会议、在线研讨会、电子信件、视频会议设施、虚拟实验室等。三是研究者友好型社会安全与补充养老保险系统。欧委会及其成员国相关部门应为研究机构和欧洲流动中心网络提供多样化科研人员培训项目；通过信息服务包提高流动研究人员的社会安全意识；建立欧委会、国家研究管理当局、移民工作人员社会安全行政委员会、欧洲流动中心网络之间的密切合作关系，确保信息和经验交流渠道畅通，消除研究人员的流动障碍。四是欧洲研究人员章程及其聘任行为准则动态过程。接收公共资助的组织必须提升章程和准则的知识与意识，欧委会为欧洲信息管理组织提供必要的人力、财政和体制保障；鼓励欧洲各研究机构积极参与"欧洲研究区网络"，对各研究机构科研人员实施过程管理。①

2. 加强多方协同的"世界一流研究设施"建设

研究基础设施是科研战略的基础工程，是欧洲研究区建设的支柱性优先战略任务。对于欧盟来说，要真正成为世界上最具竞争力和动力的知识经济体，其就必须建设世界一流科学研究设施，确保欧洲研究人员能够居于研发前沿，提供独特的世界一流研究人员培训机会，激励研究人员自由流动以及知识和技术转移。对此，欧盟及其成员国于 2002 年成立了"欧洲研究基础设施战略论坛"（The European Strategy Forum on Research Infrastructures，ESFRI），在 2004 年 11 月的欧盟竞争力委员会上，各国管理科研的部长一致要求制定欧洲下一代大型研究基础设施建设路线图，并交由 ESFRI 与欧委会协同负责。2003 年，欧盟创建了"信息基础设施咨询工作组"（e-Infrastructure Reflection Group），其任务是从政策、咨询和监督等方面提出相关政策和管理模式，以便在欧洲范围内共享信息化资源（如网格计算、数据库和网络资源），同时为 ESFRI 制定政策提供建议。2006 年 8 月，欧盟发布了第一个大型研究基础设施的欧洲路线图，包括各研究领域的 35 个大型科学设施，其中包括支持科学

① European Commission. Realizing a Single Labour Market for Researchers[R]. Luxembourg：Office for Official Publications of the European Communities，2008：12.

研究的高性能计算、数据处理及服务的基础设施。

2008 年，欧盟发布了《建设欧洲研究区世界一流研究基础设施》战略报告，进一步明确了欧洲研究区科研基础设施建设的战略任务。该报告就泛欧洲研究基础设施优先战略和决策做了进一步完善，将 ESFRI 路线图作为泛欧研究基础设施决策过程的主线，要求 ESFRI 基于前期经验进一步完善其泛欧研究基础设施评估机制，特别是要增加评估程序的透明度以及利益相关者的参与度，通过欧洲技术平台、联合技术项目或欧洲技术研究院知识创新共同体等渠道，鼓励产业部门参与研究基础设施建设。另外，为确保泛欧研究基础设施战略的有效实施，该报告提出成立由所有利益相关者参与的欧盟战略协调机制，帮助对欧盟研究基础设施建设项目进行战略性评估，更好地解决新型研究基础设施的财政和配置问题。①在资金利用方面，该报告提出要进一步增强研究基础设施建设经费的有效性，ESFRI 负责制定研究基础设施评估指导纲要，确保更有效的资源分配；成立研究基础设施建设联盟，创造性地运用财政手段和机制（如结构性资助、税收激励、欧盟协议 169 条款等）推进泛欧研究基础设施长期资助和建设；各成员国和欧盟应该增加资金投入，确保 ESFRI 路线图的顺利实施，并向现有研究基础设施建设提供充足资金；继续强化欧盟框架项目对研究基础设施的支持活动。②

2011 年 11 月 30 日，欧盟委员会发布了高达 800 亿欧元的"地平线 2020"（Horizon 2020）战略计划。其中作为战略规划三极之一的"卓越科学"优先战略中就包括了 24 亿欧元支持的泛欧重要研究基础设施，提出了泛欧研究基础设施战略任务：一是加大新型世界级研究基础设施的开发力度，以确保 ESFRI 所规划的研究基础设施以及其他重要的世界级研究基础设施的顺利实施，并确保其能够长期可持续发展和有效运行。二是增强已有国家研究基础设施的整合性和开放性，以确保具有重要战略意义的国家研究基础设施向所有欧洲研究区的研究人员开放。三是加强信息化基础设施开发，以确保到 2020 年实现单一开放的欧洲网络研究空间，欧洲研究区科研人员能够借助该网络研究空间充分利用先进的网络科研基础设施服务。四是积极探索研究基础设施的创新潜力，如强化大学与产业界的研发合作关系，以在科学设备和高技术领域形成协力；鼓励产业界把研究基础设施作为实验测试设施加以利用；鼓励研究基础设施建设融入地方和区域创新生态系统。五是加大研究基础设施的人力资源支持力度。六

---

① European Commission. Developing World-Class Research Infrastructures for the European Research Area[R]. Brussels：European Commission，2008：23.

② European Commission. Developing World-Class Research Infrastructures for the European Research Area[R]. Brussels：European Commission，2008：26.

是加强欧洲研究基础设施政策指导，通过 ESFRI、信息化基础设施咨询工作组以及各国公共部门的密切协作，探索各国和欧盟计划的协同发展路径，使地区、工业、医疗等方面的科研基础设施和行动实现互补和合作；支持对欧盟卓越研究基础设施的调查、监测和评估，以及相关的政策研究和交流任务。七是促进研究基础设施建设的战略性国际合作，以推动全球研究基础设施的开发。[1]

3. 创建成员国间深度合作的"知识共享"生态系统

2007 年，《欧洲研究区：新视角》绿皮书提出了欧洲研究区有效知识共享发展战略任务：创建开放公共知识基地；构建单一协调的知识产权制度，包括成本有效专利体系、知识转移共享原则、公共研究与产业合作机制等；拓宽公共获取科学知识成果渠道。2007 年 6 月，欧委会又决议提出了制定欧洲公共研究机构和高等教育机构知识产权章程。2008 年，欧委会又发布了《欧洲研究区知识共享》战略报告，进一步明确了欧洲研究区知识共享的战略任务：在政策上，欧洲研究区知识共享资助条件应该引介美国《贝多法案》的相关要素；制定知识共享实践准则，以指导成员国知识共享战略规划，使利益相关者能够运用这些准则处理他们在研究合作中遇到的知识共享问题。在知识共享资助机制方面，该报告提出，欧委会应该确保欧洲研究区所有资助方式必须依据知识共享实践准则；通过资助渠道以统整方式加强知识共享能力建设。科研资助实体应该明确要求资助申请者提交科研成果开发计划，并鼓励慈善基金组织资助欧洲研究区科研活动，但不能附加过多条件限制有效知识共享。在文化和组织变革方面，各成员国应该加强知识产权管理队伍建设，严格选拔公共研究组织领导，确保所有公共研究组织员工通晓知识共享目标；公共研究组织需要制定和实施清晰的知识共享战略；加强知识转移办公室员工培训；知识转移员工和研究者之间建立联盟关系应该成为公共研究组织知识产权政策的核心任务；为提升科研成果的可见性，公共研究组织应该公布其研究成果，以便得到有效开发。在创建衍生公司平台方面，欧洲研究区成员国需要采取结构化方式向公共研究组织衍生公司提供种子资金和其他必要支持；鼓励风险资本投入衍生公司的创建；鼓励公共研究组织在衍生公司内创建通用技术库，以降低单一技术或单一产品衍生公司的内在风险；公共研究组织应该积极实施衍生公司股份制，并确保知识产权归属的灵活性。[2]

---

① European Commission. Horizon 2020：The Framework Programme for Research and Innovation[R]. Brussels：European Commission，2011：16.

② European Commission. Knowledge Sharing in the European Research Area[R]. Brussels：European Commission，2008：34.

4. 建立多域国际科研协同新机制

欧洲研究区向世界开放是欧洲研究区战略的重要使命，特别是欧盟"研究与技术发展"（Research and Technological Development，RTD）框架项目中明确提出了欧洲研究区的国际研发合作战略框架和行动计划。

（1）合作专属项目

该项目主要通过协同研究、联合技术计划、非共同体研究协调项目和国际合作等途径实现跨国研发合作。协同研究作为欧洲研究与技术发展框架项目的核心要素，主要目的是通过对欧洲和世界领域研究项目或研究网络的资助，以及对不同组织部门研究人员的吸纳，从而建立研究协同长效机制。在第六个框架计划（Framework Program，FP）中，协同研究主要通过整合研发项目、专门目标项目、卓越网络以及协调行动计划等予以实施；而在第七个框架计划中，协同研发活动则主要通过协同研发项目、卓越研发中心、协调行动计划等项目予以实施。

（2）技术平台建设

欧洲技术平台的创建推动了产业部门和其他利益相关部门之间协同实施专门技术领域战略研究项目。2007 年 3 月，欧委会发表了《欧洲技术平台第三次状况报告》，对前期欧洲 31 个技术平台的实施状况进行了综合评估。2007 年 12 月，欧洲部长委员会根据欧委会协定相关条款，决定启动计算机系统、纳米电子 2020 计划、创新型医药计划、空气净化计划等四项联合技术计划。这些技术计划的启动对于欧洲研究区国际研究与技术发展合作的战略规划具有重要价值。另外，欧委会还通过"欧洲研究区网络"计划促进欧洲研发国际合作。在第六个框架计划下，欧委会率先启动了"欧洲研究区网络"计划，其目的是推进成员国和其他国家之间在国家或地区层面的研究项目的协调和网络建设，促进国家和区域研究项目的相互开放。"欧洲研究区网络"计划创建的主要目的并非加强国际研发合作，但在其实施过程中，"欧洲研究区网络"已成为西巴尔干国家、拉丁美洲以及中国在内的国际研发合作项目，成为超越欧盟边界的国际化双边科技研发协作项目。

（3）前沿科研"思想专属项目"

"思想专属项目"（Ideas Specific Programme）旨在支持和鼓励世界范围的卓越研究人员参与到欧洲研究区从事独立的研究活动。研究人员选拔的重要指标是科研卓越。在该项目的实施中，为避免人才外流，该项目特别注重通过政府当局和第三国资助部门之间合作实施"人才循环"的流动模式。

（4）"人员专属项目"

"人员专属项目"（People Specific Programme）的主要行动计划是"玛丽·居里行动计划"，主要是对研究培训和研究人员流动提供资助，为研究生提供个人奖学金。该项目的国际合作行动计划包括：通过国际化奖学金支持欧洲研究人员职业能力发展，获取国外专业发展经验；通过专门资助方式鼓励在海外工作的欧洲研究人员回国；通过国际奖学金计划支持国际研究人员合作，鼓励与欧洲外第三国研究组织合作开展卓越协同研究项目；玛丽·居里博士生科研培训网络向欧盟外第三国研究人员开放；欧洲研究区联合计划作为留学海外的欧盟研究人员和促进欧洲研究区外协同研发的网络项目，及时向国际社会提供欧洲研究及其相关政策、研究资助机会、国际合作和跨国流动等方面的相关信息；通过欧洲联合计划的非欧洲研究人员行动计划，推动国际非欧洲研究人员与欧洲研究人员之间的互动合作；通过"国际研究人员交流计划"（International Research Staff Exchange Scheme）的短期人员流动计划和欧洲内外研究组织网络，增强国际研发伙伴关系。

（5）能力专属项目

该项目主要通过如下方面加强国际研发合作：国际合作专属活动、研究基础设施、研究潜能、知识-科学-社区协同。国际合作专属活动项目主要是为欧洲研究区和第三国提供区域对话平台，为国际科技合作提供智力支持和战略指导。该项目主要从如下方面加强国际合作活动：第一，通过优先战略选择和科技合作政策的区域双边科技合作活动，为欧盟伙伴国家和地区的决策者和利益相关者的合作提供平台，鼓励开展政策对话，促进研发伙伴关系的建立；通过强化科技伙伴关系的双边协同活动，推进大学、产业、政府、公民社会和赞助者等不同利益者之间的网络关系，构建模式3知识生产共同体，加强研发能力建设。第二，研究基础设施国际合作。研究基础设施是欧洲研究区国际科研合作中的重要战略要素。2006年，欧洲研究基础设施战略论坛提出了欧洲研究基础设施路线图，明确了一系列关于大型基础设施国际合作的战略举措，对支持第三国研究人员获取欧洲卓越研究基础设施、吸纳第三国研究人员到欧洲研究区从事研发工作，以及加强同第三国研究机构协同创新具有重大意义。另外，欧盟还通过欧洲友邻政策，以及诸如欧盟-俄罗斯共同太空战略计划等的实施为第三国提供获取欧洲卓越研究基础设施的机会。欧盟在科研与创新框架计划的实施过程中开展了一系列科研协同项目，取得了显著成效，在第八个框架计划的实施下，整合项目和专门目标研究项目在科研协同范围、参与组织、财政支持方面占到了绝对优势。

5. 营造"知识三角"生态共同体

为提升创新驱动基础研究能力和知识转化能力，2008年，欧盟成立了欧洲创新工学院的旗舰行动计划，旨在全部整合"知识三角"的三边——教育、研究和创新，服务于里斯本战略的目标，并通过开展对欧洲经济发展具有重大意义的世界一流创新共同体，通过竞争、公开和透明的方式创建知识创新共同体，知识创新共同体主要由三个独立的合作伙伴组织，至少包含一所高校和一家企业。知识创新共同体主要开展有欧洲增值效应的知识创新活动，充分整合一批高校和科研院所优势资源，加强与社会经济发展相关的前沿性研究活动，促进科研成果转化，提高欧盟研发国际竞争力；开设有关学科领域的硕士和博士学位层次课程，学科专业要能满足欧洲未来社会经济发展的需要，大力培养研究人员和学生的创新创业能力，促进研究人员和学生的流动；注重加强高校、研究机构和企业界之间的创新合作。

"知识三角"可确保欧洲建立可持续创新环境。首先，研究、创新、人力资源开发（教育）三者互联、互动、互补、互惠，赋予创新导向的研究活动能够使研究活动更直接地满足市场和社会经济需求；整合教育项目的研究和创新活动更有利于促进不同利益相关者之间的知识和技术转移，从而通过如联合组织硕士和博士培养项目等促进各利益相关者之间的可持续性合作；研究、创新和教育协同合作，更有利于通过汇集优势资源促进知识型区域发展。"知识三角"系统中，公共政府部门扮演着协调服务角色，大学和其他研究机构扮演着知识生产角色，私营企业扮演着通向市场的直接桥梁角色。在教育、研究和创新"知识三角"中，教育是形成三者良性互助的必要前提，能够为其他两者提供广泛的知识基础和必需的创造能力。其次，"知识三角"作为欧洲区域经济增长的加速器，被看作提升研发投资影响度的重要途径，能够加速区域创新进程。例如，欧洲"知识区域"（Regions for Knowledge）项目将研究和区域发展界面作为其运作平台，这有助于区域"知识三角"体系的组建。欧盟教育部长理事会于2008年2月提出的新政策主张包括：高等教育的课程设置与开发应以提高学习者的创造力和创新能力为目的；在全欧盟层面上构想未来社会所需技能，推广"新技能适应新工种"的理念；大学应加强与企业界的合作，促进科技成果转化，提高欧洲竞争力。

2006年，欧委会发表的《实现欧洲大学现代化日程：教育、科研与创新》报告提出了创建"知识三角"的优先战略。一是消除欧洲大学周围壁垒。为创建"知识三角"体系，欧洲大学需要进一步加强地域和跨部门流动，扩大高校学生和研究人员出国或与产业合作的机会，将各种形式的流动作为高校学生和研究人员能力提升与大学研究人员职业发展的重要途径；国家贷款和奖学金应在欧盟内部具有可利用性，并有效消除关于专业化、国际化和跨部门流动的障碍，促进研究人员自由流动，进而提升其协同创新能力；在博洛尼亚进程中协同推进学位项目结构的一致性，不断完善可比性资格认证、灵活的现代化课程体系、有效的质量保障体系等制度安排。

二是确保大学自治和赋责。自治和责任的缺失是导致大学缺乏创新意识和适应社会变革能力的重要因素。对此，欧洲研究区成员国通过普遍规则、政策目标、资助机制和激励措施框架体系，从整体上对大学部门的教育、研究和创新活动予以引导。这就要求大学根据战略优先项目、人力资源专业管理、投资和行政管理程序构建新型的内部治理体制，整合跨学科教职工、院系、实验室、行政单位等优势资源，围绕大学整体教育、科研和创新服务优先战略提升协同发展能力。

三是通过激励措施加强同产业部门的合作。《实现欧洲大学现代化日程：教育、科研与创新》报告提出，要在继续继承欧洲大学公共社会文化传统的基础上，促使大学真正成为知识经济发展的主要行为主体，充分利用科技知识优势发展同企业共同体的伙伴协同关系，并将其作为公共服务的重要组成部分。与产业部门的制度化伙伴协同更有利于大学提高其科研成果共享与技术开发的能力，为大学专利许可、衍生公司和科技园的创建提供机会；能够通过学生和研究人员在企业的工作设置提高教育培养项目质量；同时也能够通过对科学知识的创业型技能的赋值，改善大学研究人员职业生涯的愿景；大学与产业协作能够为大学带来附加资助支持，以提升其科研能力，进而提升大学科研区域创新的影响度。对此，该报告指出："大学需要通过外部支持进行组织变革，增强其创业意识和管理技能。大学应积极创建地方知识创新和转移集群、大学与企业协同创新联盟，成立技术转移办公室的类似机构，为地方和区域经济发展提供技术平台。创业、管理、创新技能开发应该成为研究生教育以及大学科研人员研究培训、终身学习战略的重要组成部分。"[1]

四是为劳动力市场提供复合型技能。《实现欧洲大学现代化日程：教育、科研与创新》报告提出，为解决长期以来欧洲毕业生素质与劳动力市场需求失配状况，大学应该以制度化形式直接提升毕业生的就业能力，为劳动力市场提供充分的支持；大学应该提供富有创新性的课程、教学方法和培训项目，整合广域的就业导向技能和学科专业技能，切实将产业部门实习计划融入学校课

---

[1] Commission of the European Communities. Delivering on the Modernisation Agenda for Universities：Education，Research and Innovation[R]. Brussels：Commission of the European Communities，2006.

程体系；同时，应根据劳动力市场的需求激励大学师生创业活动；作为未来专业研究人员的博士生应具备科研能力、知识产权管理能力、创业能力和团队能力等。

五是提高教育与研究资金有效性。《实现欧洲大学现代化日程：教育、科研与创新》报告提出，各成员国应该重新审查大学学费与资金支持计划的有效性，大学应该负责并确保其财政的可持续性，特别是科研财政方面，这需要通过与企业、慈善基金会以及其他私营资助组织合作，确保其科研资金渠道的稳定性和多元化。鼓励各国平衡核心的、竞争性的和基于绩效的高等教育或大学科研资助机制，竞争性资助应基于机构评估体系和输入、产出多样化绩效指标予以运作。

六是增强跨学科性。大学应该能够重新配置其教学和研究优先战略，充分把握已有科研领域的新发展和科学探究的新兴领域，因此大学应该由科学学科模式向研究领域模式转型，即不断淡化学科界限，使大学知识创新由学科导向走向跨学科或交叉学科导向，将新兴绿色能源、纳米技术领域更好地与相关的或补充的研究领域（如人文社会科学、创业与管理技能等）整合，鼓励通过学科之间、部门之间和研究情境之间的更自由流动，从而促进学生、研究者和研究团队之间的互动。

七是激励科研卓越。竞争引发卓越。日趋激烈的竞争以及研发资源的高度集中，使大学及其产业伙伴能够为最具发展潜质的学生和研究人员提供良好的工作环境。大学需要不断增强卓越创新人才培养，采取灵活、开放和透明化的程序吸纳优秀人才，确保学术领导具有充分的科研独立性，为研究人员提供具有吸引力的职业前景。成员国评估国家硕士、博士和博士后教育项目的卓越机会，每所大学应该明确其具有卓越潜能的研究项目和研究领域。在欧洲层面，鼓励研究院或博士院构建网络联盟，突出跨学科性、泛欧维度、公私部门强力支持、明确的卓越领域以及科学的质量保障。

三、科研范式转型视角下欧盟大学基础研究发展核心战略报告

1.《关注大学为本的研究》战略报告

欧洲大学作为欧洲研究区建设中的重要支柱，承载着卓越研究人员培养、卓越协同研究的重要使命，并进而对提升欧洲创新竞争力起着重要作用。在大学独特的生存环境中，其应该通过跨学科人才培养和科学研究解决当前人

类社会、经济发展中面临的复杂问题和挑战。另外，欧洲独特的多样化文化传统所体现的科学优势，为欧洲开展长期的战略性跨学科科学研究提供了固有的竞争优势。因此，欧洲大学在欧洲研究区建设中扮演着多重角色，具有教育、研究和创新的交互使命，是"知识三角"系统的核心。同时，现今的大学自身发展也难以在"象牙塔"内自封，必须作为多样化的、复杂的，由大学、研究机构、技术研发中心、企业、政府构成的科研创新生态系统的重要组成部分，与其他行为主体在知识创新、知识转移和运用等过程中保持密切交互，在实现自身卓越能力和适应力不断提升的过程中推动社会和经济快速发展。上述观点确立了欧洲研究区建设中欧洲大学地位和作用的逻辑基础，因此，在具体化战略使命上，欧盟发布的一系列关于欧洲研究区建设的工作报告中明确了大学在欧洲研究区中的开展科学研究、培养卓越研究人员、促进知识转移和技术创新等功能。

在欧洲大学发展战略上，为充分发挥欧洲大学在欧洲研究区建设中的重要作用，2007 年 3 月 29—31 日，欧洲大学协会（European University Association，EUA）在葡萄牙里斯本举行了第四届欧洲大学协会欧洲高等教育大会，会议通过了《EUA 里斯本宣言》，明确提出了欧洲大学协会与其成员（包括欧洲46 个国家的 800 所大学和 34 个国家的国家大学校长大会）协同发展的战略日程。2007 年 5 月，博洛尼亚进程伦敦教育部长会议又进一步强调：为应对全球化国际环境中欧洲面临的各种挑战，亟须制定欧洲高等教育区与欧洲研究区相统一的政策框架。①其实，早在 2004 年，欧委会就发表了关于欧洲研究区建设进展的《科技，欧洲未来核心：欧盟支持研究的政策纲要》报告，针对该报告，欧洲大学协会提出了"应确立大学作为欧洲研究区发展的核心利益主体"的观点。2008 年，欧洲大学协会发布的《关注大学科学研究，增强研究机构能力》报告中强调了"有效建设欧洲研究区需要不断增强大学的角色"，该报告指出："大学在国家和欧洲层面的研究与技术发展、教育与区域发展等政策的相互作用中具有重要战略地位；通过其教学、科研人员培养、基础研究、知识转移等多重使命，以培育大学与产业之间的伙伴关系，促进公共政策制定，推动更广域的知识社会进步；另外，大学作为组织机构，还在教育、科研和区域发展相关的行动战略之间的政策框架整合中扮演着独特的角色。欧洲研究区建设的后续研究和实践应充分考虑其独特性作用以及潜在的增值效应，

① European University Association. Europe's Universities Beyond 2010：Diversity with a Common Purpose[R]. Brussels：European University Association，2007.

着眼于长远推动欧洲卓越研发能力不断提升。"①此外，《关注大学科学研究，增强研究机构能力》报告就充分发挥欧洲大学在欧洲研究区建设中的作用提出了一系列战略任务。

第一，加大大学科研投资。政府部门首先应该为大学提供充足的、可靠的资金支持，力争实现高等教育投资达到 GDP 的 2% 的目标，大学附加收入来源不应成为导致政府部门削减大学科研投资的借口。各成员国需要明确这项投资的战略目标和举措，鼓励投资多元化。在政府资助体系中适当引入附加收入来源的指标要素（如研究合同、竞争性研究经费、知识转移外部收入等），积极运用项目导向资助模式和目标导向资助模式；通过创建"卓越计划"为高校提供直接附加资助，并以此吸纳更多其他资助来源（如增加合作机会、促进技术转移等活动的收入）。②

第二，政府部门应不断增强大学自治。为提高大学科研质量，政府应该赋予大学更充分的财政、管理、学术、组织等自治权限，加强大学财政自治管理，鼓励大学自己扩展资助来源渠道；通过增强资金利用的透明性、问责性和有效性，鼓励大学在更为自治的环境中开展科学研究；政府部门应简化资助程序，确保卓越科研项目能够得到充分的财政和人力资源支持。政府资助应消除"共同资助"模式，实施"基于全成本"资助模式，以便控制财政资助差距无限扩大现象，增强政府公共资助模式的整体有效性。不断创新资助机制，实施配套资助计划，为大学吸纳私人投资以及其他收入创造有效环境；实施税收减免机制，鼓励产业部门和其他私营部门与大学建立合作伙伴，通过税收激励措施加大这些部门对大学的捐赠力度。

第三，各成员国应增大对卓越科研团队和个人的支持力度，实施卓越科研评估和激励机制，不断提升卓越科研能力和新兴科研领域的卓越水平。大学应该对其追求卓越和战略性科研的自身优势予以科学定位，通过激励措施提升其研发卓越能力，促进大学与科研院所、企业部门和其他利益相关者之间的研发合作与知识交换。

第四，大学需要加强吸纳附加资助的能力建设。附加收入的来源包括企业部门合同制收入、慈善捐助活动、国际公共资助、咨询服务等。首先，大学要不断完善资助模式，实施直接成本和间接成本整合的全成本资助模式，消除

① European University Association. EUA Response to the EC Communication：Science and Technology，the Key to Europe's Future：Guidelines for Future European Union Policy to Support Research[R]. Brussels：European University Association，2017：20.

② European Commission. Strengthening Research Institutions with a Focus on University-Based Research[R]. Luxembourg：Office for Official Publications of the European Communities，2008.

不利于大学财政可持续性的公共资助条件要求。创建有效资助机制提升高等教育领导者和管理者的领导能力与财务管理能力，鼓励教师参与科研管理、慈善活动、人力资源、交流和财政管理活动。高校应积极为各利益相关者创建合作对话平台，鼓励政府部门与其他资助者就高等教育资助和治理问题加强与大学开展建设性的对话，积极构建多样化资助机制。

第五，加强利益相关者管理，鼓励大学与私人伙伴合作。慈善资金来源是大学可利用的重要资金来源，欧洲大学收入多元化（European Universities Diversifying Income Streams，EUDIS）改革方案要求大学增强慈善资金筹资意识，扩大慈善资金来源渠道，如校友等个人捐助、来自基金会或慈善组织的慈善捐助、基于竞争机制的慈善实体科研资助等。在此基础上，大学应与慈善主义者深入合作，努力将"捐助"转变为"长期投资"，这样才能更好地保证大学资金来源的稳定性和可持续性。同时，基金会在欧洲大学教学和科研活动中扮演着重要角色，能够作为重要资助者的身份发展与大学的伙伴关系，不断创新合作方式和资助渠道，加强对跨学科领域的学术资助。基金会与大学的财政合作不应局限于科研资助，还应帮助大学加强各项财政收入的能力建设。鼓励大学与企业部门伙伴合作，通过不同模式建立长期的结构性战略伙伴关系。"主体投资模式"（major investment model）可以根据大学吸纳资金的能力为大学筹集产业部门资助；创建大学集群有利于加强来自产业部门伙伴的战略性合作，能够使大学为企业提供知识技能资源，由此能够获得产业部门提供的资金支持，这种合作模式的选择可根据地方和区域社会经济环境、人口发展趋势等条件建立长期合作框架。

第六，注重绩效管理。为支持大学科研财政的可持续性，政府应通过加强绩效管理和采取恰当激励措施提升科研投资效率，通过科研绩效评估和质量保障机制提升科研绩效管理水平，在欧盟和成员国范围内设计科学的绩效评估指标体系，以便能集中体现研究型大学科研使命的多元特质。对此，《关注大学科学研究，增强研究机构能力》报告强调了将科研资助与绩效表现和核心资助分配相挂钩的模式，通过激励措施引导核心科研资助向卓越科研项目倾斜，确保卓越科研项目、科研团队或人员得到充足的资金支持，不断提升大学的卓越科研能力。

2.《欧洲 2020 战略：实现智慧、可持续性和包容性增长》战略报告

在知识经济社会，高等教育的经济价值日趋显著。对此，2010 年，欧盟出台了促进欧盟未来 10 年经济发展的《欧洲 2020 战略：实现智慧、可持续性和包容性增长》战略报告（简称"欧洲 2020 战略"）。该战略报告提出了欧

洲未来经济发展的三大核心、五大指标和七大创议，旨在推进欧盟结构改革、实现经济可持续增长。"欧洲 2020 战略"是在欧洲经济遭受国际金融危机重创及希腊债务危机蔓延之际正式出台的，欧盟委员会将"欧洲 2020 战略"视作能够制止希腊债务危机继续蔓延、保持欧盟在当前国际经济秩序中的地位、全面提升欧盟国家经济竞争力的重大契机。在"欧洲 2020 战略"中，欧盟提出了大力提高高等教育质量、加快调整研发投入的重点领域及其支出规模，并为私人研发投入创造良好的经营环境，加强研发成果的市场化和商品化过程，确保创新理念成功地转化为新产品和新服务，从而达到刺激经济增长和扩大就业的目标。欧盟委员会提出促进高等教育改革和发展的重大目标：将欧盟的研发投入增加到 GDP 的 3%，尤其要提高私营部门对高等教育机构的研发投入，创建一项能够反映创新和研发集中度的新指标；将温室气体排放在 1990 年的基础上削减 20%，将可再生能源使用比例提高至 20%，将能效提高 20%；使年龄在 30—34 周岁者受高等教育的人口比例从现在的 31.5%至少提高到 40%。①

　　"欧洲 2020 战略"强调教育、研究与创新互动构成的"知识三角"机制，并将其作为现代经济社会可持续发展的引擎和基石。知识创造价值，而创新作为知识生产、扩散和应用的产物，是将社会资本转化为经济增长的核心机制。教育和研究通过对劳动者创造与创新能力的培养，促进了新知识、新技术的生产和扩散，成为商业创新赖以发生、得以实现的"温床"。"欧洲 2020 战略"促使所有欧盟成员国形成一个卓越高等教育体系。欧盟提出设定高等教育现代化改革议程，包括课程改革、教育管理改革、经费改革，以及在全球背景下设定大学业绩和教育成果的基准等多方面内容，并通过年轻专业人员的流动计划，探索促进培养企业家精神的方式。高等教育界与产业界还将通过创建"知识联盟"（knowledge alliance）开展校企合作，开发新课程来解决创新技能差距。根据"欧洲 2020 战略"规划，欧盟高等教育课程设置也将更多地涉及商业企业内容，通过成立"大学-企业论坛"等方式，使得高校技能培训能够更好地满足产业需求，把从科研到财务和企业技能、从创造和设计到跨文化技能等多领域的培训整合到一起，并制定了"促进创新和竞争力的电子技能"（E-skill for Innovation and Competitiveness）等综合框架计划。欧盟"创新联盟"旗舰计划也提出了加强成员国间科研计划的统筹、消除条块分割、建设统一的以卓越为理念指导的欧洲研究区的目标，提出要在 2014 年底之前建成统

　　① European Commission. Europe 2020：A Strategy for Smart, Sustainable and Inclusive Growth[R]. Brussels：European Commission，2010：29.

一的欧洲研究区。

3.《欧洲研究区框架：开发潜能领域》战略报告

2011 年 9 月，欧委会启动了《欧洲研究区框架：开发潜能领域》战略报告，该报告从研究人员、跨境合作、研究基础设施、知识转移、开放获取、欧洲研究区伙伴监控管理、性别与伦理等方面提出了大学基础研究高质量发展的战略举措：在人才方面，需要吸纳和留守更多的卓越研究人员，并为所有研究人员提供更好的研发技能；当前公共部门研究职业吸引力不够、工作条件缺乏竞争力、职业前景不明朗等问题应该引起人们的足够重视；部门之间的研究人员流动面临诸多阻力，其中公共资助和透明的聘任程序成为研究人员国际流动的重要障碍。在跨境合作方面，为提升研究质量，降低成本，应对重大挑战，亟须加强跨国科研协作，联合项目计划和研究组织联盟是开展跨境国际科研合作的新型机制，值得关注；政府政治意向的缺失是造成跨国协同研发力度不足的重要因素，大多数政治意向只是指向国家资助部门对联合研究项目的支持。在研究基础设施建设方面，开发欧盟和国家行动网络是优化和利用现有研究基础设施的必要条件，欧盟应加大对跨国获取基础研究设施的支持力度。[①] 针对该报告，欧洲研究型大学联盟提出了欧洲研究区框架下欧洲研究型大学未来发展战略。

（1）跨部门、跨国、跨学科基础研究人才培养

报告特别强调了卓越研究人员的卓越机会，即加强博士生培养和研究人员生涯发展；为研究人员提供明确的职业前景，如科学设计工作岗位、制度化的职业追踪、良好的专业发展规划和充足的资金支持等；加强自下而上的、创新型的、卓越驱动的博士学院或项目建设；增强研究人员的流动性。具体战略任务如下。[②]

一是赋予研究富有吸引力的职业特性。报告认为，确保和发展欧洲具有全球竞争力的研究基地，需要从根本上依赖其吸纳和留守欧盟内外的最优秀创新人才，尽管大学组织部门的研究职业在薪水方面与私营部门难以竞争，但为卓越研究人员提供具有充足资金、充分自由的研究环境，对于满足研究人员的职业生涯需求是非常重要的。对此，研究职业政策的核心目标必须能够吸纳国际卓越创新人才，通过富有吸引力的研究职业框架，确保研究人员创造性潜能

① European Commission. Consultation on the ERA Framework：Areas of Untapped Potential for the Development of the European Research Area[R]. Brussels：European Commission，2011：23.

② European Commission. Consultation on the ERA Framework：Areas of Untapped Potential for the Development of the European Research Area[R]. Brussels：European Commission，2011：36.

得到充分开发，力促卓越研究人员对知识创新和社会利益的最大化。大学卓越科研人员被吸纳和留守主要依赖于如下因素：与其他研究人员协同研发的研究环境、跨学科情境、良好的国际合作关系、外界研究人员思想和研究设施的可获取性等。另外，研究职业早期的独立性和责任感应该得到充分保护，即大学应该确保研究人员早期职业中个人创造性的发挥，并确保这些研究人员能够承担广域的研究责任和研究资金的申请权利，以支持其个人研究欲望。对此，报告明确提出创建富有吸引力、高效的研究职业框架体系，该框架体系应具有如下特质：科学设计工作岗位，即明确科研职业发展结构、工作安排、聘任标准、高度透明聘用程序以及职业岗位的空缺；良好的职业生涯发展规划，如通过核心技能培训、职业指导、职业发展制度安排等路径，满足研究人员个人职业发展能力提升所需。

二是高质量博士生培养项目。世界一流博士教育是欧洲确保世界竞争力优势和知识创新网络中心的重要因素。2010年欧洲研究型大学联盟发表的《2010年后的博士学位：为社会培养拔尖研究人才》报告中就提出了欧洲博士生教育愿景与各项技能目标。其愿景包括：欧洲研究型大学联盟博士项目的目的是要培养研究人员具有最高技能水平，使其成为在交叉学科前沿科研领域中富有创造性的卓越创新人才；博士毕业生必须能够做出重大原创性成果；博士研究生培养应该在国际化、跨学科、跨部门的知识创新情境中受益；博士培养应该更加重视卓越的研发密集型培养环境。广域技能目标包括如下方面：知识技能，包括分析与综合思维能力，创造、探究与原创能力，知识冒险能力，有效利用专门技术、研究相关技术工具能力；学术技能，包括理解、检验、发展复杂理论或假设能力，熟练利用研究的复杂概念、方法论和工具的能力，能够准确识别问题和深入学术探究能力，成功开展原创性研究能力，根据实证材料进行客观判断的能力，以最高标准严格证明观点的能力，能够将新知识转移到学术共同体和社会其他部门的能力，能够依据学术伦理规则开展研发活动，在跨学科环境中工作的能力；个人和专业管理技能，包括在不同环境和组织中管理研发项目的能力、全程承担研发项目能力、灵活处理复杂问题能力、国际研发合作能力、团队协同创新能力。①

（2）跨境国际科研协同

当前，欧洲面临一系列主要社会问题和全球化挑战，需要通过跨境协同研究才能解决，如气候与环境变化、能源、食品安全、人口增长等问题需要在

---

① League of European Research Universities. Doctoral Degrees Beyond 2010：Training Talented Researchers for Society[R]. Leuven：League of European Research Universities，2010：12.

欧洲层面上加强国家研究项目的网络协同。然而，从世界主要科研大国和国际组织的科研能力比较来看，欧盟科研竞争力的提升幅度明显低于美国、日本和金砖五国，主要问题是欧盟内部在研发投资和产出的密集度上过度分散，未形成合力，欧盟整体研发竞争力仍严重不足。对此，《欧洲明确选择：科研与创新智慧投资》报告提出："欧盟要想在未来发展中有效应对重大社会问题，确保全球竞争力优势，必须在所有欧盟成员国间充分开发研发能力，特别是要大力提升研究型大学卓越研发能力。"①报告还提出了具体战略：第一，继续加强欧盟"联合项目计划"（Joint Programming Initiatives）的实施，采取协同能力更强的方式推动跨国研发项目合作；"联合项目计划"应该依据共同愿景，解决欧洲面临的重大社会问题，鼓励利益相关者积极参与，提高"联合项目计划"建设和管理的透明度和开放性，使各成员国的不同准则差异最小化，大学和企业等主要科研行为主体应负责选定纳入"联合项目计划"的社会问题领域，以代替国家政府部门代表"失灵"的决策模式；鼓励广域学科领域的交叉协同创新，并积极整合自然科学与人文社会科学研究领域，确保不同国家的卓越研究人员积极参与"联合项目计划"，通过创新驱动的应用研究和基础研究的整合提高"联合项目计划"的灵活性。第二，通过欧洲计划解决全球化问题。报告提出，为应对全球化社会问题，在继续实施"联合项目计划"的基础上，还应加大"欧洲2020战略"报告中所提出的"知识与创新共同体"（knowledge and innovation communities）、欧洲研究框架项目工作计划、"欧洲创新伙伴"（European Innovation Partnerships）等计划的实施力度。跨境合作是解决全球化问题的重要途径，也是通过研发资助项目提升跨国流动和资金可利用性的重要战略，一方面要加大"玛丽·居里行动计划"等跨国人员流动计划的实施力度；另一方面要加强研究基础设施建设，为国际研发合作提供卓越创新环境。②

（3）跨部门知识转移

报告提出了欧洲研究区中大学知识转移的战略任务：建设激励导向的知识转移环境，确保大学内外利益相关者之间灵活的知识转移互动；通过创建知识转移办公室和管理队伍，支持大学知识转移意识和价值观的文化发展；通过激励机制刺激大学与产业之间知识转移良性互动，以此拓展欧洲大学知识转移市场，包括税收激励、学术原创技术商业开发资金激励以及优秀专利智库等。

---

① League of European Research Universities. Clear Choices for Europe: Smart Investment in Research and Innovation[R]. Leuven: League of European Research Universities, 2011: 16.

② League of European Research Universities. Universities, Research and the Innovation Union[R]. Leuven: League of European Research Universities, 2010: 22.

大学要创造高质量的科研成果，提升研究人员的研发水平，同时要为他们提供充分的知识转移机会；要使研究人员意识到有效知识转移的规则和相关问题，加强大学知识转移意识、尊重和赋值的学术文化，积极培养高级知识转移专业人员；转变大学及其研究人员的科研理念，鼓励他们为知识转移而创造高价值的科研成果，在大学科研评价体制中引入知识转移指标，在研究人员绩效评估和职务晋升中注重知识转移的认证；提供激励措施鼓励欧洲企业投资大学知识转移，增强欧洲企业与大学协同创新的意识并提升其能力。

（4）科研优势资源开放获取

知识创新和转移是现代大学的核心使命，开放型资源获取有助于大学使命的充分实现，能够有效提升大学的社会服务能力。2011 年 7 月，欧洲研究型大学联盟发表的《开放获取路线图》报告中提出了继续实施"绿色通道"、启动"金色通道"的战略路线。"绿色通道"是指可以运用开放获取数据库，对所有经同行评审正规发表的科研成果在网络上自由利用的获取方式。"绿色通道"包括三个阶段：第一阶段，启动。建有开放获取数据库的大学应有对其科研成果进行有效管理和网络共享的技术工具，并应遵循欧洲通用标准。创建数据库应具备大量文献资料，并通过利益相关者成本分担和信息交流促进大学开放，大学应该建立信息情报中心，创建开放数据库系统，完善大学研究人员上报。针对其科研成果程序，《开放获取路线图》报告提出，要优化科研信息获取机制，促进欧洲研究共同体有效运行，创造具有广泛社会经济影响力的卓越研究成果。第二阶段，深化。这一阶段主要是以开放获取形式将大学所有科研成果（版权许可范围内）纳入学校分类数据库中，切实将大学研究人员科研成果的开放获取作为大学的重要使命；大学要能够提前解决版权问题，研究人员要充分考虑版权分配以及对自己占有的版权做出是否授权发表的决定。第三阶段，完善。这一阶段要求大学应该充分考虑一级开放数据的可储存性，将一级开放数据与二级科研出版物形成超链接；搭建欧洲开放获取的基本搜索界面与其他信息提供者开放获取界面之间的联系，确保欧洲用户获得最好的搜索工具。

"金色通道"意指以企业模式运作的杂志出版物，不收取读者任何费用。在大学学术著作和科研论文出版中，同行和主编评审占主导作用。在实施过程中，完全开放获取杂志和选择性杂志是作者采用"金色通道"的两类主流杂志。"金色通道"不受时间限制，因此能够使科研成果的运用量和引用次数不断增加。大学要正确认识"金色通道"对其研究者以及欧洲开放获取杂志发表科研成果的有益性，并考虑承担起研究者在开放获取杂志上发表成果的成本资助。为了使大学支付研究者发表科研成果的费用最大化，要求大学与金色开放获取出版商就发表费用事宜进行深入谈判和协商。①

4.《欧洲研究区：研究型大学的优先战略》战略报告

《欧洲研究区：研究型大学的优先战略》战略报告强调，博士生除了具备深厚的科研知识外，还应发展广域的迁移性技能，如创业技能；博士生培养应置于丰富的动态化研究环境中，以发展其必要的科研能力，这种科研环境通常包括结构化和非结构化培养环境，以及国际化、跨学科性和跨部门性。报告还要求欧盟加大卓越研究人员的培养力度，支持和提升博士生培养的组织和管理水平，不断创新博士生培养模式，采取自下而上方式推动创新型卓越博士院或项目建设。为确保博士教育项目影响和效益的最大化，报告要求欧盟采取行动做好早期研究人员的职业规划工作（如博士后、博士和硕士）；根据学科相关需求，加强私营企业、政府、慈善组织以及公共卫生部门和大学之间的跨部门联系；赋权博士培养项目自治，应加强对博士教育项目的研究和培养环境质量、准博士生的科研潜能、研究人员指导质量、研究人员未来职业前景的机会，以及博士教育项目产出效率和影响度的评估；注重研究生院及类似机构的博士培养的质量标准和保障，博士后、博士、硕士培养应与跨学科科研经验机会相整合，确保所有早期研究人员的培养具有良好的科研环境。

报告明确提出，欧盟应该在协同开发欧洲研究区联合开放获取研究基础设施资源中发挥其核心作用，通过资金支持、技术指导、咨询建议等措施帮助开启欧洲开放学术时代；同时，需要欧盟各组织实体、研究型大学、科研资助者之间建立协同创新战略伙伴。在政策上，欧盟应该根据现代出版和科研发展趋势，及时修订事关科研成果的版权法案，平衡研究者利益与公共利益之间的关系。在开放数据资源时代，欧盟数据资源应该能够确保数据管理的高度开放性。

为充分发挥欧洲大学在欧洲研究区建设的潜能，欧洲大学协会强调：欧洲研究区框架应该重视增加高等教育和研究的投资，在大学事务的战略管理和发展中赋予大学自身高度自治权；欧洲赋值应作为欧洲研究区资助机制的核心特征，正确认识欧洲大学的自身需求；欧盟应依据卓越科研评估指标体系，长期致力于大学基础研究和伙伴协同研究的开放性竞争资助；不断提升欧洲大学科研能力的密集度和灵活性，加强协同创新能力建设。外部资助计划应继续支持大学科研，确保大学科研创新活动的可持续性，使其成为欧洲大学现代化进

---

① The League of European Research Universities. The LERU Roadmap Towards Open Access[R]. Leuven：The League of European Research Universities，2011：23.

程的核心要素；提升博士教育、科研职业发展和研究人员流动机制质量，使其与大学科研和教学能力建设相整合；欧洲大学必须在欧洲研究区框架中占有充分地位，积极参与"联合项目计划"和"应对社会挑战项目"。

在"欧洲 2020 战略""欧盟研究与创新战略框架绿皮书"等战略报告中，欧委会忧心忡忡地表达了欧洲在竞争日趋激烈的全球知识经济体中面临的巨大挑战，并就此提出了欧洲大学在未来科研投资上的战略任务和在欧洲研究区建设中的战略地位。欧洲大学在欧洲研究区中作为核心行为主体，为欧洲研究区建设培养科研创新人才，培育跨学科科研共同体，开展基础研究和协同研究项目，通过人才培养、科学研究、知识与技术创新"知识三角"职能整合来提升欧洲卓越研究能力，推进社会经济快速发展。欧洲大学还承载着科学与社会对话、大学与公民社会伙伴知识交流等使命，这是大学科研的主要驱动力。欧洲研究区框架需要充分考虑大学科研在其治理机制中的主要驱动要素，同时欧洲大学需要通过竞争和合作加强其科研能力建设，这里首先要注重科研资金来源拓展，更加注重外部竞争性资助来源利用，如国内外慈善组织、产业企业等。另外，变革驱动要素有：随着全球化社会问题的日趋突出，复杂性科研问题开始出现，这就需要采取跨学科方式和技能予以解决，需要整合高端研发人才以及其他非学术专业人员组建协同创新联合体；信息技术数字化革命对科研过程和科研成果的广泛应用的影响，促使欧洲大学研发活动发生深刻变革，以推动欧洲研究区建设。①

第三节　科研范式转型视角下欧盟大学基础研究
高质量发展战略典范

一、奥地利公立大学基础研究高质量发展战略

作为"一带一路"沿线典型的欧盟创新型国家，奥地利的国家创新能力和竞争力均居世界前列，拥有世界一流基础研究，高等教育机构特别是公立大

---

① European University Association. EUA Position on the EC Consultation Document on the ERA Framework[R]. Brussels：EUA，2011：11.

学是国家知识创新体系的重要组成部分。截至 2019 年，奥地利共有 22 所公立大学、21 所应用科学大学、11 所私立大学、14 所教师教育大学学院和 1 所继续教育大学，80%的大学生就读于公立大学，公立大学属于奥地利研究型大学集群。①近年来，奥地利国家研发密集度不断增大，但知识密集型、高技术创新型经济结构转型迟缓，知识创新活力不足，创新驱动基础研究产出效能相对较低等问题依然突出。同时，随着产业 4.0 日益成为奥地利主体经济发展新业态和赶超世界前五创新型国家战略的提出，奥地利政府出台了《奥地利国家公立大学发展规划 2019—2024》(Austrian National Development Plan for Public Universities 2019—2024，以下简称《规划》)，《规划》的核心战略目标是，强化公立大学基础研究在国家科研创新生态系统中的主体地位，深入推进公立大学基础研究范式高质量发展，不断增强公立大学国际竞争力、科研创新力和社会影响力，切实实现公立大学基础研究从资源投入增长型向知识创新产出效能型发展模式转型。《规划》重点针对奥地利公立大学基础研究主体地位弱化、产出效能不佳、高层人才缺失等突出问题，依循当代知识创新范式高质量发展基本规律，在基础研究主体地位提升、多维科研协同、一流基础研究人才引进与培育、开放科学平台建设等方面提出了"一揽子"战略举措。奥地利公立大学基础研究高质量发展战略深刻揭示了基础研究资源投入强度与产出效能、知识创新范式转型与科研质量提升、基础研究人才分类与开发之间的逻辑关系，既顺应了国际科学研究范式高质量发展的基本规律和主流趋向，又为解决国家原创性知识创新问题提出了具体方案。

1. 奥地利公立大学基础研究高质量发展的逻辑动因

（1）高等教育体系不断完善，但公立大学基础研究主体地位持续削弱

20 世纪 90 年代，为加强技术技能型人才培养，奥地利政府创建了应用科学大学体系，从而形成了传统公立大学（学术导向）与应用科学大学（职业导向）双元并置的国家高等教育体系，这两类大学具有"同地位但不同类"、各具特色而又相互补充的显著特质。然而，随着高级知识经济对高等教育需求范围的不断扩大，公立大学的核心使命和社会责任持续扩延，需要进一步扩大其社会经济服务范围，增大其国家创新贡献度。其逻辑结果是，这两类大学存在教育教学、科学研究、服务创新三大功能混乱问题，特别是作为学术导向的公立大学，在服务社会经济发展过程中陷入了功能定位不清的困境；国家在追求

---

① Federal Ministry of Education，Science and Research. Austrian National Development Plan for Public Universities 2019-2024[R]. Vienna：Federal Ministry of Education，Science and Research，2018：5.

应用研发创新过程中，公立大学基础研究主体地位不断削弱。应用引发的基础研究的"巴斯德象限"①范式未能引起国家重视，从而导致国家原始知识创新乏力，基础研究服务国家原始性创新能力受限。②面对竞争日趋激烈的国际环境，奥地利政府亟待进一步强化公立大学基础研究主体地位，促使其能够在建设世界一流大学集群和服务创新驱动社会经济发展中发挥重大作用，通过知识创新范式转型实现公立大学基础研究效能最大化。

（2）国家研发资源投入持续增加，但基础研究产出效能不佳

21世纪以来，为加强国家研发创新能力，奥地利政府采取了资源投入型创新战略模式，国家研发资源投入持续快速增加，1998—2018年，奥地利研发强度增速居OECD成员国第2位；2018年，其研发强度达3.19%，仅次于瑞典，居欧洲第2位、世界第6位；2018年，奥地利政府公共研发强度为0.95%，而欧盟28国的平均值为0.62%，OECD成员国的平均值为0.63%；2018年，奥地利高等教育研发强度为0.73%，远高于OECD成员国的0.41%和欧盟28国的0.44%。与此同时，人力资本投入也随之增加，每千人科研人员数量从2010年的8.67人持续增加到2017年的10.1人，高于2017年欧盟28国的7.70人和OECD成员国的7.75人。③

然而，由于奥地利政府过于追求资源投入创新指标，知识创新效率明显偏低，存在严重的投入与产出失配问题。《2020年全球竞争力报告》显示，奥地利全球竞争力排名为第22位，科研机构质量为第33位，创新能力为第15位，科研论文产出能力为第17位，大学与企业科研协同能力为第16位。④另外，2020年《欧洲创新记分牌》统计显示，奥地利世界前10%高被引论文量居欧洲第11位；国家创新能力与世界前5位国家之间仍存在一定差距，在知识生产、知识转移、协同创新、STEM[科学（Science），技术（Technology），工程（Engineering），数学（Mathematics）]教育、高等教育质量、科研机构质量、科学家可利用性等核心科研创新指标上都存在较大赤字。⑤在21世纪大学联盟2018年世界高等教育50个国家排名中，奥地利高等教育整体质量

---

① 1997年，美国学者斯托克斯提出了"科学研究象限模型"，将法国科学家巴斯德（Pasteur L）开展的既受好奇心驱动又面向应用的基础研究称为巴斯德象限。

② Robert J W. Anatomy of use-inspired researchers：From Pasteur's quadrant to Pasteur's cube model[J]. Research Policy，2018，47（6）：897-913.

③ OECD. OECD Reviews of Innovation Policy：Austria[R]. Paris：OECD Publishing，2018：28.

④ Schwab K. The Global Competitiveness Report 2020[R]. Geneva：World Economic Forum，2020：212.

⑤ European Commission. European Innovation Scoreboard[R]. Brussels：European Commission，2020：36.

居世界第 11 位，其中资源投入排名第 8 位，人均科研经费支出排名第 5 位，单位人口科研人员数量排名第 10 位；但单位人口产出科研论文居第 20 位，科研论文国际影响力居第 17 位，高等教育环境排名第 24 位。[1]这些指标充分表明，奥地利高等教育科研投入与产出存在明显失配问题。对此，奥地利政府需要转变国家科研创新战略范式，切实从研发资源投入依赖型向科研创新产出效率型转变，充分发挥公立大学基础研究传统优势，强化基础研究成果转化能力。

（3）公立大学创新人才培养能力不断提升，但高层基础研究人才资源缺失

21 世纪以来，奥地利公立大学在科技创新人才培养方面取得了持续性发展，2000—2018 年，20—29 岁每千人口中 STEM 领域毕业生人数增长了近 2 倍，仅次于瑞士和丹麦。[2]奥地利公立大学为工业 4.0 发展提供了较充分的高技术技能型人才，但在高层次基础研究人才培养方面与顶尖创新型国家相比仍存在较大差距，具有博士学位获得者占全国工作年龄人口群体的比例仅为 0.9%，低于 OECD 平均水平。[3]基础研究领域博士生培养仍存在科研创新环境支持不充分现象，博士教育项目高入学率与高辍学率共存，从而导致优质博士毕业生输出能力不足，缺乏严格、标准、透明的学术性博士项目遴选机制；女性高层次学术人才未得到充分开发，2017 年，奥地利公立大学女性科研人员所占比例仅为 23%，远低于欧盟 28 国的 36%；基础研究竞争性激励机制和卓越人才长效战略性契约机制缺失，从而导致公立大学大量卓越科研人员严重流失，吸纳世界顶尖科研人才能力持续下降。[4]同时，奥地利公立大学在国际排名中相对落后的困境削弱了其吸纳国内外卓越科研人才的能力，高层学术人才聘用机制和具有国际竞争力的学术职业发展项目失灵或缺失；尽管奥地利高等教育机构在过去一段时间启动了如终身教职模式、机会聘用机制等高层学术职业发展项目，但大多数并未取得应有效果，高端青年学术人才资源未能得到充分开发，亟待启动全国性科研卓越计划，增强基础研究竞争性资助能力，从根

① The Universitas 21. Ranking of National Higher Education Systems[R]. West Midlands：The Universitas 21，2018：16.

② Thompson G. Higher Education in Austria：Strong Opportunities at World-Class，Accessible Universities Offering Excellence[EB/OL]. http://www.academics.com/guide/higher-education-austria. [2020-02-26].

③ OECD. OECD Science，Technology and Industry Scoreboard 2017：The Digital Transformation[R]. Paris：OECD Publishing，2017：66.

④ Schuch K，Testa G. RIO Country Report 2017：Austria[R]. Brussels：European Commission，2018：22.

本上提升高端科研人才留守和吸纳能力。

2. 奥地利公立大学基础研究高质量发展战略的核心向度

（1）强化公立大学基础研究主体地位，服务工业 4.0 创新

公立大学作为奥地利国家基础研究的重要承担者，2017 年，奥地利公立大学基础研究开支占国家基础研究总开支的 64%。[①]为进一步强化公立大学基础研究主体地位，《规划》提出了一系列行动方案：政府将进一步确保基础研究资金投入的稳定性、充分性和可持续性，通过财政性政策工具和倡导性政策工具强化公立大学基础研究主体地位；启动国家竞争性基础研究卓越计划，实施基于项目的竞争性科研资助机制；通过跨学科研究和开放科学范式转型提升公立大学基础研究战略地位，激励公立大学瞄准国际科学前沿，汇聚世界一流科学家开展国际前沿基础研究大科学计划；通过体制机制改革为基础研究者创建能够顺利开展高风险、高创新性、非常规性基础研究的科学生态环境，建立宽容失败、自由探索、瞄准国际科学前沿的激励机制和未来科学优先战略的动态形成机制。[②]

为激发应用引发基础研究活力，奥地利科学委员会曾提议创建纯基础研究、应用引发的基础研究、应用性研发"动态研究三角"（dynamic research triangle）国家生态网络。[③]在此基础上，《规划》要求公立大学精准识别创新驱动基础研究的国际前沿科学领域；政府采取多元激励机制强化公立大学创新引发基础研究能力，促使公立大学创新驱动基础研究优先领域在全球知识网络中得到认可。随着工业 4.0 时代到来，加强工业 4.0 核心领域基础研究能力建设，增加人工智能、大数据分析等领域原创性研究，已成为奥地利公立大学创新引发的基础研究的重要战略趋向。对此，《规划》提出了具体战略任务：通过制度创新加强工业 4.0 引发基础研究能力建设；通过政府赠予教授职位制（endowed professorships）向公立大学提供面向工业 4.0 的基础研究战略性资源分配；将公立大学人工智能基础研究作为一项长期战略任务引入未来国家人工智能战略框架；加速公立大学工业 4.0 创新引发基础研究成果向新兴战略性产业转移。同时，政府将制定以国际卓越为标准的基础研究产出评价指标体系，重点强化创新应用引发基础研究效能，在国家科研项目谱系中

---

① Federal Ministry of Education, Science and Research. Austrian Research and Technology Report 2018[R]. Vienna：Austrian Federal Ministry of Education, Science and Research, 2018：35.

② Federal Ministry of Education, Science and Research. Austrian National Development Plan for Public Universities 2019-2024[R]. Vienna：Federal Ministry of Education, Science and Research, 2018：6.

③ Austrian Science Board. Basic Research in Austria[R]. Vienna：Austrian Science Board，2012：7.

专门设立"应用引发基础研究"类别，通过专项资助机制引领公立大学基础研究卓越发展。①

（2）推进基础研究多维开放协同，增强知识创新产出效能

近年来，奥地利政府通过协同研发资助项目、短期协同实验室、联合科研基础设施计划等政策工具，有效强化了科学-产业协同发展关系，公立大学基础研究在多方协同创新中发挥了重要的催化作用。但在多维度开放协同的模式3知识生产转型中，奥地利公立大学未能形成纯基础研究-应用引发的基础研究-研发创新全谱系生态系统，多主体、多层次、多节点、多形态的多维科研协同创新体系仍不成熟，大学-产业-政府-公民社会"四重螺旋"协同创新模式仍未在实践中得到推广普及，各部门对开放式创新2.0新兴创新范式的认识不充分，容错、容败的不确定开放创新文化缺失。②

对此，为实现政府资助公立大学基础研究社会效益最大化，奥地利科学院发布的《2018—2020年发展规划》指出：为增强知识创新产出效能，必须不遗余力地支持全方位科研协同，根据就近原则建立区域跨学科知识网络和创新集群。③在此基础上，《规划》发布了"一揽子"推动多维科研协同新举措：通过竞争机制，围绕社会大挑战问题精准识别和整合各方基础研究优势资源，形成具有国际影响力的国家科研网络平台；及时跟踪国际前沿知识创新动态，增强公立大学基础研究与产业创新之间的深度协同关系；采取结构化竞争性资助机制引领公立大学开展跨学科基础研究，将维也纳应用艺术大学的"安吉万特创新实验室"（Angewandte Innovation Lab）作为在全国开展多学科、多主体、多形态、多层次、多节点的多维协同知识创新示范模式，由多瑙河大学（Danube University）牵头与区域政府、产业、其他大学、公民社会组织共创"四重螺旋"开放式"奥地利政府实验室"（GovLabAustria），将其作为国家创新实验室联合点平台；在公立大学设立在线众包众筹平台，激励学术界与产业、社会组织联合开展协同创新深度对话，鼓励多利益相关主体开展社会型创新；成立新的"负责任研究与创新资助计划"（Funding Programme for Responsible Research and Innovation），支持多元知识创新主体开展开放式科学

① Federal Ministry of Education, Science and Research. Austrian National Development Plan for Public Universities 2019-2024[R]. Vienna: Federal Ministry of Education, Science and Research, 2018: 9.

② Federal Ministry of Education, Science and Research. Austrian Research and Technology Report 2018[R]. Vienna: Austrian Federal Ministry of Education, Science and Research, 2018: 35.

③ Austrian Academy of Sciences. The OeAW's Development Plan for 2018-2020[R]. Vienna: Austrian Academy of Sciences, 2017: 31.

创新项目；进一步优化公立大学基础研究成果转化机制，充分发挥其知识增值效应。①《规划》还指出，在成本密集型基础研究领域，鼓励公立大学建立校-校、校-企、校-所、国际多主体协同的科研基础设施采购和共享网络联盟；建立各创新主体深度协同的连续性创新和知识价值创造链，激活大学知识产权后续负责任社会型创新效能；推动公立大学融入全球知识网络，依循"四重螺旋"创新范式创建地方、国家和国际多层立体化知识创新生态系统，在全国形成具有良好国际声誉的开放知识创新区，最终通过多主体、多层次、多节点、多形态协同创新生态系统模式有效提升公立大学基础研究产出效能。②

（3）推动优秀青年学者引进和培育机制创新，打造世界一流基础研究人才库

为加强世界一流基础研究人才库建设，奥地利政府将采取引进与培育相结合原则，将公立大学建成世界一流基础研究人才基地。《规划》根据"巴斯德象限"科研范式转型规律提出了公立大学基础研究人才新分类体系，将基础研究人才分为纯基础研究人才和"交叉研究者"（crossover researcher），后者主要指专门从事应用引发的基础研究的研究者，并加大"交叉研究者"人才开发力度。在世界一流青年基础研究人才引进方面，奥地利政府计划未来五年引进 500 名以上世界一流青年学者。③对此，《规划》指出，大力改善公立大学的学术和生活环境，增强公立大学吸纳全球优秀青年科学家能力；建立竞争性绩效导向的职业聘任机制和国际卓越标准遴选机制，严格按照国际性、竞争性质量标准，在全球开展竞争性岗位招聘，提升公立大学全球学术劳动力市场的吸引力和竞争力；精准识别国内战略性学术人才资源开发与国际竞争性人才聘用的平衡点。④

在卓越学术型博士生培养方面，国家政府将严格按照质量标准为博士教育项目提供充分财政支持，奥地利科学研究院通过"博士团队"（Doc-Team）、

---

① Federal Ministry of Education, Science and Research. Austrian National Development Plan for Public Universities 2019-2024[R]. Vienna：Federal Ministry of Education, Science and Research, 2018：12.

② Federal Ministry of Education, Science and Research. Austrian National Development Plan for Public Universities 2019-2024[R]. Vienna：Federal Ministry of Education, Science and Research, 2018：15.

③ Austrian Federal Ministry of Education. Researcher's Guide to Austria[R]. Vienna：Austrian Federal Ministry of Education, 2018：18.

④ Federal Ministry of Education, Science and Research. Austrian National Development Plan for Public Universities 2019-2024[R]. Vienna：Federal Ministry of Education, Science and Research, 2018：18.

"博士后轨迹"（Post-Doc-Track）等项目为学术型博士生提供博士论文奖励资金，通过"奥地利科学基金"（Austrian Science Fund）为优秀青年学者提供特别激励资金支持，加大博士后研究人员的聘用力度，鼓励更多博士后研究人员参与到该基金项目。同时，国家政府将进一步完善现代化博士学院教育模式，建立博士项目（Doctor Programme）、博士研究院（Academy of Doctor）、博士学院（Doctor College）相整合的集群化博士培养模式；推动博士教育项目全面实现从两年制向三年制转型，将结构性博士教育项目质量标准充分整合到公立大学基础研究结构性改革中；通过跨地域、跨部门、跨学科知识转移支持博士生学术职业发展；通过第三方基础研究资助项目为博士生和博士后创造充分的就业机会。[①]

在基础研究人才职业发展方面，《规划》指出，在"大学副教授"（university docents）人才队伍中实施终身教职模式（tenure-track model），建立从青年学者聘任到终身教授身份认证的可持续性职业发展轨迹，采取激励措施确保青年学术人才聘用的开放性、透明化和绩效相关性，同时为优秀青年学者提供开放透明的职务晋升机制；实施工作-生活调衡机制，平衡青年学术人才职业发展与家庭责任之间的关系，为其潜心于学术职业提供充分的全方位支持服务。根据国际卓越标准建立学术职业岗位质量保障体制，推动全纳学术人才评价文化建设；鼓励交叉研究者进行校外兼职，鼓励其跨部门、跨域就业，充分肯定学术人员在科研、教学、学校发展和社会责任等多领域中的不同绩效，激励交叉研究者依托其基础研究成果开展学术创业活动；实施性别全纳学术职业发展模式，大力开发女性高层学术职业人才资源，增加女性在高层学术职业岗位中的比例，将性别平等要素融入科研评价体系；运用卓越科研绩效课程购买机制合理削减科研人员教学任务，使卓越科研人员从冗余的教学任务中解放出来，确保其有充足时间和精力从事高端科研创新工作，增强其科研竞争力和高产性；同时，政府将针对交叉研究者专门设立应用（或创新）引发的基础研究项目类别，引导更多研发人员从事基础研究工作。[②]

（4）搭建多元开放科学平台，推进基础研究全方位开放

随着高级知识经济社会对科学知识的需求不断增强和现代网络信息技术

---

① Federal Ministry of Education, Science and Research. Austrian National Development Plan for Public Universities 2019-2024[R]. Vienna：Federal Ministry of Education, Science and Research, 2018：19.

② Federal Ministry of Education, Science and Research. Austrian National Development Plan for Public Universities 2019-2024[R]. Vienna：Federal Ministry of Education, Science and Research, 2018：26.

的快速发展，人类科学域正在进入高度开放协同的开放科学新时代，开放科学成为基础科学研究新范式。近年来，奥地利政府在推动科研创新能力提升过程中取得了一定成效，但未能真正将公民和未来创新用户融入基础科学研究过程。为增强开放科学对公立大学基础研究的催化效能，促进公民参与式科学快速发展，《规划》针对公立大学提出了一系列政策工具，重点启动一批全国性开放科学计划，创建一批开放科学交互平台：设立"顶尖公民科学资助计划"（Top Citizen Science Funding Initiative），激励公民用户参与到公立大学基础研究过程中，确保公民用户对新知识创新成果的开放获取；加大"卓越技术能力中心计划"（Competence Centers for Excellent Technologies Programme，COMET）实施力度，鼓励公立大学、创新企业和公民用户联合开展高端创新引发基础研究项目；鼓励公立大学积极参与欧洲开放科学云平台，通过"奥地利大学联盟"（Universities Austria Alliance）、"大学图书馆论坛"（University Libraries Forum）、"奥地利开放获取网络"（Open Access Network Austria）等新兴科学社交平台，促进公立大学基础研究成果开放获取，力争到2025年全面实现所有科学出版物向社会开放获取；设立联邦"公民科学奖"（Citizen Science Award）计划，推动公民科学项目在全国公立大学得以全方位推广普及。根据"欧洲开放科学云"（European Open Science Cloud）框架，成立国家公立大学科研基础设施共享平台，建立科学知识交流和共享共同体；启动"奥地利开放知识"（Open Knowledge Austria）计划，通过不同途径增强公立大学在国际环境中免费开放知识的传播能力，为社会经济和公民用户创造附加价值；建立"奥地利科研数据联盟"（Research Data Alliance Austria），培育全国性新兴科研数据管理共同体，与全球数据管理利益相关者联合开展大学科研数据管理机制创新活动，建立高度国际化的科学数据生态系统。[①]

二、瑞典大学基础研究高质量发展战略

21世纪以来，瑞典作为欧盟基础研究强国之一，在欧洲研究区框架下出台了大量推动国家科研创新能力提升的重要战略，旨在将瑞典发展成为世界科研创新领先的知识强国，依循世界一流科学研究、教育和创新创业"知识三角"生态逻辑，解决社会大挑战问题，提升国家竞争力，推动社会经济发展。

---

① Federal Ministry of Education, Science and Research. Austrian National Development Plan for Public Universities 2019-2024[R]. Vienna：Federal Ministry of Education, Science and Research, 2018：28.

瑞典整个科研系统各部门相互协同，形成了以联合科研项目、跨部门科研人员和资金流动为依托的开放式科研生态共同体。作为国家基础研究最重要的承担者，瑞典所有高等教育机构都肩负有开展科研、教育、协同创新多重使命，不区分研究型大学和教学型大学，这是瑞典不同于其他国家分层分类的高等教育发展特色。近年来，瑞典政府持续加大科研投入力度，已成为世界研发密集度强国，其单位人口科研人员比例、科研论文比例以及科研公信度均居世界前列。瑞典还具有对知识和科研重要性高度信任的国家特质，从而为科研解决社会大挑战问题提供了必要逻辑前提。瑞典研究委员会（The Swedish Research Council）作为瑞典高等教育机构最大的公共科研资助部门，负责瑞典所有学科领域科研项目和科研基础设施资助，为瑞典政府提供科研政策问题咨询，增强公众对科研长远社会利益的理解和认识，在推动瑞典大学基础研究卓越发展中发挥着不可替代的重要作用。为加强瑞典大学基础研究科研卓越发展，瑞典研究委员会于 2019 年 12 月发布了《瑞典科研体系的未来选择》战略报告，该报告从知识、质量、诚信三个维度明确了未来 10 年瑞典高等教育科研战略任务。

1. 瑞典具有世界一流基础研究竞争力

作为世界典型创新型国家，瑞典的国家基础科学研究竞争力位居世界前列，为国家创新能力持续提升提供了不可或缺的原动力。《全球创新指标2019》报告显示，瑞典国家创新能力居世界第 2 位（表 2-6）。2019 年《欧洲创新记分牌》统计报告显示，瑞典国家创新能力居欧盟第 1 位、欧洲第 2 位（瑞士第一）；人力资源居欧盟第 2 位、欧洲第 3 位；国家科学研究系统吸引力居欧盟第 4 位、欧洲第 5 位；25—34 岁每千人口中新增博士生人数居欧洲第 4 位；每百万人口国际科研合作论文居欧洲第 4 位；前 10%高引科研论文量占世界前 10%高引科研论文总量的比例居欧洲第 6 位；国际博士生占高校博士生总数的比例居欧洲第 10 位；公共部门研发开支居欧洲第 3 位；每百万人口公私部门合作科研论文量居欧洲第 3 位。[①]在 21 世纪大学联盟国家高等教育体系世界排名中，瑞典整体排名居世界第 4 位，仅次于美国、瑞士和英国，其中单位人口高等教育资源投入排名居第 2 位，科研产出排名居第 7位。[②]瑞典在研发强度、高等教育部门基础研究投入、单位人口科研人员数量和科研论文产出数量等指标上均居 OECD 成员国前五之列，但在科研论文被引影响指标上并未进入 OECD 成员国前五之列，居 OECD 成员国第 13 位，处

① The European Commission. European Innovation Scoreboard[R]. Brussels：The European Commission，2019：23.

② U21. Ranking of National Higher Education Systems[R]. West Midlands：U21，2019：9.

于中位置。①一般来讲，某国研发强度与该国科研论文被引影响力之间存在正相关关系，但并非完全线性相关，也就是说，不同国家之间在研发强度和科研论文被引影响力的相关性上仍存在较大差异。因此，科研论文被引影响力的差异并不能仅仅依据国家研发强度予以解释，而是由多种因素造成的，如国家科研系统构成及其运行机制之间也存在较大差异，从而导致研究者开展科学研究的前提条件也存在一定差异，也就是说，瑞典科研系统面临的一个重要挑战是，如何改善国家科研体制机制条件和环境，以有效提升科研质量。另外，提升科研质量还需要充分考虑国际科研图景的转型规律。近年来，国际科研图景发生了重大转型，2007—2017 年，亚洲科研论文增加了 1 倍多，远远超过了传统上占绝对优势的北美或欧洲，国际竞争环境发生了根本性变化，这为瑞典开展国际科研协同提供了新的机会。

表 2-6 2019 年全球创新能力指数（前 12 国）

国家	得分（0—100）	排名
瑞士	67.24	1
瑞典	63.65	2
美国	61.73	3
荷兰	61.44	4
英国	61.30	5
芬兰	59.83	6
丹麦	58.44	7
新加坡	58.37	8
德国	58.19	9
以色列	57.43	10
韩国	56.55	11
爱尔兰	56.10	12

资料来源：WIPO. Global Innovation Index[R]. Genera：WIPO，2019：22

（1）瑞典基础研究资金投入竞争力

科研资金投入是国家科研卓越发展的必要条件。一个国家科研助力度主要以研发开支占国家 GDP 的比例或人均研发开支（研发强度）为衡量指标。2017 年，瑞典国家研发密集度为 3.3%，即研发开支占国家 GDP 的比例为 3.3%，居世界第 3 位，超过了周边的丹麦、芬兰、挪威等其他北欧国家，以及美国、法国、英国等主要科研大国，仅低于韩国和以色列（这两国超过了4%），超过了欧盟成员国到 2020 年实现 3%的目标。从人均研发开支看，瑞典

---

① OECD. Main Science and Technology Indicators[R]. Paris：OECD Publishing，2019：25.

也呈现出明显的科研高密集性，瑞典人均研发开支仅次于韩国和以色列（图2-2）。从全球整体分布趋势看，研发开支占国家 GDP 的比例与人均研发开支大致呈正相关，但作为人口大国，中国就呈现出较低人均研发开支的现象，卢森堡等一些小国则呈现出相对较高人均研发开支的现象。从历史发展角度看，2008 年，瑞典研发开支占国家 GDP 的比例达到顶峰，高达 3.5%，2008—2017 年从 3.5%下降到 3.3%，2015—2017 年基本保持在 3.3%。2008—2017年，荷兰、奥地利、比利时、挪威都呈较快增长态势，中国和韩国同期增长了50%，中国在 2013 年首次超过了欧盟 28 国平均值。从研发承担主体（以研发开支比例为指标）看，企业和高等教育部门是各国最主要的研发主体，其中企业所占比例较高，企业所占比例最高的为韩国，达 79%，最低的为挪威，为53%。各国高等教育部门研发开支比例在 7%—33%。在瑞士、瑞典、丹麦，企业和高等教育机构承担了几乎全国所有的研发任务。从研发经费来源看，瑞典作为欧盟成员国，也受到欧盟科研创新框架计划的资助，以"地平线2020"计划为例，瑞典获得的欧盟资助额占欧盟 28 国的第 8 位，人均受资助额占第 10 位，申请成功率占第 14 位，资助成功率占第 13 位。[①]

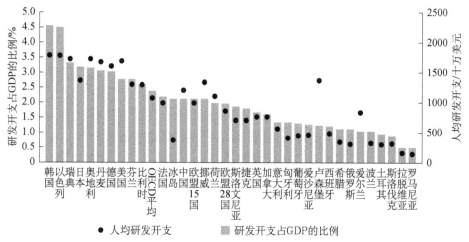

图 2-2　瑞典与世界主要国家和国际组织研发投入强度比较

资料来源：Swedish Research Council. The Swedish Research Barometer 2019：The Swedish Research System in International Comparison[R]. Stockholm：Swedish Research Council，2020：22

从高等教育部门看，2017 年，瑞典国内研发开支为 1553 亿瑞典克朗（SEK），其中企业研发开支为 1109 亿 SEK，约占全国研发总开支的 71.4%，

① Swedish Research Council. The Swedish Research Barometer 2019：The Swedish Research System in International Comparison[R]. Stockholm：Swedish Research Council，2020：3.

高等教育部门研发开支为 388 亿 SEK，约占 25.0%；瑞典国防研究部、瑞典社会保障监察署等政府部门研发开支为 27 亿 SEK，约占 1.7%；其他如地方委员会、市政当局、地方研发机构的研发开支为 29 亿 SEK，约占 1.9%。从整体看，2015—2017 年，瑞典国内研发总开支从 1426 亿 SEK 增加到 1553 亿 SEK，增幅为 8.9%。从资金来源看，高等教育部门研发资助主要来源于政府部门（2017 年为 287 亿 SEK），并且主要源于政府直接资助（145 亿 SEK），企业资助为 13 亿 SEK，海外资助为 26 亿 SEK，非营利组织资助为 41 亿 SEK。作为瑞典研发主要资金来源，瑞典政府在 2019 年的研发投入为 370 亿 SEK，2009—2019 年，瑞典政府研发投入增长了 11.3%（约为 36 亿 SEK）；瑞典政府研发投入经费占政府总预算经费的比例从 2007 年的 3.2% 增加到 2019 年的 3.6%。①在瑞典政府研发投入经费中，高等教育部门获得约 50%，其他如瑞典研究委员会、瑞典国家创新局等研究委员会获得约 17%，政府分拨给这些研究委员会的经费也主要流向高等教育机构，也就是说，政府直接和间接资助高等教育经费约占政府研发经费总量的 67%；其中高等教育部门获得政府直接资助在 2009—2019 年增长了 27 亿 SEK，研究委员会增长了 17 亿 SEK。②根据"将瑞典建设成为世界顶尖科研创新型国家和知识型国家，拥有高质量科研、高等教育、创新成果，以有效解决瑞典乃至全球社会大挑战"的国家战略，瑞典政府研发经费分配到了多目的领域。

瑞典高等教育部门的科研资助来源呈现出明显的多元性。2017 年，政府直接资助占 39.5%，研究委员会资助占 17.6%，其他政府机构资助占 6.1%，国家委员会和市政府资助占 3.3%，公共研究基金会资助占 3.2%，非营利私企占 12.8%，企业资助占 4.6%，欧盟资助占 4.3%，其他来源占 8.7%（图 2-3）。从高等教育类别看，瑞典高等教育研发经费主要流向了综合性大学和专业性大学。2017 年，瑞典综合性大学获得资助比例为 53%，专业性大学获得了 36%，新建大学为 4%，大学学院为 6%，艺术大学学院和其他私立高等教育机构分别为 0.2% 和 0.4%。2011—2017 年，瑞典所有高等教育机构研发经费均处于增加趋势，其中综合性大学增幅最大，增加了 22 亿 SEK，专业性大学增加了 15 亿 SEK，新建大学增加了 2 亿 SEK，大学学院增加了 1 亿 SEK。③

---

① Swedish Research Council. The Swedish Research Barometer 2019：The Swedish Research System in International Comparison[R]. Stockholm：Swedish Research Council，2020：4.

② Swedish Research Council. The Swedish Research Barometer 2019：The Swedish Research System in International Comparison[R]. Stockholm：Swedish Research Council，2020：5.

③ Swedish Research Council. The Swedish Research Barometer 2019：The Swedish Research System in International Comparison[R]. Stockholm：Swedish Research Council，2020：18.

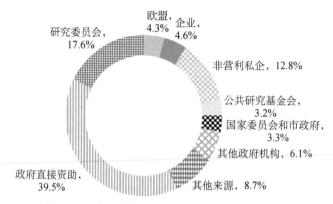

图 2-3　瑞典高等教育部门科研经费多元来源及比例

注：因四舍五入，数据和不为100%

资料来源：Swedish Research Council. The Swedish Research Barometer 2019：The Swedish Research System in International Comparison[R]. Stockholm：Swedish Research Council，2020：7

从学科领域分布看，2017年，医学与卫生科学领域所占资助份额最大，其次是自然科学、工程技术、社会科学、人文艺术、农学与兽医学。但不同学科之间存在较大差异，如医学与卫生科学获得了高等教育研发总资助的34%，自然科学占24%，工程技术占16%，社会科学占14%，人文艺术占6%，农学与兽医学占6%。2015—2017年，医学与卫生科学、自然科学、人文艺术领域研发经费均处于增加态势，而工程技术、社会科学、农学与兽医学领域则处于减少趋势。自然科学领域的增加值最大，增加了6.21亿SEK；增幅最大的是人文艺术领域，增长了13%。在医学与卫生科学、自然科学、社会科学、人文艺术领域，综合性大学占绝对优势，自然科学和人文艺术领域的综合性大学分别获得了高等教育部门相应学科研究领域资助的70%和77%。工程技术、农学与兽医学领域主要集中在专业性大学，约占63%的工程技术领域研发经费流向了专业性大学，其中查尔姆斯理工大学（Chalmers University of Technology）和皇家理工学院（KTH Royal Institute of Technology）这两所专业性大学分别获得了工程技术领域研发经费的20%和33%，瑞典农业科学大学（Swedish University of Agricultural Sciences）获得了农学与兽医学领域研发经费的98%，卡罗林斯卡学院（Karolinska Institute）获得了医学与卫生科学领域研发经费的42%。[①]

（2）瑞典基础研究人力资源投入竞争力

瑞典是一个单位人口科研人员比例较高的国家，从事科研工作的人口占

---

① Swedish Research Council. The Swedish Research Barometer 2019：The Swedish Research System in International Comparison[R]. Stockholm：Swedish Research Council，2020：8.

0.75%，远高于荷兰、瑞士、英国、德国等其他欧洲发达国家的 0.4%—0.5%。[①] 从单位人口科研人员所占比例看，2015 年，瑞典成为世界单位人口科研人员所占比例较高的国家，也是北欧中占比最高的国家，女性科研人员占比为 34%。从研发开支占 GDP 的比例与单位人口科研人员所占比例之间的关系看，一般来讲，世界主要国家研发开支占 GDP 的比例越高的国家，其单位人口科研人员所占比例就越高，两者之间存在一定程度的正相关关系。从世界范围看，瑞典研发开支占 GDP 的比例仅次于韩国和瑞士，居第 3 位，每千人口拥有科研人员数量仅次于丹麦，居第 2 位。从不同部门分布看，瑞典科研人员大部分集中在企业部门，而英国和瑞士两国科研人员主要集中在高等教育部门。[②]

从高等教育部门看，2018 年，瑞典高等教育部门科研与教学人员数量约为 38 000 名，2008—2018 年，高等教育科研和教学人员增加了 10 000 名，主要表现在教授、高级讲师（senior lecturers）、博士后三类人才持续增加。从瑞典六类高等教育机构看，科研与教学人员主要集中在综合性大学，其次是专业性大学、大学学院和新建大学；教授主要集中在综合性大学和专业性大学，高级讲师主要集中在大学学院和新建大学；专业性大学拥有较低比例的高级讲师和较高比例的科研人员、博士后和副高级讲师（associate senior lecturers），这充分体现了这类大学中的科研型教师多于教学型教师，也说明这类大学更加注重科研活动。[③]

从性别分布看，一般来讲，性别比分布在 40%—60%，则被认为是性别分布均衡。2018 年，除教授群体外，瑞典高等教育在其他职业生涯阶段的人员性别比大致持平。在教授群体中，男女性别比为 7∶3；2008—2018 年，教授中女性占比增加了 10 个百分点（图 2-4）。2009—2013 年，具有博士学位的教授群体中女性占 26%。2004—2008 年，获得博士学位的教授中女性占 40%，大部分属于 2004—2008 年获得博士学位的教授，瑞典科研系统中教授和高级讲师性别分布的历史变化趋势如图 2-5 所示。从学科分布看，2014—2018 年，除了人文艺术领域外，其他领域都拥有较大比例的博士学位获得者，增长较快的领域是自然科学、医学与卫生科学。在自然科学、工程技术领域，男性仍占据绝对主导地位，而在社会科学和人文艺术领域，男女比例持平（在 40%—60%）。另外，在医学与卫生科学领域，新增博士学位获得者数量开始

① Swedish Research Council. The Swedish Research Barometer 2019：The Swedish Research System in International Comparison[R]. Stockholm：Swedish Research Council，2020：10.

② Swedish Research Council. The Swedish Research Barometer 2019：The Swedish Research System in International Comparison[R]. Stockholm：Swedish Research Council，2020：9.

③ Swedish Research Council. The Swedish Research Barometer 2019：The Swedish Research System in International Comparison[R]. Stockholm：Swedish Research Council，2020：10.

从男性主导转向女性主导。从工作时间看，博士后投入研发活动的工作时间
比例最高，其次是博士生，教授、副高级讲师、研究人员均投入了约10%的
工作时间用于研发项目申请。在具有博士学位的高等教育工作人员中，高级讲
师投入科研活动的工作时间比例最低，约为30%，与此同时，他们投入教学的
时间最多，约占工作时间的50%；教授投入非科研和教学活动的工作时间比例
最高，约为30%，博士后投入其他工作的时间比例最低，不到10%，也就是
说，他们将90%以上的工作时间主要用在科研活动上。博士生是高等教育部门
规模最大的全职研发人员。[①]

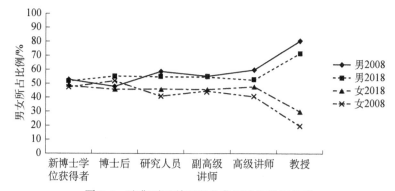

图2-4　瑞典不同科研职业发展阶段性别差异

资料来源：Swedish Research Council. The Swedish Research Barometer 2019：The Swedish Research
System in International Comparison[R]. Stockholm：Swedish Research Council，2020：12

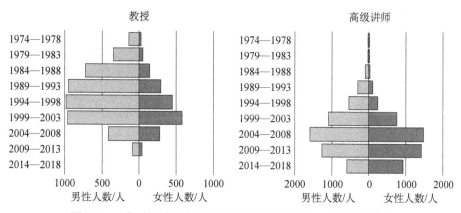

图2-5　瑞典科研系统中教授和高级讲师性别分布历史变化趋势

资料来源：Swedish Research Council. The Swedish Research Barometer 2019：The Swedish Research
System in International Comparison[R]. Stockholm：Swedish Research Council，2020：15

---

① Swedish Research Council. The Swedish Research Barometer 2019：The Swedish Research System
in International Comparison[R]. Stockholm：Swedish Research Council，2020：11.

从高等教育机构人员聘用分布看，瑞典所有高等教育机构的研究者和教师中，50%以上的博士学位获得者毕业于现就职大学，约30%的博士学位获得者毕业于其他大学，约14%的博士学位获得者毕业于国外。综合性大学和专业性大学的教师主要来自国内，综合性大学中64%的教师和专业性大学中58%的教师的博士学位获得于现就职大学，同时这两类大学聘任在国外获得博士学位的教师的比例明显高于其他大学。新建大学和大学学院主要聘任从瑞典其他大学获得博士学位的教师。自然科学领域拥有较高比例的从国外获得博士学位的教师，约占25%，人文艺术、社会科学领域拥有最高比例的国内流动性教师，这些领域40%—42%的教师的博士学位获得于其非现就职大学的其他瑞典大学。①

（3）瑞典基础研究产出竞争力

瑞典也是世界上单位土著人口科研论文量最多的国家之一。2015—2017年，瑞典每千土著人口发文量为1.6篇，仅次于丹麦和瑞士，远超于荷兰、英国、美国和德国等科研强国。从世界范围看，2007—2017年，世界科研论文产出量呈明显增加趋势，其中亚洲是科研论文产出量相对数和绝对数增加最快的地区，10年间增加了130%，其次是欧洲和北美洲，同期分别增加了30%和20%。亚洲、欧洲和北美洲科研论文总量约占世界总量的90%。从研究领域分布看，在人文社会科学、医学领域，欧洲是世界上科研论文产出量最大的地区，特别是在人文科学领域，该领域50%的科研论文产于欧洲，亚洲在农学、自然科学、工程技术领域科研论文产出量最大。②

从欧洲和北美洲地区看，医学领域是该地区科研论文产出量最大的领域，分别占这些地区科研论文总量的37%和45%，其次是自然科学领域，分别占这些地区科研论文总量的28%和22%。从亚洲地区看，自然科学是该地区科研论文产出量最大的领域，其次是医学和工程技术领域。从世界研究领域科研论文产出量看，2017年，医学和自然科学领域科研论文产出量占世界总量的65%。2015—2017年，瑞士和丹麦单位土著人口科研论文产出量最大，其次是澳大利亚和瑞典，也就是说，瑞典已经成为单位人口科研论文产出量较大的国家，排名第4位；所有北欧五国单位人口科研论文产出量均进入世界前7位。尽管美国、中国、英国等科研大国产出科研论文的绝对量最大，但单位人口产出量均不高。2017年，美国和中国科研论文产出总量占世界总量

① Swedish Research Council. The Swedish Research Barometer 2019：The Swedish Research System in International Comparison[R]. Stockholm：Swedish Research Council，2020：16.

② Swedish Research Council. The Swedish Research Barometer 2019：The Swedish Research System in International Comparison[R]. Stockholm：Swedish Research Council，2020：26.

的 45%，2015—2017 年，美国和中国科研论文产出总量占世界总量的 40%，加上英国、德国、日本，这五个国家的科研论文产出量占世界总量的一半以上（图 2-6）。

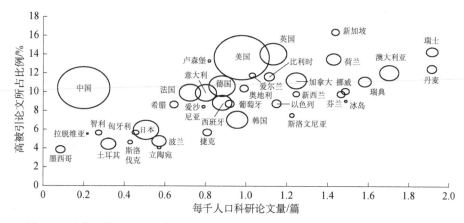

图 2-6　瑞典与世界主要国家单位人口科研论文产出量与高被引论文所占比例比较

资料来源：Swedish Research Council. The Swedish Research Barometer 2019：The Swedish Research System in International Comparison[R]. Stockholm：Swedish Research Council，2020：19

从引用影响看，瑞士和丹麦是单位人口生产科研论文最多的国家，瑞士还具有较高的引用影响，挪威、芬兰、瑞典单位人口生产科研论文量相当，但瑞典具有相对较高的引用影响。瑞士的高被引论文（世界前 10%）占本国科研论文总量的 11% 以上，高于世界平均水平 10%，居世界第 13 位。从世界范围看，一个国家高被引论文占本国科研论文总量的比例与本国单位人口发文量和研发强度存在一定的正相关关系，但并非完全线性分布。瑞士和瑞典高等教育部门研发开支占 GDP 比例基本持平，但瑞士拥有更高的引用影响；荷兰、比利时、英国都拥有比瑞典较高的引用影响，但这些国家高等教育部门研发开支占 GDP 比例相对较低（图 2-7）。因此，不同国家在引用影响上的差异并不能仅仅通过研发投资量来衡量和解释，还受一个国家科研系统组织及其运行特征等多种因素的影响，其中一个重要因素就是高等教育部门相对于企业和科研部门的规模。

从学科引用影响看，农学、生物、临床医学、地理科学、生物医学和化学属于瑞典的强势学科，引用影响居于世界和欧盟平均水平以上，但材料科学、社会科学、数学、心理学、计算机与信息科学、卫生科学的引用影响低于世界平均水平；瑞典引用影响最高的是农学和生物学，虽然卫生科学和社会科学的产出量超过了世界平均水平，但其引用影响却低于世界平均水平。中国在 16 个学科领域中，有 10 个学科的引用影响超过了世界平均水平，其中材料科学、化学、工程的引用影响最高，但生物医学、分子生 物科学、临床医学的引用影响略低于世界平均水平，人文社会科学、心理学、卫生科学和经济学的引用影响均处于世界较低水平。

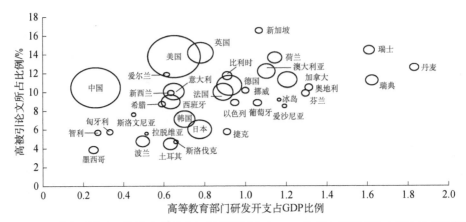

图 2-7　瑞典与世界主要国家高等教育部门研发开支占 GDP 比例与高被引论文所占比例比较

资料来源：Swedish Research Council. The Swedish Research Barometer 2019：The Swedish Research System in International Comparison[R]. Stockholm：Swedish Research Council，2020：21

从国际科研合作论文看，国际研发合作已成为提升科研质量和国家竞争力的重要科研范式，衡量国际科研合作的重要指标是国际科研合作论文。瑞典国际科研合作论文占本国科研论文总量的比例从 2006 年的 50%上升到 2017 年的近 70%，越来越多的新增科研论文是通过大规模合作而成的，2017 年，瑞典有 1/3 的科研论文是由瑞典作者与其他任何一个国家作者合作而成的，有 60%的科研论文由瑞典作者与其他 1—4 个国家作者合作而成，有 3%的科研论文由 10 个以上国家作者合作而成。瑞典作者与欧盟 28 国研究者合作而成的论文占瑞典科研论文总量的比例从 2016 年的 63%上升到 2017 年的 67%，同期与美国研究者合作论文占瑞典科研论文总量的比例从 31%上升到 34%，增幅最大的是与亚洲国家研究者合作论文，其所占比例从 1997 年的 11%上升到 2017 年的 24%，合作论文量增加了 118%。①

整体看，瑞典国际科研合作主要对象国是美国、英国、德国、法国等主要发达国家，美国是合作量最大的国家，2013—2017 年，两国合作论文量超过了 5000 篇，占瑞典所有国际科研论文总量的 30%，同期美国产出了世界 20%的科研论文。相反，瑞典与中国的合作力度仍不足，2013—2017 年，两

---

① Swedish Research Council. The Swedish Research Barometer 2019：The Swedish Research System in International Comparison[R]. Stockholm：Swedish Research Council，2020：23.

国合作论文占瑞典国际科研论文总量的 10%，而同期中国产出了世界 16% 的科研论文。①瑞典国际科研合作论文主要分布在物理学、生物学、地理科学和生物医学领域，在人文社会科学领域的合作力度最小。

从高等教育部门看，2007—2017 年，瑞典高等教育科研论文产出机构主要分布在综合性大学和专业性大学，2017 年，这两类大学产出了瑞典 80% 的科研论文，分别占 50% 和 30%，大学学院和新建大学各产出了 4%，其他如科研院所、公共部门、企业部门共产出了 12%。2007—2017 年，大学学院产出的科研论文增幅最大，年增幅在 9% 左右，同期综合性大学和专业性大学增幅分别为 3% 和 2%。从引用影响看，2015—2017 年，瑞典高等教育部门引用影响最大的是卡罗林斯卡学院，在排位前 5 位的大学中，有 4 所属于综合性大学。②从学科领域看，专业性大学强势学科较为明显并高度集中在某些学科，如斯德哥尔摩经济学院（Stockholm School of Economics）的所有科研论文都集中在工商与经济学领域，瑞典农业科学大学产出的科研论文主要集中在农学、渔业、生物、森林相关领域，卡罗林斯卡学院则主要集中在临床医学和卫生科学领域。

2. 瑞典大学基础研究高质量发展战略核心向度

（1）以研究者发起型科学研究和非指导性研究者为引领

基础研究具有高度自由探索性。为激励基础科学研究的卓越发展，瑞典政府一直秉持良好的科研理念：将非指导性科研人员和非指导性好奇心驱动型科学研究看作国家知识创新和社会发展的战略基础；卓越科学研究需要一流科研条件，为开展基础研究的非指导性研究者提供世界一流科研条件；科研资助必须基于科研质量，持续强化同行评审对科研质量提升的评价效应，依据同行评价结果进行科研资金分配；为创建社会长期发展所必需的知识基础，必须加大非指导性科研支持力度。

瑞典政府认为，所有学科领域非指导性研究者发起的基础科学研究对国家解决气候影响、老龄化人口等社会大挑战问题所需的新知识积累具有不可替代的战略性作用。因此，加强基础研究和其他非指导性科学研究的基础能力建设已成为瑞典国家科研生态系统中一项重要的战略任务。这类研究既是一项含有试误和协同特性的探索性科研活动的长期性系统工程，也是一项具有灵感、

---

① Swedish Research Council. The Swedish Research Barometer 2019：The Swedish Research System in International Comparison[R]. Stockholm：Swedish Research Council，2020：24.

② Swedish Research Council. The Swedish Research Barometer 2019：The Swedish Research System in International Comparison[R]. Stockholm：Swedish Research Council，2020：31.

突破和未知突现的高创造性活动。探索新知识就是要开展基础创造性、理论坚实性和方法严谨性的科学分析，是研发谱系中其他科研活动的逻辑前提。非指导性科学研究在生成新知识的同时，也能够反哺到人才培养，以提高高等教育质量，为社会和企业培养高创造性劳动力。因此，基础科学研究为社会发展提供了知识基础。

从研究内容上讲，非指导性研究者自身在很大程度上能够精准探究和识别所要研究的相关社会问题。①瑞典研究委员会开展的一项人文社会科学领域的相关研究评估显示，在社会问题相关研究资金申请方面，非指导性科研项目申请具有很强的竞争性；2016—2018 年，瑞典研究委员会向气候相关基础研究提供了 10 多亿 SEK②；基于研究者自身的创新理念，瑞典研究委员会重点支持社会大挑战相关的基础科学研究生命周期的早期研究活动，旨在开展具有精准识别度的、社会大挑战驱动的知识生产。在好奇心驱动型研究方面，科学史显示，纯科学研究突破作为原创性基础研究，对后期社会问题的解决具有重大影响，如医学应用、技术创新等都依赖于原创性基础研究。因此，科研资助必须最大限度地以科研质量为依据进行自由分配。

瑞典研究委员会负责资助所有科学领域最高质量的基础研究，并且大部分经费（不包括科研基础设施）用于资助非指导性科学研究，鼓励研究者自主选定科学问题，遴选的唯一依据是研究的科学质量，并根据国家竞争机制和完全同行评审结果予以拨款资助，确保其所资助的科学研究是最高质量和对知识发展具有最大潜力的，从而提升瑞典国家科研质量和国际科研竞争力，促进社会大挑战问题的解决。作为瑞典基础研究的独立资助部门，瑞典研究委员会在确保非指导性科学研究、识别卓越科研和促进高端非指导性科研人员开展卓越科研项目方面具有重要战略意义。瑞典研究委员会在 2015 年发布的《瑞典未来科研选择》政策报告中就指出：增加非指导性科研项目资助，加大对研究者发起型科学研究的支持力度，能够更有效地生成卓越的知识成果，进而提高瑞典世界一流科研型和知识型国家建设能力。

2019 年 12 月，瑞典研究委员会发布了《瑞典科研体系的未来选择》新战略，针对非指导性科研人员的卓越发展提出了两大战略举措：一是确保自由与质量；二是提供非指导性卓越科研资源。科研人员的自由受瑞典宪法保护，从法律层面赋予了研究者自由选择其科研问题、方法、科研成果出版方式的权

---

① Sweden Ministry of Education and Research. Towards an Outstanding Knowledge Nation with Equal Education and World-Class Research[R]. Stockholm：Ministry of Education and Research，2016：37.

② Swedish Research Council. Future Choices for the Swedish Research System：Knowledge，Quality and Integrity[R]. Stockholm：Swedish Research Council，2019：7.

利，大学能够自由决定科研整体方向、科研人员聘任和资金分配。为进一步激励大学基础研究卓越发展，瑞典研究委员会将持续增强科研人员自由度和科研能力，依据国际卓越质量标准，运用国家竞争机制，为研究者提供充分生成其科研新思想的自由和机会，对质量卓越的科研活动予以充分资助；充分发挥非指导性科研外部资助对科研自由的引领作用，赋予卓越非指导性研究者充分信任，为其提供高创造性科研环境和世界一流科研基础设施，使其有充分时间和精力开展科学研究；持续增加非指导性科研资金投入，为研究者发起的跨学科科研项目提供更充分的优势资源支持。①

（2）鼓励科研共同体的外部资助与政府直接资助，确保科研资金的充分性、稳定性、可持续性

从资助体制看，资助来源多元化是瑞典科研资助体制的典型特征。瑞典科研资助来源主要包括政府直接资助、政府外部资助和其他外部资助，各政府外部资助机构的主要职能有所不同，如瑞典研究委员会的非指导性科研资助、一些政府部门的非限制性资助等，这些资助部门采取不同资助形式提供了高等教育机构间接科研成本，彰显了瑞典高等教育机构科研成本分担的多元性。政府资助是大学最核心的资助主体，占到了高等教育科研开支的70%，主要通过政府直接资助（44%）和研究委员会、各政府外部资助机构资助（26%）；私营部门科研资助主要包括公司和非营利性组织，占16%，来自市政当局、区域委员会、公共科研基金会的资助占7%，来自欧盟和其他国外科研的资助占7%。绝大多数资助机构对瑞典高等教育科研贡献于社会经济发展的能力高度信任。政府直接科研资助的主要对象是大学教授、高级讲师、副高级讲师、博士后研究人员以及博士生群体，科研人员聘用和博士生、博士后培养经费主要来自外部资助支持。

《瑞典科研体系的未来选择》战略要求长期受聘的科研人员应由政府直接资助支持，外部资助应主要用于支持临时性科研人员聘用和科研项目相关成本；教学型教师工作包括教学和科研双重职责，并应由政府直接资助和外部资助双重拨款予以支持，但在双重使命资金分配比例上，根据个人不同情况和不同时段采取相对灵活的分配机制。高等教育科研间接成本主要由外部资助部门承担，因此所有资助机构联合承担了高等教育成本。该战略还指出，政府科研资助部门负责提供全部间接成本资助，瑞典研究委员会每年将科研资金投入的24%（约10亿SEK）用来资助高等教育间接成本。一般情况下，个体研究者

---

① The Swedish Research Council. Future Choices for the Swedish Research System[R]. Stockholm: The Swedish Research Council，2019：12.

或研究团队的活动主要通过不同资助渠道予以支持，大学管理者和科研领导者需要从多渠道筹资支持间接成本。这种成本全覆盖模式意味着政府外部科研资助组织对高等教育机构内部科研成本的支持力度远大于其他外部资助组织。《瑞典科研体系的未来选择》建议，政府直接资助将更好地为卓越研究者提供具有长期战略性的稳定科研条件，为战略性科研人员发聘用提供前提条件；增强政府直接资助与政府外部资助之间的互动协调关系，确保各资助部门资金支持运行机制科学透明、资源利用高效充分。①

作为瑞典大学最大规模的外部资助部门，瑞典研究委员会在确保瑞典高等教育科研质量、资金支持、质量评估方面发挥着决定性作用，其资助的所有科研项目在质量、规模、自由度上都具有很好的社会声誉和公信度。瑞典研究委员会的资助旨在提升科研质量，依据国家同行评审竞争机制予以支持，这种按照国家基准竞争机制而非各高等教育机构政府直接拨款的模式更有利于保障高等教育的科研质量。基于此，瑞典研究委员会对高等教育科研资助具有高度辐射性，即其他外部资助以及海外资助都会以瑞典研究委员会的资助结果为参照；持续提高政府直接资助在高等教育机构科研开支中所占的比例，减少外部资助对大学科研人员开展战略性科学研究方面的障碍。

可持续发展必然要限制科研人员数量，赋予所有研究者开展高质量科研所需的基础资源，为科研人员提供充分获得更具吸引力的学术职业发展和聘用的机会。政府直接拨款应涵盖包括长期可持续发展的科研团队建设相关的基础资源，并负责长期受聘科研人员成本、地方科研基础设施和国家部分科研基础设施成本的直接拨款资助。推进政府直接拨款使用机制的改革，以有效提升政府直接拨款对科研质量的正向影响力，改革的主要目的是：为个体研究者提供长期的、更加稳定的科研资源条件；为大学提供更加充分的自由空间以开展战略性发展；将这种长期战略性思维拓展到外部资助机制，确保政府直接资助能够对性别平等、人才聘用、个体研究者优势资源条件产生引导作用；加强政府直接资助的具体使用和分配情况的记录备档，分析直接资助如何促进提高瑞典科研质量，如政府直接资助在不同性别、不同聘用形式、不同成本类型上是如何予以分配的。在资助工具上，瑞典研究委员会持续加大对非指导性项目的资助力度，更加关注短期科研项目的成本，以有效弥补政府直接资助对长期性科研活动支持的不足，充分发挥非指导性科研项目资助对高等教育机构科研优先

---

① The Swedish Research Council. Future Choices for the Swedish Research System[R]. Stockholm：The Swedish Research Council，2019：16.

战略的引导作用。①

（3）加强一流开放的科研基础设施建设

高端科研基础设施既是高等教育内部开展科学研究的基础条件，也是加强多方科研协同的必要条件。为持续增强瑞典科研国际竞争力，瑞典需要为科研人员提供有效获取高端科研基础设施的机会以开展卓越科研活动。近年来，瑞典政府一直致力于加快各科研领域的大型科研基础设施、实验室环境、数字化科研平台、综合数据库等高端基础设施建设；加强科研基础设施技术创新，运用可查找、可访问、可互操作、可重用（findable，accessible，interoperable，reusable，FAIR）原则和开放科研数据平台，保证科研数据开放共享和科研数据的可查找性、可访问性、可互操作性、可重用性；加强科研数据储存、转移和分析的数字基础设施建设和相关专业人力资源开发；鼓励和支持大学、产业、公民社会等多利益相关部门积极合作，激励研究者积极参与高端科研基础设施的开发和运行，为科研基础设施建设者提供优越的工作条件和职业发展机会。②

瑞典高等教育机构负责确保其研究者能够顺利获取开展科研活动所需的基础设施资源，同时鼓励研究者积极参与国际科研基础设施建设，以推动瑞典高等教育机构科研质量和效能的提升。深化瑞典研究委员会和高等教育机构在科研基础设施建设中的协同互动关系，强化科研资助部门、基础设施平台、高等教育机构、地方政府、社会组织和其他利益相关者之间的生态协同关系。

瑞典研究委员会于 2018 年制定的《基础设施纲要》明确了 2019—2023年国家科研基础设施发展路线图，明确了七项战略任务。

一是增加瑞典科研基础设施的投入。为推进所有科研领域高端数字化、长期战略性、资源密集型科研基础设施建设，瑞典研究委员会代表瑞典政府将进一步加大科研基础设施财政资源投入力度，明晰科研基础设施优先投资领域，通过各利益相关部门协调机制提高现有基础设施使用效率。

二是加强科研和科研基础设施的协调能力。瑞典政府将不断提升科研基础设施的投入治理能力，为高等教育机构科研基础设施建设提供战略性指导；增强科研和教育领域基础设施投入的长期战略性和高度协调性，强化高等教育机构和其他资助部门之间的战略协同性。

---

① The Swedish Research Council. Future Choices for the Swedish Research System[R]. Stockholm：The Swedish Research Council，2019：23.

② Wilkinson M D, Dumontier M, Aalbersberg I J, et al. The FAIR guiding principles for scientific data management and stewardship[J]. Scientific Data，2016，18（3）：18-22.

三是明确科研基础设施的责任分配。瑞典研究委员会与高等教育机构共同采取有效措施理清科研基础设施的责权分配，并进一步强化政府各资助部门在科研基础设施投资中的密切协作关系，重点协调各利益相关组织之间的协同性。

四是增强开放获取和科研基础设施最大化利用的能力。国家利益导向科研基础设施应向科研人员和其他用户开放获取，但当获取机会受限时，应基于科研卓越指标设立优先获取机会，高等教育机构应与科研基础设施平台密切协同，向科研人员和用户传播现有科研资源，确保科研基础设施资源利用最大化，并充分体现性别的机会均衡。

五是为科研基础设施能力建设提供专业人员并确保其职业可持续性发展。激励科研人员积极参与科研基础设施能力建设，为科研基础设施良性运行提供专家咨询和技术支持，为科研基础设施工作人员提供优质的工作条件和多样化的职业发展机会，提升科研基础设施的治理水平。

六是提高科研数据流动、分析、储存、转移和可获取的能力。数字化工具是开放科学时代确保科研质量的重要基础，政府将加大有利于科研数据数字化流动和储存计算机网络资源的投入力度，增强高等教育机构数字化知识库的可获取性，瑞典研究委员会和高等教育机构将联合实施新的数字化基础设施资助模式，并积极参与国际科研基础设施协同计划；确保科研数据以可获取性和可再现性方式予以储存，在加大科研大数据储存和转移领域资源投入的同时，政府还需要采取有效措施提高数据处理能力，增强高等教育机构、科研资助部门和科研基础设施平台之间的深度协同，有效促进开放数据的共享。

七是加强个人科研数据处理的法律体系建设，确保科研人员个人诚信对科研可信性和合法性具有重要意义。瑞典政府将进一步完善有利于科研数据优化利用的法律体系，为科研数据系统化建设提供法律保障。[①]

为确保瑞典科研基础设施投入涵盖所有学科科研领域，瑞典研究委员会创建并成立了由科研人员和科研资助部门代表构成的科研基础设施独立委员会，全面负责国内和国际科研基础设施资金投入，特别关注国际科研基础设施平台，平衡科研基础设施资助与科研项目资助之间的关系，支持健康服务领域科研数据的注册、储存和开放应用。随着高端数字化信息技术兴起，2019年，瑞典研究委员会和大学研究基础设施咨询集团（Universities Reference Group for Research Infrastructure）联合委任国际专家组对国家数字化基础设施建设状况进行了评估，专家组就瑞典制定数字化科研基础设施国家战略提出了

---

① Swedish Research Council. The Swedish Research Council's Guide to Research Infrastructure[R]. Stockholm：Swedish Research Council, 2018：25.

11 条建议，瑞典研究委员会将与高等教育机构联合制定国家数字化科研基础设施战略，以满足瑞典未来数字化基础设施有效利用的新需求。[①]

（4）支持培育多方协同的一流科研生态环境

为增强国家科研创新竞争力，瑞典需要进一步创造有利于知识发展和高质量科研的高创造性科研环境。卓越科研环境具有合理的科研团队构成、浓厚的科研文化、善治的领导团队、密切的协同网络关系、合理的资源支持结构等典型要素特征。[②]卓越科研环境需要一系列积极效应，最重要的是对高级科研人员具有较强的吸引力，能为科研人员提供稳定的职业生涯，并能够通过基础研究、应用研究、技术创新等全谱系科研活动解决复杂问题，同时也能够为世界一流科教协同育人提供良好的平台支持。

瑞典研究委员会提供了三种科研环境支持计划：科研环境和科研协同支持计划、卓越教授支持计划和国际招聘支持计划。科研环境和科研协同支持计划旨在通过科研团队或个人之间的合作生成附加价值，主要支持对象是来自国内外不同大学或学科的、具有长远共同科研目标的研究团队，支持的核心指标是卓越科研质量。卓越教授支持计划和国际招聘支持计划主要支持那些最成功的科研人员创建面向突破性前沿研究的长期可持续性科研环境，主要对象是瑞典高等教育机构研究者和受聘到瑞典的国际卓越科研人员。卓越教授支持计划有效推动了瑞典高等教育机构新兴科研领域的发展，增强了高等教育机构的科研抗风险能力，形成了新型科研范式和科研协同联盟，提高了高等教育机构吸纳外部资金和聘用卓越人才的能力。[③]未来，瑞典政府将进一步加强卓越科研环境建设。瑞典研究委员会将与高等教育机构联合推动有利于科研质量提升和科研碎片化消除的科研环境建设，支持高等教育机构协同集聚优势资源，创建具有长远战略性的科研和教学环境；外部资助部门将继续共同资助卓越科研环境能力建设，并确保这种支持的长远性、常规性和稳定性；瑞典研究委员会将继续加大对科研环境和卓越教授的资助力度，加强高等教育机构与外部资助部门之间的深度对话，将外部长远科研计划与高等教育发展计划深度对接。

（5）加快实施战略性应用引发的基础研究计划

非指导性科研和兴趣驱动科研是瑞典知识、创新、社会发展的基础，旨

① Swedish Research Council. An Outlook for the National Roadmap for E-infrastructures for Research[R]. Stockholm：Swedish Research Council，2018：6.

② King's College London. Characteristics of High-Performing Research Units：A Preliminary Analysis[R]. London：The Policy Institute at King's College London and RAND Europe，2018：36.

③ Swedish Research Council. Evaluation of the Strategic Research Area Initiative 2010-2014[R]. Stockholm：Swedish Research Council，2015：12.

在生成科研突破和新兴科研领域，并为解决社会大挑战提供知识基础，因此非指导性科研具有显著的挑战驱动性。战略性科研计划是对非指导性、兴趣驱动科研项目的必要补充。战略性科研计划旨在基于非指导性原创知识，直接解决国内外社会面临的大挑战。近年来，瑞典政府实施了大量战略性科研计划，比较典型的如旨在创造卓越科研环境的"战略性科研领域"（Strategic Research Areas）计划，以及旨在发展特殊科研学科领域或科研基础设施的"特别科研计划"（Special Research Initiatives）等，"国家研究计划"（National Research Programme，NRP）和"战略性创新领域"（Strategic Innovation Areas）计划旨在创建从科研到技术方案的创新链。①为加快实施战略性科研计划，瑞典政府委任瑞典研究委员会成立新治理机构，专门负责战略性科研计划的实施，科学规划战略性科研计划优先发展的领域。

战略性科研计划在推动国际科研协同方面发挥着重要作用，特别是在与欧盟成员国的科研合作中，瑞典政府支持大学积极参与欧盟"地平线2020"和"地平线欧洲框架计划"，通过挑战驱动型科研资助参与"国家研究计划""地平线2020"等联合计划。瑞典研究委员会科研基础设施资助计划也是战略领域的重要发展计划，该领域研究者能够运用新型高端基础设施研发最新技术。NRP是瑞典政府于2016年启动的一项战略性计划，是开展协调性、跨学科、长期战略性科研计划的重要政策工具，通过绘制知识需求图景，根据战略性科研日程对优先科研计划进行决策并实施。该计划具有典型的多主体协同特质，汇聚了大学、公共部门、公民社会、企业部门等"四重螺旋"创新利益主体。为解决国家科研体系中战略性科研计划识别机制缺失问题，《瑞典科研体系的未来选择》战略要求瑞典研究委员会根据政府委托，建立一项新的战略性研究委员会，委员会构成应体现优先战略领域卓越科研及其社会发展战略的需求。瑞典研究委员还将开发新的知识支持工具，帮助新的战略研究委员会对自动文本分析、人工智能技术工具等战略性科研领域进行精准识别，战略性科研领域精准识别的出发点是对社会大挑战进行目标性支持。

另外，在欧洲研究区框架下，瑞典政府在七大领域启动了针对社会大挑战的10年国际科研计划，从广域、全纳、长远三个维度提出了未来10年战略性科研日程，为欧盟和国际科研协同提供了平台支撑。该计划由瑞典研究委员会负责具体实施。为积极参与欧盟科研协同，政府办公署（Government Offices）与公共科研资助部门和其他利益相关者联合制定国家科研、社会和政

---

① The Government of Sweden. Swedish National Roadmap for the European Research Area[R]. Stockholm：The Government of Sweden，2019：19.

治优先战略，建立国家科研协同治理组织，负责科研协同中的信息交流、监管、评估、数据采集和优先战略识别等活动，公共科研资助部门将持续通过资助计划促进科研成果在全社会的传播。①

（6）推进以质量和贡献为导向的科研评估和质量保障体系

瑞典高等教育科研质量保障的主要责任在于高校自身，以质量为核心评价标准，旨在精准研判所在高校的科研优势和不足，并为其科研计划优先领域的动态调整提供依据。根据《政府科研法案》（Government Research Act），瑞典高等教育署（Swedish Higher Education Authority）主要负责对全国高等教育机构质量保障体系予以常规性审查，并将科研质量纳入审查的核心指标体系，该审查制度改革从 2021 年开始正式实施，主要依据国际同行评审机制，并针对于其资助的科研项目。瑞典科研质量保障的另一个重要组成部分是与科研资助项目申请，特别是外部科研资助项目申请相关的同行评审。这些资助部门依据国家和国际质量导向的竞争机制，遴选质量一流的、对新知识生成具有重大潜能的项目予以支持，以同行评审促进质量提升。瑞典研究委员会的科研支持优先化完全依据申请者同行评审，通常由国际高层科研专家独立开展，根据科研质量对评估结果做出客观评定。为进一步强化同行评审的公共认可度，瑞典研究委员会制定了相应的同行评审原则，以确保评审的客观性，并根据科研质量和社会贡献度开展科研成果评价，其科研评价既注重定性评定，也注重定量评定。

为增强瑞典作为成功的科研型国家的战略地位，瑞典政府要求其资助的所有科研项目都必须确保具有高质量。瑞典政府将进一步促进科研质量发展，持续优化科研投入机制，为瑞典研究者提供更好的科研条件，将基于同行评审的科研评估结果作为未来科研发展的基本逻辑依据；不断完善高等教育机构质量保障体系，将同行评审机制运用于包括政府直接资助在内的所有政府资助科研项目领域，将高等教育机构自身科研质量评价机制有效纳入瑞典高等教育机构协会设计的质量保障框架体系，并与瑞典高等教育署联合推进科研质量保障体制改革，为科研质量提升提供完善的制度保障。②

（7）积极推进国际科研协同

国际科研协同与科研质量之间存在着高度正相关关系，国际科研协同已

① The Government of Sweden. Collaborating for Knowledge：For Society's Challenges and Strengthened Competitiveness[R]. Stockholm：The Government of Sweden，2017：34.

② The Swedish Research Council. Future Choices for the Swedish Research System[R]. Stockholm：The Swedish Research Council，2019：39.

成为卓越科研生成的重要战略工具。为提升国家科研竞争力，瑞典积极参与国际科研网络，国际科研创新政策特别强调推动瑞典高等教育机构积极参与战略性国际科研创新协同，增强瑞典在欧盟乃至全球科研网络中的竞争力和影响力，获取更多国外科研资金以支持瑞典科研活动。从研究者个体层面看，瑞典国际科研合作论文量持续增加，2017年，瑞典有68%的科研论文是通过国际科研合作而成的。①加强国际科研人员流动对于瑞典卓越科研能力的提升具有重要价值。

为充分发挥瑞典国际科研协同潜能，持续增强其作为科研强国的国际可视性，有效吸纳国际协同伙伴和参与国际科研协同计划，一方面，瑞典政府将科研合作对象国从北欧、西欧和美国扩大到亚洲，特别是中国及东南亚等主要科研大国，强化瑞典研究委员会在瑞典大学参与国际科研计划、申请国际科研项目和获取国际科研基础设施方面的主导作用；另一方面，瑞典政府继续强化与欧盟成员国的合作，自2015年，瑞典研究委员会向欧盟委员会指派了科研顾问，旨在进一步推动瑞典参与欧盟科研与创新框架计划，积极参与"地平线2020"计划的卓越科学支柱计划和社会大挑战支柱计划，并与瑞典创新局联合支持政府办公室商谈未来框架计划——"地平线欧洲框架计划"。②瑞典研究委员会与中国、日本、韩国、南非、巴西等新兴战略性合作国家都建立了密切的双边合作关系，在此基础上，瑞典研究委员会激励科研人员在其资助的国际科研项目中自我管理科研合作活动，并为研究者提供获取国际科研基础设施的机会。

为进一步增强国际科研协同能力，瑞典研究委员会将制定国际科研协同的专项国家战略，与政府国际化战略密切对接和高度协调；针对高等教育卓越科研发展的新需求，拓展战略性科研的国际协同范围，为高等教育科研人员提供充分的参与国际联合科研计划的机会；科研资助部门应积极支持和鼓励高等教育机构与世界顶尖科研国家和地区开展科研协同，确保通过顶尖带动效应增强瑞典的科研创新活力，并通过科研国际化增强高等教育科研人员对不同文化和伦理问题的认识与理解；提高瑞典科研环境的吸纳能力，在确保世界卓越科研水平和科研基础设施的基础上，瑞典研究委员会将制定吸纳国际学生和科研人员的国家战略；培育国际科研协同支持卓越科研质量的文化取向，根据当前国际环境多方协调评估分析结果，制定全国教育与科研统一的国际化战略，科

① Swedish Research Council. The Swedish Research Barometer 2019：The Swedish Research System in International Comparison[R]. Stockholm：Swedish Research Council，2020：27.

② Ministry of Education and Research. Internationalization of Swedish Higher Education and Research：A Strategic Agenda[R]. Stockholm：Ministry of Education and Research，2018：12.

研资助部门应重点激励与具有高科研竞争力和潜力国家的深度协同，加大参与欧洲研究区的力度和扩大其范围。

瑞典政府采取多种政策工具促进国际科研协同，如设立科研资助国际协调机构，制定双边合作协议和科研出口战略，委任调查咨询委员会审查高等教育机构的国际化程度。双边合作协议作为瑞典开展国际科研协同的重要政策工具，近年来，瑞典与美国、中国、日本、印度、韩国、加拿大、南非、巴西、新加坡等世界主要国家建立了密切的双边科研合作关系，并在美国、中国、日本、韩国、印度、巴西设立了科研与创新办公室，成为国际科研基础设施网络的重要成员。[①]

（8）提供灵活的科研生涯发展路径

在瑞典，国家长远科研质量和竞争力提升主要依赖于高等教育部门科研人员职业生涯的良性发展，即主要任务是使青年科研人才发展成为卓越科研人员或科研领导人才，这就需要更加灵活的职业生涯发展机制、基于公平和透明的科研人才评价机制，以及激励科研人才跨边界、跨区域流动机制。21世纪以来，瑞典高等教育部门持续扩张，科研人员规模不断扩大，但科研人才的职业发展环境并未得到根本性改善。2001年以来，具有博士学位的常规教学科研人员持续增加，但具有相对安全感和前瞻性职业生涯的青年科研人员并未随之增加，反而出现青年初级科研人员缺乏安全感等现象，主要原因是，这些青年初级科研人员一般在科研团队中处于较低地位，过度依赖科研项目负责人的支配，难以在高等教育机构不同科研项目之间有效流动；国家对作为这类临时性、短期科研项目参加者的初级科研人员的职业生涯缺乏动态评价机制，从制度上限制了这类青年初级科研人员长远、稳定、可持续的职业发展；另外，缺乏初级科研人员科研能力提升和职业生涯发展的激励机制，最终导致这类科研人员难以发展成为卓越的高级科研人员。在跨域流动上，相对于瑞士、丹麦、荷兰等其他欧洲主要国家，瑞典科研人员和教师的国际流动性不断下降，教师对国际流动缺乏动力，从而制约了科研人员更好的职业发展。

在此背景下，瑞典政府亟待通过结构性改革和资助性政策工具激励科研人员跨部门、跨地域流动，消除阻碍国际流动的体制机制障碍，加强国际科研协同。对此，为促进初级科研人员走向独立的高级科研人员，瑞典研究委员会一方面为这类科研人员提供充分的科研咨询，帮助其申请基于国家竞争的外部资助科研项目，并为其专门设立质量导向的外部专项资助计划，确保其能

---

① Ministry of Education and Research. Swedish National Roadmap for the European Research Area 2019-2020[R]. Stockholm：Ministry of Education and Research，2019：33.

够持续性发展其科研职业生涯；设立国际博士后基金，为瑞典高等教育机构具有博士学位的初级科研人员提供参与国内外科研协同的机会；设立协同基金（Consolidator Grant），帮助最具发展潜质的优秀初级科研人员整合其科研领域。

为增强高等教育对青年卓越科研人才的吸引力，瑞典政府将建立更加透明、可预见性的科研职业生涯生态系统，实施质量导向透明的、具有可预见性的科研人员评价机制，鼓励初级科研人员积极承担相关科研计划，使其顺利成长为成熟的高级科研人员；关注初级科研人员的心理感受，使其能够长期从事科研工作而不担心未来职业发展；实行绩效累积发展模式，确保这些科研人员在科研职业生涯中可持续的专业成长。瑞典研究委员会还将采取多元激励措施鼓励高等教育机构重点关注助理研究员的职业发展，公开聘用优秀初级科研人员进入主流科研职业生涯系统，并确保外部科研资助和人才招聘过程能够有效促进初级科研人员的国内国际流动。

为吸纳博士生和青年人才进入科研职业领域，瑞典政府于 2018 年新设置了副高级讲师岗位，为科研人员提供了长期从事科研工作的机会，一方面持续提高研究生科研人员的比例，另一方面增强高等教育机构科研人员的国际流动性。为吸纳国际青年拔尖科研人才，瑞典政府为博士生提供了卓越的科研条件和公平的机会，确保博士生对科研职业生涯的安全感；为博士生提供了有偿科研工作机会；高等教育机构通过建立开放、透明的科研生涯体系，为青年科研人员提供了充足的就业岗位。①

（9）持续提升科研系统性别平等性

营造性别全纳科研生态已成为欧盟成员国开发女性科研潜质和推进世界基础研究发展的主流理念和战略走向，促进科研系统性别平等已成为瑞典科研质量提升的重要战略措施。近年来，瑞典在促进高等教育博士学位授予和科研队伍中女性比例提升的工作中取得了显著成效，在 2017 年瑞典高等教育全职科研和教学人员总数中，女性为 13 500 名（占 45%），男性为 16 500 名（占 55%），而在 2001 年，男女比例则分别为 63% 和 37%。2017 年，性别分布最不平等的集中在 65 岁左右的群体，男女比例分别为 65% 和 35%。另外，不同学科科研领域之间的性别分布存在一定差异，农学、人文社会科学、艺术等领域的性别分布相对平衡；自然科学、工程技术领域的性别差异较大，男性比例

---

① The Swedish Research Council. Future Choices for the Swedish Research System[R]. Stockholm：The Swedish Research Council，2019：11.

分别为 75% 和 71%；在医学与卫生科学领域，女性占到了 59%。在教授群体中，女性占 28%，比 2001 年的 14% 增加了一倍，并且科研职位越高，女性比例越低。①

为促进科研性别平等，瑞典研究委员会要求高等教育机构在目前聘用目标的前提下，更加注重性别平等的聘任制度建设，将性别平等政策工具落实到不同人才类别和不同科研领域，高等教育机构应设立自身基于性别平等的透明化聘任目标和机制，定期向瑞典研究委员会上报其包括临时性科研和教学人员性别比例的进展报告，所有高等教育机构都应精准分析其内部资助的科研性别分布机制，将性别平等指标整合到所有战略性科研计划体系，战略性科研计划审批必须充分考虑受资助科研团队性别结构是否达到均衡。同时，瑞典研究委员会针对一些性别分布差异较大、女性比例过低的研究领域，为女性科学研究人员设立了专项科研计划予以资助和支持，如瑞典战略性科研基金会针对性别失衡的科研领域设立了专项资助项目，这是鼓励女性科研人员致力于科研职业生涯的重要战略举措。

2016 年，瑞典政府计划将高等教育机构教授群体中的女性比例从 2017 年的 28% 提高到 2030 年的 50%，瑞典政府通过"性别主流化发展项目"（Gender Mainstreaming Development Project）强化政府部门在推动科研领域性别主流化方面的重要作用，瑞典研究委员会、瑞典能源部、瑞典国家航天局等相关部门联合声明将性别作为一项重要指标纳入科研评价体系。②

（10）加强科研伦理与科研不端的治理

科研诚信和伦理是科学研究的生命线，是确保科研公信度、科研质量、科研成果以负责任方式服务社会发展的重要基础。科研不端行为在全球持续蔓延，对科学共同体产生了较大冲击。科研诚信需要科研人员以可验证的方法开展科学研究，科研成果报告需要坚持客观、忠实和开放原则。近年来，纳米技术、基因技术、人工智能、大数据等新兴领域研究出现了新的科研伦理问题，各国纷纷建立了科研伦理评估机制，瑞典政府也成立了新的"瑞典伦理评估署"（Swedish Ethical Review Authority），联合瑞典研究委员会、高等教育机构共同加强科研伦理治理。

瑞典研究委员会长期致力于科研伦理治理，与科研相关部门保持积极的

---

① The Swedish Research Council. Future Choices for the Swedish Research System[R]. Stockholm：The Swedish Research Council，2019：13.

② The Swedish Research Council. Future Choices for the Swedish Research System[R]. Stockholm：The Swedish Research Council，2019：18.

持续的科研伦理对话与合作，成立科研伦理专家组处理科研伦理相关问题，并及时修订和发布向善科研行为指导纲要。瑞典研究委员会还成立了实验室动物科学专家组，对实验室动物研究进行监管、分析和信息获取。瑞典研究委员会相关科研项目申请者必须报告其开展科研活动中是否存在伦理问题，以及如何处理可能出现的伦理问题。瑞典研究委员会还计划成立独立的科研不端机构，建立质疑性科研不端案例管理机制，帮助处理那些高等教育机构自身无法审查的科研不端案例。一旦出现捏造、伪造或剽窃等不端行为的嫌疑，科研不端机构就负责根据相关法规进行审查和裁决。瑞典研究委员会还建议瑞典政府制定相关法律，要求研究者遵循向善科研实践规范，科研项目负责人需要制定清晰的处理任何捏造、伪造或剽窃领域之外的质疑性科研不端行为程序，政府和瑞典研究委员会应联合制定科研不端行为处理纲要，明确科研不端行为的具体处理办法。保护个人诚信对于科研可信度和合法性具有重要意义。

瑞典研究委员会根据《欧洲普通数据保护法规》框架进一步完善瑞典相关科研数据法规体系。为增强各界对科研伦理问题的认识和理解，瑞典研究委员会与新成立的科研不端机构和科研共同体联合制定新的向善科研实践行为条例，充分考虑国际因素和开放科学要素，加强科研诚信教育课程和工作坊平台建设，针对不同学科、不同地域的多样化需求，对科研领域利益相关者积极开展科研伦理教育和培训。①

（11）推进开放科学范式根本转型

科研成果开放获取已成为当前科研范式向开放科学范式转型中的一项重要科研活动，是学术自由品性在高级知识经济时代的具体体现。开放科学旨在通过科学与社会关系网络中科研全谱系各要素开放协同，提升科研质量、影响力和创新性，包括开放科研数据、开放获取出版物、开放源码、开放科研评价、开放教育资源以及公民科学等要素。

科研成果和数据开放获取是一项国际性、综合性的复杂工作，已成为欧盟未来科研创新框架计划——"地平线欧洲框架计划"的重要组成部分。通过可利用的基础设施和运行机制支持有效的科研数据管理，服务科研数据的开放获取，是科研数据生成、质量监控、有效储存和开放共享的基本前提，这反过来也有助于定性数据在新科研情境中得以应用。欧盟委员会公共部门信息指要（Public Sector Information Directive，PSI Directive）要求其成员国制定本

---

① The Swedish Research Council. Future Choices for the Swedish Research System[R]. Stockholm: The Swedish Research Council, 2019: 19.

国科研数据开放共享的政策或战略，并建议成员国制定和实施公共资助科研数据有效传播、自由获取、储存和再利用的国家战略，运用"欧洲开放科学云"平台促进成员国科研数据的储存、管理、共享、分析和利用。在实施 FAIR 科研数据原则中，各国需要建设充分的虚拟桌面、身份联合和存档/存储等技术型科研基础设施。

在推进科研成果开放获取中，为有效解决如何从购买出版物系统转向开放获取系统，2018 年，科学欧洲（Science Europe）组织启动了"S 计划"（Plan S），旨在从 2020 年开始实现欧盟即时开放获取。瑞典研究委员会作为"S 计划"的成员，将通过专项资金投入实施该计划，在推进开放获取进程中，确保科研成果质量，将开放获取科研出版物质量纳入科研人员评价体系。瑞典研究委员会负责协调全国高等教育机构科研数据开放获取平台，特别是通过元数据"注册用户工具"（register utiliser tool）增强用于科研目的的注册数据的可获取性，依据 FAIR 原则支持高质量科研数据管理。瑞典研究委员会还支持如数字化基础设施等大量科研基础设施建设，为大学科研数据网络提供科研数据储存等相关服务，满足科研共同体的开放数据管理需求。

自 2010 年，瑞典研究委员会就要求其资助的科研项目以开放获取（非科研数据）方式发布其科研成果，积极参与国家图书馆开放获取协调工作，增强科研资助组织和高等教育机构在"S 计划"实施过程中的深度协同能力。在新的战略中，瑞典研究委员会将根据瑞典科研政策优先战略，进一步支持科研信息开放获取，通过开放获取增加公民社会组织、企业、科研共同体等利益相关者运用科研成果的机会，加快科研成果传播速度，扩大传播范围，有效提升科研质量。瑞典研究委员会还积极参与国际合作，支持高质量开放获取期刊的发展。瑞典研究委员会将联合政府相关部门，在欧盟开放科学建议框架下，出台瑞典国家科研数据开放获取战略；加强数字化基础设施建设，确保科研数据的可获取性、可持续性和可重复利用性，设立基于先进技术的在线科研数据管理机制，对 FAIR 数据进行有效管理。2016 年，《瑞典科研法案》就提出，到2026 年全面实现国家科研领域科研出版物、科研数据开放获取。《瑞典欧洲研究区路线图》也强调，瑞典研究委员会要依据 FAIR 原则研制瑞典国家公共资助科研数据开放获取程度评价体系，国家图书馆要研制公共资助科研出版物开放获取程度评价体系。①

---

① Ministry of Education and Research. Swedish National Roadmap for the European Research Area[R]. Stockholm：Ministry of Education and Research，2019：29.

第四节　科研范式转型视角下欧盟大学基础研究高质量发展战略的基本特征

欧盟是由欧洲共同体发展而来的。1991 年 12 月 11 日，欧洲共同体马斯特里赫特首脑会议上通过了建立"欧洲经济货币联盟"和"欧洲政治联盟"的《欧洲联盟条约》（通称《马斯特里赫特条约》）。1992 年 2 月 7 日，《马斯特里赫特条约》签订，设立理事会、委员会、议会，逐步由区域性经济共同开发转型为区域政治、经济整合发展。1993 年 11 月 1 日，《马斯特里赫特条约》正式生效，欧盟正式成立，欧洲三大共同体被纳入欧盟。创始成员国有 6 个，目前已拥有 27 个成员国（英国脱欧前为 28 国）。欧盟由最初的经济一体化逐渐发展为政治、经济、科技、教育等高度协调统一的世界最大联盟，特别是在基础研究领域，21 世纪以来，欧盟从区域联盟层面上提出了建立欧盟统一的欧洲研究区战略，实行了一系列共同政策和措施，将欧盟建成世界领先的全球知识网络中心，通过强化世界一流大学基础研究激发区域创新创业。很显然，欧盟设立欧洲研究区，旨在将欧盟开放式创新谱系前移到基础研究，将基础研究与创新创业深度对接。欧盟大学基础研究高质量发展战略充分体现了当代科研范式高质量发展的基本规律，彰显出一系列独特的战略优势。

一、以欧洲研究区为统一战略框架，促进成员国深度协同

为加强欧盟区域整体协调发展，21 世纪初，欧盟启动了欧洲研究区战略，该战略为欧盟成员国统一开展面向世界一流的大学基础研究提供了统一指导纲领和战略框架。该战略自启动以来经历了三个重大历史发展阶段，欧洲研究区发展初期实现了从欧盟科学研究碎片化走向整合型发展战略模式；随后，欧洲研究区战略领域持续拓展，将知识流动作为"第五自由"，作为优先发展战略；最近几年，欧洲研究区走向了跨越式发展战略阶段，发展成为较为成熟的区域世界一流基础研究开放式生态系统。在研究者单一劳动力市场、世界一流基础研究设施、知识共享、跨国科研协同、教育-科研-创新"知识三角"生

态协同等领域，欧洲研究区战略为欧盟成员国提供了面向世界一流的大学基础研究的战略框架和路线图。在此框架下，诸多成员国制定了本国的"欧洲研究区路线图"，规划了推进欧洲研究区建设的基础研究发展战略。特别是作为创新能力强国的奥地利和瑞典，在欧洲研究区框架下启动了新的推进国家基础研究卓越发展战略。例如，奥地利在 2019 年发布了《奥地利公立大学国家发展规划 2019—2024》，重点规划了未来五年奥地利公立大学基础研究优先发展战略，诸多战略举措体现了欧洲研究区战略框架的基本精神，同时遵循了当代科学范式转型的基本规律。另外，瑞典作为世界科研创新强国，在瑞典政府的强力推进下，充分发挥瑞典研究委员会对国家基础研究的引领和支持作用，瑞典研究委员会在欧洲研究区框架下发布了《瑞典科研体系的未来选择》战略报告，在科研多维协同、开放科学平台建设、世界一流基础设施建设、科研评价体制改革、基础研究人才培育与开发等方面提出了具有国际前沿导向的战略举措，为持续提升其世界一流基础研究竞争力提供了必要的战略保障。

二、实施多维协同育人新模式，培养一流基础研究人才

人才是第一生产力，是科技创新的基础。世界一流基础研究人才是确保世界一流基础研究产出的先决条件。为加强世界一流基础研究人才资源建设，欧盟在欧洲研究区框架下启动了"研究者单一劳动力市场"优先战略任务，旨在形成欧盟内自由流动的统一研究者劳动力市场，对此，欧盟采取了诸如欧洲研究者流动门户、欧洲流动中心网络、第三国指令（科研签证）、研究人员聘任准则等战略举措，旨在加强成员国之间科研人员的跨国流动，同时通过国际研究人员交流计划推动欧盟研究人员与欧盟外研究人员之间的交流与合作，从而通过自由流动和广域交流推进国际大科学研究计划的实施。另外，欧盟注重跨部门科研人员的流动。欧盟以大学-政府-产业-公民社会"四重螺旋"协同创新思想为指导，充分发挥政产学研用多方深度协同放大效应，实现跨学科、跨部门科学研究人才的自由流动和深度合作，通过研究人员跨部门、跨地域、跨学科流动与合作，实现知识的共生和共享。

博士生是科学研究的早期职业生涯群体，也是基础研究发展的重要人才资源。对此，欧盟在加强跨地域、跨部门、跨学科研究人才流动的同时，特别注重博士生教育。欧盟在推进世界一流基础研究发展战略中多次强调持续提升博士教育质量的战略任务，如加大博士教育专项资金投入、设立博士生跨国流动计划、创建博士学院这种新型培养机构和模式等。例如，奥地利在推进世界

一流基础研究发展战略中，还按照巴斯德立方（Pasteur's cube）基础研究人才分类标准，将基础研究人才分为纯基础研究人才和基础与应用交叉研究人才，鼓励跨部门、跨地域多元就业，设立博士团队、博士后轨迹计划、博士研究院、博士学院等新型培养机构，推进集群化博士培养模式创新。这些充分体现了当前科学范式转型的基本规律和趋向。

三、以开放科学云为区域平台，促进成员国大学基础研究全方位开放

在日益复杂的高级知识经济社会，基于研究的知识、社会发展、公民参与的需求相互交织，决策者和公众对科研为本知识的需求日益增加，科学交流和传播能够确保科研为本知识被公众获取。科学研究全谱系开放共享是开放科学时代基础科学研究的主流范式，开放科学日益成为世界基础研究的新增长极。为顺应开放科学这一新兴科学范式的高质量发展，促进欧盟基础科学研究的新增长，推进欧洲研究区的跨越式发展，欧盟启动了"开放科学云"战略，为欧盟成员国搭建了开放科学云平台，并设定了开放科研数据的基本原则，成为欧盟成员国开展开放科学活动的重要依据，许多成员国在欧盟开放科学云和开放科研数据基本原则框架下制定了本国开放科学战略。例如，为增强科研和知识交流，瑞典研究委员会承担了国家科研和科研成果交流传播协调的使命，目的是为科研成果在学术外域传播创造适宜条件，促进科研人员与公民社会对话互动，增强公众对科研和科研为本知识的公信度。为进一步促进科学交流，瑞典研究委员会将成立一个多利益相关者联合的国家研究人员与知识传播者之间深度协同的平台，促进科研创新知识向决策者和公众有效传播，激发科研人员对决策者提供科学咨询的智库功能。对此，瑞典研究委员会将致力于所有学科领域研究走向更加开放可获取性的科学场域，为积极开展向公众传播科研成果的研究者提供充分的资源支持。

奥地利在其公立大学基础研究高质量发展战略中也提出了一系列推动开放科学的重大战略举措：在条件成熟的公立大学设立专门的开放科学平台；在维也纳大学建立"奥地利开放科学支持集团"（Austrian Open Science Support Group）；启动"奥地利数字化人文学科"（Digital Humanities Austria）计划，激励人文学科优势突出的公立大学协同提升数字化环境中人文学科研究能力和科研成果数据开放获取能力，增强大科学项目国际可视性和科研人员国际流动性；启动"奥地利数字化基础设施+"（E-Infrastructures Austria Plus）项

目，该项目是由 9 所奥地利公立大学联合成立的开放基础设施计划，旨在加强数字化开放科学基础设施建设，建立机器可控数据管理机制、科研数据储存库（repositories for research data）和元数据标准体系；在自然资源与应用生命科学大学建立"奥地利公民科学网络"平台，旨在全面推广国家公民科学，加强科学共同体与公民社会之间的对话和协同。①通过这些多样化的开放科学平台，深入推进基础研究的全方位开放，全面提升基础研究的质量。

四、以开放共享基础设施为依托，为大学基础研究提供世界一流基础资源

高端科研基础设施是开展高质量科研必备的基础条件。科研基础设施投资具有重大战略意义，通常情况下，科研基础设施能够生成具有吸纳世界卓越科研人员潜能的独特科研环境，以及新思想和新型科研协同环境，进而通过传播、创新和二次影响促进区域和国家经济的新增长。2008 年，欧盟发布了《建设欧洲研究区世界一流研究基础设施》的战略报告，明确了加强世界一流科学研究基础设施建设对推进欧洲研究区跨越式发展的战略意义，为各成员国创建世界一流基础研究设施条件、为基础研究人员提供必要的优势资源提供了基本战略框架。例如，瑞典研究委员会在其推进国家科学研究发展战略中就将科研基础设施建设作为优先战略任务，政府负责承担国际科研基础设施建设的成本，加强对国家主要科研基础设施的组织、管理与评估，持续增强科研基础设施的获取效能，促进重大科研基础设施协调共享，特别是提出要强化数字化科研基础设施建设这一战略重心。因此，为提升科研质量，有必要加强科研基础设施投入，实现不同科研计划之间的高度协调。

五、以"知识三角"生态逻辑为指导，实现三大知识领域正外部效应

教育、科研、创新作为知识领域的三大方面，三者之间存在着内在固有的相互联系、相互影响、相互促进的生态逻辑品性，但长期以来在实践中并未

---

① Federal Ministry of Education, Science and Research. Austrian National Development Plan for Public Universities 2019-2024[R]. Vienna: Federal Ministry of Education, Science and Research, 2018: 29.

得到充分整合和协同，单靠传统自循环逻辑未能实现三者应有的协同放大效应。为实现三大知识领域深度协同和相互促进的正外部效应，欧盟率先提出了"知识三角"这一全新概念体系，并作为战略理念在欧盟高等教育、科学研究和创新创业的发展战略中得到了充分体现。近年来，欧盟多项战略报告中都明确提出了加强"知识三角"协同生态关系的重要举措，如激励各学科创新、创造和创业技能发展，通过互动学习环境和雄厚的知识转移设施促进高等教育中的知识创新；加强高等教育机构知识转移基础设施建设，提升高校新创公司和衍生公司等的学术创业能力；通过奖励机制鼓励高等教育机构与企业创新合作，并将校企伙伴合作作为高等教育机构的核心使命，鼓励跨学科、跨部门学术合作，消除高校与企业深度合作的制度障碍；促进高等教育机构系统参与地方或区域发展规划的研制工作，支持高校与企业卓越研发合作，积极创建卓越研发区域集群。①在欧盟"知识三角"战略框架下，欧盟成员国全面开启了以"知识三角"为生态逻辑指导的高等教育、科研创新体制改革浪潮，成为欧盟成员国推进世界一流基础研究可持续快速发展的新增长点。

---

① European Commission. Supporting Growth and Jobs：An Agenda for the Modernization of Europe's Higher Education Systems[R]. Brussels：European Commission，2011：12.

第三章　科研范式转型视角下英国大学基础研究高质量发展战略

作为国际卓越知识网络中心，英国拥有一大批世界一流大学，大学基础研究竞争力位居世界前列，诸多指标处于世界领先水平：论文被引频次和高被引论文量居世界前列，研究人员平均科研论文发表量、被引频次、高被引论文量以及单位研究经费产出率均居世界首位。这主要得益于长期以来英国政府高度重视国家基础科学研究发展，近年来依循科研范式转型规律，英国政府出台了一系列推动世界一流大学基础研究高质量发展的优先战略，充分发挥了世界一流大学的优势学术资本，取得了显著成效。

第一节　英国基础研究竞争力评价

一、基础研究资金投入竞争力

从国家研发资金投入强度看，21 世纪以来，英国国内研发资金投入占 GDP 比例基本处于缓慢上升趋势，2003 年为 1.55%，2013 年上升到 1.62%，2014 年上升到 1.64%，2015 年上升到 1.65%，2016 年上升到 1.66%，2018 年达到了 1.71%。[①]但与其他主要科研大国和强国相比，英国整体研发投入强度并不高。从 2018 年 OECD 成员国研发强度看，英国研发强度仅处于 OECD 成员国中等

---

① OECD. Main Science and Technology Indicators[R]. Paris：OECD Publishing，2020：11.

偏下水平，研发强度比较高的国家如以色列为 4.94%，韩国为 4.53%，瑞士为 3.37%，瑞典为 3.31%，英国研发强度低于 OECD 成员国平均水平（图 3-1）。从基础研究资金投入强度看，英国在 2013 年的基础研究资金投入占 GDP 比例为 0.27%，到 2017 年上升到 0.30%，而美国 2017 年为 0.47%，2017 年基础研究资金投入强度较高的国家如韩国为 0.64%，丹麦为 0.56%，奥地利为 0.54%，荷兰为 0.52%，以色列为 0.51%，法国为 0.50%，瑞士则高达 1.40%（图 3-2）。①

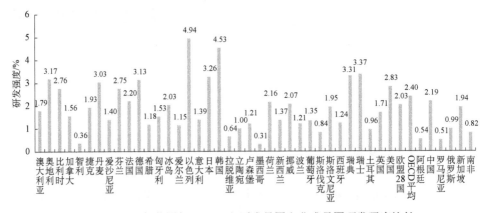

图 3-1　2018 年英国与 OECD 主要成员国和非成员国研发强度比较

资料来源：OECD. Main Science and Technology Indicators[R]. Paris：OECD Publishing，2020：15

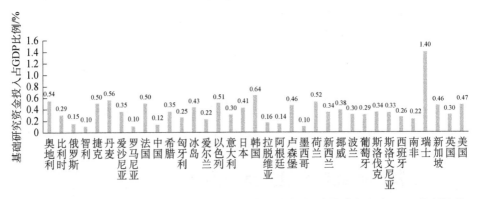

图 3-2　2017 年英国与 OECD 主要成员国和非成员国基础研究资金投入占 GDP 比例比较

资料来源：OECD. Main Science and Technology Indicators[R]. Paris：OECD Publishing，2020：20

从基础研究资金投入占国家研发总投入的比例看，2017 年，英国基础研究资金投入占国家研发总投入的比例为 17.5%，而瑞士则高达 42.0%，也就是说，瑞士基础研究资金投入几乎占了国家研发总投入的一半。与此同时，英国

---

① OECD. Main Science and Technology Indicators[R]. Paris：OECD Publishing，2020：15.

政府资助研发强度缓慢下降，政府资助研发经费占 GDP 比例从 2003 年的 0.51%持续下降到 2017 年的 0.44%，政府资助研发占国家研发总投入的比例从 2003 年的 32.7%持续下降到 2017 年的 26.3%；相反，企业资助研发强度则持续上升，企业资助研发投入占国家研发总投入的比例从 2003 年的 42.1%持续上升到 2017 年的 51.8%。[①]

二、基础研究人才投入竞争力

英国拥有世界一流基础研究人才队伍。从每千人就业人员中科研人员数量看，2018 年，英国为 9.43 人，OECD 和欧盟的平均值分别为 8.90 人和 8.64 人，英国在该指标上略高于 OECD 和欧盟成员国的平均水平（图 3-3）。从英国 25—34 岁群体每千人中新增博士数量看，2010—2017 年，其基本处于增长趋势，从 2010 年的 2.30 人上升到 2017 年的 3.08 人，居欧洲第 3 位，仅次于瑞士 3.42 人和丹麦 3.17 人。[②]

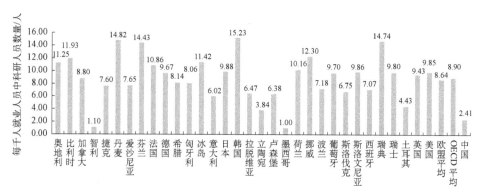

图 3-3　2018 年英国与 OECD 主要成员国和非成员国每千人就业人员中科研人员数量比较

资料来源：European Commission. European Innovation Scoreboard[R]. Brussels：European Commission，2019：23

三、基础研究产出竞争力

英国是基础研究投入与产出效率最高的国家之一，虽然其科研投入强度

---

① OECD. Main Science and Technology Indicators[R]. Paris：OECD Publishing，2020：21.

② European Commission. European Innovation Scoreboard[R]. Brussels：European Commission，2019：27.

在国际上并不占明显优势，但其在科研产出竞争力等诸多指标上均居世界领先地位。英国企业-能源-产业战略部发布的《2019年英国科研国际比较》报告显示，2007年以来，英国科研影响因子一直位居七国集团（加拿大、法国、德国、意大利、日本、美国、英国）第一。尽管2014—2018年这一指标下降了1个百分点，但2018年英国科研影响因子值仍为1.56，高出世界平均水平50%以上和欧盟27国（不包括英国）30%。同期，美国和OECD平均水平均下降了5个百分点。英国与美国和OECD之间的差距逐渐加大，高出OECD平均水平30%以上和美国11%。中国自2005年以来一直处于快速追赶态势，2014—2018年，中国的科研影响因子增长了24%。2018年，英国国际权威期刊发文量为212 876篇，比2014年的191 626篇增加了11%，占世界总量的7%，居世界第3位，次于美国的686 263篇和中国的606 219篇。美国、中国、英国自2004年以来均处于世界前3位。2018年，美国科研论文发文量占世界总量的22%，中国占19%。2014—2018年，英国科研论文发文量一直保持在7%，而中国增幅最大，从1998年的3%增加到2018年的19%。[①]

从世界高被引论文量看，2018年，美国高被引论文量占世界总量的37%，中国占20%，英国占14%。在这一指标上，中国在2017年开始超过英国，但是英国高被引论文所占比例是其科研论文发文比例的2倍，并一直保持这一明显优势。美国和中国高被引论文量占世界高被引论文总量的比例较高，主要是因为其发文量占绝对优势，2018年，英国2%的论文位居世界高被引论文之列，而中国仅占1%，欧盟和OECD平均为1.2%，德国为1.6%。2010年以来，英国高被引论文量占本国科研论文总量的比例占据世界绝对优势地位。英国科研论文主要源于国际合作，2018年，英国55%的科研论文为国际合作而成，比1998年的26%增加了一倍多。在过去20年间，随着开放科学兴起，国际科研协同程度日益增强，国际协同科研论文比例快速提高，2018年世界21%的科研论文属于国际科研合作者，比1998年的11%增加了将近一倍。自2016年，英国有一半以上的科研论文属于国际合作论文，2018年位居七国集团第2位，仅次于法国的56%，远高于OECD的31%。[②]英国产业研发部门中有66%的研究人员来自英国大学，英国企业执笔论文的下载使用者中有70%来自大学学术界；2018年，英国大学研发开支占全国总研发开支

① Department for Business, Energy and Industrial Strategy. International Comparison of the UK Research Base[R]. London: Department for Business, Energy and Industrial Strategy, 2019: 12.

② Department for Business, Energy and Industrial Strategy. International Comparison of the UK Research Base[R]. London: Department for Business, Energy and Industrial Strategy, 2019: 23.

的 26.5%，美国、德国、日本均不及英国。①这些数据说明，英国大学在国家基础研究体系中扮演着重要角色。

1. 基础研究产出整体质量居世界领先地位

从国际上对学术研究质量评价指标看，学术研究质量主要体现在论文被引频次和高被引论文量两个指标上。英国商业、创新与技能部（Department for Business, Innovation and Skills, BIS）（该部是由原英国创新、大学与技能部和商业、企业与规制改革部于 2009 年 6 月合并而成的）发布的《2019 年英国科研表现国际比较报告》显示，英国学术研究论文发表量并未居世界领先地位，2018 年为 12.4 万篇，占世界总量的 6.4%，明显低于美国的 46.5 万篇和 24.0%，也低于中国的 33.1 万篇和 17.1%，但从被引频次和高被引论文量看，英国仅次于美国，居世界第 2 位（表 3-1）。②

表 3-1 2018 年五大科研国基础研究各产出指标比较

国家	论文发表量/万篇	占世界总量的比例/%	论文被引频次/百万次	占世界总量的比例/%	高被引论文量/万篇	占世界总量的比例/%
英国	12.4	6.4	3.46	10.9	1.25	14.0
美国	46.5	24.0	13.20	41.4	4.99	55.8
中国	33.1	17.1	2.43	7.6	0.44	5.0
德国	11.8	6.1	2.97	9.3	1.03	11.9
日本	11.2	5.8	2.58	7.7	0.54	6.0

资料来源：Department for Business, Energy and Industrial Strategy. International Comparison of the UK Research Base[R]. London：Department for Business, Energy and Industrial Strategy, 2019：23

2. 单位研究人员研究成果产出率居世界首位

尽管英国学术研究人员数量远少于美国和中国，但英国在学术研究人员的平均产出方面表现得尤为突出。2018 年，英国每万人口和每万研发人员论文发表量、论文被引频次、高被引论文量指标均居五大科研国第 1 位，明显高于其他国家（表 3-2）。③与之相比，在上述各项指标中，我国每万人口和每万研发人员在论文发表量、论文被引频次、高被引论文量指标上均居五大科研国最低水平，并与英国相差甚远。我国研究成果产出率最低的是论文被引频次

① Department for Business, Energy and Industrial Strategy. International Comparison of the UK Research Base[R]. London：Department for Business, Energy and Industrial Strategy, 2019：26.

② Department for Business, Energy and Industrial Strategy. International Comparison of the UK Research Base[R]. London：Department for Business, Energy and Industrial Strategy, 2019：33.

③ Department for Business, Energy and Industrial Strategy. International Comparison of the UK Research Base[R]. London：Department for Business, Energy and Industrial Strategy, 2019：28.

和高被引论文量，从论文被引频次看，我国每万研发人员论文被引频次仅为
2.11 次，而英国则为 13.52 次，是我国的 6.4 倍；从每万研发人员高被引论文
量看，英国是我国的 12.8 倍。

表 3-2　2018 年五大科研国单位研发人员研究成果产出情况比较

国家	每万人口论文发表量/篇	每万研发人员论文发表量/篇	每万人口论文被引频次/次	每万研发人员论文被引频次/次	每万人口高被引论文量/篇	每万研发人员高被引论文量/篇
英国	19.90	4844	555	13.52	2.006	488
美国	15.00	3207	426	9.10	1.610	344
中国	2.45	2878	18	2.11	0.033	38
德国	14.25	3782	359	9.52	1.243	330
日本	8.81	1700	203	3.92	0.425	82

注：根据 International Comparison of the UK Research Base 2019 报告中的相关数据计算得来

3. 单位研究经费产出率居世界首位

尽管英国学术研究经费投入的绝对值远低于其他科研大国，但单位研究经
费产出率明显高于其他国家。2018 年，英国单位学术研究投入的产出率居世界
首位，每百万美元的论文发表量、产出论文被引频次和产出高被引论文量均居
世界第一。[①]与之相比，我国学术研究经费产出率明显偏低，特别是高质量成果
产出率更低。我国每百万美元论文发表量为 2.3 篇，低于英国的 3.9 篇；在每百
万美元产出论文被引频次上，我国仅为 17 次，而英国则高达 107 次；在每百
万美元产出高被引论文量上，我国仅为 0.03 篇，而英国则达 0.38 篇（图 3-4）。

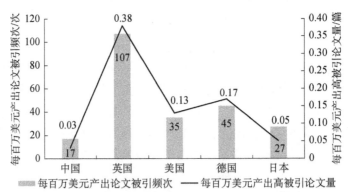

图 3-4　2018 年五大科研国每百万美元产出论文被引频次和高被引论文量比较

注：根据 International Comparison of the UK Research Base 2019 报告中相关数据计算得来

---

① Department for Business, Energy and Industrial Strategy. International Comparison of the UK
Research Base[R]. London: Department for Business, Energy and Industrial Strategy, 2019: 34.

第二节　科研范式转型视角下英国大学基础研究
高质量发展战略核心向度

一、双重支持系统与霍尔丹原则确保大学基础研究资金稳定

英国基础科研经费来源呈多元化特点。在政府资助方面，英国成立了国家防范性科研资金保护体系，将大学学术研究财政纳入该体系中，从而确保了包括大学在内的英国学术研究的"双重支持系统"（dual support system）的稳定性。双重支持系统是指：一方面，高等教育拨款委员会根据大学学术研究质量评估结果向本地区大学拨付维持科研基础设施和能力所需的经费；另一方面，英国研究委员会、英国皇家协会等政府科研主管部门通过研究项目形式择优向全国大学和其他研究机构提供竞争性研究资助。除政府给予大量资助外，英国政府还鼓励工商企业部门和慈善部门资助大学科研项目。为激发慈善捐助的积极性和长效性，2007 年 2 月，布莱尔政府宣布了一项旨在增加英国高等教育机构慈善捐助的配套资助计划，即在 2008—2018 年提供 6 亿英镑配套资金，支持英国大学慈善融资活动。该计划的目的是激励私营慈善组织向高等教育提供约 4 亿英镑的现金捐赠，即共向高等教育提供 6 亿英镑的慈善捐助和相关附加资助，使大多数高校能够得到更多的慈善捐助，通过配套资助为英国高等教育慈善资助营造良好的捐助文化。获得政府配套资助的慈善捐助形式应该是现金捐赠、股份捐赠、中小慈善信托和基金会捐赠、公司捐赠、海外捐赠等。[1]因此，在实际运作上，英国大学科研经费来源呈多元化特点，2018—2019 年度，英国大学研究经费中有 31%来自高等教育资助委员会，有 26%来自英国研究委员会、英国皇家协会，有 15%来自国内慈善组织，其他如国内产业部门、各级政府部门、其他国外资助等也占有相当份额（图 3-5）。[2]这种多元资助模式确保了英国大学科研资金的稳定性和可持续性，催生了世界卓越

---

① HEFCE. Matched Funding Scheme for Voluntary Giving 2008-2018[EB/OL]. http://www.hefce. ac.uk/finance/fundinghe/vol/. [2019-05-20].

② Royal Society. The Scientific Century：Securing our Future Prosperity[R]. London：Royal Society，2019：12.

研究成果并促使英国研究型大学成为世界顶级研究基地。

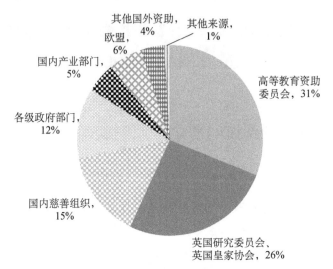

图 3-5　2018—2019 年度英国大学科研经费来源及其所占比例

　　为增强国家基础科研资金投入强度竞争力，维护英国世界一流基础研究的战略优势，2009 年，英国政府发布了《崇高志向：知识经济中的大学未来》的战略报告，该报告指出，当代大学不但承载着人才培养、科学研究职能，还在直接促进区域经济发展中扮演着重要角色。为充分发挥大学基础研究在社会经济发展中的"轴心"地位，大学应该加强与英国区域发展署（Regional Development Agency）和地方企业的伙伴关系，要求各高等教育机构制定自身的校企科研合作发展规划，充分利用商业资金新创发展项目；区域发展署应向具有较高区域经济价值的大学中应用引发的基础科研项目提供充足资金，英国区域发展署还应加强与地方企业合作，重点要加强大学与企业之间的长期科研协同战略性伙伴关系，通过英国研究委员会和技术战略署继续加大对大学与产业合作研究项目的投入力度；充分利用英国高等教育拨款委员会（Higher Education Funding Council for England，HEFCE）的高等教育创新资金发展大学与产业的联系，增加对大学科研成果商业化和知识交流活动的投资，激励大学与地方企业之间的知识转移活动，有效利用HEFCE 的"经济挑战性投资基金"（Economic Challenge Investment Fund），支持大学利用自身知识创新优势创办区域产业，不断促进英国创新型经济体的可持续快速发展，从而为国家创造出更大的经济和社会效益。大学应广开基础研究资金来源渠道，必须深刻认识英国世界一流大学基础研究对国家经济可持续发展的重要作用，必须充分发挥这些世界一流大学的人才培养职能。

对于其他高等教育机构，该报告要求这些机构应准确定位，制定符合自身特色的使命和发展目标，在激烈竞争和公共支出紧缩的环境中培育多元卓越。大学应"有所为，有所舍"，取消那些难以取得卓越的教育与科研项目，集中发展能够实现卓越的领域。政府需要更具战略性地引导资金和其他资源分配，以实现公共政策目标；政府应在不增加财政预算的情况下对现有资金进行重新规划，并充分利用私人投资，以优先发展新的科研项目。

2010 年 12 月，英国商业、创新与技能部发表了《投资世界一流科学研究》的战略报告，旨在通过进一步加大英国科研投入力度，确保英国的世界卓越研究基地，加快经济复苏。尽管受金融危机影响，英国各项公共开支面临巨大压力，但在此背景下加大科研投入力度，表明了英国政府依靠科技创新加快经济复苏的理念追求。《投资世界一流科学研究》报告第一次将高等教育研究财政纳入政府防范性科研资金保护体系中，从而确保了高等教育科研的双重支持系统的稳定性。

英国科研工作主要由大学和研究所承担，政府科技投入有两个主要渠道：一是固定经费拨款，即由各地区（英格兰、苏格兰、威尔士、北爱尔兰）高教拨款理事会根据 6 年一次的大学科研质量评估结果，向本地区大学拨付维持科研基础设施和能力所需的经费，因此这部分经费并没有全国统一的预算；二是项目经费拨款，即中央政府科技主管部门的科学预算经费分配给各研究理事会，并通过其透明的同行评议竞争机制，择优支持全国大学和其他研究机构项目。这两种经费拨款渠道被称为双重支持系统。因此科学预算是双重支持系统中的重要一极，在政府科技投入中有着非常重要的意义。《投资世界一流科学研究》报告指出，对高等教育研究资金分配仍然采用霍尔丹原则（Haldane Principle），即关于研究经费的使用决定应由研究人员而非官员做出。这是英国政府科研经费分配遵循的传统理念，一向被科技界视为神圣不可侵犯的原则。该原则是以理查德·霍尔丹（Richard Haldane）的名字命名的，霍尔丹曾担任内阁战争大臣、上议院大法官、议长以及多个大学的校长等职。1918 年，他提出了影响深远的"霍尔丹报告"。该报告建议，政府资助的研究可分为部门指定研究和普通研究两类，政府只应该审查其指定的研究，普通研究则应由自治的研究理事会控制，避免迫于政治和行政的压力而不鼓励某些领域的研究。这一关于研究理事会自治的原则此后被称为霍尔丹原则。

在此基础上，为确保国家研发能力和国际竞争力，使科研成果的经济和社会效益最大化，《投资世界一流科学研究》报告提出了科研资助优先战略，包括研究委员会以项目为本的资助、英格兰高等教育资助委员会的整笔拨款，以及由研究委员会和国家研究院提供的个人研究支持等资助模式。这些优先战略包括：重点投资卓越研究中心和具有国际竞争力的跨学科研究基地；提供保护性配套科研资金，吸纳慈善组织、企业和其他私营部门的研究资金；确保新研究人员自由流动；向研究者提供充分利用大型重要研究基础设施的机会；支持维系国家战略任务的重大研究项目；创建研究集群以支持经济增长。①

对此，英国高等教育资助委员会在未来几年对大学研究资助体制进行综合改革。首先，进一步改革"质量相关"的资助体制，通过基于国际卓越科研标准的选拔性资助模式向研究者提供支持；通过创建技术创新中心加强学术部门与企业间的合作；加快高等教育创新基金改革，通过改革向高等教育机构提供更充分的激励措施，加强高等教育机构与企业研发合作，大力提高高校研发资金利用效率；优先资助与经济增长密切相关领域最优研究团队的高质量研究人员，优先资助学术型研究生攻读研究型博士学位。为提高资金利用率，政府在高校创建一批校园研究计划，校园研究计划为企业和大学提供生物医学、能源安全、气候环境等重要战略领域的研究环境，向大学研究人员提供世界一流研究基础设施和培训环境，为大学提供学术创业的创新文化环境。这些校园研究项目是国家未来科研资助的核心部分。

二、卓越与影响双取向评价体制改革引领大学基础研究高质量发展

为提升英国大学卓越研发能力，1986—2008 年，英国已开展了 6 次全国性高校科研评估，主要目的是向 HEFCE 提供高校各学科领域权威性的、易于理解的科研质量评估结果，以作为科研经费分配依据。面对全球知识经济的深入发展，日趋激烈的国际经济、科技竞争，英国政府开始对高等教育机构科研评价机制进行综合改革，在英国高等教育部门整体学术谱系创建一个动态的、机敏的、具有国际竞争力的卓越研究基地联合体，以最大限度地促进国家社会经济发展和知识扩散。这一目的主要通过以下三方面来实现：资助，即根据质量评价结果提供选拔性的资金分配；基准与信息，即创建声誉标准（reputational yardsticks）；问责，即证明科研投资的有效性，确保科研成果的公共利益。因此，新的评价更加强调高校科研成果的经济、社会和文化影响。对此，2006 年 3 月，英国教育与技能部开始首次提出引入基于量化标准体系的科研评价

---

① Department for Business, Innovation and Skills. Investing in World-Class Science and Research：The Allocation of Science and Research Funding 2011/12-2014/15[R]. London：Department for Business, Innovation and Skills, 2011：22.

系统的动议,以降低评价机制的成本,简化程序。随后,全国开展改革 RAE 的大讨论。2007 年 3 月,英格兰、苏格兰、威尔士及北爱尔兰地区高等教育当局联合启动 REF 新体系改革计划,并由 HEFCE 组织在全国开展了两次大型征求意见活动。英国 2006—2011 年 REF 改革进程中的关键事件如表 3-3 所示。

表 3-3　英国 2006—2011 年 REF 改革进程中的关键事件

时间节点	关键事件
2006 年 6—12 月	英国教育与技能部咨询 REF 改革建议,提出"在保留引证数据等核心要素的基础上进行修订"的建议
2007 年 3 月	HEFCE 根据英国教育与技能部的改革建议,制定新的基于文献计量法的 REF 评级体系建构计划
2007 年 11 月—2008 年 2 月	HEFCE 组织第一次 REF 改革建议征求意见,并进行进一步修订,提出"降低对引证数据的依赖,重建同行评审机制,引入成果产出、影响度、科研环境等要素"的修订意见
2009 年 9—12 月	HEFCE 组织第二次 REF 改革建议征求意见,并在全国 29 所高校启动"影响度初试方案",检测 5 个评价单元中的影响度评价的可行性和可接受性
2010 年 11 月	影响度初试结果证明了科研成果的影响度评价的可行性,并进一步完善了评价程序
2011 年 3 月	对科研成果影响度评估做出了最终决定,并将影响度要素的权重规定为 20%

　　REF 改革方案受到当时英国政府的政治因素的影响。2006 年,英国科技委员会建议:"新的质量相关资助体系必须体现大学在经济和社会发展中的多元角色,赋予比 RAE 更广泛的活动。"[①]英国财政大臣曾明确指出:"为实现科研的经济影响最大化,新的科研评估体系应激励用户导向的科研活动,以奖励兴趣驱动的卓越研究的方式奖励用户导向的卓越研究。"[②]基于此,2006 年,英国教育与技能部提出的 REF 改革计划包括部分"用户影响标准体系"(user impact metrics)。由此可见,英国政府旨在通过科研评估机制改革,大力提升英国高等教育部门各学术领域的世界顶级科研能力,确保卓越科研,最大限度地实现其影响力,以加快经济发展和实现国家富强。REF 改革方案充分体现了这些政治动机,REF 将科研测评权重向显性经济或社会影响倾斜,特别强调卓越科研成果的社会和经济效益。具体来讲,将实现如下目标:全面提升高等教育科研基地和各类科研领域的质量;支持和鼓励创新型、兴趣驱动科研,包括新方法、新领域和跨学科作业;鼓励和支持科研成果的有效共享、传

　　① Council for Science and Technology(CST). CST Response to Consultation on Reform of Higher Education Research Assessment and Funding[R]. London:Council for Science and Technology,2006:34.
　　② HM Treasury. Science and Innovation Investment Framework 2004-2014:Next Steps[EB/OL]. http://www.hm-treasury.gov.uk/d/bud06 science 332v1.pdf. [2019-12-20].

播和运用，以及高校、企业和其他科研用户之间科研人员和思想的相互交流；鼓励高校通过卓越科研最大化贡献于企业、经济和社会利益；根据国际一流标准管理高校科学研究，确保科研基地卓越水平的可持续性。

为提高大学卓越研发能力，2011 年 6 月，英国政府发表了《高等教育中的机会、选择与卓越》的白皮书，进一步明确了后金融危机时期英国高等教育改革的战略规划。根据该白皮书，英国高等教育改革将根据"机会""选择""卓越"三大原则，尊重高校自治和知识的社会经济价值，坚持开放、公平和客观的核心价值理念，确保未来英国高等教育教学、科研和知识转移能力有较大提升，确保英国高等教育的国际卓越和多样化声誉。白皮书认为，可持续性公共科研投资是发展全球竞争性知识经济的重要保障；英国政府将继续加强学术、企业与社区互动以及研究影响度评估能力建设，开发国际科研标准和比较体系，基于英国研究委员会和其他资助者的质量评估结果，通过选拔性高校资助分配机制，确保英国高校研究基地的优势和动态性；进一步完善并从 2014年开始实施 REF 评估机制，根据国际标准，对英国高等教育机构所有学科科研质量进行综合评估，据此评估结果通过新的激励措施提升高校研究的经济和社会影响度，并将进一步强调科研环境的专业化水平以及公共科研投资机制与慈善或产业科研投资之间的匹配和协调，强化高校科研资助的高选拔性、高校自治在科研战略决策中的重要性；加强研究人员的培训和培养工作，大力开发未来卓越研究人员；鼓励和支持高校积极扩展科研融资渠道，加强国际科研资助、产业资助和研究慈善组织等资助。[①]

新的 REF 框架特别强调科研测评的显性行为效应，REF 新体系追求"研究卓越"，因此主要对英国高校各类卓越级别的研究及其影响进行评价，而不是对所有科研活动进行评价；评价对象应是卓越水平的具有较强整体性的研究单元（research unit），而不是研究者个人或机构整体。卓越研究单元必须符合如下卓越特征：一是高质量、原创性研究成果，包括能够推进学科发展的科研成果、具有探究新领域的创新性科研成果、对社会或经济发展具有重要影响效益的科研活动等；二是研究发现应具有高度共享性；三是研究单元必须是通过大量有利于社会或经济利益的科研活动取得的卓越研究，如在研究活动和成果的运用过程中应有大量利益相关者参与；四是具有能够促进卓越研究及其成果有效转移和运用的高质量、前瞻性的研究环境；五是对卓越研究基地的可持续性发展有重要价值。

① Higher Education Funding Council for England. Opportunity, Choice and Excellence in Higher Education[R]. London：Higher Education Funding Council for England, 2011：31.

从 RAE 到 REF 的转型中，三项评价指标中的"研究成果质量"和"研究环境"指标基本不变，而 RAE 中的"研究声誉"将被"研究影响"所替代，即新的 REF 将从"研究成果质量""研究环境""研究影响"三个维度对高校卓越研究成果进行测评。在研究成果质量测评中，组织高校选拔符合一定要求的教师，对其科研成果进行评定。被选拔的教师必须具有如下资格：一是高校正式聘任的研究岗位或研究教学岗位的学术人员；二是与被测评的卓越研究单元具有明显关系的其他从事研究的学术人员，如研究委员会、慈善组织或其他组织聘任的学术人员。被选定的高校学术人员每人需要提交质量最高的四份代表性成果，成果既可以是正式出版或发表的论著，也可以是向政府或企业提交的机密报告、软件、作品等未公开发表或出版的成果。所有提交的研究成果需要附有研究过程的实证材料。成果质量测评标准分为严谨性（rigour）、原创性（originality）和重要性（significance）三类，重要性是指研究成果能够在学术界展示其学术价值或在非学术界展示其使用价值的程度。据此，HEFCE 将研究成果质量等级分为五类（表 3-4）。

表 3-4 英国 REF 评估机制关于研究成果质量等级分类结构

等级	指标描述
四星级：卓越	质量达到世界顶级水平，在严谨性、原创性和重要性指标上达到卓越的最高标准
三星级：突出	在严谨性、原创性和重要性指标上达到国际卓越水平，但未达到卓越的最高标准
二星级：很好	在严谨性、原创性和重要性指标上得到国际认可
一星级：好	在严谨性、原创性和重要性指标上得到国家认可
不分类	低于国家认可标准

在研究影响评价指标上，根据规定，只有研究质量达到三星级（突出）或四星级（卓越）的研究成果，才有资格进行研究影响的指标评估。REF 对研究影响的评价首先遵循如下两条基本原则：一是在严谨性、原创性和重要性三大质量指标测评结果的基础上，应对测评出的最高质量的研究成果的经济和社会利益予以充分重视；二是研究影响的范围应包括经济、社会、公共政策、文化和生活质量等领域。在研究影响评价中，研究影响指标体系主要包括如下部分：从企业、政府或研究慈善组织等核心研究用户获取的研究收益指标；与所有研究用户合作的数量和程度指标；经济、社会、公共政策、卫生、环境、文化、生活质量影响指标（图 3-6）。REF 还划定了研究影响的星级标准，最低级为未产生影响，产生影响的级别分为一星级到四星级（表 3-5）。

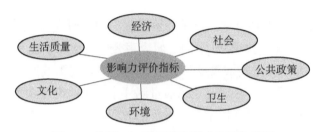

图 3-6 英国 REF 关于研究影响的评价指标

表 3-5 英国 REF 评估机制关于研究影响的等级分类结构

等级	指标描述
四星级：卓越	已经证明在广泛的相关领域有重大突破性或变革性影响
三星级：突出	已经证明在部分相关领域有高度创新性影响，但缺乏重大突破性影响
二星级：很好	已经证明在广泛的相关领域具有重要影响
一星级：好	已经证明在部分相关领域具有提升创新能力的影响
不分类	没有证明卓越研究与影响有一定关系，或卓越研究未产生影响

高质量的研究环境是卓越研究的重要保障，能够为科研成果高影响力提供必要条件。REF 对研究环境的测评主要包括三方面指标：一是资源，如研究团队的构成、研究活动和管理方式、研究资金、研究基础设施和相关设备等要素；二是管理，如研究的战略目标、研究人员开发、研究生科研培训等；三是参与，高校学术人员与研究用户和公众开展高质量研究活动的合作关系、科研成果散播、与被评研究单元之外的研究人员的科研合作关系、跨学科研究等。表 3-6 具体展示了英国 REF 评估机制科研影响度指标的公共菜单结构。

表 3-6 英国 REF 评估机制科研影响度指标的公共菜单结构

影响领域	指标描述
高技能人才	学术人员在学术界和产业界之间的流动性、博士后研究人员在产业界或衍生公司的受聘情况
创建新公司，促使企业科研成果商业化	研究合同和获得产业经费、与产业界合作研究情况（如合作成果数量）、知识产权收入、产业或衍生公司税收增长、专利和许可授权
吸纳国外企业研发资助	从国外企业获取的研究收入、与国外企业合作的研究项目
对公共决策或公共服务的贡献	从政府组织获得的研究收入、对国家法律法规和政府政策变动产生的影响、对公共服务产生的影响、参与公共决策咨询情况
公众卫生、健康质量提升	从国家卫生部门和医学研究慈善机构获得的研究经费、挽救生命数量、降低传染病率、新药品开发、公共不良行为改善情况
对环境可持续发展的影响	新技术、行为方式变化等有利于环境可持续发展的因素，减少污染，节约自然资源

续表

影响领域	指标描述
鼓励公众参与科研活动	公共参与科学研究水平、公众对科学的态度变化、公众对文化遗产的尊重
促进社会福利、安全和融合	新创意在提升社会公平、融合和全纳水平方面的运用，新安全技术的运用，弱势群体接受教育或参与社会活动的改善措施

资料来源：Tilley H，Ball L. Research Excellence Framework Impact Toolkit[R]. London：UKRI，2018：12

从各项指标的权重来看，研究成果质量是研究卓越水平的最直接、最核心指标，是卓越研究取得高影响度的基础，因此其权重最大；由于研究影响比研究环境更能体现其社会价值和政策指导意义，研究影响在权重分配上比研究环境大。新的 REF 的三大指标及其权重分别为：研究成果质量为 65%，研究影响为 20%，研究环境为 15%。表 3-7 具体显示了英国 REF 评估机制三项指标综合测评等级结构。[①]

表 3-7　英国 REF 评估机制三项指标综合测评等级结构

等级	指标描述
四星级：卓越	科研成果符合卓越和影响的最高标准，科研环境对该层次的质量和影响有可持续性支持特征
三星级：突出	科研成果的质量和影响达到"卓越"水平，但未达到卓越的最高标准，科研环境对该层次的质量和影响有可持续性支持特征
二星级：很好	研究成果的质量和影响达到"很好"水平，科研环境对该层次的质量和影响有可持续性支持特征
一星级：好	研究成果的质量和影响达到"好"的水平，科研环境对该层次的质量和影响有可持续性支持特征
不分类	研究成果的质量和影响低于一星级水平，未提供充分证据或研究活动不合格

三、辐射全球加强国际科研协同战略伙伴关系

1.《崇高志向：知识经济中的大学未来》国际科研协同战略

为确保英国世界一流大学基础研究战略地位，提升国际竞争力，开拓高等教育服务国家经济发展的潜能和质量，2009 年 11 月，英国商业、创新与技能部发表了《崇高志向：知识经济中的大学未来》（Higher Ambitions：The Future of Universities in a Knowledge Economy）发展报告，该报告明确勾画了英国加强大学内涵建设、确保世界一流高等教育体系基础研究的战略蓝

---

① Tilley H，Ball L. Research Excellence Framework Impact Toolkit[R]. London：UKRI，2018：13.

图。[①]1997 年以来，英国政府在大学基础研究事业上的投资已经翻了一番，为进一步强化大学基础研究服务国家创新的战略优势，大力提升大学基础研究成果向经济效益转化的能力，该报告提出了新的发展战略。该报告强调，英国将进一步加强世界一流关键领域的基础科研项目建设，将有限的公共财政资源向那些具有战略意义的前沿基础科学研究领域倾斜，优先发展具有世界一流基础科学研究能力的顶尖大学和研发中心；整合多领域专家，加强大学与产业之间的科研协同伙伴关系，搭建多学科或跨学科基础研究中心或平台；有效利用稀缺资源，加强各大学间优秀研究人员的合作，集中科研力量特别是高成本科学领域的科研力量，避免对紧缺资源的相互竞争。

对于英国卓越的高等教育体制，世界是有目共睹的，英国具有世界一流的国际竞争力和吸引力，具有庞大的国际学生、研究者和大学教师集群，并在国际协同研发方面占据国际领先地位。在高等教育国际化日趋加快的国际环境下，为确保英国高等教育在教育和研发国际协同方面的世界领先优势，加强与诸如中国、印度等主要国家的长期战略伙伴，《崇高志向：知识经济中的大学未来》报告提出，英国政府将通过外交、商贸和文化发展战略，强化英国高等教育的国际品牌，充分发挥新成立的"国际教育研究咨询论坛"的协同作用，加强政府部门、英国文化委员会、英国研究委员会、高等教育机构和其他利益实体之间在国际教育领域的合作。为提升英国高等教育国际化在世界上的领先优势，英国政府将成立一个新工作组，帮助英国高等教育在网络学习方面保持世界领先地位，增加国际市场份额。HEFCE 以竞争方式向相关大学与私营部门之间的协同创新提供必要的种子资金，支持高等教育国际交流与合作。另外，英国政府通过与广播公司和网络服务部门建立合作关系，充分发掘国际教育的潜力；强调高等教育的科研国际合作与学术发展，积极探索和实践与美洲和亚洲新兴国家以及发展中国家科研人员的学术合作，以求共同解决人类发展所面临的共同课题，同时充分利用国际科研资源整合优势，把握世界前沿科研课题，不断提升国内高校科技创新能力，试图成为全球科学网络的真正核心。

整体看，国际金融危机给英国高等教育财政带来了巨大冲击，在经济不景气的环境下，确保英国大学在未来发展中的强劲势头，是《崇高志向：知识经济中的大学未来》报告关注的重点。该报告是应对知识经济并确保英国具有世界级高等教育体系的战略规划，是推进英国高等教育体制升级、提高国际竞

---

① BIS. Higher Ambitions: The Future of Universities in a Knowledge Economy[R]. London: BIS, 2009: 23.

争力和影响力的重大举措。大量研究表明，高等教育的经济和社会直接收益远远高于其他各级各类教育。英国商业、创新与技能部扩大高等教育入学机会，既是世界高等教育大众化的趋势所在，也是促进英国未来社会经济增长的基础工程。近些年来，"知识经济"的观念已经深入人心，不仅在欧美发达国家，而且在越来越多的发展中国家也已经成为重要的字眼。科学领先是引领知识经济发展的先决条件，国际合作被视为国际科学竞争力增长的关键机制。由于需要科研和创新来应对诸如贫困和气候变化等全球性挑战，世界各国越来越紧密地联系在了一起。国际社会对温室效应、非洲危机和发展中国家的疾病问题日益关注，这使得人们对通过国际科研合作来解决这些问题充满希望。对此，科技创新成为英国未来高等教育发展战略的核心，不管是培养科技创新人才，还是提升高校科技创新能力，抑或加强国际科研合作等，无不体现了英国确保国家高等教育科学领域的世界领先地位的战略目标。

近年来，英国研究委员会开展了多项国际科研合作计划，促进与其他国家研究人员发展长期战略伙伴关系，如建立跨境高校研究机构伙伴关系、拓展学科战略网络等，以此为海外研究人员参与在英研究，以及英国研究人员赴海外开展研究提供跨国科研平台。[①]21世纪以来，英国借助欧洲研究区国际平台加强与欧盟成员国以及欧盟外国家的科研合作，推动研究人员、知识和技术的跨国自由流动。另外，英国政府还建立了国际研究人员开放机制和流动性研究人员社会保障机制，并在欧洲研究区关于研究基础设施建设框架下启动了"大型设备资本基金"（Large Facilities Capital Fund），通过卓越研究基础设施建设提升国际卓越研究人员的吸纳能力。[②]

2.《英国国际科研与创新战略》与脱欧后英国科研国际协同新取向

英国是一个高度国际化的外向型国家，拥有世界领先的基础研究和创新环境，吸引了来自全球各地的科研创新合作者。为应对脱欧给英国基础研究带来的负面冲击，英国政府开始调整国际科研协同战略，并于2019年11月发布了《英国国际科研与创新战略》，重新定位与欧盟的科研协同关系。英国政府设定了到2027年国家研发投资占GDP比例达到2.4%，并努力实现3%的目标。该战略明确了英国在脱欧后将如何发展其国际科研协同战略伙伴关系，以实现其"产业战略"的终极目标。英国作为世界领先的研究型国家，拥有强大

---

① RCUK. Funding International Collaboration[EB/OL]. http://www.rcuk.ac.uk/international/funding2/default.htm. [2020-12-06].

② Cunningham P, Gök A. Erawatch Courtry Report 2016: United Kingdom[R]. Brussels: European Commission, 2017: 22.

的、世界一流的、全球互联的基础研究基地。英国的人口仅占世界的 0.9%，研究人员占世界的 4.1%，而科研论文被引用次数占世界的 10.7%，高被引论文占世界的 15.2%，且英国有一半以上的科研论文是通过国际合作而成的，72% 的研究人员具有国际流动经历。[①]

《英国国际科研与创新战略》指出，英国将以最大限度向全球开放基础科学研究和创新体系，以寻找最佳国际科研伙伴合作机会，应对全球挑战并创造经济新增长点，包括从基础科学发现到尖端技术创新的战略合作主题：一是积极寻求全球伙伴，以卓越和影响力为导向建立战略伙伴关系，并进一步促进开放；二是聚集人才，促进研究人员和企业家进行合作并支持他们的发展，引导其将想法转化成现实成果，并在全球建立人际网络；三是提供全球创新中心，英国将为全球创新者、企业家和投资者提供创新中心，以连接和建设未来的产业；四是倡导更好的科研治理、科研伦理和影响力，英国将通过多边论坛在科研治理、科研伦理和开放科学方面建立国际共识、共享知识和建立信任。

（1）建立更加开放的全球科研合作伙伴关系

英国希望在其卓越且具影响力导向的基础研究高质量发展原则下，积极开展国际科研合作，建立更加开放的国际科研协同新格局。为寻求战略性科研创新合作伙伴，英国政府与全球具有发展潜力的其他国家政府和研究机构签订战略性合作协议，支持英国大学和其他研究机构积极建立国际科研协同伙伴关系。英国政府将帮助国际合作者更广泛地入驻英国科研基地，包括其大学和科研院所，以促进世界一流基础研究人才交流和项目合作。英国政府注重以卓越为标杆建立国际科研合作伙伴关系，充分重视以好奇心引导的跨学科研究和知识交流，基于卓越和影响力双重价值导向寻找国际双边科研合作机会，实现科研创新共同发展目标；继续与欧洲伙伴国家就重大科学研究项目等进行深度合作，并探索与欧盟就研究和创新框架计划建立新的协同关系；加强与非洲新兴国家之间的科研协同战略伙伴关系；引入新的研究和创新合作基金，包括 1.1 亿英镑的国际合作基金；规划长期的世界一流研究和创新基础设施发展路线图；利用广泛的外交网络加强国际科研合作；加强与本地大学、研究机构、学术界和商界通力合作，协调各利益相关部门开展国际科研合作活动。[②]

---

① Department for Business, Energy & Industrial Strategy. UK International Research and Innovation Strategy[R]. London：Department for Business, Energy & Industrial Strategy, 2019：29.

② Department for Business, Energy & Industrial Strategy. UK International Research and Innovation Strategy[R]. London：Department for Business, Energy & Industrial Strategy, 2019：23.

　　近年来，英国国际科研协同取得了重大成效。《英国国际科研与创新战略》报告显示，2014 年以来，英国研究委员会共资助了 4254 个国际科研合作项目，总计 33 亿英镑；英国向全球合作国家派出了 100 名科学顾问，遍布 47 个国家，形成了强大的全球科学研究网络。英国与多国签署了多个影响深远的国际科研双边协议，包括加拿大、中国、印度、以色列、日本、新加坡、韩国和美国等国。同时，英国也支持与欧盟成员国开展双边和多边合作。英国和新加坡已合作建立了一个卫星量子密钥分发试验台，该试验台是由英国科学与技术设施委员会（Science & Technology Facility Council）和新加坡量子技术中心（Centre for Quantum Technologies）共同开展的一个价值 1000 万英镑的联合资助研究项目。英国已拥有一批世界领先的研究机构，从艾伦·图灵数据科学和人工智能研究所到弗朗西斯·克里克健康和疾病基础生物学研究所，吸引了来自世界各地的一流研究人才深入参与国际科研合作。埃克塞特大学（University of Exeter）可持续水产养殖未来中心召集世界领先的科学家，以应对国际上渔业可持续发展面临的挑战。贝尔法斯特女王大学（Queen's University Belfast）建立了一项重大国际科研合作项目，以加速网络和实体产品安全研究成果的商业化应用。英国政府与阿伯丁大学（University of Aberdeen）和罗伯特·戈登大学（Robert Gordon University）合作，耗资 1.8 亿英镑建立的位于阿伯丁的新石油和天然气技术中心已经成为全球新的石油和天然气研发创新中心。卡迪夫大学（Cardiff University）的复合半导体中心将以欧洲为中心加强产学研各界深度协同，加速材料和设备研究的商业化使用。位于纽卡斯尔的国家老龄化创新中心和国家数据创新中心是全球创新者、企业和学术界之间合作与联系的中心，并帮助应对老龄化社会大挑战。2018 年 5 月，英国与以色列签署了科学与创新协议，旨在加强两国在先进材料和老龄化社会研究等共同领先领域的合作。

　　（2）面向全球汇集世界一流科研人才

　　英国为国际顶尖基础研究人才参与英国高度国际化的科研共同体提供充足机会；利用卓越导向的科研治理经验帮助国际研究人员产生具有影响力的最高质量科研成果；研究人员也将受益于英国的学术自由和专业发展环境。英国还将建立一个面向全球的科研孵化器和加速器网络，使英国发展成为国际研究人才和研究成果转化的最佳场域，并鼓励所有生涯阶段的优秀研究人员加强国际合作。为确保英国在科学发现和创新领域的领先地位，英国研究与创新理事会和英国国家科学院将提供 13 亿英镑，以吸引和留住世界一流基础研究人才。英国政府为全球卓越研究人才设立专门奖学金计划，包括牛顿国际奖学金、切文宁奖学金和英联邦奖学金；与合作伙伴加强基础研究能力建设，创建早期学术职业生涯基础研究人才全球网络；充分发挥知识交流框架，支持产业界和学术界的更紧密合作，促进知识成果的快速有效转化；设立英国战略研究伙伴投资基金（Research Partnership Investment Fund），通过在大学、企业和慈善机构之间建立科研战略伙伴关系，为新的卓越研究中心和科研基础设施建设提供支持。①

（3）积极参与全球科研治理

英国将通过多边论坛就全球治理、科研伦理和开放科学达成国际共识、分享知识、建立信任，向全球科学界、研究和创新领域提供服务。英国将与其他国家一道改善全球研究领域的治理环境，并确保全球治理措施得到最佳研究和证据的支持；与其他国家合作，在科研伦理、科研标准和科研诚信方面达成国际共识，建立公平的研究伙伴关系，增强公众对科学技术的信任；致力于在全球研究架构中发挥强有力的主导作用，确保在全球科研组织网络内开展的科学研究对人类产生最大化的有益影响；持续推进开放科学运动，促进科学研究透明化，并确保研究方法、研究发现和研究数据对所有研究人员开放。通过重要的全球论坛，在科学研究和创新组织的全球治理中充分发挥积极作用，例如，贝尔蒙特论坛汇集了代表 50 多个国家的科研资助组织、科学委员会和区域科研联盟，支持跨学科的、以用户为导向的科学研究，旨在解决全球环境变化的相关问题。英联邦科学顾问网络中心建立了一个关于全球社会大挑战的知识交流网络，支持数据共享并提供科学专业知识，加强现有证据和政策之间的联系，在欧洲各地加强科学和创新管理的网络、社区和论坛建设，与七国集团和二十国集团就海洋问题、清洁能源和抗菌药物等全球性挑战问题开展跨领域科研合作。全球研究理事会的工作是将科学和工程资助机构的负责人聚集在一起，促进数据共享和研究工作的完整性。

政府间气候变化专门委员会和世界气象组织努力加快全球科研治理行动，以减轻气候变化带来的影响，其中包括支持数据分布和数据治理改革。"创新使命"是国际领先的公共部门提出的一项倡议，旨在加速清洁能源创新，为所有人提供普遍负担得起的、可靠的清洁能源解决方案。其成员包括23 个国家和欧盟委员会。OECD 全球科学论坛重点关注复杂的、相互关联的科学政策问题，并致力于促进开放科学和协调国际研究数据网络。联合国开发计划署在一系列发展挑战中开展活动，并建立了一个开放的数据平台，

---

① Department for Business，Energy & Industrial Strategy. UK International Research and Innovation Strategy[R]. London：Department for Business，Energy & Industrial Strategy，2019：26.

以确保在全球范围内获得项目数据。世界知识产权组织的目标是领导建立一个平衡和有效的国际知识产权体系，加强知识共享基础设施建设，促进知识创新。①

四、开放科学推进大学基础研究数据开放共享

开放科学已成为当代科学范式转型的主流趋势，在科学范式走向开放科学新时代过程中，英国政府努力将科研成果开放获取与公共责任相联系，2004 年，英国下议院科学与技术委员会（House of Commons Science and Technology Committee）指出，政府应积极参与公共资助科学研究过程。2012年 6 月，英国政府发布了一项所有科研成果开放获取的战略计划。另外，英国政府将开放科学与技术创新密切对接，要求加强国家数字化科研基础设施建设，确保科学能更好地为企业所获取。2011 年，英国商业、创新与技能部发布了《英国数字化基础设施战略愿景》报告，勾画了高度协调的国家基础设施发展和应用路线图。该报告指出，建立国家数字化基础设施领导委员会，为政府提供包括科研网络、数据储存、开放获取软件和技能等数字化基础设施发展战略的相关决策咨询。同年，英国政府又发布了《面向增长的创新与科研战略》报告，该报告指出，政府致力于纳税人资助的科研成果的免费开放获取。在该战略的实施下，英国政府创建了"英国政府数据"平台，为公众和企业获取公共科研数据提供在线平台；成立了开放数据研究院，旨在通过政府专项资助确保开放数据相关研究转化为英国企业、商业的发展优势。2012 年，英国政府还发布了《开放数据白皮书》，提出了英国促进科研数据共享的战略举措。英国在开放科研数据方面处于世界领先地位，英国数据档案馆保留了社会科学和人文科学近 50 年的科学数据。英国政府在开放获取纳税人资助的所有科研出版物方面做出了大量努力，公开获取研究数据有效地促进了科研出版物与科研数据的结合，提高了科研过程的透明度，增强了英国作为全球科学领导者的地位和世界一流基础研究竞争力。2017 年，英国政府又发布了《开放科研数据协议》政策报告，由英国多个利益相关方组织联合制定而成。

1. 开放科研数据的基本内涵及旨要

《开放科研数据协议》首先明确了研究数据的基本内涵和功能。科研数据

---

① Department for Business，Energy & Industrial Strategy. UK International Research and Innovation Strategy[R]. London：Department for Business，Energy & Industrial Strategy，2019：28.

是支撑研究问题解决的证据，无论其形式如何，均可用于验证研究结果，包括研究人员在工作过程中通过实验、观察、建模、访谈或其他方法收集的定量信息或定性陈述，或者是来自现有证据的信息。数据既可以是原始数据（直接测量或收集），也可以是从原始数据中导出以进行后续分析或解释的数据，或者是其他人拥有的现有数据库中的数据，其形式可以是统计数据、数字图像集合、录音、采访记录、调查数据，以及具有适当注释的田野观察、艺术品、档案、发现的物体、出版的文本或手稿。研究数据的主要目的是支持或验证研究项目的观察、发现，或输出必需信息。开放研究数据是指已确定的可以自由获取、使用、修改和共享的研究数据，如有需要应进行适当确认；并非所有的研究数据都可以公开，可能需要对获取权限进行管理，维护机密性，防止产生不合理的费用，保护个人隐私，尊重默认条款，确保管理安全性，避免其他风险。①

《开放科研数据协议》规定，根据相关法律、道德和监管规范，考虑成本要求，适时公开英国研究界成员收集和生成的研究数据，供他人使用。公开研究数据以便审查和使用，有助于科学发现和经济增长，提高科研资源利用率，获得公众对研究资金的支持以及对研究的信任。数据开放不仅意味着披露数据，除非有正当的理由，所有从事研究的人员都有责任确保对其收集和生成的数据进行适当管理，确保他人可以自由获取、理解、评估和使用这些数据。因此，获取研究数据会对成本产生影响，并且需要进行权衡以反映成本效益和使用价值。协议中规定的研究数据开放获取原则有助于向政府、企业、国际合作伙伴、研究人员和广大公众证明，在适当的情况下所有人可以受益于开放研究数据，同时，研究数据开放获取原则的规定有助于对研究结果进行适当审查，公开已发表论文中支撑概念和论据的数据，供其他研究者进行测试和验证，也为自我校正提供方便。研究数据共享需要建立研究数据管理系统，鼓励在研究初期拥有研究数据的专家积极参与。

2. 开放科研数据战略的原则

根据《开放科研数据协议》的基本精神，英国开放科研数据战略强调：研究数据处理方式合理；遵守相关道德、法律和专业义务；建立开放数据友好型研究环境；建立研究数据完整性保障机制；认可数据引用和信用的重要性。该协议规定了研究人员、研究资助者、监管机构、期刊出版商、大学等利益相关者在开放科研数据中的不同职责，明确了各利益相关者在扩大研究数据获取

---

① Research Councils UK. The Concordat on Open Research Data[R]. London：UKRI，2019：10.

权限、促进经济和社会效益中所扮演的角色，通过在研究人员之间公开共享数据，培养下一代研究人员，建立公众对已发表研究成果的信任。该协议还提出了开放科研数据的支持性和发展性原则，认识到研究数据开放获取将是一个持续性发展过程，协议中所提出的研究数据开放获取原则适用于所有学科领域；强调不同利益相关者之间需要合作，需要所有相关人员共同努力建立可持续的开放研究数据环境。研究人员应有权根据具体情况制定与研究数据有关的开放获取政策和程序。[1]

第三节 英国大学基础研究高质量发展战略典范：罗素大学集团

一、罗素大学集团世界一流基础研究竞争力

英国基础研究主要集中在研究型大学，如罗素大学集团（The Russell Group of Universities）、1994 年大学联盟（1994 Group）等都是英国开展世界一流基础科学研究的战略要地。作为世界一流研究基地和国际卓越知识网络中心，英国大学在诸多科研指标上居于世界领先地位，例如，英国在科研论文总被引频次、高被引论文总量、单位科研人员被引频次、高被引论文数量以及单位科研经费产出率等方面均居世界首位。其中，英国最大的顶级研究型大学联盟——罗素大学集团在英国大学科研系统乃至全国科研创新体制中起到支柱性作用。21 世纪以来，英国政府发布了大量重量级战略报告，旨在依循科学范式转型规律，从战略高度推动大学基础科学研究卓越发展，确保其世界一流基础科学研究竞争力的战略地位。英国政府特别注重创建大学卓越研究集群，其中罗素大学集团和 1994 年大学联盟就是英国两个最典型的卓越研究集群，已成为英国整个高等教育科研卓越的重要增长点。罗素大学集团成立于 1994 年，由 20 所英国一流的研究型大学组成，被称为英国的"常春藤联盟"，代表着英国最顶尖的大学。罗素大学集团每年囊括全英大部分研究经费，2018—2019 年度，罗素大学集团获得全英大学 67% 以上的科研经费、68% 的英国研究委员会科研经费、75% 的全英慈善科研资助经费，培养的博士生总数占英国博士生总

---

① Research Councils UK. The Concordat on Open Research Data[R]. London：UKRI，2019：12.

数的一半以上。①2017 年，英国高等教育拨款委员会对英国大学研究质量测评统计的结果显示，罗素大学集团虽然只占了英国高等教育机构总数的 12%，但是却创造了全英 60%以上的世界顶级科研成果。英国顶级研究组织中约有60%的研究人员属于罗素大学集团。平均来说，罗素大学集团承担的顶级研究项目占全英顶级研究项目总数的 2/3。②

二、罗素大学集团基础研究高质量发展战略向度

1. 以国家 REF 改革为引领，强化基础研究卓越和影响

以卓越为导向的研发评估体制成为英国卓越研发能力提升的"指挥棒"和"指向标"。事实证明，在 RAE 实施前的 20 世纪 80 年代前期，英国大学科研质量和影响度在国际上处于明显下滑趋势，而自 RAE 实施后，特别是近年来随着 REF 评价机制改革的深入推进，英国大学科研质量和影响度明显提升。REF 对英国大学科研产生了积极影响，驱动着英国大学科研走向国际卓越，并推动了罗素大学集团高质量发展，使英国大量优质科研资源注入罗素大学集团，直接推动了联盟科研卓越的生成。另外，卓越和影响导向的科研评价机制使罗素大学集团把"科研卓越和社会影响力"作为其核心价值追求，提升大学科研卓越水平和社会影响力，创建世界顶级研究中心，成为这些大学的重要使命。例如，格拉斯哥大学在其"格拉斯哥 2020 全球化目标"中把"卓越研究"作为其战略规划的核心价值理念，明确提出了"开展世界顶级研究，促进学科和跨学科卓越科研能力，提升作为世界卓越研究型大学的国际地位"的战略使命。③

2. 以政府资助为主导，拓展基础研究跨部门多元筹资渠道

以罗素大学集团为例，以质量卓越为导向的科研资助模式使汇集英国顶级研究型大学的罗素大学集团拥有雄厚的高密集科研资源。罗素大学集团每年囊括全英大部分科研经费，例如，在英国高等教育拨款委员会的科研经费排名中（不包括苏格兰和威尔士），前 15 名都是该集团成员，其中号称"金三

① The Russell Group of Universities. Economic Impact of Research at Russell Group Universities[R]. London：The Russell Group of Universities，2019：21.

② The Russell Group of Universities. The Concentration of Research Funding in the UK：Driving Excellence and Competing Globally[R]. London：The Russell Group of Universities，2018：23.

③ University of Glasgow. Glasgow 2020—A Global Vision[EB/OL]. http://www.glasgow.ac.uk. [2020-12-20].

角"的剑桥大学、牛津大学和伦敦大学更是拿下了40%以上的英国大学科研经费。此外，卡迪夫大学获得威尔士地区近50%的科研经费，爱丁堡大学和格拉斯哥大学则分得苏格兰地区50%以上的科研经费。[1]因此，多元、高度密集的科研经费为罗素大学集团科研卓越的生成提供了重要财政保障。

3. 以国家科研协同战略为指引，建立跨域、跨部门基础研究协同联盟

为充分发挥国际研发协同对罗素大学集团卓越研发能力提升的新增点作用，罗素大学集团各成员高校都努力加强国际科研合作。例如，伯明翰大学与来自13个国家的20余所国际著名大学建立了科研合作网络，并与我国广州市联合成立了"伯明翰广州中心"，该中心的核心目标是：生产世界一流科研成果；为广州和伯明翰大学高水平科研合作与交流创造良好条件；为广州市博士研究生和博士后科研人员提供卓越培养机会。另外，伯明翰大学还与中国教育部、埃及教育部、福特基金会、越南教育部等外国政府部门和赞助组织建立了长期科研战略伙伴关系。[2]剑桥大学更是把"致力于在全球范围开展国际性前沿科学研究"作为其国际科研合作的价值追求，并成立了专门的国际战略办公室，与国际著名大学组建了如"国际研究型大学联盟""欧洲研究型大学联盟"等国际科研联盟组织，为剑桥大学科研卓越的生成搭建了重要的国际合作平台。[3]

在国家多部门科研协同战略下，为促进世界一流基础研究的可持续发展，罗素大学集团积极同产业、科研院所建立科研协同集群。目前，罗素大学集团拥有国内外上千家企业伙伴。联盟组建的科研协同集群模式多样。例如，伦敦帝国学院与英国医学研究委员会、英国最大药剂集团——葛兰素史克公司（GlaxoSmithKline）共同组建的"葛兰素史克临床影像中心"属于"单校-科研院所-企业三方协同研究模式"；由布里斯托大学、巴斯大学、埃克斯特大学与英国空中客车公司（Airbus）共同组建的"大西部研究联盟"（Great Western Research）是属于比较典型的"多校-企业多边协同研究模式"；由伯明翰大学、牛津大学、剑桥大学、谢菲尔德大学、贝尔法斯特女王大学、阿伯丁大学与以劳斯莱斯为核心的五家著名公司组建的"环境友好型发动机研究联盟"（The Environmentally-friendly Engine Alliance）属于典型的"多校-多公司协同

---

[1] The Russell Group of Universities. Economic Impact of Research at Russell Group Universities[R]. London：The Russell Group of Universities，2010：36.

[2] University of Birmingham. Research Collaborative Projects[EB/OL]. http://www.birmingham.ac.uk/research/collaborators/projects.aspx. [2020-12-20].

[3] University of Cambridge. International Research[EB/OL]. http://www.cam.ac.uk/international/research.html. [2020-12-20].

研究模式"或"大学联盟-公司联盟协同研究模式"。①另外，"追求卓越"是罗素大学集团的核心价值导向。因此，这些科研协同集群创建的根本使命是：通过建立长期战略性伙伴关系，促使各方优质研究资源整合，围绕社会和科技领域的重大问题积极开展跨学科、跨部门研发活动，从而实现"卓越研发"的战略目的。因此，科研协同集群是罗素大学联盟卓越研发生成的重要推动力。

4. 以国家开放数据战略为基础，实施《Sorbonne 科研数据权利宣言》

在国家开放数据政策框架下，为推进科研数据开放共享，罗素大学集团联合世界著名研究型大学联盟，签署并实施了《Sorbonne 科研数据权利宣言》。该宣言的基本原则如下：基础研究生成的知识应有利于社会经济发展；基础科学研究数据价值应基于科研诚信和公众对新知识的信任；以科研数据开放获取和共享促进新知识发展，加速有利于社会经济发展的科学发现过程；科研数据应尽可能开放共享和再利用，但不损害国家安全、机构自治、隐私以及知识产权保护；学术共同体应致力于识别科研数据共享和再利用的复杂条件。

基于以上基本原则，罗素大学集团将共同致力于科研数据开放共享使命：激励大学及其研究者尽可能共享科研数据；支持大学和研究者确保其科研活动所生成的科研数据具有可发现性、可获取性、可再利用性以及可交互操作性；促进科研数据维护和共享，将科研数据管理计划开发作为科研过程的重要组成部分；促使科研机构积极参与从事开放科学数据的科研人员的认证，确保科研人员具有开放科研数据许可权；各大学应将宣言中所提出的科研数据开放共享原则整合到机构科研数据发展战略或政策体系；鼓励大学设立开放科研数据管理人员的培训和技能专业发展项目，为开放科研数据管理提供必要的制度环境。罗素大学集团联合全球学术和科研共同体，营造全球科研数据共享支持环境，建立科研数据共享的可交互操作的政策工具和数据库，建立具有 FAIR 开放共享品性的数据库，以确保同行评审出版物和科研成果具有可获取性、可验证性和可重复性。为得到国家各部门的相关支持，罗素大学集团还恳求国家科研资助部门将科研数据管理作为科研资助的资格条件，并增加科研经费以补偿科研数据开放获取的全成本；政府应提供充分资源促使科研数据可持续修复和共享；政府应制定充分体现开放数据基本原则的相关政策框架，支持大学和科研机构的开放科研数据能力建设。②

---

① The Russell Group of Universities. Engines of Growth: The Impact of Research at Russell Group Universities[R]. London: The Russell Group of Universities, 2016: 26.

② The Russell Group of Universities. Sorbonne Declaration on Research Data Rights[R]. London: The Russell Group of Universities, 2020: 4.

第四节　科研范式转型视角下英国大学基础研究高质量发展战略的基本特征

一、资助体系：双元资助体系和霍尔丹原则

英国是世界一流基础研究投入-产出效率最高的国家之一，其单位人口、单位资金投入产出的高质量科研论文居世界领先地位，一个重要原因是英国政府在推进世界一流基础研究发展战略中始终坚持霍尔丹原则。该原则是英国政治家霍尔丹于 1918 年提出的，其核心思想是，科研财政开支决策应由研究者而非政治家做出，由此才能确保学术自由。[①]在实施了一个多世纪的过程中，霍尔丹原则非但没有夭折，反而在《高等教育与研究法》中首次以法律形式被确定为英国大学科研创新资助的基本原则，充分彰显了英国长期以来实施的霍尔丹原则和双重资助体制的高度有效性和合法性，成为英国高校科研创新领域的长效资助体制。《高等教育与研究法》进一步强化了霍尔丹原则，并指出，研究者个体的研究申请最好由研究者通过专业人士的同行评审程序决定。

依据英国 REF 的基本精神，《高等教育与研究法》将科研卓越和影响作为霍尔丹原则实施的新依据，提出了英国研究与创新理事会实施霍尔丹原则的具体措施。为确保大学科研创新免受政府过多干预，增强学术自由和学术决策能力，《高等教育与研究法》明确了英国研究与创新理事会是独立于政府的"一臂之隔"的非政府公共组织，政府要确保霍尔丹原则在实施过程中对科学研究的专业化治理，充分发挥学术专家在科研创新资助过程中的决策能力，切实消除大学科研资助管理中不必要的规则重复和繁文缛节，摈弃科研创新过程的行政化和官僚化倾向，取消传统上多方资助报告的烦琐程序。[②]双重资助体制创造了世界一流的高效率科研体制，是英国科研卓越的法宝，对英国世界顶尖学术声誉起着不可替代的作用；双重支持系统依据同行评估和评审结果予以资

---

① Alexander B, Ladyman J. Free inquiry：The Haldane principle and the significance of scientific research[J]. Social Epistemology Review and Reply Collective，2013，2（7）：15-26.

② The Houses of Parliament. Higher Education and Research Act 2017[R]. London：Department for Education，2017：19.

助，确保了学术自治。[①]

二、评价体制：双导向科研评价体制改革

为充分发挥国家基础研究对创新驱动经济发展的引擎作用，英国政府依循新知识生产范式和巴斯德象限基本思想对科研评价改革的新需求，更加坚定地加快了高校科技创新评估机制改革的进程，在新经济增长中更加注重基础研究的社会经济影响与贡献。对此，英国政府启动了 REF 评价机制改革，将基础研究的非学术影响作为科研评价的重要指标之一。英国政府认为，"科研卓越框架评价体系的目标不但要评价科研活动，更要采取激励措施鼓励研究者和高校追求卓越科研"[②]。新的 REF 与 RAE 之间存在明显的差异。当前风靡全球的世界大学排名科研测评对卓越科研成果的强调，促使世界各国政府、大学、研究机构不断调整发展战略和具体行为。在 RAE 体系中，这种行为角色只是潜在而非显性的，HEFCE 的传统观点认为，世界大学排名只是简单的排名活动，并没有试图通过科研活动测评而具体调整发展方略。REF 作为英国以卓越和影响为双重价值取向的新型科研评价机制，对引领英国基础研究走向纯基础研究和应用引发基础研究提供了战略指引，也为世界其他国家推进基础研究评价体制改革、顺应科学范式高质量发展提供了成功典范。

三、组织形态：建立跨域、跨部门科研协同新机制

从英国基础研究产出看，英国科研优势的关键在于其研究者具有较强的国际合作能力，英国国际研究人才的流动性比其他国家更高。2019 年，英国有 46% 的学术研究成果的共同撰写人是外国人，63% 的共同撰写人曾经在外国的研究机构发表过研究文章或具有多国工作经验，因此，英国的研究生产力最强，国际合作撰写的研究论文被引频次也最高。[③]这一方面说明英国研究人员的知识与专业水平得到了国际科技界的认可，同时也体现了英国研究机构对具

---

① The Department for Business, Innovation and Skills. Success as a Knowledge Economy：Teaching Excellence，Social Mobility and Student Choice[R]. London：The Department for Business, Innovation and Skills，2016：25.

② HEFCE. Research Excellence Framework：Second Consultation on the Assessment and Funding of Research[R]. London：HEFCE，2010：15.

③ HEFCE. Decisions on Assessing Research Impact[EB/OL]. http://www.hefce.ac.uk/research/ref/pubs/2011/01 11/01 11.pdf. [2020-03-23].

有国际流动性的研究人员有高吸引力。另外，英国具有庞大的国际学生、研究者和大学教师集群，在国际研发协作方面占据国际领先地位。2019 年，90%以上的英国大学参与了国际科研合作，40%的英国研究委员会拨款具有国际元素，40%的英国大学科研人员来自国外，50%的英国博士生来自国外。①这与近年来英国政府积极推进世界一流基础研究国际协同战略密不可分。从 2009 年的《崇高志向：知识经济中的大学未来》战略报告到 2019 年的《英国国际科研与创新战略》报告，都明确提出将英国建成具有高度国际化的全球科学研究中心的战略目标，特别是新的《英国国际科研与创新战略》规划了脱欧背景下英国未来科研国际协同战略路线图，旨在继续加强欧盟成员国的科研协同关系，并在此基础上将科研协同伙伴国家范围辐射到全球，构建面向全球的开放的基础研究生态共同体，充分发挥国际科研协同在确保英国世界一流基础研究中的贡献作用。

随着产学研协同创新日益成为新知识生产范式转型中应用引发的基础研究的典型模式，为加强产学研各方协同创新，英国政府充分利用并采取了大量直接资助性工具，通过英国高等教育拨款委员会、英国研究委员会、"创新英国"等政府资助部门联合多元资助体系向产学研协同创新提供充分稳定的财政支持，同时特别关注产学研协同创新全过程的相关资助，各资助部门都针对产学研协同创新启动了一系列直接资助项目，作为推动产学研协同创新的资助政策工具，有些政策工具是由多部门共同资助的，比较典型的如"高等教育创新基金""知识转移伙伴关系计划""弹弩网络""创新券"等，这些政策工具有效地加强了产学研各方之间的协同创新能力。另外，英国政府还定期组织第三方机构对政府资助相关协同创新项目进行绩效评价，作为后续资助的重要依据。同时，为有效推动产学研协同创新，英国政府创建了多样化中间组织，这些跨部门中间组织也被称为"第四支柱组织"，如英国政府支持设立的全国性"企业与高等教育联合委员会""技术与创新中心""国家大学与企业网络联盟"等高层论坛中间组织。这些中间组织主要是作为协商论坛平台来表达不同大学、产业、政府、研究机构在协同创新中的目标和利益追求的，并帮助加强协同创新各方的伙伴关系，为协同创新项目提供必要的资金支持。在推进产学研协同创新中，英国政府非常重视通过委任第三方机构定期对全国产学研协同创新进行绩效评估等措施，充分发挥其推动者作用。自 2003 年英国财政部委任兰伯特评估小组对英国产学研协同创新成效进行首次评估后，截至 2015

---

① Department for Innovation, Universities and Skills. International Research Collaboration in UK Higher Education Institutions[R]. Sheffield: Sheffield Hallam University, 2009: 89.

年，英国政府已委任专门评估组织对该国产学研协同创新进行了十余次评估，发布了一系列评估报告，并以官方形式发布了一系列政策建议，为英国大学、企业、政府、研究机构等产学研协同创新相关部门提供了加强产学研协同创新的路线图。[①]

四、治理结构：以组织机构改革推进科研协同治理体系现代化

英国拥有世界一流科研创新体系，研究型大学在其中扮演着不可替代的角色。在传统学科本位科学范式运行逻辑下，英国政府分学科领域设立了独立的研究委员会。为顺应当前跨学科主流科学范式，英国政府于 2015 年将 7 个分研究委员会统一整合为"英国研究委员会"，实现了不同学科领域科研活动的交叉融合，为跨学科研究提供了治理组织制度保障。但在科学研究与技术创新高度融合的高级知识社会，科研和创新之间在治理上仍缺乏必要的制度支撑，以学术为导向的"英国研究委员会"和以企业创新为导向的"创新英国"之间的协同力度不够，从而影响了英国产学研协同创新能力提升。因此，需要一个能够涵盖整个科研创新生态谱系的国家统一治理机构予以资助和监管。对此，《高等教育与研究法》授权政府建立英国研究与创新理事会（UKRI Board）组织。该组织充分整合了如下 9 个委员会：艺术与人文研究委员会、生物技术与生物科学研究委员会、经济与社会研究委员会、工程与物理科学研究委员会、医学研究委员会、自然环境研究委员会、科学与技术设施委员会、"创新英国"以及"研究英格兰"（Research England）。"研究英格兰"作为新建组织，主要承担英国高等教育拨款委员会的科研和知识交换领域的资助和治理职能。在英国研究与创新理事会组织框架下，7 个分研究委员会仍保持现有名称和特点，并逐渐与其他相关组织建立直接的研究治理伙伴关系；"创新英国"将继续凸显其企业创新导向，强化其对经济增长的推动作用，从而在组织体系上实现了英国高等教育拨款委员会、英国研究委员会、"创新英国"之间的充分整合，形成了高等教育科研创新统一资助和治理体系。[②]

2018 年 5 月，英国研究与创新理事会首次发布《战略计划书》（Strategic Prospectus），明确了该理事会的主要使命和战略任务：坚持协同、卓越、创

---

① Dowling D A. The Dowling Review of Business-University Research Collaborations[R]. London：Department for Business, Innovation and Skills, 2015：6.

② Research England. Our Mission[EB/OL]. http://re.ukri.org/about-us/our-mission/. [2020-09-20].

新、诚信四大价值理念，开展科学、技术、人文社会科学所有学科领域相关研究，推动各学科领域知识进步、知识交换、知识增值，促进各学科研究和创新交叉融合、协同发展；负责对各学科领域科研创新活动进行资助和监管，促进技术创新、经济增长，支持高校科研人员直接或间接参与重大技术研发和企业创新活动，从而实现科研创新质量卓越、环境优越、社会经济影响强烈的战略目标。[1]新成立的英国研究委员会作为英国研究与创新理事会的重要组成部分，主要接替英国高等教育拨款委员会的部分职能，负责英国境内大学科学研究与知识交换相关资助，包括向英国大学科研和知识交换活动提供年度拨款资助，与英国其他高等教育资助组织协同实施 REF 计划，监控英国高等教育科研基地发展的可持续性，以及英国科研伙伴投资基金、高等教育创新基金项目的实施，为英国大学科学研究和知识交换动态可持续发展创造良好生态环境。英国研究委员会具体开展如下治理工作：一是为大学提供绩效为本的科研资助，促进大学科研和知识交换卓越发展，充分开发英国大学科研创新潜能，如每年向英国大学提供高价值、战略性科研项目资助和高等教育创新基金；二是开展高等教育部门科研创新实证研究，获取和分析英国大学科研创新政策实施效果、可持续性和影响力的相关实证材料；实施 REF，为英国"绩效为本"的科研资助提供依据，并牵头与其他高等教育资助部门协同开展"高等教育-企业社区互动调查项目"工作；三是加强与大学科研工作协同，增进对大学科研创新战略和能力建设的深度认识，通过实施政府相关政策提高英国高等教育部门办学效率，促进可持续发展，包括协同学生办公室全面监控大学科研和教学整体发展状况，促进产学研协同创新和协同育人，全方位服务于"英国产业战略"。[2]

英国研究与创新理事会在确保各委员会对其所属学科监管相对自治的前提下，努力消除高校科研人员协同开展跨学科前沿问题研究的治理制度障碍。[3]这项改革旨在进一步强化政府对高校科研创新投资价值和效益的最大化，强调跨学科前沿研究要快速有效适应未来挑战，促进英国大学科研创新资助体系中政府与相关利益主体之间的有效对话，为激发大学-产业-政府-公民社会"四重螺旋"协同创新活力、促进大学科研成果快速转化、提升大学卓越

---

① UK Research and Innovation. Strategic Prospectus：Building the UKRI Strategy[R]. London：UK Research and Innovation，2018：18.

② The Houses of Parliament. Education and Research Act 2017[R]. London：Department for Education，2017：16.

③ UK Research and Innovation. Strategic Prospectus：Building the UKRI Strategy[R]. London：UK Research and Innovation，2018：12.

科研影响力开辟新路径，为科研创新资助有效决策提供共治机制，简化科研创新体系行政程序，消除科研创新资助监管中的繁文缛节，通过多元数据库、信息源和有效资助决策进一步提升英国高校科研创新效能监控的实证数据质量，为激发世界顶级科研创新活力提供治理制度保障。

五、科研数据传播：以开放科学战略推进科研数据开放共享

在世界科学日益进入开放科学新时代的进程中，开放科学对基础科学研究范式和战略转型起着重要的指引作用。为顺应开放科学范式基本规律，英国政府自21世纪初开始就发布了一系列推进科研成果开放共享和获取的重要战略报告，并于2017年发布了新的《开放科研数据协议》，该报告明确了基础科学研究中开放科研数据的基本内涵和旨要，确立了开放科学相关部门所应坚持的基本原则，进而提出了通过开放科研数据促进基础研究与创新卓越发展、通过开放和保护平衡机制促进科研数据开放共享、采取成本分担机制促进科研数据有效公开获取、赋权科研数据创建者拥有数据首次使用权、使用他人科研数据应遵循相关法律规定和道德规范、建立科研数据管理新机制、建立科研数据整理和储存系统、保证科研数据获取权限、加强开放科研数据专业人才培养等战略举措。

第四章　科研范式转型视角下美国大学基础研究高质量发展战略

　　由于第二次世界大战和冷战时期的社会影响，美国政府和产业界把基础科学研究作为国家重要发展战略，政府以前所未有的力度加强对大学基础科学研究的资助，美国在第二次世界大战前存在的大部分大学学术科学发展疲软现象（与欧洲发达国家相比）在许多学科领域有了较大改观。1945年，布什在《科学：无止境的前沿》科技政策报告中强调了大学基础研究对国家安全、社会福利和技术创新的重要意义，指出"如果学院、大学要满足工业和政府对新科学知识迅速增加的需求，就应该通过使用政府的资金来加强学院、大学的基础研究"，在此基础上又提出，"基础研究是技术创新的先导……一个在基础科学新知识方面依赖于他国的国家，将减慢它的工业发展速度"。①该报告的重要性不单单在于其制定了详细的政策蓝图，更在于其提出了对科学和技术的框架思考。该报告首先强调，要保证科学的真正繁荣，必须在基础研究中保障探索的自由，同时提出"基础研究的实施不考虑实际结果"的命题，因为科学在广阔前沿的进步来自学者自由的不受约束的活动，他们用探索未知的好奇心所支配的方式，不断地研究他们自己选择的课题，在政府的任何科学资助计划下，探索的自由必须受到保护。布什的这些论断表明，基础研究一旦受命于不成熟的实际应用目的，就会断送它的创造力。他看到了就研究目的而言，基础研究和应用研究之间存在着内在矛盾，进而认识到基础与应用两种研究间的内在分离。这就隐含了一种与传统的科学共同体自治思想相一致的政策设想：国家资助科学研究似乎并不必然要求修正科学共同体自治的观念，科学家不必因

---

① Bush V. Science：The Endless Frontier[M]. Washington：United States Government Printing Office，1945：12.

为接受国家的资助而放弃科学探索的自由和"为科学而科学"的理想。布什的这种观念坚持了传统知识生产和应用之间的"二元分离"结构。

布什的科学政策思想是以他对科学、技术与社会生产之间相互作用机制的理论思考为根基的，是对 19 世纪科学职业化以来，在政府与科学的契约背后支撑着的思想理念的系统总结，其核心就是科学知识与技术创新之间的"线性模式"。布什对基础科学与技术创新之间关系的观点深刻影响了第二次世界大战后美国的科学政策，成为第二次世界大战后几十年国家科学政策的理论基础和范式取向：科学知识生产与应用组织结构的"二元分离"，以及科学知识与技术创新之间的"线性模式"，会影响到大学与产业之间的关系。在这个"二元分离"的结构中，大学是生产科学知识的主要角色，产业是应用科学知识的主要角色，但大学与产业相互分离，两者之间存在着观念、体制上的"隔离墙"，存在着相对明显的界限，以及按照科学知识生产与应用之间联系的线性模式而形成的分工。20 世纪 70 年代，以技术创新为支柱的知识经济开始萌芽，第二次世界大战后，布什范式受到激烈竞争和经济快速发展的严峻挑战。20 世纪 70 年代末，随着卡特政府的《国内工业创新政策评论》研究报告的出台，以及随后斯托克斯提出的"应用引发的基础研究"的"巴斯德象限"思想的影响，20 世纪 80 年代，美国基础科学研究发展战略开始强调技术导向，通过加强大学与产业之间的合作伙伴关系促进"应用引发的基础研究"（或基础技术研究），将大学与产业之间的知识生产与知识应用相整合，在协同研究中促进技术转移。因此，20 世纪 80 年代以来，美国的政策开始由"供应取向"走向积极的"需求取向"研究战略，产学研协同开始成为加速基础科学研究的新范式。近年来，随着开放科学在全球兴起，美国联邦部门也实施了一系列促进基础科学研究开放共享的战略举措。随着科学范式转型，美国大学基础研究发展战略任务也开始发生深刻变化。

第一节　美国基础研究竞争力评价

一、基础研究资金和人才投入竞争力

美国联邦政府通过大力推进国家基础科学研究相关战略的实施，其基础科学研究长期以来一直处于世界领先地位。为推进基础科学研究卓越发展，第二次世界大战后，美国联邦政府持续加大整个国家研发投入资金，其中基础科学研究经费基本处于增长趋势，但 20 世纪 90 年代以来，随着美国联邦政府对国家基础科学研究与应用研发战略重心的调整，美国联邦政府对国家基础科学研究投资呈现出多阶段波动，特别是近年来特朗普政府持续削减基础科学研究经费，而加大对应用研发经费的支持力度。

OECD 统计显示，2018 年，美国总研发经费占 GDP 的比例为 2.83%，超过了欧盟成员国的 2.03% 和 OECD 成员国的 2.4%；基础科学研究经费占 GDP 的比例为 0.47%，居 OECD 成员国第 5 位，仅次于韩国、丹麦、奥地利和以色列等小型发达国家；而中国的基础科学研究经费占 GDP 的比例仅为 0.12%。[①]从学术研发经费看，1975 年以来，美国的学术研发经费每年持续增加。2018 年，美国学术机构研发总经费为 794 亿美元，承担着美国基础研究 50%以上的任务，62%的研发经费用于基础科学研究。美国绝大部分学术研发任务主要由美国研究型大学承担，其中美国顶尖研究型大学承担了整个学术研发任务的 75%以上（表 4-1）。

表 4-1　1953—2017 年美国大学基础研究、应用研究、实验开发开支
占国家研发总开支比例　　　　　　　　单位/%

年份	基础研究	应用研究	实验开发
1953	26.77	10.36	0.47
1954	29.01	9.91	0.46
1955	31.49	9.42	0.51
1956	30.65	7.57	0.43
1957	32.02	6.07	0.39
1958	33.08	5.49	0.38
1959	35.70	5.68	0.37
1960	37.69	6.05	0.37
1961	39.54	6.36	0.38
1962	40.37	5.84	0.40
1963	42.95	5.94	0.35
1964	44.68	6.08	0.39
1965	45.81	6.94	0.53
1966	47.10	7.54	0.60
1967	49.04	8.01	0.61
1968	49.78	7.88	0.63

① OECD. Main Science and Technology Indicators[R]. Paris：OECD Publishing，2020：11.

续表

年份	基础研究	应用研究	实验开发
1969	50.23	7.65	0.64
1970	51.61	7.83	0.66
1971	52.90	8.55	0.56
1972	52.92	10.06	0.54
1973	51.30	10.89	0.62
1974	50.58	10.80	0.65
1975	50.87	11.54	0.69
1976	49.78	11.61	0.73
1977	49.37	11.65	0.92
1978	48.51	11.65	1.20
1979	48.84	11.72	1.32
1980	49.33	11.82	1.27
1981	49.04	10.91	1.23
1982	47.80	10.51	1.15
1983	46.45	10.42	1.07
1984	46.09	10.39	1.02
1985	47.63	9.95	1.01
1986	46.30	10.20	1.08
1987	46.77	11.52	1.18
1988	47.22	12.80	1.30
1989	46.68	12.98	1.40
1990	48.31	12.63	1.50
1991	44.44	11.93	1.61
1992	46.77	12.87	1.60
1993	47.48	13.81	1.70
1994	48.57	14.72	1.76
1995	51.15	13.82	1.60
1996	48.91	13.63	1.48
1997	47.52	11.79	1.32
1998	54.22	11.04	1.09
1999	53.45	10.90	0.88
2000	53.03	11.26	0.75
2001	52.21	10.77	0.84
2002	54.23	15.18	0.83
2003	55.12	14.02	1.03

续表

年份	基础研究	应用研究	实验开发
2004	57.19	12.89	1.21
2005	57.17	13.13	1.07
2006	58.38	12.43	0.89
2007	58.15	11.66	0.84
2008	57.09	14.30	0.76
2009	53.04	17.39	1.34
2010	50.37	18.55	2.04
2011	53.58	18.90	2.00
2012	53.70	18.18	2.08
2013	50.45	18.16	2.05
2014	48.64	17.80	2.01
2015	49.16	17.85	1.98
2016	47.81	18.06	2.01
2017	48.44	18.39	2.00

资料来源：National Science Foundation. Science and Engineering Indicators[R]. Washington：National Science Foundation，2020：65

20 世纪 90 年代以来，美国联邦政府资助大学基础科学研究经费占大学基础研究总经费的比例有所下降，与此同时，非联邦部门对大学基础研究资助的比例持续提升（表 4-2）。特别是在特朗普执政时期，美国基础科学研究经费持续削减，研发经费向应用研究和创新领域倾斜。2021 年，特朗普政府财政预算显示，美国联邦政府研发经费比 2020 年增加了 1420 亿美元，但对基础科学研究的支持力度持续削减。例如，在国家最重要的基础研究联邦资助部门中，国家卫生院削减了 7%，年资助额为 369.65 亿美元；国家科学基金会削减了 6%，年资助额为 63.28 亿美元；能源部科学办公室削减了 17%，年资助额为 57.6 亿美元；国家航天局科学委员会削减了 11%，年资助额为 62.61 亿美元；国家能源部高级科研项目部削减幅度高达 173%；农业部农业研究服务中心削减了 12%；国家标准与技术院削减了 19%；国家海洋与气候管理局削减了 31%；环境保护局科学与技术办公室削减了 37%；国家安全部科学办公室削减了 15%；国家地理调查局削减了 30%；但在人工智能、新机器学习产业、计算机技术等应用性研发领域的投资明显增加。①

---

① Jonathan S. Trump Administration Slashes Basic Science Research While Boosting Space, AI and Quantum Tech Funding[EB/OL]. http://techcrunch.com/2020/02/10/trump-administration-slashes-basic-science-research-while-boosting-space-ai-and-quantum-tech-funding/. [2020-10-15].

表 4-2　1972—2018 年美国联邦政府和非联邦部门资助大学基础研究的变动情况

单位/百万美元

年份	联邦资助大学基础研究	非联邦资助大学基础研究
1972	5 976.43	2 533.67
1973	5 802.08	2 390.26
1974	5 574.67	2 309.66
1975	5 678.39	2 395.31
1976	5 846.30	2 248.33
1977	6 000.00	2 370.70
1978	—	—
1979	6 646.89	2 687.65
1980	6 768.39	2 779.75
1981	7 045.60	2 883.08
1982	6 924.49	3 006.31
1983	6 946.73	3 439.09
1984	7 240.08	3 597.35
1985	7 958.59	4 055.34
1986	8 744.39	4 713.49
1987	9 421.56	5 290.10
1988	9 613.95	5 445.31
1989	10 094.51	5 862.80
1990	10 442.91	6 276.11
1991	10 829.54	6 804.92
1992	11 464.65	7 127.15
1993	12 185.14	7 116.95
1994	12 612.59	7 260.97
1995	13 077.78	7 531.65
1996	13 484.56	7 670.13
1997	13 856.28	8 443.25
1998	15 757.17	9 558.98
1999	16 689.80	10 087.73
2000	17 848.36	11 028.43
2001	18 846.97	11 723.27
2002	21 297.96	12 462.68
2003	23 773.01	12 691.38
2004	25 186.36	12 507.67
2005	26 178.22	13 118.28

续表

年份	联邦资助大学基础研究	非联邦资助大学基础研究
2006	26 309.54	13 750.42
2007	25 949.83	14 839.44
2008	25 912.18	15 795.50
2009	26 342.11	16 724.21
2010	26 488.40	15 636.25
2011	27 931.10	15 792.91
2012	26 551.00	15 963.00
2013	25 690.84	16 960.50
2014	24 093.01	17 469.12
2015	23 878.92	18 079.64
2016	23 646.50	19 069.94
2017	23 836.16	19 393.26
2018	24 270.06	20 460.06

资料来源：National Science Foundation. Science and Engineering Indicators[R]. Washington：National Science Foundation，2020：89

　　从人才投入看，2017 年，美国科研人员占本国就业总人数的 5%，其中女性科研人员所占比例从 2003 年的 26%上升到 2017 年的 29%，少数民族人口所占比例从 2003 年的 9%上升到 2017 年的 13%，国际科研人员约占本国科研人员总数的 30%。[①]

二、美国基础研究产出竞争力

　　从基础研究成果产出看，科研论文已成为世界各国衡量基础科学研究的最核心指标。从全球看，科研论文（期刊论文和会议论文）产出在过去 10 年年均增长 4%，中国的科研论文产出增幅最快，其增长速度是全球平均速度的两倍，而美国和欧盟的增速不及世界平均增长率的一半，美国年增长率仅为 1%；但从科研论文绝对数量看，美国总量仍处于世界第 2 位，仅次于中国。[②] 尽管中国产出的具有影响力的科研论文总量持续快速增加，但美国和欧盟的科研论文仍最具世界影响力。从科研论文产出量占世界总量的比例看，美国、欧

　　① OECD. Main Science and Technology Indicators[R]. Paris：OECD Publishing，2020：25.
　　② National Science Foundation. Science and Engineering Indicators[R]. Washington：National Science Foundation，2020：83.

盟、日本等传统科研大国的这一比例自 2000 年开始持续下降，与此同时，中国、印度持续提高（图 4-1）。从七大学科科研论文分布情况看，美国在卫生科学与生物医学学科领域占绝对优势。

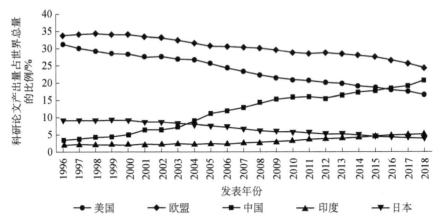

图 4-1　1996—2018 年美国与其他主要国家和国际组织科研论文产出量占世界总量的比例变化

资料来源：National Science Foundation. Science and Engineering Indicators[R]. Washington：National Science Foundation，2020：78

国际科研协同已成为世界各国基础科学研究的重要范式，主要体现在国际科研合作论文指标上。全球两个以上国家的大学和科研机构作者合作科研论文占科研论文总量的比例从 2008 年的 17%上升到 2018 年的 23%。[①]从引证频次看，国际合作论文提高了科研影响力，同时学术界、政府、企业、公民社会等国内跨部门合作也对论文被引率有显著积极影响。在 2018 年科研论文产出量最大的 15 个国家中，绝大多数国家呈现出明显的高国际科研协同性，如英国国际科研合作论文占本国科研论文总量的 62%，法国占 59%，加拿大占56%，德国占 53%，西班牙占 53%，意大利占 50%，而美国占 39%，稍低于15 国的平均值 41%。从全球看，2018 年国际科研协同论文率较高的国家如沙特阿拉伯占 75%，瑞士占 72%，比利时占 71%，国际科研合作论文率相对较低的国家如中国占 22%，俄罗斯占 23%，印度占 18%。美国作者与其他至少一个国际同行合作论文率从 2008 年的 27%上升到 2018 年的 39%，2018 年，美国国际科研合作论文总量为 548 847 篇。[②]

① National Science Foundation. Science and Engineering Indicators[R]. Washington：National Science Foundation，2020：69.

② National Science Foundation. Science and Engineering Indicators[R]. Washington：National Science Foundation，2020：70.

　　欧盟成员国由于其地理相近、政治支持等国际科研合作条件，整体上具有较高的国际科研合作率，如德国、法国、英国等欧盟科研大国的国际科研合作论文率从 2008 年的 40%上升到 2018 年的 50%。近年来，美国国际科研合作论文国际同行作者主要来源国有所变化。1996 年，美国最大科研合作国是英国（占 13%）。[1]2018 年，中国科研人员与美国作者合作的论文将近占美国整个国际科研合作论文总量的 26%，主要得益于中国近年来的科研能力快速提升，以及中国是美国国际博士学位获得者最多的国家，美国与英国（占 13.29%）、德国（10.96%）、加拿大（10.20%）仍具有很好的国际科研合作关系（表 4-3）。高被引论文率是衡量一个国家科研质量和竞争力的最核心指标。根据国际划分标准，高被引论文可分为世界前 1%、5%和 10%三类，2016 年，美国三类高被引论文占全国科研论文的比例分别为 1.88%、8.02%和 15.02%。[2]图 4-2 展示了美国与其他主要国家和地区世界前 10%高被引科研论文产出历史发展趋势。

表 4-3　2018 年美国与其他主要国家开展国际科研合作论文情况　　单位/%

国家	该国与美国合著者的国际论文份额	与该国或经济体合著的美国国际论文份额
中国	43.65	25.71
英国	28.64	13.29
德国	28.77	10.96
加拿大	42.83	10.20
法国	25.32	7.16
意大利	27.47	6.41
日本	31.99	5.35
澳大利亚	27.56	6.47
韩国	43.53	4.53
西班牙	24.29	4.75
荷兰	29.61	4.64
瑞士	31.90	4.37
巴西	35.23	4.03
印度	30.20	3.74
瑞典	28.43	3.27
世界	37.4	—

资料来源：National Science Foundation. Science and Engineering Indicators[R]. Washington：National Science Foundation，2020：68

---

[1] National Science Foundation. Science and Engineering Indicators[R]. Washington：National Science Foundation，2020：82.

[2] National Science Foundation. Science and Engineering Indicators[R]. Washington：National Science Foundation，2020：76.

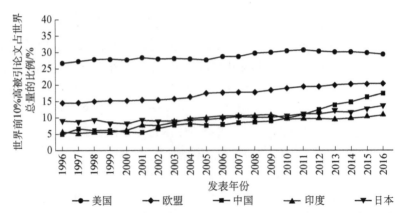

图 4-2   美国与其他主要国家和国际组织世界前 10%高被引科研论文产出历史发展趋势比较

资料来源：National Science Foundation. Science and Engineering Indicators[R]. Washington：
National Science Foundation，2020：83

第二节   科研范式转型视角下美国大学基础研究高质量发展战略核心向度

一、跨域协同推进世界一流基础研究人才队伍建设

2008 年，美国政府发布了《促进科学与工程领域科学研究：投资早期职业生涯科学家和高风险、高回报科学研究》战略报告。该报告重点提出了推动国家科研发展的两大主题：一是支持早期职业生涯基础科学研究人员；二是鼓励高风险、高回报的转化型科学研究（transformative research）。该报告要求大学积极加强早期职业生涯科研人员指导项目建设，鼓励早期职业生涯科学研究人员快速成长，在职务晋升、终身教师、薪金福利等方面为从事基础科学研究的早期青年科学家提供有利的政策支持；私营基金会和企业应为国家基础科学研究成果转化提供便利的外部环境；联邦政府科研资助部门应建立跨年度青年科学家资助计划，采取生涯阶段适应性科研项目资助机制，通过目标项目资助机制激励青年科学家开展转化型基础科学研究。①

---

① American Academy of Arts & Science. Advancing Research in Science and Engineering：Investing in Early-Career Scientists and High-Risk，High-Reward Research[R]. Cambridge：American Academy of Arts & Sciences，2008：56.

2015 年，美国政府发布了《重振基础：科学研究在保持美国梦中的重要作用》战略报告。该报告建议，美国联邦政府应通过《科学与工程指标》和国家科学基金会发布的相关科研报告，联合国家科学与技术委员会，发布美国最新科学与工程研究进展报告，为联邦政府基础科学研究拨款提供依据；美国联邦政府科学与技术政策办公室和管理与预算办公室（Office of Management and Budget，OMB）应简化和削减导致联邦资助科研行政负担过重的政策法规，消除科研管理中的繁文缛节；大学和国家卫生研究院应培育可持续性生物医学研究人才，如缩短研究生和博士后培养年限，为生物医学领域研究生培养提供专项资金支持，增强科学家在大学实验室的战略地位，降低单纯由科研项目资助的教师薪金比例；强化竞争性专家同行评审对确保基础科学研究卓越的最佳机制，联邦政府科研资助部门应持续以同行评审机制决定科研资助项目，评审过程和标准应由不同科研资助部门根据自身特点来决定，基于同行评审的科学品性应持续成为资助项目遴选的核心指标。联邦政府科研资助部门应进一步削减科研人员花费在申报书撰写和评审上的时间，扩大预申报机制的实施范围，允许申报者对评审专家评审结果的质疑，规范各联邦资助部门科研项目申报程序，简化申报流程。国家研究院、美国科学发展协会、美国艺术与科学研究院应协同举办系列科学研究非政府组织和专业协会大会，建立各方协同的科研创新联盟，解决公众、企业、政治以及社会经济发展面临的科学问题，重振公众对科学的信任，加强与商业企业、国家安全、教育、劳动力市场、卫生安全、能源与环境、文化与艺术，以及其他社会利益组织之间的协同关系，促进基础科学研究对社会经济发展的贡献；为直接获得科学与技术政策问题的相关信息，国会应扩大政府责任办公室的科学与技术评价能力，以及时的、非冲突的方式提升美国基础研究者的核心素养。

基础科学研究是一项直接指向知识进步的系统化研究，基础科学研究自身具有其国际合作的学术品性，并依赖于科学共同体共享科研成果来证明科研发现和知识资本生成。[①]开放、透明、互惠、诚信、择优竞争（merit-based competition）是美国基础科学研究走向世界一流的核心价值品性。美国基础科学研究领域高度开放的协同战略吸纳了必要的多元资金投入、卓越科研人员，以及世界一流博士生和博士后人才，促进了美国基础科学研究领域内外乃至国家创新体系的新知识生产和交流，确保了重大新科研成果的社会化分

---

① Schauz D. What is basic research? Insights from historical semantics[J]. Minerva: A Review of Science, Learning and Policy, 2014, 52(3): 273-328.

布。①国际科研协同是美国推进世界一流基础科学研究的重要战略向度，美国政府为国际科研人员与美国科研人员协同开展基础科学研究提供了大量资金支持。美国世界一流基础科学研究在很大程度上受益于国际科研协同。美国联邦政府规则框架充分体现了国家安全和基础科学研究开放性之间的平衡，这种平衡旨在最大限度地使基础科学研究不受限制，促进基础科学研究繁荣发展，同时能够为确保国家安全和保密而保护其知识资本。

国家科学基金会作为独立的联邦科研资助部门，成立于 1950 年，其核心使命是促进科学进步和国家繁荣，确保国家安全。根据国家科学基金会的界定，基础科学研究主要包括基础科学和工程科研活动，在科学共同体内发表和共享。基础科学研究被看作科学创新的基础，需要高创造性和思想自由交流的科研环境作为保障。国家科学基金会资助基础科学研究，创建促进美国经济发展、国家安全和确保全球领导地位的科学知识资本基础，采取不分类形式对诸如人工智能、化学和核武器等敏感领域不可预见性应用的基础科学研究进行资助。国家科学基金会每年向美国科研机构提供所有联邦基础科学研究资助额的 27% 左右，每年资助约 12 000 项基础科学研究项目，资助周期一般为 3 年；一少部分用于资助对科研人员或组织过于昂贵的科研基础设施。传统上，国家科学基金会不限制其员工参与国外人才招聘计划，而在 2019 年实施了一项旨在限制员工参与国外人才招聘计划的政策，但该政策并不适用于国家科学基金会资助的科研人员，也就是说，其资助的科研人员也可以受聘于国外人才招聘计划。关于国家安全风险和大学国际科研协同环境之间的平衡问题源于 20 世纪 80 年代。1981 年，来自美国五所顶尖研究型大学的校长就向联邦政府提出了国防部关于限制国外学生参与和传播敏感性科研项目的政策决定，对此，国家科学院专门对国家科研交流监管机制，以及国家安全目标与开放学术研究交流之间的冲突问题进行了研究。基于国家科学院的研究结果，里根总统于 1985 年发布了《国家安全决议指要 189》(National Security Decision Directive 189，NSDD-189)，旨在通过免除非保密信息的控制或获取限制，确保基础科学研究的开放性，使基础科学研究不受限制。

2018 年，国家科学基金会发布了《国家科学委员会关于安全和科学的声明》(Statement of the National Science Board on Security and Science)，重申了《国家安全决议指要 189》，国家科学基金会强调，美国致力于基础科学研究的自由探究和创新，帮助美国吸纳和留守了世界一流科学和工程研究人员。《国

---

① Rafael R L. How to Maintain America's Edge，Foreign Policy[EB/OL]. http://www.foreignaffairs. com/articles/united-states/2017-03-23/how-maintain-america-s-edge. [2020-06-12].

家安全决议指要 189》对那些非保密性基础科学研究的使用和转移提出了一系列限制条件：国家安全相关基础科学研究需要控制，联邦资助大学基础科学研究所生成的信息监控机制具有保密性，美国政府应定期对所有联邦政府资助科研项目和合作协议的潜在保密性进行评估；美国大学的主要使命是生产和传播新知识，需充分认识和遵循国家出口管制法律法规；大学具有出口管制法规框架下的基础科学研究赦免权。为保护大学基础科学研究赦免权，《国家安全决议指要 189》强调大学享有高度的基础科学研究成果自由发表权，根据这一原则，大学科研人员享有参与国际科研合作的自由权利。国家科学基金会相关政策规定，所有参与其资助科研项目的科研人员（包括项目主持人和主要参与者）必须公开披露其合作者和其他辅助机构。

2019 年，国家科学基金会出台了一项《国外政府人才招聘计划》政策，该政策仅适用于国家科学基金会员工，而不适用于其资助项目的科研人员。该政策规定，国家科学基金会人员不得参与国外政府人才招聘计划。该政策未对美国大学和其他科研机构的科研人员共同体予以限制约束。根据美国出口控制法规，作为开展基础研究的重要机构，大学需要在不受限制的学术环境中开展科学研究，并广泛发表其科研成果。基础科学研究赦免主要适用于美国境内大学科学和工程领域基础科学研究生成的信息资本，一方面在科学共同体内部广泛发表和共享科研成果，另一方面出于保密或国家安全考虑，在一定程度上受美国政府获取和传播监管法规的制约。这一赦免规定授权美国大学允许其受聘的国外科研人员参与含有出口管控信息的美国科研项目，但不允许将出口管控材料转移到国外或科研合作者手中。

二、跨部门、跨学科、跨地域多维协同推进科研组织模式创新

跨部门、跨学科、跨地域多维科研协同已成为当代知识生产范式的基本特征。为通过多维科研协同推进世界一流基础科学研究发展，美国政府早在 20 世纪 70 年代就启动了一系列重大战略举措。特别是 21 世纪以来，美国政府相关机构发布了大量具有重大战略意义的政策报告。20 世纪 70—80 年代，为应对来自日本和西欧国家的激烈竞争，大力提升国际创新竞争力，美国政府通过重构大学、产业与政府之间的新型协同创新联盟，以联邦科研资金的流向为杠杆，引导大学与产业密切联合，共同组建产学研协同创新联

盟，最为典型的是美国国家科学基金会管理下的"产业/大学合作研究中心"（Industry/University Cooperative Research Centers，I/UCRC）模式。在其发展过程中，通过不断创新，该模式逐渐拓展为"州/产业/大学合作研究中心"（State/Industry/University Cooperative Research Centers，S/IUCRC）模式。I/UCRC 已发展成为美国最完善的产学研协同创新模式。I/UCRC 模式的运作机制及其协同创新项目设计具有明显的独特性和规律性。I/UCRC 协同创新联盟始于 1972 年美国国家科学基金会启动的"实验研发激励计划"（Experimental R&D Incentives Program，ERDIP），当时 I/UCRC 只是作为 ERDIP 的一个组成部分，旨在通过大学与产业协同创新，提升国家技术竞争力。ERDIP 是一个受时间限制的实验计划，目的是要科学检测不同科技研发计划的生发能力。ERDIP 包括四个组成部分："协同研发实验项目"（Cooperative R&D Experiment）、"实验室确证协助实验项目"（Laboratory Validation Assistance Experiment）、"创新中心实验项目"（Innovation Centers Experiment）和"医学仪表实验项目"（Medical Instrumentation Experiment）。这四个项目的预设目标是：增加其研发活动中的非联邦投资，提高科学和技术成果在产业部门的利用率。①

在"协同研发实验项目"启动的第一阶段的一年规划期内，14 个受资助的研究型大学明确了不同的合作模式，并努力获得了产业资助。在第二阶段的四年规划期间，国家科学基金会实施并评估了三种科研协同创新模式：研发推广模式，该模式强调低技术操作问题，如北卡罗来纳州立大学的家具应用研究院；第三方经纪人参与大学与产业合作模式，如由迈塔（Mitre）公司运作的新英格兰能源开发体系；以大学为基地的研究联盟模式，如麻省理工学院的"工业聚合物加工中心"。相关评估结果显示，上述三种协同创新模式中，只有第三种模式显示了其获得可持续性产业资助的能力，并证明在协同创新和管理上的有效性。自此，这种以大学为基地的产学研协同创新联盟模式开始在美国广泛推广，1978 年正式将该模式命名为 I/UCRC，成为 ERDIP 创新项目中的"最适宜的幸存者"（survival of the fittest）。②随后，在《史蒂文森-怀德勒技术创新法案》《贝多法案》《联邦技术转移法》等诸多技术创新政策的驱动下，I/UCRC 协同创新联盟获得了新的发展，成为当前美国规模最大、最成功的产

---

① Eveland J D, Hetzner W A, Tornatzky L. Development of University-Industry Cooperative Research Centers: Historical Profiles[R]. Washington: National Science Foundation, 1984: 12.

② Colwell R. National Science Foundation Industry/University Cooperative Research Centers: 30 Years of Partnership[R]. Washington: National Science Foundation, 2003: 35.

学研协同创新联盟模式。目前，I/UCRC 协同创新联盟网络在全国共有 110 多个，其中 2018—2019 年受国家科学基金会资助的为 69 个，由国家科学基金会工程与工程教育董事会统一管理，涵盖 100 多所研究型大学、700 多家公司、800 多名教授、1000 多名研究生和 250 多名本科生，年总资助额超过 7500 万美元，其中国家科学基金会提供一少部分运作经费，产业部门提供绝大部分运作经费。①I/UCRC 模式建设的基本理念是，通过国家科学基金会的种子基金资助，培育产学研协同创新领域和能力，即国家科学基金会并不是对该联盟无限期资助，而是逐渐减少其资助，最后由大学、产业、州或其他非国家科学基金会赞助者完全资助。②目前该模式在生物技术和工程等高技术领域中较为常见，由政府支持的代表性联盟主要有华盛顿大学的"生物材料工程研究中心"、麻省理工学院的"生物技术加工工程中心"等。③

在 I/UCRC 协同创新联盟发展的基础上，1989 年，美国各州科学与技术委员会、国家州长协会和国家科学基金会成立工作组，负责探索国家科学基金会"工程研究项目"服务州经济发展的扩展途径，根据国家科学基金会 I/UCRC 协同创新联盟模式，工作组建议成立 S/IUCRC 协同创新联盟。国家科学基金会于 1991 年启动了 6 个 S/IUCRC 协同创新联盟，并在 1992 年又启动 4 个新 S/IUCRC 协同创新联盟，至今已覆盖 40 多个州，其目的是通过加强州政府、大学与产业部门之间的协同创新能力，服务区域经济发展。S/IUCRC 协同创新联盟要求在联邦政府、州政府之间建立新的伙伴关系，促进产业与大学技术协作，使国家和州都能够从中获益。除了促进大学与基地、产业相关的研发活动外，S/IUCRC 协同创新联盟还特别强调加快协同创新联盟的研究成果和技术创新的散播，促进产业技术创新。④跨学科、跨机构研究是 I/UCRC 协同创新联盟开展协同创新项目的典型特征，也是确保其成功发展的必要条件。I/UCRC 协同创新联盟的一个重要使命就是把不同部门和单位的研究人员汇集起来，组建为跨学科创新团队，以克服传统的学科单一弊病。I/UCRC 协同创新联盟模式被用来组织那些不适合传统学科的新型研究领域的研究，把各个学科的相关教授集中在一起进行新的多学科领域的探索。这种机制跨越了学

① NSF. I/UCRC Model Partnerships[EB/OL]. http://www.nsf.gov/eng/iip/iucrc/index.jsp. [2020-10-20].

② Meyer D C, Scott C S. Understanding the Value of Industry/University Cooperative Research Center Sponsor Exit Interviews: Data Collection, Analysis, and Evaluation[R]. Washington: National Science Foundation, 2009: 28.

③ Gray D, McGowen L. Industry/University Cooperative Research Centers Evaluation2010-2011[R]. Washington: National Science Foundation, 2012: 23.

④ Roessner D. Outcomes and Impacts of the State/Industry-University Cooperative Research Centers（S/IUCRC）Program[R]. Washington: National Science Foundation, 2000: 34.

科的界限，也跨越了机构的界限，形成了学科交叉研究模式，有效地将公司实验室的研究者与大学学术研究者集合为创新共同体，提高了协同创新能力。

2009 年，美国国家研究委员会发布了《面向 21 世纪的新生物学：确保美国领导未来生物学革命》战略报告，该报告提出，生物科学应与其他如物理、化学、计算机科学、工程、数学等学科深度整合，充分利用这些学科交叉界面中的新兴技术工具，解决食品、环境、能源、卫生等社会大挑战问题。该报告要求联邦政府支持建立国家新生物学计划（New Biology Initiative），该计划应由联邦各资助部门协同开展，并确保其长期可持续性；汇聚相关学科领域领先科学家形成跨学科科研团队，通过跨学科研究为社会大挑战问题提供解决方案；支持新型生物学家的培养，为研究生从事社会应用性基础科学研究提供机会。①

2012 年，美国国家研究委员会发表了《研究型大学与美国未来：国家繁荣与安全十大突破行动》战略报告，该报告指出，国家应大力增强国家研究型大学、联邦和州政府、产业、社会和慈善组织之间的科研协同战略伙伴关系，根据《美国竞争法》，将国家科学基金会、国家能源部科学办公室等联邦部门资助的基础科学研究资助力度翻倍；增加联邦政府对研究生教育的资助，使其有充分的资金开展新知识生产和高端科研创新人才培养；推动大学与企业伙伴关系模式从提供者-客户关系向伙伴-伙伴关系转型；提升大学基础科学研究知识产权管理能力，促进技术转移；提高大学基础科学研究生产效率，为纳税人、慈善组织、企业、基金会以及其他科研资助者提供更好的投资回报。②

2012 年 11 月，美国总统科技咨询委员会发布了《转型与机会：美国科研事业的未来报告》，该报告首先提出了企业对短期收益的科研取向损害了私营部门对国家基础科学研究的支持，从而导致国家研究型大学基础科学研究质量下滑。对此，该报告提出，基础科学研究作为新兴产业创新发展的知识基础，应确保其长期的战略地位。该报告还提出了具体战略任务：增加大学、产业、政府研发支出，使其达到国家 GDP 比例的 3%；采取跨年度和跨部门协同机制增强联邦资助基础科学研究及其基础设施投资的稳定性和可预见性；确保基础科学研究税收优惠的长期稳定性，并提高其运用于中小科研组织的效率；削减不必要的烦琐的科研行政负担，增强国家研究型大学基础科学研究

---

① National Research Council. A New Biology for the 21st Century[R]. Washington: The National Academies Press, 2009: 26.

② National Research Council. Research Universities and the Future of America[R]. Washington: National Research Council, 2012: 28.

生产力。①2013 年 5 月，美国科学院发布了《释放美国科研与创新事业》战略报告，该报告要求大学、产业、政府、社会组织建立协同科研创新联盟，推动国家交叉学科研究向跨学科研究范式转型，促进物理科学与工程、生命科学与医学学科之间的深度融合，为解决日益复杂的社会大挑战问题提供科学的解决方案。对此，该报告提出，国家应根据跨学科范式推动 STEM 教育范式转型，建立大挑战战略计划，激发学术界、产业界、政府和社会组织之间的战略协同，增强大学与产业之间的协同关系。②

2014 年，美国国家研究委员会发布了《融合：促进生命科学、物理科学、工程学以及其他学科之间跨学科整合》战略报告，该报告旨在通过机制创新促进不同科学学科之间的深度整合，增强不同学科基础科学研究的跨学科性。该报告提出：统整具有共同科研目标的多学科科研人员，建立多学科高度协同的跨学科科研岗位，建立科研人员跨部门联合聘任机制；建立灵活的跨学科课程体系，培养研究生跨学科科学研究能力。③

2015 年，美国政府发布的《重振基础：科学研究在保持美国梦中的重要作用》战略报告，该报告指出：建立政府-大学-产业科研战略伙伴关系。该报告建议联邦政府应发起所有政府部门、大学产业部门、慈善组织共同参与"美国基础研究未来发展高峰会议"，评价当前美国基础科学研究发展现状和各部门协同的成功模式，推动政产学研高度协同体制机制创新，确保美国在未来国际环境中保持其基础科学研究的领导地位。对此，该报告提出，国家研究型大学应实施新的知识产权政策，与创新企业建立更加密切的科研战略伙伴关系；采取创新性技术转移模式，更好地支持大学生产和输出新科学知识；建立大学与政府、企业、公民社会等相关部门之间的协同育人新机制，为博士生培养提供全新的培养模式；通过跨部门科研协同提升基础科学研究质量。该报告还指出，联邦政府应积极咨询国家研究型大学和创新公司领导，从法律上消除大学-产业-政府-公民社会之间科研协同的制度障碍，帮助大学消除实施新型知识传播政策的障碍，持续修订美国税法，鼓励各利益相关部门之间协同，鼓励研究型大学积极与产业合作；所有联邦资助部门都应对国家实验室的使命、管理

---

① President's Council of Advisors on Science and Technology. Transformation and Opportunity[R]. Washington：President's Council of Advisors on Science and Technology，2012：19.

② American Academy of Arts & Sciences. ARISE 2：Unleashing America's Research and Innovation Enterprise[R]. Cambridge：American Academy of Arts & Sciences，2013：68.

③ National Research Council. Convergence：Facilitating Transdisciplinary Integration of Life Sciences，Physical Sciences，Engineering，and Beyond[R]. Washington：The National Academies Press，2014：98.

和运行机制进行评估，审查国家实验室与大学、企业、公民社会用户之间科研协同的有效性；公司董事会应赋予资助大学基础科学研究更高的优先战略地位，并与大学董事会密切合作以建立新型战略伙伴关系；国会应促使国家科研与实验税收优惠长期化，激励企业和社会组织积极投资美国长期基础科学研究，与大学建立深度协同科研联盟；增加 H-1B 签证数量并重新制定国外科研人员聘用政策，更好地吸纳和留守世界卓越科研人才；允许在美国大学获得STEM 学科领域研究生学位的国际学生获得绿卡。

三、效率优先、学术自治引领大学基础研究治理现代化

基础研究是国家创新的原创性研究。第二次世界大战以来，美国联邦政府和大学形成了长期的科研战略伙伴关系，已成为美国国家科学发现、科研突破和技术创新的核心动力源。根据美国科学进步协会前主任所言："科学研究是驱动创新过程的最重要的新知识源，是美国经济繁荣、国家安全、卫生、能源等长远利益的基础工程。"[1]长期以来，美国基础研究竞争力一直处于世界领先地位，从而促生了美国重大科研创新和经济繁荣。根据美国国家科学委员会的《科学与工程指标》，美国仍保持着世界最大研发大国的地位，美国大学作为基础研究的最重要承担者，2018 年，美国联邦政府向研究型大学基础研究的投入额达 420 亿美元。[2]然而，在美国联邦政府资助大学基础研究事业的发展过程中，科研管理政策法规日益增加，管理规则累积效应带来了大量附加性行政成本，削弱了大学科研生产力。2018 年的调查结果发现，美国大学科研人员将 42%的科研时间用在了行政事务上，其中绝大多数为联邦指令性要求。自 1991 年，联邦政府将大学科研行政成本补偿率上线限定为 26%，即便如此，联邦政府在 1991—2018 年增加了 110 份针对科研受资助者的新管理规则和要求，其中部分原因是联邦科研使命和职能增加，联邦科研行政成本补偿上线规制，大学不得不投入大量科研管理行政成本，2010—2017 年，美国大学投入了 70 亿美元的附加性科研行政管理成本。[3]大学每增加一份联邦科研

① Nelson S. Federal Funding for Academic Research[EB/OL]. http://education.stateuniversity.com/pages/1987/Federal-Funding-Academic-Research.html. [2020-12-12].

② National Science Board. The Rise of China in Science and Engineering[EB/OL]. http://nsf.gov/nsb/sei/one-pagers/China-2018.pdf. [2020-12-13].

③ Schneider S L, Gindhart J M. 2018 Faculty Workload Survey[R]. Washington：Federal Demonstration Partnership，2020：60.

资金，就需要投入附加行政成本。

1. 美国联邦政府资助大学基础研究行政负担问题

美国联邦政府资助大学科研管理制度的繁文缛节给科研人员带来了不必要的行政负担。美国联邦示范伙伴联盟于 2014 年发布的《大学教师负担调查报告》显示，美国联邦政府资助大学科研项目的行政负担过重，大学科研项目负责人花费在项目行政事务上的时间占了科研项目总时间的 42%，真正投入到纯科研活动的时间仅占了 58%。[①]美国实验生物学联合会（Federation of American Societies for Experimental Biology，FASEB）发布的《行政负担调查报告》显示，大多数联邦政府资助部门相关科研政策存在繁文缛节问题，并增加了大学科研人员的行政负担。苏珊（Susan W S）教授于 2015 年发布的《减轻联邦资助科学研究项目负责人的行政负担》研究报告中也指出，美国联邦政府资助科研项目资助前后的行政负担主要体现在经费管理、人事管理、进展报告要求、科研成果管理等方面，并分析了这些行政负担对大学科研质量和科研生产力的负面影响。[②]美国政府问责局于 2016 年发布的《联邦科研经费之机构精简行政的新机遇》报告也指出，政府科研管理政策在提高科研机构质量和效率的同时，也增加了行政工作量和成本。

（1）美国联邦政府资助大学基础研究管理政策法规持续膨胀

尽管美国联邦政府资助大学科研的资助额持续增加，但单位科研经费产出效能并未相应提升，并且出现了严重的科研经费运用错位问题，大量经费并非被运用在真正的科研活动中，而是错位到了联邦政府指令性行政规制遵从任务上，因此未能有效提升科研绩效。在联邦政府科研资助决策部门和大学之间契约关系的演化过程中，科研资助管理的行政和财政遵从要求也日益复杂。每一个联邦资助决策部门都有相对独立的使命，并有不同的法规约束和自身资助管理政策与程序，在不同联邦资助决策部门内部和部门之间存在科研项目申请提交、资助管理、财政报告等不同规则要求，从而增加了科研管理部门和科研受资助者的科研项目管理行政负担，这些行政负担进而带来了科研精力成本增加和纯科研活动时间被占用的时间成本。美国政府关系委员会（Council on Governmental Relations）报告显示，1991—2018 年，美国联邦政府增加了 110 份新的科研管理规则要求，其中增幅最大的是在 1993—2013 年，大量管理规

---

① Susan W S. Reducing the Administrative Workload for Federally Funded Research[R]. Washington：Federal Demonstration Partnership，2015：38.

② Susan W S. Reducing the Administrative Workload for Federally Funded Research[R]. Washington：Federal Demonstration Partnership，2015：29.

则不但增加了大学科研财政成本，同时也在很大程度上增加了因遵循这些附加规则而产生的教师行政负担。[①]

监管和问责制度增加了科研行政负担。纳税人科研资金投入需要有效监管和问责制度，以确保其使用和绩效能够充分体现其投入的收益。问责制包括负责资金使用、遵从管制要求、获得科研项目绩效等，这些都需要各种具有互补性的不同监管方式。自 20 世纪 50 年代，美国 OMB、联邦资助部门、审计社团等机构采用问责制度作为有效监管科研资金使用的重要举措，并作为多利益相关部门之间权力制衡的有效机制，但由于实施中权力失衡和监管重点不一致性，大量科研成本发生，并对科研效能提升产生了一定的负面影响。审计部门对科研项目行政管理负担持续增加产生了重要影响，其政策解读并不总是与联邦资助部门、其他审计组织（如联邦、州、私营审计机构或公司）或接受联邦政府资助的大学等利益相关机构保持高度一致。一旦一所大学出现重大科研资助成本审计问题，就会在整个高等教育科研共同体中产生连带效应，为保护整个大学共同体的良好声誉，其结果就是，大学就向其科研人员附加政策要求和行政负担，以避免潜在类似事件再次发生。

美国国家科学基金会总监察长办公室（Office of Inspector General）在 2014 年 5 月—2019 年 6 月共发布了 35 份审计报告，这些报告对国家科学基金会资助的大学科研成本提出了质疑，总监察长办公室认为有问题的科研成本额为 2880 万美元，仅为所有成本（60 亿美元）的 0.5%；而接受审计的大学仅认同 220 万美元（占总监察长办公室发布的有问题的科研成本的 7.4%）存在一定问题。美国国家科学基金会审计决议办公室并不同意总监察长办公室最初质疑的 2980 万美元中的 2670 万美元存在问题，最终仅认可 310 万美元（约占总成本的 0.05%）存在问题。[②]尽管美国国家科学基金会审计决议办公室最终决议有问题的大学科研成本仅为极少数，但由于总监察长办公室发布时间与审计决议时间存在近 1.5 年的时间差，总监察长办公室的原初报告结果导致大学将这些未决审计结果看作他们需要规避的声誉风险，最终大学自行增加了大量新的内部规制性监管要求，从而增加了科研人员的行政负担。总审计办公室还花费了大量时间和大学资源完成其审计报告，大学向其总监察长办公室报告其科研成本花费了 3 年多的时间（从总监察长办公室启动审查到最终发布报告），以及大约 3000 个小时的教职工工作时间来完成总监察长办公室的审

---

① Schneider S L, Gindhart J M. 2018 Faculty Workload Survey[R]. Washington：Federal Demonstration Partnership，2020：65.

② Gibbons M T. Higher Education Research and Development Survey[R]. Washington：National Science Foundation，2020：39.

计要求、文档和数据编辑。①这一审计长发现周期的累积效应和更具限制性的大学科研政策，再加上不同审计部门出现的一系列新的不一致甚至是冲突性的解释，以及联邦部门与大学之间的不同实施过程，导致大学和科研人员实际遵从性要求的行政负担进一步加重。另外，科研项目生命周期中的不同阶段也存在行政要求过多、遵从性行政任务繁杂等问题（表4-4）。

表4-4 美国联邦政府资助大学基础研究生命周期行政要求和遵从任务

规则来源	规则要求分类	资助立项前	资助立项后实施过程
《OMB统一指要》，通过联邦各资助部门纲要予以实施	采购竞标和备案		获取报价单，用品和服务采购竞标或竞争性建议，采购记录备案
	个人科研开支备案		对其科研工作表现精准记录，并据此对受联邦政府资助经费中的薪金获取予以备案
	项目预算的准备和管理	制定和确证受资助项目预算，并向联邦资助部门提交预算报告	管理项目经费并向联邦资助部门报告其经费使用情况
	子项目报告		向联邦资助部门报告其子项目负责人和获取资助额等相关信息
	子负责人监管		评估子项目负责人未遵从联邦相关法律法规的风险，监管子项目进展和经费使用情况，评估子项目审计
联邦科研资助部门	负责人简历	制定并提交项目成员科研经历、学术成果和科研成就	
	财政利益冲突	披露和评估财政利益冲突，制定利益冲突管理计划	定期更新财政利益披露报告，评估财政利益冲突，实施冲突管理计划
	科研数据及成果管理与共享	制定并提交科研数据、其他科研成果管理和共享计划	根据计划管理和共享科研数据与成果
	科研人员指导与发展	制定并提交科研人员指导和发展计划	根据计划指导和发展科研人员

（2）美国联邦政府资助大学基础研究财政性行政负担过重

美国联邦政府资助大学科研财政性成本包括直接成本、设备和管理成本。直接成本主要是与科研直接相关的成本，如科研人员薪金、科研工具、实验室设备材料等；设备和管理成本主要是指大学在科研项目管理过程中所发生的科研基础设施维护成本，以及规则性遵从形成的行政运作成本，如财政、人员、数据、技术管理等相关成本。通常大学与联邦政府联合商谈并签署设备和

---

① Gibbons M T. Higher Education Research and Development Survey[R]. Washington：National Science Foundation，2020：42.

管理成本率协议，确立设备和管理成本比例，根据商谈协议，联邦政府将通过修订总直接成本为大学提供开展联邦资助科研的补偿性资助。然而，随着1991年后联邦管理规则的不断增加，以及OMB提出大学设备和管理成本部分不超过26%的上线规定，大学所支出的科研资助管理成本通常会超过这一上线规定，从而增加了大学开展科学研究的行政成本。2010年，美国政府问责办公室（Government Accountability Office，GAO）报告，美国有83%的大学的科研行政成本达到了31%，均超过了OMB所规定的26%上线，超过的部分为大学支付的但未得到联邦政府补偿的科研相关成本[①]，由此直接削弱了大学支持其他非联邦资助科研项目成本的能力。2020年，国家科学基金会在对2010—2017年获得联邦科研资助的大学进行调研的过程中发现，大学支持的科研开支占总科研开支的比例从2010年的19%上升到2017年的25%，也就是说，大学支持的科研成本增加了70亿美元。[②]其结果是，对于联邦政府投入科研项目的单位科研经费来讲，承担联邦科研任务的大学支付了大量附加财政成本，同时也增加了大学和科研人员的行政负担。

根据一项精确测算：在美国所获得联邦资助额的前20位研究型大学中，其平均设备和行政经费率为修订后直接成本总额的58%，也就是说，联邦政府每支出1美元科研经费，其中就包括0.63美元直接成本（1美元除以1.58）和0.37美元设备与管理成本（0.63美元乘以58%）；在0.63美元直接成本中，有80%用于科研人员薪金和相关附加福利（0.63乘以80%），即0.5美元用于支付薪金和0.13美元用于其他如实验室材料供应等直接成本。根据科研人员将44%的科研时间用于科研相关行政任务（0.5美元乘以44%等于0.22美元）测算，科研人员将0.22美元薪金用于行政事务。如此，仅剩0.41美元直接用于科研活动，也就是说，0.28美元用于支付薪金和0.13美元用于其他直接成本，0.59美元用于设备与管理成本。这一经费支出分布结构中，0.37美元的设备与管理成本属于大学用来维护科研设备、支持科研活动的各种行政管理和遵循联邦监管要求而产生的实际成本。[③]

联邦政府支付的这1美元并不包括由大学发生的其他附加成本，如超出

① Government Accountability Office. Policies for the Reimbursement of Indirect Costs Need to Be Updated[R]. Washington：Government Accountability Office，2010：25.

② Gibbons M T. Higher Education Research and Development Survey[R]. Washington：National Science Foundation，2020：36.

③ Council on Governmental Relations. Excellence in Research：The Funding Model，F&A Reimbursement，and Why the System Works[EB/OL]. http://thefdp.org/default/assets/File/Presentations/FDP%20FWS3%20Results%20Plenary%20Jan19% 20fnl.pdf. [2020-09-20].

大学 26%的设备与管理成本率的行政成本；联邦政府资助部门限制的薪金上线或预算限制，即限制总财政预算科研支出范围，在此之外所发生的成本仍需由大学自己承担；项目结项后大学发生的成本，如科研人员花费时间用于出版成果、准备进展报告或传播科研成果等。由此可见，在总科研成本中，大学自身也承担了相当一部分，一方面，联邦政府对科研成本承担的限制性条件增加了大学科研成本；另一方面，非资助性使命给大学和科研人员带来了更多的行政管理成本和负担。

（3）美国联邦政府资助大学基础研究的时间和精力行政负担繁重

为精准识别美国联邦政府资助大学科研管理规则给科研人员带来的行政负担程度，联邦示范伙伴（Federal Demonstration Partnership）委员会分别于 2005 年、2012 年和 2018 年采用定量研究方法对承担联邦政府直接资助科研项目负责人的科研负担进行了调查研究，2005 年和 2012 年的调查结果显示，项目负责人平均用在与其科研相关的行政任务时间占总科研时间的 42%，而 2018 年的调查结果显示，这一指标增加到了 44%。[①]尽管开展科研活动的一些行政任务是必要的，但行政负担持续增加与联邦政府科研资金管理注重绩效的问责目标不相匹配，因为这些行政任务占用了更多用于科研绩效提升的资源和科研人员的时间，从而增加了科研成本。

2016 年，美国国家科学、工程与医学院发布了《优化国家学术研究投入：一项面向 21 世纪新型监管框架》报告，该报告发现：有效监管对于确保整个科研生态系统健康发展，保护国家科研资金投入和科研人员、大学、联邦部门等伙伴各方利益具有重要意义；联邦科研管理系统持续扩张中日益增多的规则要求正在削弱国家科研投入效率，科研人员的大量科研时间和专业发展被重复的、不协调的行政事务所占用；绝大多数联邦科研政策法规都致力于解决科研诚信、联邦科研资金使用效率、科研人体和动物实验保护等重要责任性和绩效性问题，但这些努力并未取得预期效果，反而在很大程度上制约了国家科研投入效率的提升；大量政策法规并未充分认识到学术研究机构的多样性，如地理位置、公共和私营、机构规模、组织使命、实体资源、科研能力等的差异，导致不同科研组织在应对日益繁杂冗余的科研规则的能力之间存在更大差异；一旦政策法规出现不一致、重复或不清楚，大学就会向科研人员附加额外行政要求，从而增加了科研人员的行政负担；大学通常会获得不同联邦部门的科研资助，但是实现共同目标的方式和要求（如资助申请格式、个人简介、动

---

① Schneider S L, Gindhart J M. 2018 Faculty Workload Survey[R]. Washington：Federal Demonstration Partnership，2020：63.

物保护、财政利益冲突等）在不同部门之间不协调，从而导致科研人员和行政管理人员花费了大量不必要的时间、精力和资源，以遵从解决共同核心问题的多样化政策法规；大学科研机构通常由不同联邦部门监管办公室予以审计，大多数监管办公室在处理相关审计事件时所采用的方式与联邦部门的相关政策并不一致；联邦科研资助部门与大学之间建立了长期战略伙伴关系，但仍未建立一个正式实体组织和运行机制将双方高级利益相关者联合起来协同治理联邦资助大学科研项目，从而培育、维持和增强国家科研伙伴生态系统，对现行科研政策和新制定科研政策进行综合评估，也未建立一个实体组织对国家现行科研政策法规运行效果所需数据进行搜集和研究。

2. 美国联邦政府资助大学基础研究治理现代化战略向度

联邦政府科研资助行政要求包括 OMB 政府保护科研经费不被浪费、造假和滥用的资助要求，以及联邦特定资助部门为提升联邦资助科研质量和效能的行政要求。例如，OMB 要求受资助者确保充分记录所有受资助经费产生的具体采购信息，国家能源部、国家卫生研究院、国家科学基金会等联邦部门要求项目申请者制作并提交专业成就的传记草图，以使资助部门能够充分考虑研究者是否有资格获得资助立项。近年来，为消减日益增加的大学科研行政负担，美国 OMB 和联邦科研资助部门采取多种举措，致力于削减大学及其科研人员的科研行政负担和规则遵从成本。

（1）整合联邦资助大学基础研究管理规则体系，建立标准化工作流程

为采取多种举措削减管制规则，2017 年，美国总统发布了《13771 号执行令》（Executive Order 13771），旨在引导联邦各资助部门削减施加于私营企业、州和地方政府、大学等部门的监管负担，明确指出了要有效简化联邦部门资助大学科研的管制规则。该执行令指出：除非法律禁止，当执行部门或机构公开提出通知或颁布新法规时，应确定至少存在两个要废除的现行法规；作为总统预算过程的一部分，当各联邦部门增加或废除法规时，OMB 必须明确每一联邦资助部门允许的增量成本总额。除非法律要求，OMB 将不会批准那些可能导致成本增加的拟议条例。①尽管该执行令并未对联邦科研资助共同体产生即时效应和影响，但其哲学理念已成为跨部门优先目标的逻辑基础。OMB 的《跨部门优先目标 6》（Cross-Agency Priority Goal #6）规定，实现从低价值工作向高价值工作转型。根据 OMB 基本精神，该计划目标主要是"将花费在

---

① Office of Management and Budget. Executive Order 13771: Reducing Regulation and Controlling Regulatory Costs[EB/OL]. http://www.federalregister.gov/documents/2017/02/03/2017-02451/reducing-regulation-and-controlling-regulatory-costs. [2020-02-12].

遵从不必要或过时的政策、指导和报告要求的时间、精力和资金转向实现关键使命性目标和其他高价值工作"，这一计划重点强调内部行政要求，而非施加于公众的法规性要求。①《跨部门优先目标8》规定，强化联邦部门科研资助结果取向问责制度。根据OMB，该计划旨在运用基于风险、数据驱动的框架来平衡法规遵从性要求与向美国纳税人展示成功科研成果之间的关系。对此，《13771号执行令》提出了四大策略：推动联邦科研资助管理过程和数据标准化；建立共享信息技术基础设施；加强风险管理能力建设；更加有效地实现科研项目目标。作为该计划的目标之一，OMB将推动联邦各部门之间相关数据要素的标准化，旨在简化受联邦部门资助的大学科研人员的科研数据搜集和报告程序，同时实现这些数据的跨部门共享。

为进一步强化该功能性改革，美国政府于2019年12月30日出台了《资助报告有效性和协议透明性法案》（Grant Reporting Efficiency and Agreements Transparency Act）。该法案要求，所有联邦资助部门之间统一实施资助报告数据要素标准化模式，并将数据要素储存于一个面向所有利益相关者开放获取的"中央储存库"（central repository），旨在通过消除重复数据搜集和储存的必要性，从而减少相应的科研行政负担。OMB在对该计划实施的季度进展报告中指出，一旦受资助者成功展示其科研项目绩效成果，就有可能评估其风险管理框架，并可以选择性地削减科研资助法规遵从性要求。②

《资助报告有效性和协议透明性法案》的目的是通过创建联邦资助大学科研人员需要向联邦政府依法上报的数据信息标准体系，推进联邦资助科研人员数据报告治理现代化；通过新技术平台支持削减联邦资助科研人员的行政负担和遵从成本；通过开放科研数据获取标准化，增强联邦资助科研数据的公共透明性和监管高效性。《资助报告有效性和协议透明性法案》规定，联邦部门资助大学科研人员所提交的数据信息需要具备可查询性、机器可读性、非隐私性，联邦部门在对其资助的科研人员报告要求中，应使其现行报告程序尽可能简化，减少数据报告负担，确保所有联邦部门运用统一数据标准搜集和储存相关数据信息，根据《纸质削减法案》，运用现代技术支撑联邦科研资助相关报告系统创新，建立符合新型开放数据标准的全政府电子数据库报告系统，所有与联邦资助科研相关的审计信息报告都需要以电子形式提交，并确保个人敏感

---

① Office of Management and Budget. Progress Report[EB/OL]. http://www.performance.gov/CAP/action_plans/june_2019_Low-Value_to_HighValue_Work_UpdatedVersion.pdf. [2020-03-29].

② Office of Management and Budget. Progress Report for Cross Agency Priority Goal #8[EB/OL]. http://www.performance.gov/ CAP/action_plans/june_2019_Results-Oriented_Accountability_for_Grants.pdf. [2020-09-12].

数据信息的隐私权；所有联邦政府资助科研人员所报告的数据都必须以统一公共数据库平台公开发布。①

2014 年，OMB 将先前科研资助管理八项《通告》（Circulars）整合为《OMB 统一指要》（OMB Uniform Guidance）。②该指要旨在通过如下举措帮助削减大学科研行政负担：注重科研绩效而非行政问责遵从；增强大学内部监管执行力和大学行政管理灵活性，以有效推进科研成本-效益治理机制创新；运用新技术为大学提供最小化行政负担的高标准问责机制；加强联邦资助监管力度，降低科研资金浪费、造假和滥用的风险，有效提升联邦资助科研项目财政管理和运行过程的诚信度；简化科研行政要求，使科研人员花费在不必要的行政要求上的时间负担最小化，减少科研行政负担，将受资助科研人员的时间和精力引向科研绩效提升。对此，该指要进一步明确：非联邦组织（受资助大学）科研项目管理者必须充分考虑并恰当处理其项目运行中监管与风险之间的平衡问题，过多监管可能会导致无效运行；另外，监管的科研绩效收益应高于其成本，大学应该充分考虑监管和运行中成本-效益分析的定性和定量因素。该指要旨在在联邦政府资助科研管理领域引入标准化机制。2020 年 1 月 22日，美国 OMB 在《联邦公报》（Federal Register）上发布了该指要的修订版，旨在进一步彰显 OMB 致力于削减联邦资助科研人员共同体行政负担的决心，主要改革领域包括受资助者监管、采购阈值、项目结题等，要求联邦部门发布定额资助和合作协议。

（2）出台《研发效率法案》，减少联邦资助大学基础研究管理成本

为提高联邦研发效率，美国国会于 2015 年 5 月通过了《研发效率法案》。该法案出台的逻辑基础是：联邦科研管理领域，特别是联邦资助大学科研管理领域中日益增长的高行政负担和成本正在侵蚀着开展基础科学研究的可利用资金；在过去十年间，通过联邦政府网络平台简化立项前项目申请过程取得了一定成效，但立项后行政成本仍持续增加，联邦科研资助部门持续向大学及其科研人员施加部门特定的规则遵从和报告要求；研究型大学设备维护和行政管理成本超出了联邦科研资助总额的 50%，近 30% 的联邦资助科研投资被用在了联邦部门要求的文书工作和其他行政事务；降低联邦资助科研行政成本已成为美国竞争力和项目经费科研使用效率提升亟待解决的突出问题。对此，

① 116th Congress. Grant Reporting Efficiency and Agreements Transparency Act of 2019[R]. Washington：White House，2019：22.

② Office of Management and Budget. Uniform Administrative Requirements，Cost Principles and Audit Requirements for Federal Awards，2 CFR Part 200[EB/OL]. http://www.grants.gov/learn-grants/grant-policies/omb-uniform-guidance-2014.html. [2020-08-21].

美国联邦政府科学与技术政策办公室需要在国家科学与技术委员会授权下成立专门工作组，负责对影响研究型大学科研活动的联邦政策法规进行评估，并在如下领域向联邦政府提出相应决策建议：协调、简化和消除重复性联邦科研政策法规和报告要求；使承担联邦资助科研任务的美国高等教育机构行政负担最小化，并维护其联邦资助经费问责制度；识别和更新专项法规，更加注重绩效目标和结果，而非过程。为开展这项使命性工作，工作组需要充分考虑联邦利益相关者和非联邦利益相关者（如联邦资助和非联邦资助科研人员、大学、科学学科协会、非营利性科研院所、企业、联邦资助研发中心以及其他利益相关者）的意见和建议，确保科学研究绩效的有效性和负责任性。①

《研发效率法案》上调了科研机构微小型采购标准，由原来的 3500 美元上升到 10 000 美元，对于运用联邦政府项目资金购买 10 000 美元以下的科研仪器设备，不需竞标采购（原采购标准低限为 0.35 万美元）；对于 10 000 美元以上的设备购置，需要在国家统一审计机制下予以统一采购。②该法案规定，美国联邦政府科学与技术政策办公室主任应建立工作组，负责协调联邦科研资助部门相关政策，建立全国统一的科研人员信息中央数据库，包括科研人员专业知识、岗位、教育、专业成就，以备申请联邦科研项目所需；负责识别中央数据库建设存在的政策性问题和障碍，确保数据库能够为所有联邦科研资助部门提供统一科研状况信息来源；所有联邦科研资助部门通过运用该数据库，有效削减联邦资助项目申请提交和报告要求相关的行政负担；确保中央数据库对于科研机构申请联邦科研项目行政负担最小化；确保中央数据库能够与其他联邦资助项目数据库相互参照和互通；联邦政府指定一个专门联邦科研资助部门对中央数据库进行有效管理。

（3）建立联邦资助大学基础研究治理审查评估机构

美国联邦政府成立科研行政要求协调委员会，作为科研商业模式工作组，是白宫科学委员会下属的联邦跨部门工作组，旨在解决与科研项目管理和绩效相关问题，主要使命有：探索联邦部门科研资助管理整合优化的可能性机会，审查科学研究范式转型对科研成本的影响，以及科研行政要求对联邦资助科研人员的影响；定期评估和报告联邦政府与大学学术共同体之间科研伙伴关系现状、效能和绩效；建立全国统一联邦资助科研人员遵从所有必要科研规则的保证库，以及科研人员简介中央数据库，统一和简化科研资助申请程序。联

---

① 114th Congress. Research and Development Efficiency Act[R]. Washington：White House，2015：16.

② 114th Congress. Research and Development Efficiency Act[R]. Washington：White House，2015：18.

邦示范伙伴关系委员会涵盖 10 个联邦部门和 150 多所研究型大学联盟，旨在协同利益相关者识别科研资助管理行政负担削减方案和实施能够展示其科研管理有效性的实验性改革计划，如近期的大学教师负担调研、科研数据标准等计划。2017 年 1 月，《美国创新与竞争法》授权 OMB 和美国联邦政府科学与技术政策办公室联合建立跨部门工作组，负责对现行联邦科研资助部门管理制度进行综合评估，以有效减轻大学及其科研人员行政负担；负责开发各联邦部门统一的、简化的科研资助申请表格。

2016 年，美国国家科学、工程与医学院发布了《优化国家学术研究投入：一项面向 21 世纪新型监管框架》报告，该报告提出了要建立一个联邦政府驱动和联合的独立部门实体——"科研政策委员会"（Research Policy Board，RPB）。[①]在此基础上，为简化和协调高等教育机构联邦科研管理制度，美国国会于 2016 年 7 月 21 日通过了《大学管理制度简化和协调法案》（University Regulation Streamlining and Harmonization Act）。该法案出台的逻辑基础是：联邦政府与大学及其附属医学中心、独立科研机构的伙伴关系对国家经济增长、高技能劳动力和科学发现具有重大价值；联邦资助科研机构的有效监管能够确保公共科研投资的有效利用，保护人体和动物研究对象，对其进行伦理友好型实验。[②]范德堡大学（Vanderbilt University）开展的一项联邦政府对大学管理影响的研究发现，大学科研管理制度遵从总成本占其总科研开支的 11%—25%，全国大学科研管理制度遵从成本高达 100 亿美元；联邦政府《OMB 统一纲要》在削减科研行政负担方面取得了一定成效，但仍存在联邦科研管理规则持续增加、科研行政负担过重等问题；基于数据驱动成本-效益分析的联邦各科研资助部门之间科研管理规则整合简化能够使科研资金效率最大化，并使科研资金浪费、造假和滥用风险最小化。[③]

对此，《大学管理制度简化和协调法案》提出，联邦政府 OMB 应联合联邦政府科学与技术政策办公室建立"科研政策委员会"，负责对建议性联邦科研政策法规和大学科研治理政策体系进行评估。该委员会应由 15 名成员构成，分别来自非营利科研机构协会代表、科研机构行政人员代表、科研共同体

① National Academies of Sciences，Engineering，and Medicine. Optimizing the Nation's Investment in Academic Research：A New Regulatory Framework for the 21st Century[R]. Washington：The National Academies Press，2016：63.

② 114th Congress. University Regulation Streamlining and Harmonization Act of 2016[R]. Washington：White House，2016：18.

③ National Institutes of Health. Final Report on Reducing Administrative Burdens Associated with Research Involving Laboratory Animals[R]. Washington：National Institutes of Health，2019：35.

利益相关者（其中必须包括至少一名未担任任何行政职务的接受外部资助的科研人员）、联邦资助部门（主要是国家卫生研究院、国家科学基金会、国防部三大科研资助部门）具有决策能力的高级科研政策官员。另外，联邦政府以外成员具有代表能力，但不被任命为特别政府职员或作为联邦职员获得薪金，但可以获得差旅费用。"科研政策委员会"的主要使命包括：为 OMB 主任、联邦政府科学与技术政策办公室主任、联邦科研资助部门领导提供促进联邦科研事业监管更加有效、科研行政负担最小化的咨询服务；力促联邦层面以综合系统方式对学术研究活动进行监管，持续改善联邦科研监管环境，精准识别重复性和导致重大科研成本或不必要科研行政负担的政策法规，提高联邦-大学科研伙伴科研绩效；帮助联邦政府协调现行和新制定的相关科研政策法规、科研项目申请和报告格式；对那些过时的、无效的或负担过重的现行政策法规文件进行综合评估，必要时对其修订、整合或废除；精准识别那些联邦部门和科研机构认为不必要的或过时的科研相关立法；提出联邦各部门之间科研法规协调方案，并为联邦科研法规相关利益主体最大化提供咨询服务；协助联邦科研资助部门培育科研机构诚信文化；向联邦主要部门提交关于科研政策法规改革和整合简化的年度进展报告，并向公众开放。①

所有联邦科研资助部门领导都必须向"科研政策委员会"提交与其科研政策法规相一致的科研监管计划，计划内容应包括科研成本和绩效预估详细清单，并提交可利用的监管行动方案、政策指要文件草案。总统应任命一名学术研究事务助理行政官员（associate administrator），作为"科研政策委员会"联合主席，负责联络和协调国家信息与监管事务办公室和联邦政府科学与技术政策办公室之间的科研监管事务，定期与联邦部门、大学科研机构、其他联邦和非联邦利益相关组织代表会面商谈联邦科研事务；从委员会成员中组建一个工作组，对将要进行改革和制定的联邦科研政策法规文件进行审查。"科研政策委员会"还承担着咨询委员会职能。

（4）加强联邦资助大学基础研究项目全生命周期信息平台建设

为优化联邦科研项目申请程序，简化不同部门项目申请提交程序繁杂多样的问题，建立全联邦科研资助部门现代化和标准化流程，美国联邦政府启动了"政府资助"（Grant.Gov）在线平台计划，该计划的目的是为联邦科研项目申请者提供集中受理电子系统平台，该平台使科研项目申请者更加便捷和高效地与联邦科研资助部门互动，促进了各联邦资助部门科研项目申请信息和程序

---

① 114th Congress. University Regulation Streamlining and Harmonization Act of 2016[R]. Washington：White House，2016：29.

的标准化，简化了联邦科研项目申请过程，降低了传统纸质项目申请程序的时间成本、财政成本以及项目申请培训成本。①国家科学基金会、能源部、国防部等主要联邦部门还实施了"预申请模式"。2014年国家科学委员会《削减联邦资助科研项目负责人行政负担》、2016年国家科学院《优化国家学术研究投资：面向21世纪新监管体系》、2017年《美国创新与竞争法》都提出了要建立一个跨部门工作组，负责开发预申请模式（pre-proposal model），并在所有联邦科研资助部门中使用。通过预申请模式，建立所有联邦部门一致性关涉预申请的申请要求，减少科研人员的项目申请准备时间，减少联邦部门评审项目申请所用时间，缩短项目申请提交与立项之间的时间差。所有联邦部门都要求项目申请者在申请过程中提交主持人和主要参与者的个人简历，包括教育和科研经历以及相关科研成果。尽管各联邦部门都要求提供核心数据要素，但在具体内容和形式上存在较大差异。美国联邦政府建立"科学专家网络简历"（Science Experts Network Curriculum Vitae）电子信息平台，要求科研人员在该信息平台储存其专业概况，帮助科研人员避免重复提交其个人学术数据信息。②

在项目立项阶段，国家卫生研究院采取即时（just-in-time）信息搜集程序模式以减轻行政负担，在项目申请通过同行评审且初步合格但未获得资助立项之前，需要申请者通过即时信息搜集程序提交其相关信息资料，如经批准的人体或动物实验协议，其他与项目负责人和核心成员相关的支持性信息，有效地减轻了未通过初步遴选的人员提交授准协议的负担。

由于薪金和相关福利占整个科研项目预算的80%之多，保证这类开支的精准计算也是导致行政负担过重的重要因素。③根据2012年美国联邦示范伙伴关系联盟项目负责人的调查结果，经费预算占用了项目负责人大量的科研时间。1958年，美国国防部（当时美国学术研究资助力度最大的联邦部门）要求接受联邦科研资助的科研人员遵从"时间或精力报告"（time-or-effort reporting）规则，所有联邦资助科研人员都必须提交严格成本计算（如工作时数备案）报告，对此，绝大多数大学实施了月度报告程序，要求科研人员提供

---

① Office of Management and Budget. About the Grants.gov Program Management Office[EB/OL]. http://www.grants.gov/web/ grants/support/about-grants-gov.html. [2020-02-02].

② The IBM Center for the Business of Government. Reducing Administrative Burden in Federal Research Grants to Universities[R]. Washington：The IBM Center for the Business of Government，2020：49.

③ The National Science Board. Reducing Investigators' Administrative Workload for Federally Funded Research[R]. Washington：The National Science Board，2014：29.

其花费在科研项目上的时间等相关信息。20 世纪 60 年代，这项报告程序的实施范围扩大到了所有科研人员，也就是说，未获得政府资助的科研人员也要提交"时间或精力报告"，以便测算大学的成本分担。这项规则引起了大学科研共同体的强烈反感，认为这种毫无价值的报告程序给科研人员带来了大量不必要的负担。对此，OMB 于 1967 年成立了"时间或精力报告"跨部门工作组，对相关问题进行了审查，并提出了相应解决方案。1968 年，联邦政府对 OMB A-21 通告"教育机构成本原则"条款进行了修订，删除了大量与科研相关的规则要求，但随后又增加了科研人员薪金报告要求。为推进"时间或精力报告"程序改革，2014 年，OMB 提出将采取另类"时间或精力报告"模式，以满足工资费用事后评估要求，从而减轻科研行政负担。2014 年，国家科学委员会报告显示，"时间或精力报告"含糊不清、费时，不能够有效评估联邦科研经费的正当使用情况，同时也与大学科研行政管理结构不相协调，难以追踪科研人员同时开展多项科研项目所用的时间和精力。[①]

四、多举措推进开放科学基础设施与开放共享能力建设

1. 开放科学相关政策法规

长期以来，美国政府致力于联邦资助基础科学研究为公众开放获取。2004 年，OECD 发布了《公共资助科研数据获取宣言》（Declaration on Access to Research Data from Public Funding），美国政府根据该宣言所倡导的开放科学新理念，提出了美国将根据国际和国家法律框架，采取新的政策工具和运行机制，通过国际协同促进数字化科研数据开放获取。自此，美国政府启动了多项开放科学战略计划，支持科学领域全方位开放。这些战略计划的启动一方面源于国家治理进程中的公共问责制运动，另一方面出于国家技术创新战略的考虑。公共问责旨在要求对公共资助部门和项目进行有效监管，确保其运行的透明性、适应性和有效性。公共问责制运动带来的科学全方位高度开放战略计划，有利于基础科学研究成果开放获取，从而确保了公众能够从其投入的科学研究中受益，并有助于推动科学研究进程。早在 21 世纪伊始，美国联邦政府就开始以法律形式确保公共资助科学研究成果开放共享。2004 年，美国国会众议院成员就提请国家最大基础科学研究资助部门——国家卫生研究院所资助的科学研究成果为公众免费开放使用，公众应有权获得纳税人资助的

---

① The National Science Board. Reducing Investigators' Administrative Workload for Federally Funded Research[R]. Washington：The National Science Board，2014：22.

科学研究成果。这一倡导为增强联邦政府资助的基础科学研究影响力提供了新的路径。

2005 年，美国国会拨款委员会采纳了关于国家卫生研究院科研成果开放获取的建议，即国家卫生研究院应制定一项其资助的科研论文免费在线获取政策，规定国家卫生研究院资助的科研论文在同行评审期刊公开发表后 6 个月内应为公众免费在线获取。随后，国家卫生研究院根据国会建议，制定了相关政策草案，并经国会通过后成为一项拨款法案。2005 年，国家卫生研究院出台了该法案的最终版，但将发表后 6 个月内的许可时间放宽为发表后"尽早"或 12 个月内。然而，直到 2007 年，这项自愿性政策导致国家卫生研究院资助的科研项目负责人很少参与实施。2008 年，美国《整合拨款法案》（Consolidated Appropriations Act）又一次以强制性条款形式要求国家卫生研究院资助的科研论文在出版后尽早（最迟 1 年）免费在线开放获取。这项政策在 2008 年正式实施，要求所有由国家卫生研究院资助的经同行最终评审的科研论文稿件在发表后 12 个月内以电子版形式提交给 PubMed 免费开放获取平台。

2003 年，美国政府引入了《科学公共获取法》（Public Access to Science Act），建议将政府资助的科学研究所生成的版权保护著作排斥在外。该法案由于面临巨大反对压力而一度搁置，随后美国政府在 2006 年、2009 年、2012 年重新引入了该法案，但每次都以失败告终。2015 年，美国联邦政府又引入了《科学与技术研究平等获取法》（Fair Access to Science and Technology Research Act），该法案提出了两项新的条款：一是促进联邦各部门科学技术研究开放获取政策之间的高度协调；二是通过科研公平开放获取促进科研成果生产性再利用，旨在引导联邦各部门采取措施实现《科学公共获取法》的最初战略目标。①

2010 年，《美国竞争法再授权法案》（America Competes Reauthorization Act）基于政府关于将科技创新与国家经济竞争力深度对接的优先战略，授权联邦科学与技术办公室研制数字化科学研究基础设施政策，并要求其建立一个专门工作组，负责协调联邦各科学部门关于其资助的非保密性基础科学研究成果（如数字化数据、同行评审学术出版物）传播政策，政策内容应包括开发有效的信息基础设施。对此，国家科学与技术委员会在 2012 年向国会提交了一份政策报告，提出了面向联邦各科研资助部门关于确保联邦资助基础科学研究

---

① US Congress. Fair Access to Science and Technology Research Act of 2015[EB/OL]. http://www.congress.gov/bill/115th-congress/house-bill/3427/text. [2021-02-16].

成果公共获取的政策制定公共目标。该政策建议获得了国会通过。其他如 1999 年美国联邦政府出台了《数据获取法案》（Data Access Act），2001 年出台了《数据质量法案》（Data Quality Act），奥巴马执政时美国联邦政府出台了《透明性和开放性政府备忘录》（Memoranda on Transparency and Open Government）、《开放数据政策》（Open Data Policy）等相关政策。

2. 开放科学数字化基础设施战略

电子基础设施（e-infrastructure）、中间件（middleware）和数字存储库（digital repositories）等基础设施，以及这些基础设施的专业化管理服务和指导性政策，对于实施科学研究成果开放获取战略发挥着不可替代的作用。过去，美国国家科学基金会在支持国家计算机与信息基础设施技术开发和维护中发挥着领导角色。为促进基础科学研究开放共享，国家科学基金会于 2005 年启动创建了"网络基础设施办公室"（Office of Cyberinfrastructure），负责协调国家科学基金会资助的所有数字化基础设施项目，并对信息技术基础设施研究和培训提供专项资助。近年来，网络基础设施办公室资助的重大数字化基础设施项目，如卓越科学与工程发现环境（Extreme Science and Engineering Discovery Environment）项目，旨在整合与基础科学研究相关的高性能计算机、数据资源与工具、实验设施等网络信息技术基础设施资源。另外，国家科学基金会还成立了网络基础设施委员会，负责监管国家科学基金会基础科学研究网络基础设施运行活动。2007 年，网络基础设施委员会发布了《面向 21 世纪科学发现的网络基础设施前景》（Cyberinfrastructure Vision for 21st Century Discovery）战略报告，旨在指导国家科学基金会对网络基础设施的战略性投资，核心战略任务是促使国家科学基金会资助的科学研究的数据更具可获取性，推动数字化图书馆计划的顺利实施。为实现该战略前景，网络基础设施办公室资助成立了"可持续性数字化数据保护和获取网络伙伴"（Sustainable Digital Data Preservation and Access Network Partners）项目，该项目主要是开发基础科学研究相关的新方法、新管理体系以及新技术等科研数据管理基础设施。近年来，国家人文学科捐赠基金会（National Endowment for the Humanities）也开始资助支持数字化科学研究。2006 年，国家人文学科捐赠基金会启动了一项数字化人文学科计划（Digital Humanities Initiative），目的是培育图书馆、博物馆和大学等组织之间的大规模数字化人文学科科学研究协同联盟。2008 年，"数字化人文学科办公室"（Office of Digital Humanities）成立，负责协调国家数字化人文学科科学研究相关事务。2012 年，该办公室依据国家科学基金会的基本精神，开始要求制定和实施数据管理规划，启动了新的资助项目——

数字化人文学科实施资助（Digital Humanities Implementation Grants）项目。国家人文学科捐赠基金会还加入了英国联合信息系统委员会、美国国家科学基金会、加拿大社会科学与人文学科研究委员会等国内外重要组织，以支持"深入研究数据挑战"（Digging into Data Challenge）国际竞争项目。"深入研究数据挑战"项目分别于 2009 年、2011 年和 2013 年启动实施，旨在通过咨询学术团队展示数据挖掘和数据分析工具如何在基础科学研究领域中得以有效运用，鼓励人文社会科学研究运用大规模数据分析来提升该领域的学术研究质量。

3. 科研成果开放获取和共享

为促进政府资助科学研究成果自由开放获取，美国政府制定了相应的法律法规。2005 年，美国国家卫生研究院发布了其开放获取政策——提升国家卫生研究院资助的科学研究成果开放获取能力政策（Policy on Enhancing Public Access to Archived Publications Resulting from NIH-Funded Research）。国家卫生研究院要求其资助的科研负责人必须在其科研成果发表 12 个月内向中央免费获取数字化平台提交其最终同行评审期刊稿件，随后修订了其开放获取政策，将科研成果开放获取作为受资助者的必要条件，并将提交期从发表后 12 个月缩短为 6 个月。2012 年 11 月，为加大这项开放获取政策的实施力度，国家卫生研究院要求所有受资助者从 2013 年起全面执行该政策，该政策明确规定，如果受资助者不能完全满足开放获取政策要求，国家卫生研究院将延迟或取消非竞争性持续资助。

2017 年，美国国会通过了《2017 公平获取科学与技术研究法案》（Fair Access to Science and Technology Research Act of 2017），该法案旨在为所有联邦科研资助部门提供公共资助科学研究开放获取政策制定框架。根据该法案，国会发现，联邦政府资助的基础科学研究能够生成新的创新思想和知识发现，这些科研成果如果能够得到开放共享和有效传播，将会促进科学进步，改善人们生活和福祉；互联网为这些科研成果信息向所有科学家、教育者、公民等公众及时开放获取和利用提供了可能；同行评审科研成果的最广泛再利用，能够促使联邦资助科研成果的学术影响和非学术影响最大化；美国联邦政府科学与技术政策办公室于 2013 年发布了政策备忘录，建立了联邦政府执行机构，在确保联邦政府资助基础科学研究直接成果为公众、企业和科学共同体开放获取和利用方面发挥了重要作用，执行机构建议科研成果公共获取应遵循"最小可能受限"原则。该法案要求联邦各部门制定和实施联邦资助科研成果开放获取政策，要求该法案生效后一年内所有联邦科研资助部门都应该制定与本部门发展目标高度一致的联邦科研公共获取政策，建立各部门统一的科研论文搜集和储存程序；所有联邦科研资助部门科研公共获取政策都应要求联邦资助科研人员，将其获得联邦资助的科研成果经同行评审的原创性科研论文电子版提交到联邦部门数字化储存库，所提交内容还包括所有同行评审论文发表过程中的所有修改内容；如果出版商统一撤换，所提交的科研论文版本应撤换为最终公开发表的版本；所有联邦资助的同行评审科研论文在其发表后 12 个月内必须实现免费在线公共获取，所提供的科研论文应具有促使科研再利用的重要价值；增强公众开放获取在线科研论文的能力。该法案也规定了例外情况：联邦科研公共获取政策不适用于专业会议上的科研进展报告、实验室注解、前期数据分析、作者注解等相关信息；不适用于保密性科研，以及能够为作者产生预期版税的科研成果或者专利性科研发现。①

科研数据开放共享是美国政府推动基础科学研究的重要途径。对此，美国政府和相关研究治理部门制定了相应战略政策，以确保公共资助科学研究成果数据为公众开放共享，从而增强科学研究成果数据的影响力和使用价值。21世纪伊始，美国国家卫生研究院就开始致力于其资助的科研数据共享政策的研制和实施。早在 1996 年，国家卫生研究院就发布了《国家卫生研究院资助生成的特殊科研资源分配公共卫生服务政策》(Public Health Services Policy Relating to Distribution of Unique Research Resources Produced with PHS Funding)，该政策指出，由国家卫生研究院资助生成的科学研究资源应为科学共同体科研人员从事科学研究活动所利用。

在此基础上，2003 年，国家卫生研究院发布了共享科研数据声明，要求所有申请年度科研经费在 50 万美元以上的项目申请者必须提供科研数据共享计划。这一政策要求科研数据必须通过数据共享库为公众所利用。2011 年，国家科学基金会也要求科研项目申请者应提供科研数据管理计划，确保国家科学基金会资助科研项目成果数据和资料的开放传播。2010 年，《美国竞争法再授权法案》指出，国家科学和技术委员会应建立跨部门公共获取委员会，负责协调联邦科研资助部门相关基础科学研究和非保密性科研成果长期传播的相关政策，包括联邦资助科研成果数字化数据以及同行评审科研论文。2013 年，美国联邦政府科学与技术政策办公室发布了全政府政策备忘录，制定了科研成果公共获取政策。

---

① US Congress. Fair Access to Science and Technology Research Act of 2017[EB/OL]. http://www.congress.gov/bill/115th-congress/senate-bill/1701/text. [2020-03-30].

4. 开放科学平台建设

2013 年，美国国家科学基金会、国家卫生研究院、国防高级研究项目局联合创建了"开放科学中心"（Center for Open Science），旨在通过技术创新和文化转型提升学术研究开放、诚信和再现性水平。开放科学中心于 2017 年设计开发了"开放科学框架"（Open Science Framework）这一免费、开源软件工具，根据框架体系向科研人员全科研生命周期提供基于云的开放项目管理支持服务。该框架体系包括如下要求：搜索与发现、理念生成、研究设计、资料获取、数据搜集、数据储存、数据分析、研究结果解释、研究报告撰写、研究报告发表。开放科学中心作为集约信息中心，将所有科研成果文件、数据等信息集中到一个数据平台，使科研流动更加有效；为不同科研人员有效监管科研文本提供可控获取权；在科研过程中为科研人员提供可靠的知识库。2017 年，开放科学中心发布了未来三年战略计划，旨在创建面向未来的学术共同体，使科研过程、内容和结果都能够开放获取。该战略计划提出了五项战略任务：一是通过元科学（meta-science）获取实证数据，促进科学文化转型；二是通过基础设施建设推进全科研生命周期范式转型；三是通过专业培训传播新知识，促进文化转型；四是通过激励措施鼓励所有利益相关者参与科学研究范式转型；五是通过异质性共同体培育不同利益相关者之间的伙伴关系，促进科研范式转型。①

第三节 科研范式转型视角下美国大学基础研究高质量发展战略典范：加利福尼亚大学伯克利分校

加利福尼亚大学伯克利分校在其历史发展过程中，不断追求学术卓越，从一所地方性小型公立院校成长为一所全美最好公立大学和世界一流大学。加利福尼亚大学伯克利分校作为世界公认的全美最好公立大学，其学术声望享誉全球。学术卓越一直是该校的核心办学理念和价值追求。1906 年，加利福尼亚大学伯克利分校进入全美"六大"（Big Six）大学之列；1934 年在全美大学

---

① Foster E, Deardorff A. Open science framework（OSF）[J]. Journal of the Medical Library Association, 2017, 105（2）：203-206.

排名中，该校被誉为"美国卓越大学"；1964 年，该校又被誉为"美国最稳定的卓越大学"。①迄今为止，加利福尼亚大学伯克利分校已有 21 名教师荣获诺贝尔奖，其中现任教师诺贝尔获得者有 8 位，美国科技进步协会成员有 216名，美国哲学协会成员有 37 名，美国艺术与科学院成员有 224 名，数学领域奖获得者有 3 名，福布莱尔学者有 74 名，美国工程院院士有 91 名，美国科学院院士有 135 名，国家科学奖获得者有 12 名，等等；在科技研发方面，仅从 2009 年 6 月至今，加利福尼亚大学伯克利分校就研发出 2217 项发明，其中获美国专利 569 项、国外专利 465 项，签署专利技术开发许可协议 300 项。②

　　加利福尼亚大学伯克利分校作为世界学术的知名学府，在众多权威大学排名中名列前茅。2011 年，在英国《泰晤士高等教育》（Times Higher Education，THE）和夸夸雷利·西蒙兹公司（Quacquarelli Symonds，QS）发布的学术声誉排名中，加利福尼亚大学伯克利分校排名第 4 位③；在上海交通大学 2010 年世界大学学术排名（Academic Ranking of World Universities，ARWU）中，加利福尼亚大学伯克利分校排名第 2 位④；在西班牙教育部高等学术研究委员会发布的 Webometrics 2018 年世界大学排名中，加利福尼亚大学伯克利分校排名第 5 位⑤；在中国台湾高等教育评价和认证委员会发布的世界大学科研论文成绩排名中，加利福尼亚大学伯克利分校综合排名居世界第 6 位⑥；在 2011 年《美新周刊》评出全美最好公立大学排行榜中，加利福尼亚大学伯克利分校排名第 1 位，其研究院的很多学科在全美排名前 3 位⑦。

　　在美国，博士学位研究生项目是评价大学学术质量的关键指标。美国国

　　① Pelfrey P A. A Brief History of the University of California[M]. Berkeley：University of California Press，2014：39.

　　② University of California，Berkeley. Berkeley Research in Numbers[EB/OL]. http://vcresearch. berkeley.edu/berkeley-research-numbers. [2020-06-06].

　　③ THE. Top Universities by Reputation 2018[EB/OL]. http://www.timeshighereducation.co.uk/world-university-rankings//reputation-rankings.html. [2020-07-28].

　　④ Shanghai Ranking Consultancy. Academic Ranking of World Universities—2018[EB/OL]. http://www.arwu.org/ARWU2010.jsp. [2020-08-28].

　　⑤ CSIC.Webometrics Ranking of World Universities 2018[EB/OL]. http://www.webometrics.info/about.html. [2020-09-09].

　　⑥ The Higher Education Evaluation and Accreditation Council of Taiwan（HEEACT）. Ranking of Scientific Papers for World Universities[EB/OL]. http://ranking.heeact.edu.tw/en-us/2019/Page/Indicators. [2020-06-20].

　　⑦ USNWR. Best College Rankings：Top Public Schools[EB/OL]. http://colleges.usnews.rankingsand-reviews.com/best-colleges/rankings/national-universities/top-public. [2020-09-20].

家研究委员会作为国家机构，只针对大学学术研究进行调查，排名被学术界认可。根据美国国家研究委员会 2019 年公布的结果，在全美 212 所研究型大学的 5000 多个博士培养项目的 62 个学术领域的评估中，加利福尼亚大学伯克利分校博士项目总体学术质量位列美国首位；在教师竞争力和所取得的科研成就方面，该校 52 个学术领域中有 48 个均排在全美高校的前 10 名，而排在第 2 位的哈佛大学有 46 个进入前 10 名，斯坦福大学进入前 10 名的学术领域有 40 个；上述三所著名大学进入前 5 名的学术领域数量分别为：加利福尼亚大学伯克利分校有 43 个，哈佛大学有 40 个，斯坦福大学有 30 个；排名第一的学术领域数量分别为：哈佛大学有 19 个，加利福尼亚大学伯克利分校有 18 个，斯坦福大学有 11 个（图 4-3）。①

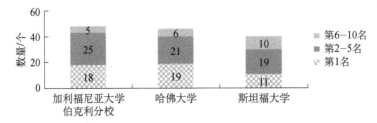

图 4-3　美国国家研究委员会大学学术排名中前三名大学学术领域排名情况

一、多元融资渠道支持世界一流基础科学研究

在发展历程中，加利福尼亚大学伯克利分校已形成了多元融资渠道，为其学术卓越提供了资金保障。作为一所公立大学，加利福尼亚大学伯克利分校的经费主要来源于政府资助，但政府资助不是一成不变的。整体看，其学术资金主要来源于州政府、联邦政府、基金会、私人慈善组织等。20 世纪 20—60 年代，加利福尼亚州政府是该校最主要的资金来源。近些年来，随着加利福尼亚州经济不景气，加利福尼亚州政府投资在该校学术经费来源的构成比例上有逐年下降的趋势，这就迫使校方逐渐走出加利福尼亚州政府的庇护，开始多方筹集资金。

联邦政府是加利福尼亚大学伯克利分校研发经费的最重要来源。1887年，加利福尼亚大学伯克利分校抓住联邦政府颁布《哈奇法案》的契机，在政府向加利福尼亚州拨款建立农业实验站、加强农业科学研究的同时，积极增强

---

① National Research Council. A Data-Based Assessment of Research-Doctorate Programs in the United States，April 2011[EB/OL]. http://www.nap.edu/rdp/. [2020-08-29].

学校的学术研究实力。第二次世界大战期间及其后，随着联邦政府国家研发战略的调整，以及《科学：无止境的前沿》科技政策报告的出台和实施，大批联邦政府资金投入加利福尼亚州顶级研究型大学，加利福尼亚大学伯克利分校也从中获得了大量资金。加利福尼亚大学伯克利分校与美国联邦政府和州政府积极开展科研合作，联邦政府创建的劳伦斯伯克利国家实验室和奥本海默领导的曼哈顿计划，大大提升了加利福尼亚大学伯克利分校在物理、化学、生物和工程等科学领域的学术实力，成为加利福尼亚大学伯克利分校学术卓越的最大驱动因素。当前，联邦政府投资在加利福尼亚大学伯克利分校经费来源中仍然占过半份额。另外，该校也把非营利机构的赞助作为学术发展的重要资金来源之一。这些非营利机构包括国内外基金或慈善机构、国内外高校和研究机构、国内外商业协会等。长期以来，加利福尼亚大学伯克利分校积极与产业部门协同创新，吸纳产业资金，这些多元外部筹资来源为该校研发卓越提供了重要的资金支持。

二、卓越战略价值追求引领世界一流基础研究

由于缺乏私立大学特性，加利福尼亚大学伯克利分校积极倡导雷同于威斯康星思想的公立大学理念，道格拉斯（Douglass J）将其称为"加利福尼亚思想"（The California Idea），也就是说，公立大学作为州政府和地方政府的进取型代言人的法理开始在美国兴起，这些大学将贡献于现代科技发达社会的快速发展。"加利福尼亚思想"是公立大学系统的核心理念。[①]这一理念隐含了学术机会均等的思想，赋予了加利福尼亚大学伯克利分校"社会流动和公平机构的驱动器"的美誉。这是吸纳卓越人才的重要思想基础。"加利福尼亚思想"隐含的不懈探求新方法的创新理念哺育了加利福尼亚大学伯克利分校创建为世界卓越公立大学的文化内涵。同时，"加利福尼亚思想"弥补了公立大学发展的经济实用主义和社会实用主义的驱动逻辑，经济实用主义主要以学生就业数量和毕业生创办创新企业数量来衡量加利福尼亚大学伯克利分校的学术卓越水平，社会实用主义则以加利福尼亚大学伯克利分校向成绩卓越的贫困学生提供入学机会作为衡量加利福尼亚大学伯克利分校学术卓越的水准，这两种思想都存在一定的时空限制，可能会在经济不景气和社会巨变形势下缺乏长效性。

---

① Douglass J. The California Idea and American Higher Education：1850s to the 1960s Master Plan[M]. Stanford：Stanford University Press，2000：56.

追求学术卓越是加利福尼亚大学伯克利分校历届校长的办学理念。早在吉尔曼（Gilman D C）领导时期，其就提出了"通过开展与加州面临经济挑战相关的研发最好地服务于加州利益"的办学理念。随后，惠勒（Wheeler B I）第一次雄心勃勃地提出了"创建世界一流大学"的办学目标。为此，他通过提升教师薪水待遇，在全国招聘卓越教师，从而拉开了竞争最优秀人才的序幕，在其领导时期，学校教师由 202 人增加到约 700 人，并且都是全美顶级教师。另外，为创建世界一流大学，惠勒还大幅提升学生入学标准，创办研究生处，提高科研地位，创办大批研究基地。斯普劳尔（Sproul R G）任校长时，把建设高水平教师队伍作为加利福尼亚大学伯克利分校追求研发卓越的核心任务，利用一切可利用资源招纳卓越贤才，在每个院系组建了一支最高水平的学术团队，把"鼓励和支持学术卓越"作为他的领导原则，加利福尼亚大学伯克利分校很多院系的学术地位都因此得到了大幅提升。1957 年，在美国大学研究生项目排名中，加利福尼亚大学伯克利分校进入前 10 名的系科有 24 个，超过哈佛大学的 23 个，位列全国第一。克拉克·克尔（Kerr C）被誉为"现代伯克利的设计者"。他的根本目标是将加利福尼亚大学伯克利分校发展成为一所全美顶尖大学。对此，为了确保学术卓越，他实施了一套非常严格的教师聘任、晋升审查制度，并对相关学系院系进行直接管理，集中力量改善院系在全美的学术地位。美籍华人田长霖任加利福尼亚大学伯克利分校校长时，明确了"以卓越为立校之本"的发展理念，指出加利福尼亚大学伯克利分校是一所世界级的大学，首先应致力于师资和学术上的卓越地位，并在面对州政府削减经费、提高学费标准，以及学校出现经费不足时，他再次宣布将保持加利福尼亚大学伯克利分校"高水平学术卓越"（high level of academic excellence），依靠外部资金的支持使加利福尼亚大学伯克利分校继续保持着卓越研发能力。①

三、以多利益相关者共同治理催生世界一流基础科学研究

加利福尼亚大学伯克利分校能够从一所地方性的小型公立院校成长为世界一流大学，以学术评议会为核心机构的共同治理制度确保了加利福尼亚大学伯克利分校学术卓越的实现。为确保学术自治、自由，1868 年，加利福尼亚

---

① Pelfrey P A. A Brief History of the University of California[M]. Berkeley：University of California Press，2004：38-42.

大学伯克利分校规定设立了由校外人士构成的董事会，创立了新的大学管理模式，并在此基础上成立了由校长领导、所有教师和各院系领导构成的学术评议会；惠勒任校长时，赋予了学术评议会多项权力，确立了学术评议会的独立地位，教师开始积极参与大学治理。1919 年，加利福尼亚大学伯克利分校爆发的"教工革命"（faculty revolt）建立了该校教师、行政部门和董事会等团体共同治理的组织结构，开创了美国大学共同治理的先河，成为美国现代大学治理制度的典范。在共同治理理念的指导下，大学教师开始成为学校共同治理的主体。自此以后，历届校长对董事会和学术评议会的规章制度和治理结构不断进行革新和完善。斯普劳尔校长积极与教师配合，支持教师共同治理。20 世纪 30 年代大萧条时期，在加利福尼亚州财政大幅削减的困境下，他创立了学术评议会教育政策委员会，帮助学校减支增收，共同度过财政危机，最终他使加利福尼亚大学伯克利分校在教师工资和科研设备方面均位于美国卓越大学之列。随后，他还首创了"全大学教授会议"（all-university faculty conference），成为教师参与大学治理的一项重要制度。克尔任加利福尼亚大学校长之时，推动了学术评议会组织的大变革，在加利福尼亚大学各分校成立了学术评议会分会部，由此奠定了加利福尼亚大学现代意义上的共同治理制度框架，形成了大学共同治理制度的基本结构，在董事会下建立了两个既并列又有必要重叠的决策体系，即学术评议会和以校长为代表的行政机构（图 4-4）。①

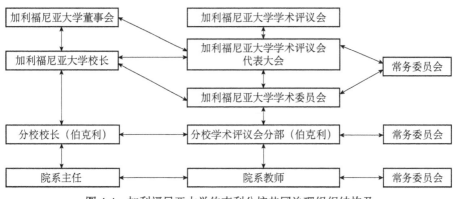

图 4-4　加利福尼亚大学伯克利分校共同治理组织结构及
各利益相关者之间的互动关系图

加利福尼亚大学伯克利分校共同治理制度确立了现代大学基本制度。共

---

①　王英杰. 论共同治理——加州大学（伯克利）创建一流大学之路[J]. 比较教育研究，2011（1）：1-7，13.

同治理的核心机构——学术评议会，主要负责学校教学和科研等学术事务。学术评议会代表大会（assembly of the academic senate）主要由各分校代表以及评议会分部主席组成。学术委员会（academic council）作为学术评议会的执行机构，主要由校招生委员会、教育政策委员会、研究生事务协调委员会、学术人员委员会、研究与肯定性行动委员会，以及规划和预算委员会等各利益相关部门主席组成。在共同治理过程中，教师和行政人员就共同问题共同协商、共同决策，构成了一种平等对话的学术共同体。①共同治理制度为加利福尼亚大学伯克利分校创建和谐的大学文化提供了重要保障，促使教师不懈地致力于大学学术使命的完成，有效地制约了行政权力过胀现象，限制了绝对权力导致的腐败现象，在教师之间，以及教师与行政人员之间搭建了一个重要的交流平台。在共同治理制度保障下，加利福尼亚大学伯克利分校人才辈出，并不断地生产出大量原创性科研成果，从而确保了该校世界卓越的学术水准。加利福尼亚大学伯克利分校前学术评议会主席赛博（Scheiber H N）曾指出："现代评议会是一种迷人的制度，它在过去 75 年创造性张力中发展……评议会唯一的责任是保持大学学术卓越的火焰永不熄灭。"②

四、新知识生产范式引导大学科研组织创新

为提升学术卓越水平，加利福尼亚大学伯克利分校不断创新知识生产方式，呈现出明显的吉本斯等学者所称的"模式Ⅱ知识生产"的新特征：学术研究的高度情境化、跨学科性、知识生产参与者的多样性和异质性、知识生产的组织形式高度敏捷性和灵活性。③

在知识生产不断变革过程中，加利福尼亚大学伯克利分校高度重视与产业界的合作。为加强与产业界的学术研究伙伴合作管理，促进学术成果向产业部门有效、快速转移，加利福尼亚大学伯克利分校创设了"知识产权和产业研究联盟办公室"（The Office of Intellectual Property and Industry Research Alliances），负责评估最新学术成果的商业潜力，负责与产业界谈判研究合同，订立赞助研究或合作研究协议，为加利福尼亚大学伯克利分校与产业研发

① Daniel L S. Shared Governance in the University of California[EB/OL]. http://www.universityofcalifornia.edu/senate/resources/SHRDGOV09Revision.pdf. [2019-08-12].

② Brucker G. Reflections on Shared Governance[EB/OL]. http://www.universityofcalifornia.edu/aboutuc/governance.html. [2019-12-20].

③ Gibbons M, Limoges C, Nowotny H, et al. The New Production of Knowledge：The Dynamics of Science and Research in Contemporary Societies[M]. London：Sage，1994：18.

合作活动的顺利开展提供了制度保障，从而促进了该校学术研究的高情境化，形成了多元利益相关者参与的知识生产共同体，使知识生产的组织形式灵活多样。

通过学科交叉与知识边界跨越开展知识生产具有很强的学术活力，是科学知识原创与技术发明的重要地带。加利福尼亚大学伯克利分校开展各种各样的学术活动以营造跨学科语境，促进跨学科制度的建立，并推动知识生产方式创新。加利福尼亚大学伯克利分校开创了多种形式的跨学科研究项目，其中最典型的是所谓的"组织化研究部门"（organized research units，ORU），包括研究所、实验室、研究中心以及研究站等，由教师、专职研究者、博士后与科学家组成。ORU旨在打破学术院系组织形式的局限性，通过ORU跨学科组织形式，能够扩大学术研究主题的选择范围，而不影响学术院系的基本教学任务，从而实现学术卓越。这类跨学科组织形式具有高度异质性，由来自不同学科专业研究领域的科研人员构成，强调以某学科学术带头人为核心，形成优势互补的学者研究团队，是一个集约化的知识生产组织形式。ORU是以研究课题为中心的跨学科研究机构，吸引不同院系、不同学科的教授就某一课题开展研究，充分发挥综合性跨学科优势，促进科研深入开展。另外，为鼓励跨学科学术研究，加利福尼亚大学伯克利分校还专门为跨学科学术活动增加教授岗位，受聘的教授根据协议从事相应的跨学科研究工作，这样既能避免人事纠纷，又能减少对原有校内活动特别是本科教育的冲击。

在长期的学术发展过程中，加利福尼亚大学伯克利分校内部基层学术组织发生了巨大变化，各种以问题为导向的跨学科、跨学院、矩阵式的研究机构蓬勃发展，基于世界科技潮流和国家战略需要而建设了一大批综合性实验室和跨学科、跨院系的研究中心，有组织地开展战略性、前沿性、基础性的研究，既为完成国家战略任务和促进经济社会发展做出了卓越贡献，为培养创新人才提供了处于科技最前沿的创新平台，同时也大幅提升了学校的学术水平，确保了加利福尼亚大学伯克利分校的学术卓越。

第四节 科研范式转型视角下美国大学基础研究高质量发展战略的基本特征

第二次世界大战以来，美国将基础研究作为国家重大发展战略任务，美国联邦政府在其中发挥了重要作用，从而使美国基础研究长期处于世界领先地位，其发展战略一方面遵循了世界科学范式转型基本规律，另一方面也彰显了其国家战略的独特一面。整体看，美国政府在推进世界一流基础研究发展战略中主要表现出如下特征。

一、科研范式转型引发基础研究战略导向持续变革

美国作为科学范式理论发展的前沿国家，自第二次世界大战以来，科学理论在美国发生了重大转型，由第二次世界大战后的"布什范式"到 1997 年斯托勒斯提出的"巴斯德象限"理论，之后，"非线性交互作用模式"开始兴起，促使大学与产业之间的基础研究合作关系由二元分离或疏松关系转变为相互协同关系，在"高参与性"的接触性科研协同伙伴中实现应用引发的基础研究的使命，通过塑造政府、大学、产业之间的新型联系，实现大学从间接影响经济活动到在一定程度上直接参与经济活动过程的转变，从线性技术转移模式走向非线性技术转移模式。埃兹科维茨深刻揭示了新时期大学与产业的科研合作关系，"在这一活动中，有两种动力在起作用：一是大学研究向经济社会发展领域的扩展，一是工业研究目标、工作实践和发展模式在大学研究领域的引入，它们开始以一种螺旋式的方式汇合，最终构成了一个整体"[①]。基于知识生产与技术创新之间关系的新理念，美国在 20 世纪 80 年代特别是 90 年代以来的科学战略发生了根本性变化，把应用引发的基础研究看作一种生态体系并纳入国家创新系统，强调塑造大学、政府与产业界之间的新型科研协同伙伴关系是国家基础研究发展战略的重要主题之一。

1994 年，美国联邦政府发布的《国家利益中的科学》政策报告明确指出：科学——既是无尽的前沿也是无尽的资源——是国家利益中的一种关键性的投资；美国对基础研究的投资必须与国家目标相适应。该报告明确了知识生产与应用、基础科学研究与技术创新的非线性关系："今天的科学技术事业更像一个生态系统，而不是一个生产线。在这里我们远离了万尼瓦尔·布什的信条，他提出的是一种在基础研究与应用研究之间的竞争。与此相反，我们承认在基础研究、应用研究和技术之间的密切关系以及它们的相互依赖，认为其中一方面的进步有赖于另一方面的进展。"[②]在此基础上，该报告强调：加强基

① Stokes D E. Pasteur's Quadrant: Basic Science and Technological Innovation[M]. Washington: Brookings Institution Press, 1997: 29.

② Clinton W J, Gore A. Science in the National Interest[R]. Washington: Office of Science and Technology, 1994: 13.

础研究与国家目标的联系，鼓励大学、研究机构与产业界的合作伙伴关系，这种关系应促进产业界对基础科学与工程学的投资，促进对物质、人力和资金资源的有效利用，强大的联邦投资和大学与产业之间的新型合作伙伴关系将是必不可少的。

1998 年，美国经济发展委员会（Committee for Economic Development）在其《通过发现促进美国基础研究的繁荣》（American Basic Research Prosperity Through Discovery）的政策报告中也明确表达了"应用引发的基础研究"的科学思想，该报告指出：研究型大学是美国基础研究的核心，但是美国基础研究并不是在"象牙塔"内进行的，甚至从事理论物理、高端材料、分子生物基础问题的研究者也具有新芯片、复合航天器、癌症医药开发目的。在跨部门合作中，自 20 世纪 70 年代中后期美国创新驱动战略被提上日程后，创新引发的基础研究作为基础研究的新形态，开始作为美国国家重大战略予以实施，其中最为典型的是美国国家科学基金会管理运行的 I/UCRC 项目，以及后来拓展成的 S/IUCRC 项目，其已成为美国推进应用引发的基础研究的战略典范。近年来，跨部门科研协同逐渐拓展到大学-产业-政府-公民社会"四重螺旋"利益主体部门，特别是随着公民科学的推进，普通公民被纳入科学共同体之中，为传统产学研协同注入了新动力。这是模式 3 知识生产和开放科学新范式在大学基础研究发展战略中的充分体现和新生要素。

二、确保国家安全基础上推进基础研究人才国际合作

美国历来以吸纳外国卓越基础研究人才为著称，并通过系列人才战略吸纳了大量世界一流基础研究人才，为美国基础研究卓越发展提供了宝贵的人才资源。例如，2008 年美国政府发布了《促进科学与工程领域科学研究：投资早期职业生涯科学家和高风险、高回报科学研究》，2015 年美国政府发布了《重振基础：科学研究在保持美国梦中的重要作用》《美国竞争法》及其相关修正案等战略报告，其中都提出了加大国外卓越科研人才引进力度的战略举措。但是，美国在增加国外基础研究人才引进过程中存在着典型的国家安全至上的战略取向。从里根总统于 1985 年发布的《国家安全决议指要 189》、2018 年国家科学基金会发布的《国家科学委员会关于安全和科学声明》、2019 年国家科学基金会出台的《国外政府人才招聘计划》，再到 2019 年美国国家安全委员会发布的《美国科研事业面临的威胁：中国人才招聘计划》，以及《美国基础研究安全》战略报告，都透射出美国既重视世界一流基础研究人才引进，又

担心国外科研人员对其国家安全的威胁的突出矛盾心态。在涉及敏感性、保密性的基础科学研究项目中，这些战略都对国外科研人员的参与提出了诸多限制性条件。

三、遵循基础研究学术品性推进治理体系改革

为确保世界一流基础研究可持续发展，近年来，美国政府采取了诸多战略措施以消除科研管理繁文缛节和行政负担，简化科研项目程序和规则体系，旨在依循基础研究自由探索、学术自由自治的学术品性，推进基础研究管理体系和能力现代化。2016 年，美国国家科学研究院发布了《优化国家科研投资规则体系》战略报告，提出了一系列优化联邦政府资助大学科研管理制度的政策建议。美国国会等相关部门也出台了如《21 世纪治愈法》《国防授权法》《美国创新与竞争力法案》等一系列政策法规，为消除科研管理繁文缛节和行政负担提供了有力政策支持，取得了显著成效。在具体战略举措上，联邦政府要求跨部门科研规则标准化，将某些资助立项前的相关要求推迟到申请者可能接受资助的初步决策之后；要求大学更加灵活地评估和管理联邦政府科研资助项目的潜在风险；出台《研发效率法案》，减少联邦政府资助基础研究管理成本，建立联邦资助基础研究治理审查评估机构，加强联邦政府资助基础研究项目全生命周期信息平台建设。

四、完善的政策体系促进开放科学发展

开放科学作为科学范式转型的新形态，在推进基础研究卓越发展中发挥着新动力作用。21 世纪以来，在开放科学兴起初期，美国政府就开始致力于制定将联邦政府资助的基础研究成果为公众开放获取的政策法规，比较典型的如 2001 年的《数据质量法》、2003 年的《科学公共获取法》、2009 年的《透明性与开放性政府备忘录》《开放数据政策》、2010 年的《美国竞争法再授权法案》《科学与技术研究公平获取法案》、2017 年的《公平获取科学与技术研究法》等，这些政策法规都针对推进开放科学提出了一系列战略举措。在这些政策法规的推动下，美国在开放科学数字化基础设施建设、科研成果开放获取和共享、开放科学平台建设等方面取得了突出成效，增强了美国政府资助基础研究共同体的全方位开放性。

第五章 科研范式转型视角下瑞士大学基础研究高质量发展战略

作为人口只有 800 多万人的瑞士，其全球竞争力却连续 10 年位居榜首，国家综合创新指数连续 9 年位居世界第一。从 2018 年欧洲创新能力指标比较看，瑞士仍处于欧洲乃至全球创新能力首位（图 5-1）。瑞士拥有世界单位人口最密集的世界一流大学群体，这些大学在教育、科研及创新等诸多学术领域均居世界领先地位。瑞士拥有世界最密集的世界一流大学和学科体系，具有世界一流的科学研究系统，其科研系统整体质量位居欧洲第一。这主要得益于瑞士政府长期致力于推动世界一流大学基础科学研究的战略。

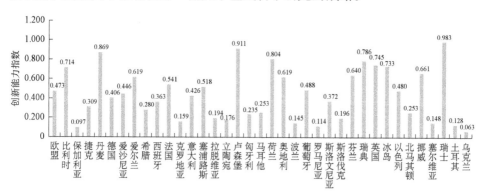

图 5-1　2018 年瑞士与欧盟及欧洲其他国家创新
能力指数比较

资料来源：European Commission. The European Innovation Scoreboard[R]. Brussels：
European Commission，2020：18

第一节　瑞士基础研究竞争力评价

一、基础研究资金投入竞争力

为增强基础研究竞争力，促进国家技术创新，瑞士政府长期以来持续增加国家基础研究资金投入，瑞士基础科学研究经费占 GDP 比例位居世界前列。从研发开支占 GDP 比例看，21 世纪以来，瑞士的研发资金投入强度一直保持在 3.3% 左右，2018 年为 3.37%，其中基础研究资金投入占 GDP 比例高达 1.4%（图 5-2），占瑞士总研发支出的 42%，位居世界第一；2017 年，瑞士公共部门研发开支占 GDP 比例为 0.87%，位居 OECD 成员国第二，仅低于挪威的 0.94%，企业研发开支占 GDP 比例为 2.26%，仅低于 OECD 成员国中的韩国和日本，企业资助研发占总研发开支的 67%，仅低于日本的 78.3%。①

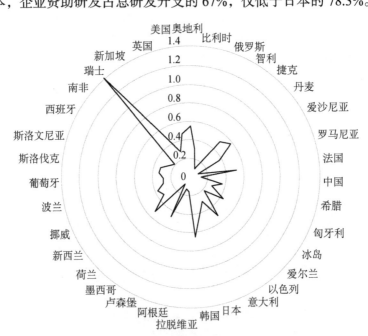

图 5-2　OECD 主要成员国和非成员国基础研究资金投入强度比较

注：图中数据的单位为%

资料来源：OECD. OECD Science, Technology and Industry Scoreboard[R]. Paris：OECD Publishing，2018：39

---

① OECD. OECD Science, Technology and Industry Scoreboard[R]. Paris：OECD Publishing，2018：42.

二、基础研究人才投入竞争力

从卓越学术研究人才成长规律看，青年阶段是学术研究人才成长的关键期，这一阶段的潜能开发程度直接决定着学术研究人才的卓越性。因此，加强卓越青年学术研究人才培育已成为世界各国提升人才竞争力的重大战略选择。作为一个仅有 800 多万人、国土面积仅为 4.1 万平方公里、自然资源极度贫乏的欧洲小国，瑞士的全球竞争力和创新能力已连续多年位居世界榜首。[①]《2019 年全球人才竞争力指标》报告显示，瑞士人才竞争力位居世界第一，而我国仅占第 47 位。[②]瑞士卓越青年学术研究人才在其中起着不可替代的支撑作用。探讨瑞士卓越青年学术研究人才培育路径，对于当前我国杰出青年学术研究人才培育、大力推动国家人才战略实施、加强人才强国建设具有重要借鉴价值。

瑞士高等教育高度国际化，50% 以上的博士生来自国外。从瑞士国际人才汇集情况看，人才层次越高，外籍人员所占比例越高。瑞士是世界上诺贝尔奖获得者占国民比例最高的国家之一。1901 年至今，瑞士人共获得了 24 个诺贝尔奖，其中大部分有在瑞士联邦理工大学、苏黎世大学、日内瓦大学、巴塞尔大学等世界一流大学学习和工作的经历。据《泰晤士高等教育》发布的世界最具国际化的 100 所著名大学中，瑞士就占了 10 所，分别为洛桑联邦理工学院（居第 4 位）、日内瓦大学（居第 5 位）、苏黎世联邦理工学院（居第 7 位）、圣加伦大学（居第 8 位）、巴塞尔大学（居第 16 位）、纳沙泰尔大学（居第 37 位）、苏黎世大学（居第 43 位）、洛桑大学（居第 56 位）、弗里堡大学（居第 64 位）、伯尔尼大学（居第 92 位）。[③]从瑞士学术研究人才及其产出的学术研究成果看，其卓越性主要表现为"三多五高"。"三多"是指单位人口新增博士研究生人数多、国际合作科研论文多、产学研合作科研论文多。2018 年，瑞士 25—34 岁人口中每千人新增博士研究生为 3.7 人，是欧洲单位人口新增博士研究生最多的国家（图 5-3）。[④]从国际合作科研论文情况看，2011 年，瑞士

① Cornell University，INSEAD and WIPO. The Global Innovation Index 2013：The Local Dynamics of Innovation[R]. Geneva：World Economic Forum，2019：22.

② INSEAD. The Global Talent Competitiveness Index 2019[R]. Geneva：World Economic Forum，2019：58.

③ Times Higher Education. The World's Most International Universities 2019[EB/OL]. http://www.timeshighereducation.com/features/worlds-most-international-universities. [2020-12-29].

④ European Commission. The European Innovation Scoreboard[R]. Brussels：European Commission，2020：36.

每百万人口产出国际合作科研论文为 2505.2 篇，是欧洲每百万人口产出国际合作科研论文最多的国家；从产学研合作科研论文看，瑞士每百万人口产出产学研合作科研论文为 277.8 篇，是欧洲每百万人口产出产学研合作科研论文最多的国家（图 5-4 ）。《2019—2020 年度全球竞争力报告》也显示，瑞士是世界上大学与企业科研合作能力最强的国家。

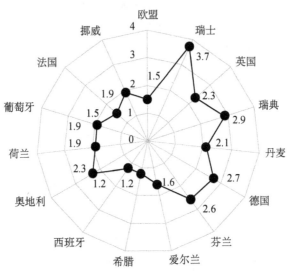

图 5-3　2018 年欧洲主要国家 25—34 岁人口中每千人新增博士研究生数量

注：图中数据的单位为人

资料来源：European Commission. The European Innovation Scoreboard[R]. Brussels：European Commission，2021：35

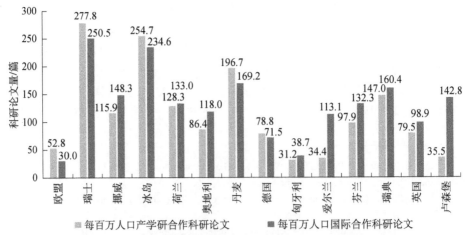

图 5-4　2018 年欧洲主要国家单位人口产学研合作和国际合作科研论文量

资料来源：European Commission. The European Innovation Scoreboard[R]. Brussels：European Commission，2020：23

瑞士基础研究人才库呈现出"五高"特征，即女性在 A 级（欧洲以学术水平从高到低顺序将学术研究人员分为 A 级、B 级、C 级和 D 级）基础研究人员中所占的比例高、女性固定研究人员所占的比例高、女性基础研究人才撰写成果进入世界前 10%高被引论文的比例高、女性发表的国际合作科研论文的比例高、女性国际学术研究人员的比例高。欧洲委员会发布的《研究与创新中的性别：女性数据 2018》报告显示，瑞士女性在 A 级学术研究人员中所占的比例为 26%，远高于欧盟 27 国的 20%，居欧洲第 4 位。2018 年，瑞士固定学术研究人员占本国研究人员总量的比例为 61.4%，远高于欧盟 27 国的 34.3%。[①]

三、基础研究产出竞争力

瑞士拥有世界一流高等教育系统，主要包括应用科学大学、联邦理工大学、州立大学和教师教育大学。应用科学大学具有学士和硕士学位授予权，联邦理工大学和州立大学具有博士学位授予权，教师教育大学具有学士、硕士和博士学位授予权。瑞士高等教育具有卓越的国际声誉，成为世界一流大学最密集的国家（以单位人口核算）之一。瑞士高等教育部门在质量指标上表现出世界一流卓越水平。瑞士拥有一批世界一流大学，虽然瑞士人口仅为 800 多万人，但其却有世界前 500 位的一流大学 7—10 所，2019 年瑞士大学国际排名情况如表 5-1 所示。[②]70%以上的瑞士大学生就读于世界前 200 位的一流大学，其他学生就读于世界一流应用型大学，接受学士和硕士学位高层次职业导向教育。另外，瑞士联邦理工大学体系不但拥有世界著名的研究型理工大学，还拥有世界著名的研究机构，成为瑞士乃至世界最具研究竞争力的研究机构。

表 5-1　2019 年瑞士大学国际排名情况

排名	洛桑联邦理工学院	苏黎世联邦理工学院	巴塞尔大学	伯尔尼大学	弗里堡大学	日内瓦大学	洛桑大学	纳沙泰尔大学	圣加伦大学	苏黎世大学
上海交通大学世界大学学术排名（前 500）	92	19	101—150	101—150	301—400	53	201—300	—	—	54
QS 世界大学排名（前 500）	14	8	141	181	—	95	138	—	288	80

① European Commission. Gender in Research and Innovation：She Figures 2018[R]. Brussels：European Commission，2019：33.

② The State Secretariat for Education, Research and Innovation. International University Rankings [EB/OL]. http://www.universityrankings.ch/. [2019-06-25].

续表

排名	洛桑联邦理工学院	苏黎世联邦理工学院	巴塞尔大学	伯尔尼大学	弗里堡大学	日内瓦大学	洛桑大学	纳沙泰尔大学	圣加伦大学	苏黎世大学
THE 世界大学排名（前 980）	30	9	98	110	251—300	137	151	401—500	401—500	106
莱顿大学世界大学排名（前 842）	12	23	45	137	—	69	80	—	—	71

从科研论文总量看，2003—2017 年，美国科研论文总量居世界第 1 位，中国居世界第 2 位。但是，仅占 6.8%的中国科研论文进入了世界前 10%的高引论文之列。虽然瑞士的科研论文总量仅为 247 000 篇，是中国的 12.3%，但其有 19.6%的科研论文为世界前 10%高被引论文，居世界第 1 位（图 5-5）。从世界主要国家国际合作科研论文和专利占本国科研论文总量和专利总量的比例看，2007—2017 年，瑞士国际合作科研论文占本国科研论文总量的比例和国际合作专利占本国专利总量的比例分别为 60.3%和 42.1%，均居世界第 1 位（图 5-6）。①从国际研究人员流动情况看，2018 年，来自欧盟其他国家的博士研究生占瑞士博士研究生总数的 36.3%，远高于欧盟 27 国的 7.8%，居欧洲最高；来自非欧盟国家的博士研究生占瑞士博士研究生总数的 48.2%，远高于欧盟 28 国的 20%，居欧洲最高；2002—2017 年，瑞士博士后国际研究人员（3 个月以上）占本国博士后研究人员总数的 53.1%，而欧盟 27 国则为 31%，居欧洲最高。②

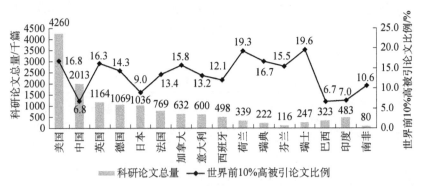

图 5-5   2003—2017 年世界主要国家科研论文总量与世界前 10%高被引论文比例

资料来源：OECD. OECD Science，Technology and Industry Scoreboard 2017[R]. Paris：OECD Publishing，2018：39

---

① OECD. OECD Science，Technology and Industry Scoreboard 2017[R]. Paris：OECD Publishing，2018：34.

② European Commission. The Innovation Union Scoreboard[R]. Brussels：European Commission，2018：38.

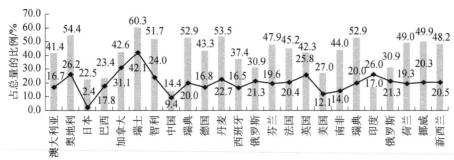

图 5-6　2007—2017 年世界主要国家国际合作科研论文和专利分别占本国科研论文和
专利总量的比例

资料来源：OECD. OECD Science，Technology and Industry Scoreboard 2017[R]. Paris：
OECD Publishing，2018：34

瑞士拥有一批世界一流学科。根据 2011—2015 年学科竞争力分布看，瑞士的工程、计算机与技术学科领域居世界第 3 位，物理、化学与地球科学学科领域居世界第 2 位，农业、生物与环境科学学科领域居世界第 2 位，生命科学学科领域居世界第 4 位，临床医学学科领域居世界第 6 位，社会与行为科学学科领域居世界第 4 位（表 5-2）。

表 5-2　2011—2015 年各学科领域位居前 10 的国家

工程、计算机与技术	物理、化学与地球科学	农业、生物与环境科学	生命科学	临床医学	社会与行为科学
丹麦	美国	英国	美国	美国	荷兰
荷兰	瑞士	瑞士	英国	荷兰	美国
瑞士	荷兰	荷兰	冰岛	加拿大	英国
美国	英国	美国	瑞士	比利时	瑞士
英国	丹麦	丹麦	荷兰	芬兰	比利时
新加坡	德国	法国	比利时	瑞士	加拿大
澳大利亚	奥地利	比利时	芬兰	英国	丹麦
比利时	法国	瑞典	加拿大	瑞典	瑞典
德国	意大利	德国	德国	丹麦	芬兰
法国	加拿大	挪威	澳大利亚	挪威	澳大利亚

资料来源：State Secretariat for Education，Research and Innovation. Scientific Publications in Switzerland：Bibliometric Analysis of Scientific Research in Switzerland 2006-2015[R]. Bern：State Secretariat for Education，Research and Innovation，2018：6

瑞士拥有世界一流学科科研创新能力。2011—2015 年，瑞士在国际三大检索期刊中共发表了占世界 1.2% 的科研论文，居世界第 16 位；美国占 27.1%，居世界第 1 位；中国占 8.4%，居世界第 2 位。单从总量看，瑞士并不占绝对优势，但是从单位人口核算看，瑞士一流学科科研论文单位人口密集度位居世界前列。以每百万人口发表论文量看，2011—2015 年，瑞士每百万人口年产论文 3892 篇，居世界第 1 位，而中国仅为 156 篇，居世界第 47 位；从单位科研人员核算，瑞士每千人科研人员每年发表科研论文 857 篇，居世界第 3 位，而中国仅为 160 篇。①这其中主要集中在高等教育部门，占全国科研论文总量的 72.6%，其次是科研院所，占 14.5%，私营企业占 7.5%，国际组织占 5.4%。从学科分布看，瑞士高等教育部门学科分布与瑞士整体学科分布高度一致。这些指标表明，瑞士高等教育部门对瑞士国家整个科研创新发展起着决定性作用。高等教育部门在所有学科领域都占有绝对优势，其中在社会与行为科学学科领域，高等教育部门占各部门总数的 82%，在艺术与人文学科领域占 88%，在临床医学学科领域占 71%，在生命科学学科占 75%，在农业、生物与环境科学学科领域占 66%，在物理、化学与地球科学学科领域占 72%，在工程、计算机与技术学科领域占 65%。②

从世界一流学科科研论文影响力看，2011—2015 年，瑞士国家科研论文影响力居世界第 3 位，仅次于美国和荷兰。这说明瑞士的科研论文拥有大量国际阅读群体和同行引用科研人员，其中在物理、化学与地球科学和农业、生物与环境科学学科领域，瑞士科研论文影响力均居世界第 2 位，高等教育和国际组织科研论文影响力最大，而中国科研论文影响力仅居世界第 34 位。从世界前 10% 高被引论文量看，瑞士在 2009—2013 年的高被引论文量占世界高被引论文总量的 1.6%，而瑞士发表论文量占世界科研论文总量的 1.2%，居世界第 12 位。中国贡献了 4.1%，占第 6 位。但从单位人口核算看，瑞士每百万人口生产高被引论文 542 篇，居世界第 1 位，而中国仅为 8 篇；瑞士每千人科研人员高被引论文量为 163 篇，居世界第 1 位，而中国仅为 8 篇。从高被引论文占本国科研论文总量的比例看，瑞士有 16.6% 的国家科研论文属于高被引论文，仅次于美国的 17.4%，居世界第 2 位，而中国仅为 8.6%。从部门分布看，高被引论文部门分布与国家整体科研论文分布保持高度一致，即高等教育部门占本国高被引论文总量的 72.6%，科研院所占 13.4%，私营企业占

① State Secretariat for Education, Research and Innovation. Scientific Publications in Switzerland: Bibliometric Analysis of Scientific Research in Switzerland 2006-2015[R]. Bern: State Secretariat for Education, Research and Innovation, 2018: 9.

② State Secretariat for Education, Research and Innovation. Scientific Publications in Switzerland: Bibliometric Analysis of Scientific Research in Switzerland 2006-2015[R]. Bern: State Secretariat for Education, Research and Innovation, 2018: 10.

7.3%，国际组织占 6.7%。瑞士仅有 17% 的科研论文由单一机构完成，而 83% 的科研论文由两个以上机构作者共同完成，其中 15% 的科研论文是由瑞士国家内部不同机构协同完成的，而几乎 50% 的科研论文是与海外机构协同完成的（纯国际协同），几乎 20% 的科研论文是由国内多所机构和国外一所以上机构共同完成的，也就是说，瑞士几乎 70% 的科研论文是由国际协同完成的。①

第二节　科研范式转型视角下瑞士大学基础研究高质量发展战略核心向度

一、依循"知识三角"生态逻辑推动大学基础研究生态发展

瑞士政府依循教育-研究-创新"知识三角"生态逻辑，强化三大知识领域要素之间的协同性。"知识三角"生态逻辑源自欧盟"里斯本战略"，认为教育、研究、创新作为三大知识创新领域统一构成知识生态系统，主要是针对传统上教育、研究和创新三大知识领域之间相互独立的格局而提出的一种生态发展逻辑观。"知识三角"生态逻辑观认为，传统的教育、研究和创新存在明显孤立的"自组织性"，即仅强调三者自身内部"产出—投入—再产出"的自循环运行逻辑，三大知识领域之间缺乏必要的生态互动性，而"知识三角"生态逻辑强调教育、研究和创新三大知识领域不同要素之间协同互动的逻辑关系。教育与研究存在双向互动关系：教育通过创新人才培养为研究领域提供人才资本，研究能够为教育提供必要的成果支撑。教育与创新存在双向互动关系：教育能够为创新活动培养必需人才，创新反过来能为教育提供新技术支持。创新与研究存在双向互动关系：研究能够为创新提供原创性知识资本，创新能够催生研究。瑞士政府通过多种途径推动高等教育-研究-创新"知识三角"生态系统的良性运行，强化各组成要素之间的高度协同性。瑞士高等教育"知识三角"生态系统主要是由政府组织、中间组织、公民社会围绕知识创新构成的生态共同

① State Secretariat for Education，Research and Innovation.Scientific Publications in Switzerland：Bibliometric Analysis of Scientific Research in Switzerland 2006-2015[R]. Bern：State Secretariat for Education，Research and Innovation，2018：16.

体，这些组织共同承载着高等教育、研究、创新三大知识领域广域谱系职能。瑞士政府充分发挥"知识三角"生态系统的协同放大效能，有效推动了瑞士大学学术卓越发展，进而实现了公共利益最大化。

1. "知识三角"组织主体协同战略

依据"知识三角"生态逻辑，瑞士政府通过政策引领形成了国家"知识三角"生态系统，该生态系统是科学、政治以及私营部门经过长期深度对接形成的协同生态共同体，这一生态系统中的各行为主体共同推动大学学术卓越发展。科学利益主体主要以知识创新为核心利益诉求，要求确保科学学术组织自治和长期稳定的资源保障；政治决策利益主体主要参与科学研究环境营造，同时其根本利益诉求是确保科学研究成果与社会经济发展保持高度一致。政治决策者通过对"知识三角"生态系统所利用资源有效性的审计机制来确保决策对公众的合法性，根据知识创新资源可利用性和政策实施一致性原则负责执行"知识三角"生态系统相关政策。基于此，瑞士"知识三角"生态系统围绕知识创新分为三大行为主体：一是创新性知识的生产者或提供者，主要包括高等职业教育机构、州立大学、联邦理工大学、应用科学大学、教师教育大学、科研院所、私营研发企业等，这些机构组织在创新人才培养、知识生产、创新驱动等方面为瑞士社会经济发展提供了必要的创新性知识资本。二是知识创新的中间组织，这些行为主体主要在高等教育机构和政府政治行为主体之间开展商谈事务，帮助提升相关部门的政策执行力，满足政策的合法化需求，主要中间组织有瑞士国家科学基金会、国家各研究院、瑞士科学与创新委员会（Swiss Science and Innovation Council，SSIC）、瑞士大学联盟、联邦理工大学董事会、瑞士高等教育资格认证与质量保障中心等。三是知识创新政策行为主体，主要是指瑞士高等教育、科研、创新领域决策主体，负责制定高等教育、科研和创新相关政策规划，提供资金保障，并直接或间接向提供者进行资源分配。这类行为主体主要包括瑞士科学、教育与文化委员会（Council of Science，Education and Culture，CSEC）、联邦经济-教育-研究部（Federal Department of Economic Affairs，Education and Research，EAER）等部门（表5-3）。工作场域（商业企业协会、社会伙伴等）的专业化社会组织也在一定程度上对"知识三角"生态系统各部门的运行发挥着聚合作用。①

---

① State Secretariat for Education, Research and Innovation. Higher Education and Research Switzerland[R]. Bern: State Secretariat for Education, Research and Innovation, 2018: 41.

表 5-3　瑞士"知识三角"生态系统基本组织结构及职能

职能范围		高等教育		科研	创新
	职能	高等职业教育	大学教育		
提供者		技术学院、工作场场域专业组织	州立大学、联邦理工大学、应用科学大学、教师教育大学	高等教育机构、研究院、私营研发企业	私营研发企业、州立大学、联邦理工大学、应用科学大学、教师教育大学
"知识三角"政策体系化	咨询	专业协会、国家政府、州政府、技术学院	大学董事会、瑞士大学联盟、州政府、国家政府、联邦理工大学董事会、SERI	大学董事会、国家政府、SSIC、国家科学基金会、研究院、瑞士大学联盟、州政府	国家政府（CTI、SERI、DETEC、联邦理工大学董事会）、州政府、研发企业管理部门
	咨询	SFIVET	联邦理工大学董事会、私营咨询企业、SSIC、瑞士大学联盟	联邦理工大学董事会、国家科学基金会、SSIC、研究院	SSIC、私营咨询机构
	决策（资助）	国家政府、州政府、私营资助来源、雇主	州政府、国家政府	基础资助：国家政府、州政府；项目资助：国家科学基金会、大学董事会、研究院、SERI；外部私营资助：基金会	私营研发企业、州政府、国家政府（CTI、SERI、DETEC）、私营基金会
	决策（监管）	专业协会、国家政府、州政府	州政府、国家政府	国家政府：SERI、联邦理工大学董事会、国家行政机构、州政府	私营研发企业、国家政府（CTI、SERI、SECO、DETEC）
	协调	州政府	州政府、国家政府（如 SERI）、瑞士大学联盟	国家政府（如 SERI）、研究院	研发企业、国家政府（CTI、SERI、SECO、DETEC）、州政府
	评估	技术学院、专业协会	高等教育机构、国家政府、联邦理工大学董事会、瑞士资格认证委员会、州政府	高等教育机构、国家政府（瑞士大学联盟、联邦理工大学董事会、国家科学基金会、SERI、SSIC、瑞士认证委员会）、研究院、私营评估公司	研发企业、国家政府（CTI、SERI、SECO、DETEC）、州政府

注：①DETEC 为瑞士联邦环境、交通、能源和电信部（Federal Department of the Environment, Transport, Energy and Communications）；②SFIVET 为瑞士联邦职业训练研究院（Swiss Federal Institute for Vocational Education and Training）；③CTI 为瑞士技术与创新委员会（Commission of Technology & Innovation）；④SECO 为瑞士国家经济事务秘书处（State Secretariat for Economic Affairs）

多样化的行为主体体现了瑞士"知识三角"生态系统运行的复杂性以及利益诉求的多元化。从横向看，"知识三角"生态系统相关政策必须在高等教育、科研、创新三大知识领域中多元利益诉求之间寻求平衡点。从纵向看，"知识三角"生态系统相关政策必须在联邦制政体中发挥作用，赋予国家和地方层面不同的决策权力，如在国家-地方之间、政策-实践之间、国际-国内之间形成良好的长效协同机制。政策行为主体和实践层面相关机构之间的伙伴关系是一种典型的委托代理关系。委托方可将某种知识创新事务执行权委托给代理方，但不可全面控制其结果。这里的代理方主要是指知识创新提供者，他们在开展特定教学、科研和创新活动方面具有充分的信息优势。科研人员拥有高度自主权和宽松的科研环境，如科研创新过程并不必然遵循标准化可重复的输入—输出过程。①因此，政策行为主体在一定程度上与实践者之间存在相对依赖关系。然而，尽管"知识三角"生态系统各知识领域提供者具有潜在的自我指涉取向和信息优势，但他们与政策行为主体之间存在着密切关系，一方面是因为他们必须确保科学研究必需的资源；另一方面，提供者和政策行为主体之间的中间组织起着缓冲协调作用，为科学研究相关资助目标、形式和工具的商谈提供服务。这种以协同共进为运行特质的"知识三角"生态共同体为瑞士大学学术卓越发展提供了组织保障。

2. "知识三角"共同治理战略

"知识三角"生态系统整体运行主要受瑞士联邦相关法律的规约，并具有坚实的宪法基础。瑞士宪法赋予了高等教育和科研机构"促进科学研究"的自治权。1983 年，瑞士政府制定了专门的《联邦科学研究法》(Federal Law on Research)，并在 2012 年制定了《联邦科研与创新促进法》(Research and Innovation Promotion Act, RIPA)。1991 年，瑞士联邦政府针对联邦理工大学的发展制定了专门的《联邦理工大学法》，1995 年针对应用科学大学的发展制定了《应用科学大学法》。2011 年，联邦政府制定了《瑞士高等教育资助与协调法》并于 2015 年和 2017 年对其进行了新的修订。各州政府与联邦政府签署了具有法律效力的州立大学协议，并且各州立大学都有其独立的法律。由此，根据不同类型的大学，瑞士形成了多元立体化的法律体系，为瑞士国家科研和创新事业的发展确立了坚实的法律基础。瑞士"知识三角"各行为主体享有高度自治权，充分尊重学术自由和大学自治。在欧洲国家大学自治排名中，

---

① Hafner U. From Science Council to Innovation Council: The Historical Development of the Swiss Science Council[R]. Bern: Swiss Science and Innovation Council, 2016: 23.

瑞士大学教师自治居第 3 位，学术自治居第 9 位。①瑞士宪法第 20 款的规定，政府应充分保证学术研究和教学自由，遵循大学自治原则；瑞士宪法第 63 款和《高等教育法》（Higher Education Act，HEdA）第 5 款规定，国家和地方政府必须确保大学及其资助者自治权；RIPA 第 6 款规定，科学研究机构必须尊重学术自由。②

2016 年，瑞士宪法引入新的条款，即第 6 款的规定，协同型联邦主义思想赋予了国家和地方政府对高等教育资助、协调、管理和质量保证等方面共同治理的权责。③2015 年出台的新《高等教育法》确立了更广域的高等教育协调和资助框架，超脱了先前研究型大学和应用科学大学资助的相关法律。协调主要是帮助确保高等教育、科研和创新三大知识领域政策之间的统整性，同时也是寻求国家政府和州政府之间的利益平衡点。作为法律规定，国家政府不得干涉"知识三角"生态系统的具体事务，也不得试图采取"自上而下"的行政监管机制。④协调和协同原则在一定程度上与竞争性要求相冲突，因为竞争可能导致行为主体将自身利益强加于"知识三角"生态系统的共同利益之上。

从瑞士当前相关法律条款看，竞争机制不但存在于科研资助领域，也存在于大学之间对师生的竞争，竞争的结果直接影响了国家政府对地方大学附加资金补贴的数量。在创建瑞士大学大会、瑞士大学校长大会（瑞士大学联盟）、瑞士高等教育资格认证委员会等组织中，HEdA 为平衡各利益所向而采取了新的规则框架。RIPA 负责对国家政府提供的科研和创新资助进行规制，并明确不同行为主体（包括国家科学基金会、CTI、研究院、国家行政机构等）的职能和治理工具。例如，瑞士能源法等一些专门法律规定了国家政府在科研相关政策领域的角色，地方政府通过地方高等教育和职业教育法对"知识三角"生态系统事务进行规制。地方特别经济促进法以及新区域政策都对地方政府的创新资助活动予以规制。另外，在很多领域，各地方政府之间签署了跨地方高等教育合作协议。

瑞士"知识三角"生态系统依据联邦制原则进行治理权力分配，国家政

① EUA. University Autonomy Tool[EB/OL]. http://www.university-autonomy.eu/countries/switzerland/. [2020-09-20].

② Swiss Federal Chancellery. Federal Act on the Promotion of Research and Innovation[R]. Bern：Federal Council，2015：23.

③ Swiss Federal Council. Federal Constitution of the Swiss Confederation[R]. Bern：Federal Council，2016：18.

④ State Secretariat for Education，Research and Innovation. Federal Act on Funding and Coordination of the Swiss Higher Education Sector[R]. Bern：State Secretariat for Education，Research and Innovation，2015：15.

府主要对职业教育、联邦理工大学、国家科学基金会、CTI、国际科研创新协同等方面拥有主要管制权。①国家和地方政府在各类大学科研和创新、新创公司、区域政策、经济促进等方面拥有共治权。作为瑞士"知识三角"生态系统最重要的政府治理组织，瑞士国家教育-研究-创新秘书处每三年制定一次国家教育-研究-创新规划，如《2013—2016年教育-研究-创新提升计划》明确了瑞士HERI体系发展的战略举措。②多部门协同对国家教育、科研、创新三大知识领域的共同治理，为瑞士大学学术卓越的生成提供了治理制度保障。

3. "知识三角"资助机制融合战略

在瑞士，教育、科研特别是内生驱动型基础研究以及基于研究的创新活动都是公共产品，它们是社会所需但并不必然可市场化，这是瑞士政府推动大学学术卓越所依循的重要理念。"知识三角"生态系统的资助体系主要由国家政府、地方政府、私营企业以及私营基金会构成。在国家层面，最重要的资助工具是联邦委员会教育-研究-创新（Education-Research-Innovation，ERI）分派机制，联邦委员会每年向瑞士国会报告一次，该分派机制具体列出了国家政府资助决策和法律，资助对象包括联邦理工大学、职业教育、科研与创新促进工程、国际教育与科研协同项目等。该分派机制也列出了国家政府对"知识三角"生态系统相关机构和领域的资助额度。

对地方大学、应用科学大学、学生奖学金、共同教育政策项目等的资助主要由地方政府负责，具体核算标准依据《高等教育法》的相关规定。参与欧盟框架项目和国际科研组织的国家资助根据专门分派机制予以实施。教育-研究-创新分派机制主要由EAER和SERI实施。这种分派机制是在包括不同部门和领域资助目标的更广域财政预算框架下实施的，事先由广域预算框架设定"知识三角"生态系统整个体系潜在的财政预算增长率，然后由SERI在不同利益相关者之间进行资源分配。③2012年，瑞士政府向"知识三角"生态系统的投资高达141亿瑞士法郎，其中一半以上来自地方政府。这些公共拨款主要用于职业教育、地方大学、应用科学大学、教师教育大学等。国家政府投资主要用于联邦理工大学，主要包括四类基本资助工具：①总额拨款，即四年一

---

① State Secretariat for Education, Research and Innovation. Federal Act on Funding and Coordination of the Swiss Higher Education Sector[R]. Bern：State Secretariat for Education, Research and Innovation, 2015：28.

② State Secretariat for Education, Research and Innovation. Promotion of Education, Research and Innovation for 2013-2016[R]. Bern：State Secretariat for Education, Research and Innovation, 2013：22.

③ State Secretariat for Education, Research and Innovation. Research and Innovation in Switzerland [R]. Bern：State Secretariat for Education, Research and Innovation, 2016：44.

次向地方政府提供用于职业教育、地方大学和联邦理工大学的基本业务费总
额拨款；②项目资助，即三年一周期竞争性资助；③基础设施建设和维护资
助；④国家重大校际项目专项资助。国家政府能够通过"国家科研能力中心"
（National Centres of Competence in Research，NCCR），采取竞争激励机制，对
HERI 予以长期结构性财政影响。在科研创新方面，国家政府将公共资源主要
用于竞争激励性科研资助项目。

在"知识三角"生态系统的发展进程中，瑞士政府越来越认识到：基本
财政支持能够增强高等教育领域结构性保护能力；大学越是依赖竞争性激励资
助，越容易导致追求营利性活动。2014 年，国家政府向教育与科研部门投入
了 69 亿瑞士法郎。21 世纪以来，"知识三角"生态系统已成为瑞士第四大公
共资助部门。科研与创新部门受私营部门资助的份额较高，2016 年，私营部
门共向瑞士研发领域投资了 110 亿瑞士法郎，约占 60%。国家政府和地方政
府资助了研发开支的 25%，在公共科研项目资助的 47 亿瑞士法郎中，有将近
42 亿瑞士法郎投入了大学，其中 23.4 亿瑞士法郎由国家政府资助，18.3 亿瑞
士法郎由地方政府资助。海外资助研发资助为 22 亿瑞士法郎，其中 2.5 亿瑞
士法郎通过欧盟科研项目进入大学。[1] 整体审视，瑞士"知识三角"生态系统
资助主要来自私营部门和地方政府。国家政府扮演着补贴性资助角色，投资的
主要领域包括联邦理工大学和竞争性激励研发创新资助，并且国家科学基金会
的资助量明显多于 CTI，这说明公共资助科研主要是基础研究。作为一项原
则，公共资金并不通过指导性重大项目流向"知识三角"生态系统提供者，甚
至国家科学基金会的 NCCR 也并不采取"自上而下"的战略性优先项目倾斜
于某学科领域，而是鼓励"自下而上"的科研创新发展。多元资助机制为瑞士
大学"双一流"发展提供了稳定和充分的财政保障。

4. "知识三角"多元平台聚合战略

瑞士政府高度重视"知识三角"多维科研协同机制建设。联邦资助国家
科学基金会鼓励与国际协同开展科研活动，借助国际组织在瑞士建立大科学网
络计划，并对瑞士大学科研机构的国际科研人员提供充分的资金支持。瑞士科
学基金会的一项重要使命就是帮助国家制定瑞士国际科研协同政策。瑞士高等
教育机构，特别是联邦理工大学和地方大学都制定有自己的国际协同战略，与
国际社会保持密切的协同关系，在世界范围内建立国际合作与交流项目。

《2013—2016 年国际教育-研究-创新战略》明确提出：一是增强和扩大国

① State Secretariat for Education, Research and Innovation. ERI Financial Reports[R]. Bern: State Secretariat for Education, Research and Innovation, 2017: 19.

际网络活动。ERI 利益相关者要努力增强其在国际教育科研创新领域中的地位，积极参与多边科研合作项目和国际组织，围绕全球大挑战问题牵头组织国际大科学计划，确保国际科研人员充分获取和共享瑞士顶尖科研基础设施，并协同对海外科研基础设施进行资金支持。二是强化瑞士在国际科研创新网络中的领先地位，充分利用瑞士一流科研资源和竞争优势，鼓励瑞士高等教育机构通过瑞士国家政府优秀奖学金计划，采取多种途径积极吸纳世界优秀科研创新人才，努力为顶级科研人员提供卓越的科研设备，通过目标资助政策建立世界一流卓越科研基础设施，增强瑞士科研体制的吸引力。①

在《2018—2020 年国际教育-研究-创新战略》中，联邦政府将教育、科研与创新作为国家优先发展战略部门，将瑞士国际声誉定位于科研和经济的竞争地，根据科研创新竞争机制不断增加科研创新投资；增强国家和国际层面的战略性科研基础设施建设，确保国际科研战略合作，增强产学研协同创新能力。在实践层面，瑞士政府实施了一系列针对研究人员的国际流动计划，如"联合博士培养计划""国家科学基金会奖学金资助计划""国家科学基金会短期访学计划"等。2016 年，瑞士大学中外籍学生占 25%，传统大学中外籍教授占 50%，应用科学大学中外籍教授占 20%，海外博士生和科研人员占 67%，瑞士所有科研论文中有 70%以上属于国际科研协同成果，80%以上的科研人员具有海外学术经历。②在提升国家创新力进程中，瑞士高度重视区域产学研协同创新平台建设，比较典型的如 NCCR、NRP 是瑞士国家科学基金会启动的两项重大产学研协同创新工程。在长期发展中，瑞士形成了以基础突破研究为使命的联邦理工大学体系和以应用研发为使命的应用科学大学体系、国内产学研协同创新工程、国际研发协同创新平台"三位一体"的国家卓越研发网络，为瑞士大学学术卓越发展提供了有效的模式保障。

二、强化世界一流基础研究人才培养和培育

瑞士学术研究人才的卓越性主要得益于瑞士政府对青年学术研究人才培育的高度重视。近年来，政府从国家战略高度提出了卓越青年学术研究人才培

① State Secretariat for Education, Research and Innovation. Switzerland's International Strategy for Education, Research and Innovation 2013-2016[R]. Bern: State Secretariat for Education, Research and Innovation, 2013: 26.

② State Secretariat for Education, Research and Innovation. Switzerland's International Strategy for Education, Research and Innovation 2018-2020[R]. Bern: State Secretariat for Education, Research and Innovation, 2018: 16.

育的目标和实现路径。瑞士联邦教育、研究与创新促进委员会在战略报告中强调，通过设立"终身教职制度"培育新一代学术研究人才，通过明晰的头衔和角色定位提升科研助手的学术地位，从而为国家青年科研人员提供优厚的工作条件，并确保学术研究领域性别机会均等。瑞士大学校长大会于 2010 年发布的《2012—2016 年大学战略规划》也指出，大力培养博士生和博士后研究人才，不断改善大学青年学术研究人才的工作条件和职业愿景。《2013—2016 年教育-研究-创新促进战略》报告又进一步明确了"加大投资培育青年学术研究人才"的战略任务。[1]根据相关战略规划，瑞士在卓越青年学术研究人才培育中有效践行了如下战略向度。

1. 消除体制机制壁垒促进基础研究人才性别机会均等

欧盟一项研究预测，欧盟要实现研发投入强度占 GDP3%的战略目标，至少需要新增约 100 万名研发人才，更多学术研究职业女性的参与对于提升国家学术研究竞争力具有重大意义。对此，欧委会发布的《欧洲 2020 旗舰计划：创新型欧盟》报告要求："各成员国应采取有效措施加强青年学术研究人才培养，以满足国家研发目标需求，改善公共研发部门职业女性的工作条件。"[2]《学术研究职业领域性别平等与性别主流》战略也明确指出："终止人才浪费，促进性别均衡，实现研究卓越。"[3]为支持学术研究领域职业女性的发展，瑞士国家科学基金会就学术研究领域性别平等规定：确保女性研究人员平等参与所有科研资助项目，并特别关注青年女性研究人员；增加女性在学术决策部门中的数量和提高其比例，确保其学术领导地位；建立严格的、以质量为导向的学术研究资助项目评审机制，确保优秀女性不受歧视。[4]

近年来，瑞士政府采取了一系列利好战略措施，在很大程度上为学术研究人才性别机会均等提供了体制机制保障。一是"性别校园"（Gender Campus）计划。为确保学术性别平等，促进高等教育性别敏感性职业繁荣，瑞士政府在大学启动了"性别校园"计划。该计划带有明显的智库特性，主要通过深入全面地开展学术职业领域性别研究，建立完善的女性研究数据资源

① State Secretariat for Education, Research and Innovation. Promotion Strategy of Education, Research and Innovation for 2013-2016[R]. Bern: State Secretariat for Education, Research and Innovation, 2013: 12.

② European Commission. Europe 2020 Flagship Initiative: Innovation Union[R]. Brussels: European Commission, 2010: 22.

③ European Commission. A reinforced European Research Area Partnership for Excellence and Growth[R]. Brussels: European Commission, 2012: 19.

④ SNSF. Mission Statement on Equality Between Women and Men[R]. Bern: SNSF, 2008: 12.

库，为确保大学学术研究性别平等提供决策咨询。为实现大学博士和教授等青年学术研究人才队伍的性别平衡，该计划还启动了"大学男女性别机会均等/性别研究 2013—2016"规划项目，旨在从体制上建立学术领域性别机会均等保障机制，以有效解决各学科领域性别失衡的结构性问题。①

二是"瑞士大学机会均等"（Equal Opportunity at Swiss Universities）计划。该计划始于 2000 年，旨在加强瑞士大学女性卓越学术研究人才队伍建设，通过建立大学性别平等运行机制，提高女性教授和助理教授的比例，以及女性在学术决策层的比例，通过女性博士和博士后培养等途径，把女性在瑞士大学教授性别结构中的比例提升到 25%以上，女性助理教授比例提高到 40%以上，确保女性在大学高级学术研究岗位群和学术管理层中的地位。该计划在实施过程中包括三大模块：激励模块，即激励大学聘任女性教授并积极为其提供晋升机会，该模块在每学年结束时根据大学聘任的新女性教授的数量予以一次性拨付资助；指导模块，即为层次较低的女性研究人员提供职业指导和专业发展机会；工作-生活模块，即为平衡女性研究人员学术研究工作与家庭生活的关系，鼓励大学设立儿童看护设施，并为"双职工"家庭提供必要支持。②

三是"玛丽·海姆·瓦格林"（Marie Heim-Vögtlin）计划。该计划是瑞士国家科学基金会为纪念瑞士第一位女医学博士玛丽·海姆·瓦格林而设立的女性学术研究人员资助项目。该计划始于 1991 年，目的是支持因特殊情况（如家庭或居住条件等原因）未能顺利开展研究工作的杰出女性科学家，保证其能够有至少 50%的时间投身于学术研究工作。③

四是"120%支持"计划。该计划也被称为"120%工作模式"，主要支持对象是那些有看护孩子责任的女性博士后人员，旨在通过非全日制工作方式实现女性博士后研究人员的学术研究工作与家庭看护之间的平衡，尽可能减少对其研究工作的影响。该计划允许博士后将其工作时间由原来的 80%—100%缩减到 60%，整个工作时间将增加至 120%，剩余 60%的工作时间由为其配备的科研助手完成。④

---

① Rektorenkonferenz der Schweizer Universitäten. Programme CUS P-4 Equal Opportunity / Gender Studies[EB/OL]. http://www.crus.ch/index.php?id=23&type=123&L=2. [2019-12-10].

② CRUS. Federal Programme Equal Opportunity 2000-2018/2019[EB/OL]. http://www.crus.ch/information-programme/programme-cus-p-4-equal-opportunity-gender-studies/federal-programme-equal-opportunity.html?L=2. [2019-12-09].

③ SNSF. Marie Heim-Vögtlin（MHV）[EB/OL]. http://www.snf.ch/en/funding/careers/mhv-grants/Pages/default.aspx. [2019-12-28].

④ SNSF. 120% Support Grant[EB/OL]. http://www.snf.ch/en/funding/supplementary-measures/120-support-grant/Pages/default.aspx. [2019-12-29].

在联邦政府性别平等项目的资助下，洛桑大学与其他大学联合启动了一系列发展计划，并取得了突出成效。在 2006—2011 年洛桑大学战略规划中，大学校长集团致力于消除阻碍公平入学和社会流动的体制机制壁垒，使女性在教授群体中的比例达到 25% 以上。从前期实施效果看，这一目标已基本实现，但相对于广域学术发展需求看，这一比例仍难以满足学校、国家对女性高层次学术人才的新需求。在 2012—2016 年洛桑大学战略规划中，大学校长集团又重申了"充分实现各级学术人才性别均衡发展"，具体来讲，到 2016 年，教授岗位女性比例达 40%；所有学院教师应密切协同实现性别平等目标；为双职工教师或具有家庭负担的学术人员提供必要支持；确保各级行政和技术人员性别平等；从整体上提高教授层次女性教职工比例，增加女性弱势学科领域女生数量，促进中低层女性教职工专业发展，实现女性学术人才科研、教学、学习和家庭事务之间的协调发展。[①]

2004 年《洛桑大学章程》第 14 款规定，尊重并践行性别机会均等是洛桑大学的一项重要使命；第 49 款赋予教师基于性别机会均等的全日制工作权利；第 81 款要求成立性别平等独立实体。2006 年《洛桑大学平等促进规程》明确了成立相关组织实体及其权责，负责实施大学性别平等政策。首先，洛桑大学成立了"机会平等办公室"（Equal Opportunities Office），该办公室附属于副校长"中低层教职工发展与多样化"机构，负责在联邦政府性别平等框架下推进洛桑大学性别机会均等；成立了"平等咨询委员会"（Consultative Committee for Equality），主要负责洛桑大学性别平等政策研讨和咨询，由教授、中层学术人员和管理技术人员代表构成；成立了"聘任程序平等教授和高级讲师代表团"，负责监督人才聘任程序，确保性别平等，代表团主要由各学院的教授和高级讲师构成。

另外，为加强基层学术职业性别平等，洛桑大学还专门设立了基层教师发展和多元化指导委员会。洛桑大学创建相关组织机构的主要任务是在坚持性别平等基本理念的基础上，促进将性别平等研讨和思维整合到大学各级组织的文化和实践中。对此，洛桑大学于 2012 年启动了"前景 50/50 计划"，支持各学院研制自己的性别平等行动计划，提高性别平等水平。性别平等思想还渗透到了洛桑大学内外交流事务中，洛桑大学出台了内外交流政策，旨在尊重个体及其多样化。通过这些举措的实施，洛桑大学中女性的可见性得到了充分展

---

① University of Lausanne. Plan d'intentions de l'Université de Lausanne 2012-2016[EB/OL]. http://www.unil.ch/central/fr/home/menuinst/organisation/les-documents-officiels/plan-dintentions-unil-2012.html. [2019-12-23].

示，如官方网站、杂志、年度报告等，特别是校长通常在学校招聘时选择运用"性别中立"语言。不过，"性别中立"并未在洛桑大学官方文件中得到系统体现，仍然采用通用的"男性特质"。对此，性别平等咨询委员会正在努力建议在大学校长集团、学院等各部门实施非歧视语言的原则和措施。

"性别平等行动计划（2013—2016）"又重新设定了洛桑大学性别平等的目标，即完善性别平等进展监督机制，构建洛桑大学性别平等问题的评价指标体系；为教职工性别平等的研讨和评估提供更好的组织保障；建立推动性别平等的制度保障；进一步实施洛桑大学交流政策，遵循性别平等原则。对此，新战略要求洛桑大学成立性别平等进展监控机制，根据专门指标体系，每两年对学生群体、教职工群体以及管理技术群体的性别平等趋势进行统计；保证"前景50/50计划"的顺利实施，设立洛桑大学、地方政府、瑞士其他大学促进性别平等法律法规的资料库，完善并充分利用相关法律法规修订的机会增强洛桑大学性别平等的组织保障能力；通过可视化交流平台，增强洛桑大学现代化和利他性形象，制定并实施官方文件非性别歧视语言运用指导纲要。[①]

近年来，洛桑大学努力增加女性在高层学术职业和决策群体中的比例。截至2020年，洛桑大学校长集团有两位女性副校长；在学院层面，七位院系主任中有两位是女性；洛桑大学治理委员会中女性占34%。[②]尽管决策团体女性所占比例有所提升，但就目前来看，在那些需要女性参与的规模较大的大学委员会或官方组织机构中提高女性教授参与的比例，仍是一大难题。女性参与决策比例提高只能通过增加女性教授数量来实现，并已成为洛桑大学实现性别平等的一项重要政策目标。新的战略目标将大幅提高女性教授比例，不断完善教授聘任和职务晋升程序。

为确保教授职务聘任和晋升程序的公平性和透明化，2006年，洛桑大学成立了专门的"代表团"（delegation）监控机制，代表团人员并不具有选举权，而是向校长集团进行工作报告。机会平等办公室与大学校长集团共同为非性别歧视的教授聘任程序提供管理保障。代表团设立了"平等审查"（equality scrutiny）制度，并在洛桑大学教授聘任程序中得到了充分运用，有效提高了委员会成员的平等意识。机会平等办公室通过其管理的性别数据库，对教授聘任程序予以统计性监控；大学校长集团制定了聘任委员会指要和招聘纲要，从政策上降低了教授聘任程序中对女性候选人歧视的风险。

① University of Lausanne. University of Lausanne Action Plan for Gender Equality 2013-2016[R]. Lausanne：University of Lausanne，2013：6.

② University of Lausanne. Key Statistics[EB/OL]. http://www.unil.ch/central/en/home/menuinst/unil-en-bref/en-chiffres.html. [2021-06-16].

为进一步增加女性教授数量和提高其比例，完善聘任程序，《洛桑大学性别平等行动计划 2013—2016》规定，洛桑大学要实现女性教授在新聘任教授中的比例达 40%以上；保证女性在教授聘任和晋升程序中不受歧视；将双职工支持计划整合到学术招聘过程；明确机会平等办公室和代表团在监控聘任程序中的角色和行动方式。对此，洛桑大学将提升聘任程序公平性监控质量，进一步明确机会平等办公室和代表团的权责，完善聘任程序统计性监控和数据库管理机制，科学分析聘任委员会报告数据，联合校内外和国内外性别专家开发信息服务和专业培训工具，提高教授人员和聘任委员会对平等问题的意识，实施支持双职工特殊需求的计划，保证女性在重要群体和委员会中的权利，特别是在财务分配和聘任晋升决策中的权利。[1]

洛桑大学持续加强中低层学术职业女性专业发展。尽管博士层次的女性比例有所提升，但博士后阶段女性放弃其学术职业的问题仍比较突出，也就是说，博士阶段学术追求的性别差异不大，是所有青年学术研究人才需要完成的学术任务，但由于家庭事务，诸多女性放弃了博士后这一可选择性的学术追求。因此，博士后阶段对于需要处理家庭事务的青年女性来说，具有明显的职业不稳定性。

另外，相对于男性来说，青年女性研究人员很少受教授、专家的专门指导，缺乏追求高级学术职业、增强国际流动能力和发展学术关系网络的非正式支持。[2]对此，洛桑大学积极参与联邦政府实施的性别平等项目，如瑞士法语区女性职业指导网络、学术职业培训项目、博士开端项目等，以支持青年女性研究人员的发展。这些项目有效地帮助消除了青年研究人员职业发展的性别差异。洛桑大学还不断加强校校协同、校地协同，通过多样化学术职业发展项目的各方共享，增强青年女性研究人员的学术交流和职业流动。机会平等办公室和平等咨询办公室为洛桑大学中低层青年女性教师提供了必要的财政支持，如"平等资助"（egalité grant）为女性青年学术研究人员的学术交流、学术出版等活动项目提供了专项资助；"跳板资助"（tremplin grant）为青年女性研究人员提供了为期 6 个月的专项资助，使其脱离教学任务，潜心学术研究。

洛桑大学还通过改善青年女性研究人员的工作条件，支持中低层女性教师从事学术研究，如成立专门资助办公室，为青年女性人员提供科研资助机

---

① University of Lausanne.University of Lausanne Action Plan for Gender Equality 2013-2016[R]. Lausanne：University of Lausanne，2013：10.

② Julia L R, Heidi S. Sexes et encouragement de la recherche（GEFO）—Résumé du rapport deSynthèse[EB/OL]. http://www.snf.ch/SiteCollectionDocuments/Web-News/news_081125_F_Summary_GEFO_def.pdf. [2019-12-23].

会；为青年女性研究人员和博士助手提供指导；采取优惠措施为具有家庭负担的青年女性研究人员提供支持；为助理教授提供"教学脱岗"惠利，使其潜心准备科研项目资助申请；支持拓展博士教育项目；保护科研人员生涯博士后阶段女性的参与性。《洛桑大学性别平等行动计划2013—2016》指出，应有效解决青年女性博士后人员学术专业发展与家庭事务之间的冲突问题。对此，洛桑大学继续采取措施支持中层女性学术研究人员从事博士后学术工作，加强对青年女性研究人员的专业指导和培训工作。①

　　洛桑大学不断改善具有家庭负担女性学术人员条件。为改善有家庭幼儿看护负担的女性学术人员的条件，洛桑大学与洛桑联邦理工大学联合启动了"居家保姆"（child-minding policy）计划，该计划授权在洛桑大学资助成立三个托儿所、一个学前班，并为教职工孩子提供假日活动，为洛桑大学青年女性研究人员看护幼儿提供便利。另外，洛桑大学每年为经济困难的家长提供约25000瑞士法郎的私人居家保姆财政资助，成立家长居家保姆应急计划，实施"家庭服务"（service famille）计划，为出国归来的新任教师提供居家保姆支持服务。在解决家庭事务与专业学习关系方面，洛桑大学自2011年开始启动了"兼职硕士学位"学习项目，并将女性博士生和讲师的产假延长至一年半。在《洛桑大学性别平等行动计划2013—2016》中，洛桑大学又进一步提出：提高学校日托服务能力，以满足大学青年女性教师幼儿看护的需求。②这些举措为具有家庭婴幼儿看护负担的学术人员提供了必要的体制支撑。

2. 实施青年基础研究人才质量提升计划

　　为提升大学青年学术研究人才质量，瑞士政府实施了如"柏宇计划""青年研究人才促进计划""人文社会科学博士计划""博士协同培育计划"等一系列支持计划。"柏宇计划"包括"社会与预防医学、流行病学、生命伦理学、护理学研究"和"瑞士临床医师学术研究"两个项目，旨在为那些愿意在大学从事独立学术研究工作的瑞士杰出青年提供资金支持，激励他们潜心于大学学术研究项目的开展和领导管理工作。

　　该计划的申请条件有明确规定：获得博士学位后具有5年以上科研工作经历；医学研究人员必须在博士毕业后具有3年以上临床实践经历；具有较高水平科研成果；在非博士阶段就读大学从事至少12个月的博士后研究工

　　① University of Lausanne. University of Lausanne Action Plan for Gender Equality 2013-2016[R]. Lausanne：University of Lausanne，2013：11.

　　② University of Lausanne. University of Lausanne Action Plan for Gender Equality 2013-2016[R]. Lausanne：University of Lausanne，2013：12.

作。根据申请者的申报情况，采取竞争机制由同行评审办法予以遴选。评审标准主要包括：研究项目的质量、原创性、意义和独立性；所在大学科研机构的自治性；申请者的详细科研经历，特别是前期科研成果；申请者的流动性，即申请者必须有国外就读博士或博士后的研究经历；申请者是否能够顺利融入并适应瑞士科研共同体环境。在经费管理上，要求项目负责人严格进行财政支出预算，科研会议和研讨会经费不在其中之列，由国家科学基金会另立资助项目支付。科研经费可用于技术人员、实验室助手，以及博士后等人员的薪金支付，只要在可控范围之内，具体支付比例不做要求。对于从事临床医学工作的医学研究人员，其必须将科研经费的 80%—90%用于项目研究工作和相关培训，将至少 10%的科研经费用于临床工作，并且在整个资助期间，其不能再申请国家科学基金会的其他研究项目。[①]

"青年研究人才促进计划"实施的逻辑理念是：青年研究人才是国家学术研究人才中最脆弱、最不确定的群体，也处于最具发展潜质的学术职业生涯阶段，学术职业必须对青年研究人员具有高度吸引力，才能确保瑞士学术研究竞争力的世界领先地位。该计划为瑞士所有青年学术研究人员提供资助（受"柏宇计划"资助的研究人员除外），涵盖所有研究领域（受"人文社会科学博士计划"资助的研究人员除外）。该计划设有"博士流动奖学金"、"初级博士后流动奖学金"以及"高级博士后流动奖学金"资助项目，主要为那些愿意在国外研究机构提升自身学术能力的博士研究生、初级博士后和高级博士后研究人员提供资助，资助包括生活费、差旅费、科研和国际学术会议费等，资助期限为 6—36 个月不等。资助款项包括基本工资福利（所在单位提供的超过国家科学基金会的规定将不再提供）、基本奖学金（根据东道国的生活情况）、儿童看护补贴（其间如果夫妻双方均未获得儿童看护补贴，国家将给予每年 9000瑞士法郎的补贴，如果小孩在瑞士境内，将给予每年 3000 瑞士法郎的补贴）、科研成本（如果东道国不能提供科研成本，将给予不超过每年 3000 瑞士法郎的科研补贴）、学术会议费（不高于每年 2000 瑞士法郎）、学费（全免）、差旅补贴（个人往返费用，家庭成员可获得 6 个月以上的生活补贴）。[②]

"人文社会科学博士计划"主要是为那些愿意根据自己兴趣从事人文社会科学研究工作的瑞士博士研究生提供的一项资助计划。受资助者必须是全日制博士研究生，受资助期限为 2—4 年。受资助资格为：具有瑞士大学硕士学位

① SNSF. Ambizione，Ambizione-PROSPER，Ambizione-SCORE[EB/OL]. http://www.snf.ch/en/funding/careers/ambizione/Pages/default.aspx. [2019-12-16].

② SNSF. Promotion of Young Researchers[EB/OL]. http://www.snf.ch/en/theSNSF/research-policies/promotion-of-young-researchers/Pages/default.aspx. [2019-12-16].

并在瑞士大学录取为人文社会科学领域的博士研究生，在国外获得相应学位且具有瑞士国籍的研究人员也可以申请；一般硕士毕业后 2 年内申请，如有家庭看护任务等特殊原因的，可适当放宽年限；硕士学位论文优秀者或为优秀硕士毕业生；其学士学位、硕士学位获得学校和博士录取学校不能在同一所大学；受资助后，必须在瑞士大学从事博士研究生学习和研究工作。评审遴选程序同"柏宇计划"。遴选标准为：预期毕业论文项目的质量、原创性、时事性和可行性；申请者的科研经历及成果；预期毕业论文顺利完成的可能性；申请者对科学研究职业的个性倾向性及其职业发展前景；申请者所在大学科研实力、工作条件以及专业指导的可能性。[①]

"博士协同培育计划"是由国家科学基金会发起的，后由瑞士大学校长大会共同参与实施。该计划主要依托多家大学研究团队组建的全国性科研协同网络平台，旨在提升博士生培养质量，目前主要包括如洛桑大学的"查普伊萨特"（Michel Chapuisat）、"莱曼"（Laurent Lehmann），苏黎世大学"格雷赛尔"（Michael Griesser）、曼塞尔（Marta Manser）等 10 个瑞士大学顶级科研团队。参与该计划的博士和博士后研究人员可以从协同网络中获得丰富的科研技能、知识和能力。另外，该计划也是一项集普通科研方法、理论概念和实验性学习方法为一体的系统化博士和博士后培养方式，主要活动范围包括：定期召开年度研讨会，参与者通过学术交流了解各科研团队的最新进展，为科研人员加强跨校科研协同提供前提条件；开设科研成果撰写的相关课程，帮助学生有效撰写科研论文。该计划并不授予博士学位，但学生可以通过上述学术活动获得其必修博士学位学分。同时，该计划还支持大学创建"校际协同博士培养项目"，以提升博士教育质量和促进博士学位获得者的学术职业发展。[②]

3. 赋予大学基础研究人才培育高度自治权

政府赋予大学充分学术自治，为确保学术研究人员自由探索和协同创新提供了充分空间。瑞士综合性大学和应用科学大学都享有自治权。在组织结构上，大学校长的遴选由外界管理部门实施，校长资格无法律规制，校长解聘不受法律条文约束，校长任职年限为 2—6 年，可根据不同大学自身特点自行确定；大学有权决定其学术结构体制。在学术研究财政上，大学实行"分类拨

① SNSF. Doc.CH in the Humanities and Social Sciences（HSS）[EB/OL]. http://www.snf.ch/en/funding/careers/docch/Pages/default.aspx. [2020-12-16].

② CRUS. SUK-Programm "Doktoratsprogramme"（2013-2016）[EB/OL]. http://www.crus.ch/information-programme/projekte-programme/suk-programm-2013-2016-p-1-doktoratsprogramme.html?L=2. [2020-12-16].

款"模式。大学可以不受任何限制地自主处置年度决算后的剩余拨款，但大学不能够自行从金融市场借款。在教职工自治方面，大学能够自由聘任学术人员，自主决定高级学术人员和管理人员的工资待遇，自主解聘教职工，而不受国家劳动法的约束，能够根据成效自主提升教职工的职业能力。在学术自治上，大学可以自主决定招生数量，能够不经事先审批自主创办学士、硕士和博士教育项目；自主决定学术项目是否停办；自主选择教育教学语言；根据自身需要自主选择质量保障体系；自主决定其各项学术内容和学术事务。在教师自治指标中，瑞士在高级学术人员聘任程序、薪金、晋升程序等指标上均居欧洲第一；在学术自治方面，瑞士在学位（学士、硕士和博士）教育项目的增设和废除、教学语言、内部质量保证机制、学位教育项目内容设计等指标上均居欧洲第一。[①]这些自治权的享有，为瑞士大学学术研究人员自由学术探究、开展与外界的协同创新提供了必要的体制机制保障。

4. 积极推进基础科研人才跨部门流动

瑞士大学学术研究人员具有双重身份，他们既是大学教学科研人员，又要在企业部门开展研发活动，并且所有研究人员在其职业生涯中至少有过一次从企业到大学或从大学到企业的工作调动经历。大学研究人员长期与企业部门和劳动力市场保持稳定的合作关系，所有研究项目都是在与企业部门的协同下开展的，政府在其中起着重要的推动作用。例如，CTI 的核心使命就是支持国家研发创新和创业活动，通过资金支持和区域产学创新网络平台帮助大学研究人员优化知识与技术转移机制，激励大学研究人员与企业开展科研成果转化。另外，国家科学基金会在协同创新中发挥着极其重要的角色。NRP、NCCR 是国家科学基金会启动并实施的以卓越为导向的产学研协同创新计划。

NRP 发起于 1975 年，旨在促进知识创新，解决瑞士社会重大急迫问题。目前该计划在全国已设立 71 个项目，涉及社会融合、生活冲突以及可持续水资源管理等领域，主要资助对象是那些事关国家重大发展战略的学术研究项目。项目资助期限为 4—5 年，每项资助 500 万—2000 万瑞士法郎。该计划的典型特征是：以问题解决为导向（问题性）；密切联系重大实践问题（实践性）；跨学科性和交叉学科性（跨学科性）；一项 NRP 的所有科研项目都有一个共同目标（整体性）；高度重视知识转移和成果转化（转化性）。NRP 上述典型特征赋予了其高度的协同性，即科研项目高度重视学术研究者与产业伙伴之间的协同关系，来自不同学科领域的杰出研究人员以协同创新联盟形式整合

---

① Estermann T，Nokkala T，Steinel M. University Autonomy in Europe II[R]. Brussels：The European University Association，2011：23.

各方优势资源以解决现实复杂问题，从而确保产学协同创新能力的提升。

NRP 的实施过程包括三个阶段：第一阶段为起始阶段（对话论证），即社会公民、研究人员和政界人士对话。该阶段由大学、科研院所、产业部门、行政管理部门、商务部门等各利益相关者通过对话研讨，向瑞士国家教育与研究秘书处提出研究主题建议；上述部门与国家科学基金会协同对研究主题以及开展研究的可行性进行专题研究，对可行性的研究主题设计项目建设纲要；然后提交联邦委员会，与国家科学基金会共同起草项目实施计划。时限为 12—15 个月。第二阶段为研究阶段，由国家科学基金会和研究人员组织研究项目申报和遴选，对立项项目开展为期 48—60 个月的实际研究工作，并由国家科学基金会予以协同和检测进展情况。第三阶段为分析和实施阶段。在第二阶段研究的基础上，研究人员向国家科学基金会提交最终研究报告，由国家教育与研究秘书处和联邦内务部对 NRP 实施效果进行分析，并移交给联邦委员会；同时，国家科学基金会联合大学、科研院所、企业等行为主体对 NRP 的研究成果向全国研究人员、企业以及公众传播，促进科研成果转化。[①]

NCCR 创建于 2001 年，到 2019 年，瑞士全国已有 31 个中心，旨在大力提升事关瑞士未来科学、经济和社会发展等战略领域的卓越科研能力。该计划主要委托学术研究声誉较好的大学和研究机构予以管理，其三大使命性任务是：研究，即以质量卓越为导向，开展基础研究、应用研究；知识和技术转移，即与研究成果的潜在用户建立密切联系，并与潜在用户协同开展项目实施计划和实施过程；女性研究人员培育，即设立博士和博士后青年研究人员培养平台，特别关注女性研究人员的专业发展。目前，NCCR 共有高级研究人员 1163 人，助理研究人员 203 人，博士后研究人员 630 人，博士生 1106 人；国外研究人员 916 人；女性占 36%，男性占 64%。[②]NCCR 已成为瑞士具有重大战略意义的高级协同研究工程和卓越青年学术研究人才培育的重要平台。

5. 加强高层次青年基础科研人才国际流动

国际流动是瑞士培育卓越青年学术研究人才的重要途径。瑞士政府通过多种措施吸纳和留守国内外顶级学术研究人才从事研究工作，如国家教育-研究-创新秘书处在国外设立的"瑞士科技交流之家"（Swiss Houses for Scientific and Technological Exchange）项目，聘请了世界各国的科学咨询专家，与伙伴国家建立了密切的教育、研究和创新双边合作伙伴关系，瑞士大学学术研究人员可充分享有该网络平台的资源。在流入方面，比较典型的如"柏宇计划"，

---

① SNSF. The National Research Progammes Brochure[R]. Bern：SNSF，2018：22.
② SNSF. National Centres of Competence in Research Guide[R]. Bern：SNSF，2019：23.

该计划旨在支持正在国外或已经回国的瑞士学术研究人员，并吸纳国外青年研究人才到瑞士从事研究工作。

瑞士国家科学基金会的"教授计划"旨在支持回国学术研究人员在瑞士大学从事科研工作。在流出方面，瑞士科研体制包括一系列激励科研人员出国学习和研究工作的措施，如鼓励教授在公休假期间到国外开展科研交流与合作，并将国外科研经历作为教授评定的前提条件。瑞士教育与研究秘书处实施的"联合博士培养计划"就是一项典型的以瑞士大学与国外伙伴大学联合培养博士研究人员的国际合作计划，该计划为博士研究生及其导师提供出国学习和科研工作的财政支持。①

瑞士国家科学基金会的"奖学金计划"是为瑞士博士生和博士后研究人员出国访学提供资助的国际交流计划，该计划向瑞士所有博士研究生以及博士后研究人员开放。国家科学基金会的"短期访学计划"旨在鼓励瑞士科研人员出国或国外科研人员到瑞士进行短期访学，该计划不受研究领域和地域的限制。国家科学基金会的"科研项目流动资助计划"鼓励开展国家科学基金会科研项目的所有学科领域的博士研究生到国外访学 6—12 个月，不受地域限制。

三、多元战略工具力促大学基础研究国际协同

1. 基础研究国际协同战略转型发展

为推进大学基础研究卓越发展，创建世界一流大学和学科，自 20 世纪中期，瑞士政府就启动了国际科研合作战略，大致经历了四个转型发展阶段，其国际科研协同地图开始以欧洲为中心向全球辐射，一方面积极与欧盟研究框架计划密切合作，另一方面开始加强同第三国家合作，战略导向开始扩大到非欧洲国家，并直接指向新兴经济体和主要发展中国家，其政策工具开始由单一化走向多元化。瑞士大学国际科研协同战略的新一轮转型，为其持续确保世界一流大学科研竞争力和世界顶尖国家创新力注入了新的动力机制。

（1）国际科研协同初步建制阶段（1952—1972 年）：启动欧洲跨国大科学计划，成立科研协同治理组织

瑞士大学国际科研协同战略源于第二次世界大战后。在第二次世界大战后到 1972 年这一初期阶段，瑞士大学国际科研协同战略发展与国家科技政策

① State Secretariat for Education, Research and Innovation. Promotion of Education, Research and Innovation for 2013-2016[R]. Bern: State Secretariat for Education, Research and Innovation, 2013: 16.

发展保持高度一致。这一阶段，瑞士政府开展国际科研协同事务主要鼓励研究型大学主动参与欧洲科技政策制定，并与欧洲相关国家联合开展科研项目，且在这一阶段成立了一系列世界著名国际科研协同计划。这些国际科研计划触发了瑞士早期的大学国际科研协同政策工具和科研治理组织的结构改革，将瑞士大学科研卓越发展置于欧洲科技和经济体系之中。

第二次世界大战前，瑞士并未将大学科研事业纳入国家公共政策体系，第二次世界大战后，瑞士政府考虑到美国、日本等主要发达国家持续增加科研开支，瑞士科研财政资源不充分性亟待通过专门联邦机构予以解决。对此，1952 年，瑞士联邦政府成立了瑞士国家科学基金会，旨在从国家层面负责瑞士科学研究事业的快速发展，这标志着瑞士联邦政府开始通过资金拨款形式致力于提升国家各学科领域的科研竞争力。与此同时，在联合国教育、科学及文化组织的倡导下，瑞士政府于 1952 年创立了欧洲区域研究组织 CERN，该组织旨在确保欧洲在物理领域的国际地位，瑞士作为 CERN 最初的 11 个成员国之一加入了该组织，并将该组织的实体基地选定在瑞士日内瓦，CERN 成为瑞士参与欧洲研究计划（European Research Programmes）的先锋者。随后，瑞士又于 1962 年加入了欧洲太空研究组织（European Space Research Organization，ESRO）、1969 年加入了欧洲分子生物组织（European Molecular Biology Organization，EMBO）、1970 年加入了地中海国际科学考察委员会（Commission International Exploration Scientific Mediterranean，CIESM）。

这一阶段，瑞士国际科研协同战略的另一个重要标志是成立了一批国家科研治理机构。1963 年，OECD 举行了首届部长级科学大会，并发布了《Piagnol 报告：科学与政府政策》，该报告建议成员国政府成立科学咨询组织，以支持国家科研发展，旨在将政府对科研事业的政治远景转化为国家科研战略理念，将科学研究提到了促进经济增长的战略高度。在此背景下，瑞士政府成立了多个国家科学政策机构，如 1965 年成立了瑞士科学委员会（Swiss Science Council），1967 年成立了科学-教育-文化委员会（Science，Education and Culture Committee），1969 年成立了联邦内政部科学与研究处（Division for Science and Research at the Federal Department of Home Affairs），1969 年成立了科学与研究部际协调委员会（Interdepartmental Coordinating Committee for Science and Research）和瑞士大学大会（Swiss University Conference）。1968 年，瑞士联邦政府出台了《联邦高等教育资助法》，负责为瑞士大学参与欧洲科研合作项目提供联邦资金支持；1971 年，瑞士政府又联合西欧国家启动了第一个西欧区域政府际科技合作计划，由瑞士联邦内政部科学与研究处负责管理。1972 年，瑞士联邦委员会邀请国会修订了瑞士宪法，赋予了联邦政府负责国家教育和科研发展的新使命，其中也包括国际科研协同使命，并将科学研究作为专项条款引入瑞士联邦宪法。瑞士国际科研协同初期，战略目标重点是确保瑞士作为中立国参与欧洲区域新兴科研协同计划，所运用的政策工具包括联邦派令、法典、国际协议，以及新成立的国家科研发展机构、治理委员会等，并将科研条款首次引入瑞士宪法，强调技术驱动型科研合作，其政策话语仅限于欧洲地域。

（2）国际科研协同全面深入发展阶段（1973—2003年）：由"第三方参与"走向"完全联合"欧洲区域科研计划

瑞士国际科研协同战略发展第二阶段的重心是确保全面深入参与欧洲研究计划，其中最具代表性的是欧洲原子能共同体（European Atomic Energy Community）。1986年，瑞士政府与欧洲共同体签署了科研合作框架协议，该协议为瑞士参与欧洲科研框架计划提供了坚实的战略基础。1988年，瑞士正式参与欧洲科研框架计划。这一阶段，国际科研协同战略重心仍在前期的核能、粒子物理、太空研究、分子生物等技术型科研领域。随后，瑞士于1974年加入了国际能源署和国际能源计划（International Energy Agency and the International Energy Programmes），1975年加入了欧洲太空研究署（European Space Agency），1979年加入了欧洲原子能共同体（EURATOM），1981年加入了欧洲南部天文台（European Southern Observatory）、1988年加入了欧洲同步辐射设施（European Synchrotron Radiation Facility）等大科学研究计划。1979年，瑞士政府成立了联邦教育与科学办公署，主要负责瑞士国际科研政策的制定和实施，并于1990年成立了联邦内政部科学与研究集团，同年向布鲁塞尔派遣了第一位科学大使，开启了科学外交的先河。

这一阶段，瑞士国际科研协同战略重心开始走向参与欧洲框架计划，瑞士以第三方国家参与了第三、第四、第五框架计划，2004年成功获得了"完全联合"（full association）参与第六框架计划的身份。这一阶段，欧洲框架计划的科研政策发生了深刻转型，第一、第二框架计划主要是根据1987年单一欧洲法的资助模式开展的，1992年在《马斯特里赫特条约》框架下，欧委会启动了新的推进计划以确保成员国之间的高度协调；同年12月，瑞士经过公投脱离了欧洲经济区域成员国身份，瑞士联邦委员会开始通过双边协议与欧盟框架计划开展合作，并重点集中在7个政策领域，其中就包括科研协议。第六框架计划的双边科研协议的重要意义在于将瑞士参与框架计划的角色从"第三方"转向"完全联合"，瑞士完全联合框架计划的合作关系确保了其充分获取影响未来框架计划设计和实施的信息与机会。这一阶段，瑞士国际科研协同战略的重点是跟随新兴欧洲科研政策及其日益扩张的科研计划，所运用的政策工具主要是双边协议。1986 年，瑞士和欧洲共同体联合研究委员会成立，确保了瑞士在与欧洲共同体科研协同谈判进程中的主导地位。2000—2003 年，瑞士联邦政府科研战略目标还将瑞士高等教育网络整合到国际科研协同体系，确保瑞士高等教育纳入欧盟框架计划。这一阶段，瑞士政府采取了一系列政策工具推动科学外交，如 1986 年瑞士向日本选派了一名科学大使，1990 年向布鲁塞尔选派了一名科学大使，并于 2000 年、2003 年、2004 年分别在波士顿、圣弗朗西斯科、新加坡启动了"瑞士网络之家"（Swissnex Houses）计划，旨在加强与这些国家和地区之间的科学研究交流与合作。①

（3）国际科研协同全球思维发展阶段（2004 年至今）：欧盟框架计划完全联合与新兴发展中国家合作

这一阶段的触发事件主要是在 2004 年，瑞士以完全联合形式与欧盟框架计划合作，2005 年，瑞士联邦委员会决定与欧盟外优先战略国家建立国际科研协同关系。这两大事件标志着瑞士国际科研协同进入了新的历史时期。同时，联邦委员会发布了一项法令，要求建立一个跨部门工作组负责制定瑞士教育-研究-创新国际战略。2004—2014 年，瑞士与欧洲国际科研协同战略的典型特征是以完全联合形式参与第六、第七框架计划，新的战略地位赋予了瑞士参与欧盟框架计划科研政策委员会并扩大其参与范围的权利和机会。但是到 2014 年，瑞士又失去了这一战略地位，只能以第三方身份与欧盟框架计划合作，瑞士与欧洲国际科研协同战略开始走向低谷。直到 2016 年，瑞士又重新获得了完全联合参与欧盟框架计划的权利。尽管在与欧盟科研合作中出现了多次波折，但整体上瑞士这一阶段的国际科研协同战略持续快速发展，不但确保了瑞士参与欧洲科研协同，而且确保了瑞士参与欧盟科研决策委员会的工作，对瑞士国际科研协同战略的发展发挥了极其重要的作用。

在与欧洲继续深入合作过程中，瑞士联邦委员会又决定扩大瑞士国际科研协同关系范围，将国际科研协同战略扩大到新兴、发展中国家区域。近年来，瑞士政府启动了大量新的国际科研协同政策工具，从不同层面强化其科研协同的全球化战略。2010 年，瑞士联邦委员会发布了第一部《国际教育-研究-创新战略》，2012 年全面修订了瑞士科研法案，为国际科研协同战略提供了新的法律框架。瑞士国际科研协同战略转型与瑞士国家教育-研究-创新秘书处这一单一联邦机构的创立密切相关。2005 年，瑞士将两个联邦机构兼并为隶属于联邦内政部的国家科研秘书处，随后国家科研秘书处跟隶属于联邦经济事务

---

① Schlegel F. Swiss science diplomacy：Harnessing the inventiveness and excellence of the private and public sectors[J]. Science & Diplomacy，2014，3（1）：12-26.

部的联邦专业教育与技术办公处联合兼并为新成立的联邦经济事务-教育-研究部下属国家科研与创新秘书局，并分设国际关系处（负责双边关系和瑞士网络之家）和科研与创新处（负责欧盟框架计划、国际科研组织、国际科研与创新计划）。在瑞士国际科研协同战略走向全球化的进程中，随着科研法案的全面修订、治理机构的转型改制，其政策工具日益多样化，优先战略区域主要包括中国、印度、日本、巴西、南非、韩国、俄罗斯、阿根廷等主要新兴、发展中国家。双边科研项目的治理结构也发生了根本转型，高等教育机构的治理责任开始转向国家科学基金会。瑞士网络之家也开始成为瑞士开展国际科研协同的新型政策工具，外派科学大使的范围不断扩大，瑞士科学大使和瑞士网络之家已遍布全球主要国家和地区，并发展成为"教育-研究-创新海外网络"。2012年，瑞士发展与合作署和国家科学基金会联合发起了一项新的十年资助计划——"瑞士全球发展问题研究计划"（Swiss Programme for Research on Global Issues for Development，SPRGID）。

2. 国际科研协同战略转型中的多元政策工具

瑞士国际科研协同战略已进入新的历史时期，呈现出多元化发展新格局，涉及科研法律体系、科研计划、新型科学外交计划、国际协议、国际战略、国际委员会和大使、政策发展等领域。

（1）基础研究国际协同政策法律支持

瑞士世界一流科研发展具有坚实的法律基础。瑞士新修订的联邦宪法第20条规定：必须保障科学研究的自由。《联邦研究与创新促进法》（Federal Act on the Promotion of Research and Innovation，FAPRI）作为框架性法律，对联邦在研发促进方面的任务和组织，促进机构的任务、程序和职能，国际科研合作，政府研究的规划、协调和质量监督等方面做了规定，为建设瑞士国家创新园奠定了法律基础。《高等教育财政和协调法》（Higher Education Funding and Coordination Act，HEFCA）规定，由联邦和州合作保障高校质量和竞争力。该法还对高校资金来源、成本密集领域的分工和联邦基础资金保障做了规定。此外，《联邦理工大学法》对2所联邦理工大学和4所专门研究机构（保罗·谢尔研究所、瑞士联邦森林-雪-景观研究所、联邦材料检测和研究所、水务研究所）的任务和组织做出了规定。

为确保瑞士世界一流科研发展，不断提升国家科研创新竞争力，瑞士政府专门制定并在2012年修订了《研究与创新促进法》（Research and Innovation Promotion Act），还附有相关法律条例，于2014年开始正式生效，该法律体系为瑞士国际科研协同战略发展提供了基本法律依据。新的法律体系明确了国家教育-研究-创新事务秘书局在确保国际科研协同战略发展方面的广域责任，包括国际科研协议、绩效与服务协议、科研政策规划程序、联邦科研项目财政拨款等事务。新法律体系将 SERI 部分责任和财政拨款权力下放到其他机构，以便激活整个国家科研治理体系。在瑞士，原则上政策制定不属于联邦政府的责任，SERI 为应对这些新的责任和使命，通过绩效与服务协议将科研决策权利委托给其他机构，特别是授予了国家科学基金会广泛的国际科研战略决策权，并与国家科学基金会、瑞士研究院、瑞士科学委员会、双边研究计划领导之家等机构签署了绩效与服务协议。

2012 年新法律修订后，瑞士 SERI 签署的国际科研协同战略绩效和服务协议快速激增，这为国际科研协同治理权力下放提供了必要的制度环境。新的法律框架规定了国际科研协同财务预算和拨款要求，该领域主要由 SERI 根据《国际教育-研究-创新战略》对国际科研协同活动予以派拨。新的法律体系授权联邦委员会采取有效措施对国家和国际科研促进政策进行评估和协调，并要求联邦委员会负责通过协调机制实现国际科研创新协同政策与瑞士经济外交政策、发展政策和普通外交政策之间的高度整合，但并未在法律上规定如何履行这些职责。

教育-研究-创新"知识三角"已成为欧洲国家创新驱动教育改革和发展的新生价值取向。作为"知识三角"的基本要素，教育、研究和创新是确保个人利益、社会凝聚力、经济增长和全球可持续发展的基本保障。2010 年，瑞士联邦委员会第一次发布《国际教育-研究-创新战略》，旨在将教育-研究-创新作为完整生态体系融入国际社会，有效地提升了教育-研究-创新综合竞争力。[①]为了继续保持瑞士教育、科研和创新的领先地位，瑞士政府制定出台了《2018—2022 年国际教育-研究-创新战略》。该战略框架是基于瑞士教育-科研-创新卓越发展、高度协同网络和高竞争力的国际地位，为应对瑞士在国际科研创新协同方面面临的新挑战和新机遇而提出的新举措，旨在创造最佳条件，促进瑞士科研人才自由参与国际活动，主动利用国外对瑞士开放的重大科研基础设施和服务，促进青年科研人员进行跨国流动以提升自身的科研素养和开阔自身的视野，向纵深广域推进国际科研创新协同全球化。该战略高度重视与《欧盟研究和创新框架计划》中的"地平线 2020"计划的战略合作，支持高等教育机构、企业以及杰出个人研究人员积极参与框架计划的项目合作。

---

① State Secretariat for Education, Research and Innovation. Switzerland's International Strategy for Education, Research and Innovation[R]. Bern: State Secretariat for Education, Research and Innovation, 2010: 12.

此外，瑞士还通过参与各种国际组织建立了持久和成功的研究合作关系。为加强教育-研究-创新国际科研互联网建设，瑞士政府一方面积极开展多样化双边研究合作项目，努力减少合作障碍，与科研卓越的国家或地区建立新型伙伴关系，另一方面持续推进瑞士科学中心网络的发展。瑞士科学中心是瑞士教育-研究-创新的全球网络，通过全球科研合作方式、公私伙伴关系和众筹资金途径，使瑞士教育-科研-创新各要素能够有效地汇集国际科研创新网络各方优势资源，推进全球科研人才交流。①瑞士国家科学基金会作为教育-研究-创新体系中最重要的资金支持机构，主要任务是通过对基础研究资金的支持促进瑞士世界一流科学研究，如支持世界一流研究项目和研究人员追求国际卓越。瑞士科技创新署是联邦科研卓越中心，旨在促进知识创新、经济和社会发展，重点放在研发项目资助、创新创业、知识和技术转移等领域。瑞士的艺术和科学学院是自然科学、人文、社会科学、医学和技术领域的学术协会，旨在提高瑞士作为科学中心的国际地位，支持各种科研网络的发展。

（2）国际科研合作计划

目前瑞士开展国际科研协同计划主要包括双边科研计划和瑞士全球发展问题研究计划。为加强与新兴、发展中战略优先国家的科研协同关系，2008年，瑞士政府在前期与欧洲国家开展双边科研计划的基础上启动了面向全球的双边科研计划。双边科研计划与瑞士科学中心网络是瑞士政府与欧洲之外主要国家联合开展科研创新活动的重要工具。近年来，瑞士科学中心网络的管理制度、财政支持分类、资助程序和法律地位都发生了新的变化，但其始终恪守双边互利、联合资助、科研卓越的基本价值追求。双边科研计划引入了新型管理模式，由高等教育机构联合国家科学基金会、联邦理工学院系统等机构，负责对其国际合作伙伴进行共同治理。

瑞士国家指导委员会（National Steering Committees）主要由政府部门、国家科学基金会以及顶尖大学代表构成，共同负责研究计划治理；联合委员会主要由双边合作国家代表构成，负责对优先战略国家科研协同计划进行治理，这种治理模式确保了双边国家共同对科研协同项目进行评估和决策。为简化治理程序，提高治理效能，2011年之后，瑞士将顶尖科研机构双边科研协同计划的治理、评估职责移交给了国家科学基金会。近年来，领英之家（Leading Houses）的角色也发生了变化，新法律框架赋予了SERI任命国家指导委员会和领英之家的职责，通过与国家科学基金会的绩效协议机制明确了双边科研计

---

① State Secretariat for Education，Research and Innovation. A Roadmap for the Further Development of the Swissnex Network[R]. Bern：State Secretariat for Education，Research and Innovation，2015：23.

划的具体方案。领英之家也获得了新的地位，作为联盟办公室，负责北非-中东、撒哈拉沙漠以南的非洲、拉丁美洲、东亚-东南亚、俄罗斯、印度、伊朗等国家和地区的双边科研计划。双边科研计划资助由国家科学基金会通过教育-研究-创新派拨机制并由国会审批予以实施。SERI 还承担着为领英之家提供与发展中国家开展科研协同的实情调查使命。①

瑞士全球发展问题研究计划是由国家科学基金会发起的一项周期为 10 年的联合资助计划，该计划在合作地域范围上远远超过了双边科研计划，旨在解决中低收入以及最不发达国家所面临的全球性问题，对社会冲突、就业、食品安全、生态系统、公共卫生等领域开展开放研究。该计划已发展成为瑞士新兴国际科研协同战略工具。该计划通过对国际科研战略伙伴提供资金支持，将科学研究与社会发展深度对接，通过交叉学科研究和对科研成果的快速转化，为决策者提供必要的智库咨询，并通过瑞士-发展中国家研究伙伴委员会跨边界研究伙伴战略框架对该计划进行质量评估。

（3）科学外交

21 世纪以来，瑞士政府持续快速发展与新兴、发展中国家开展科学外交，主要政策工具有海外教育-研究-创新网络和探索性科技使命（Exploratory S&T Missions）计划。自 20 世纪 50 年代后期，瑞士就开始开展科学外交，向海外派送了大量科学顾问，到 2017 年底，瑞士政府选拔了 30 余名科学顾问，分布在全球 20 多个国家。21 世纪伊始，瑞士政府就在传统科学顾问这一科学外交政策工具的基础上，通过外交政策和国家科技政策的对接，启动了瑞士科学中心网络这一新型政策工具，第一家瑞士网络之家于 2000 年在波士顿创建了"瑞士高级研究与教育之家计划"（Swiss House for Advanced Research and Education），该计划隶属于华盛顿瑞士大使馆瑞士科学与创新处，随后在圣弗朗西斯科、新加坡、中国等地成立了瑞士网络之家。该计划的最初职能是应对人才外流问题，随后转型为促进人才流动。②2004—2017 年，SERI 启动了一系列针对非欧盟国家的探索性科技使命计划，成为瑞士科学外交的一项新型政策工具。探索性科技使命计划主要由高级别科学外交官陪同实施，不同于科技外交访问团，该计划自实施以来涵盖了南非、阿根廷、巴西、美国、印度、中国、伊朗、德国、肯尼亚等主要国家。瑞士政府在近期的教育-研究-创新资金派拨机制中进一步强调了探索性科技使命计划对于扩大教育-研究-创新

① Lepori B，Dunkel A. Evaluation of the Impact of Swiss Bilateral Programs[R]. Lugano：Università della Svizzera Italiana，2018：12.

② Schlegel F. Swiss science diplomacy：Harnessing the inventiveness and excellence of the private and public sectors[J]. Science & Diplomacy，2016，3（1）：23-39.

双边科研合作关系的重要性。

（4）国际协议、战略和组织

20 世纪 70 年代以来，瑞士就开始通过国际协议形式开展国际科研协同，目前国际协议已成为瑞士开展国际科研协同的重要政策工具。特别是在 21 世纪以来，瑞士将该政策工具运用于全球合作伙伴国家，主要由国家科学基金会、瑞士科学研究院等科研促进机构，以及联邦理工学院系统、其他高等教育机构等具体开展。根据 2012 年瑞士《研究与创新促进法》的规定，瑞士联邦委员会代表瑞士联邦政府负责达成国际科研协议，随后瑞士政府将这一职能由联邦委员会移交给 SERI；根据瑞士《联邦高等教育财政与协调法》，瑞士联邦政府授权联邦委员会代表瑞士高等教育机构商谈和签署国际科研合作协议。新的《研究与创新促进法》规定了所有国际科研合作协议都应包括如下内容：经费预算监管与审计、知识产权保护、参与国际组织机会获取等。

近年来，为扩大瑞士国际科研协同范围，瑞士政府将国际战略作为开展国际科研协同的一项重要政策工具。2010 年，经瑞士联邦委员会批准，SERI 出台了第一部《国际教育-研究-创新战略》，随后分别在 2013 年、2016 年、2018 年出台了《国际教育-研究-创新战略》，另外，国际科学基金会于 2012 年和 2016 年分别出台了自己的国际科研战略，近年来联邦理工学院系统、应用科学大学、苏黎世大学等机构都出台了自己的国际科研合作战略，这些国际战略已成为瑞士国际科研协同战略的新型政策工具。《国际教育-研究-创新战略》鼓励瑞士高等教育机构特别是联邦理工学院制定自己的国际战略，标志着国际科研协同已正式以政策文本形式被提上瑞士联邦发展战略日程（之前联邦科研政策主要强调本国科研发展事务）；国际维度开始成为瑞士追求世界一流科研创新的核心战略取向；将国际合作范围从传统科研合作与科学外交国家和地区扩大到非欧洲的新兴、发展中国家。《国际教育-研究-创新战略》已成为瑞士整个国际科研协同政策体系的重要参照框架，如瑞士网络之家和科学顾问派遣与选址决策、国家外交政策、国家科学基金会国际合作战略、SERI 与国家科学基金会服务协议、应用科学大学国际战略等都将其作为指导性政策参照，旨在使这些多层次、多样化的国际战略、国家决策、机构设置、国际科研合作新委员会的创建等具有其合法性和合理性。

国际科研协同委员会也是瑞士近年来国际科研协同战略的一项重要政策工具，涵盖瑞士科研体系的各个层面，如公共政府机构、科研促进部门、高等教育机构等。2009 年，联邦委员会就委托 SERI 成立了"跨部门工作组"并制定了国际教育-研究-创新长期战略；国家科学基金会成立了国际合作特别委员会（Specialized Committee International Cooperation），负责国家科学基金会国际科研合作战略的制定、实施和监控。瑞士大学校长大会成立了国际关系代表团。瑞士科学中心委员会作为咨询委员会，负责向国家教育-研究-创新秘书处提供瑞士科学中心网络相关的战略问题咨询服务。苏黎世大学国际关系委员会旨在提升该大学的国际地位和声誉。这些委员会在使命范围、目的、责任和相关活动方面有所不同，但也充分体现了国家科研体系中不同机构对其自身国际科研协同战略的需求不断增加。

3. 瑞士大学基础研究国际协同战略转型的基本特征

（1）战略区域全球化

20 世纪 50 年代以来，在相当长一段时间内，瑞士国际科研协同战略重心一直在欧洲区域，尽管在与欧洲共同体、欧盟合作中出现了身份波动，但欧盟仍然是其最重要的科研合作伙伴。在与欧洲科研协同发展战略中，瑞士形成了相对成熟的运行机制、治理体制和政策工具。21 世纪以来，瑞士国家科研政策集中体现在对全球环境的及时反应上。从整体看，瑞士新的国际科研协同战略运行机制都以相对集权模式予以治理，特别是《国际教育-研究-创新战略》《联邦研究与创新促进法》，以及新型国际科研协同和科学外交政策工具，都是由公共政府部门单一联邦机构决策予以形成和治理的。同时，瑞士所有科研机构都必须适应国家科研政策改革环境，应对全球化带来的新挑战，如许多机构成立的咨询委员会和发布的国际战略，都是为了应对全球化给其机构科研带来的新挑战。对此，瑞士政府国际科研协同战略区域开始由欧洲转向全球，并将新兴、发展中国家作为区域扩展的优先战略国家。

（2）战略政策网络化

政策共同体和网络是国际科研协同战略的重要框架体系，政策共同体是围绕政策问题形成的具有共同既得利益的公共和私营行为主体群，政策网络是政策共同体中行为主体之间的结构和权力关系，表达了政策共同体中互动、协调、治理的程度和手段。公共政策依赖于政策共同体及其网络的构成和特征，政策网络结构和效能是衡量不同共同体之间整合程度的重要指标，反过来，政策共同体之间的整合程度影响着公共政策的有效性。基于此，瑞士国际科研协同战略的政策共同体和网络构成与其应对全球大挑战的能力密切相关。理论上讲，尽管某些政策共同体在特定政策范式中具有高度效能，但在国际环境影响下可能会失效或产生冲突。瑞士政府将国际科研协同战略区域从欧洲扩大到包括新兴、发展中国家在内的全球系统，这一过程中出现了新的地方和对外政策主体，推动了国家政策共同体及其网络转型。近年来，瑞士政府启动了一系列推动国际科研协同和科学外交的新型战略计划，形成了相应的政策、战略和实施工具，并在瑞士国家科研体系的各机构层面出现了大量参与国际科研协同战略政策利益主体，形成了与国际科研协同事务相关的国家政策共同体及其网络。在与欧洲科研合作进程中，瑞士与欧盟形成了相对稳定的国际科研协同政策共同体，为近期瑞士科研协同全球化战略提供了必要的政策范式基础，借助欧洲科研协同政策共同体和网络模式，在新的国际环境下，瑞士政府正在积极构建全球思维的科研协同共同体及其网络。

从双边科研合作计划看，瑞士早期的双边科研合作计划的治理结构和过程包括多种委员会、各级治理结构和各类治理程序规范，需要来自合作国双方科研政策共同体的协作，随后将双边科研合作计划整合到国家科学基金会标准化科研促进程序，取消了相应的委员会组织职责。随着联邦协调机制战略的实施，瑞士科研政策共同体和网络得以强化，主要目的是通过多层协同政策共同体和创新型网络提升政策实施的效能，高度整合型政策共同体包括政治、经济、公民社会、公共组织、大学等各领域利益相关者，由此形成了瑞士国际科研协同的跨部门联合工作机制。

（3）战略决策共治化

战略决策权力分配是影响国家科研战略制定和实施的重要因素。在国际科研协同战略中，需要考虑两个因素：一是传统上，科研战略是国家和公民社会之间权力执行的逻辑结果，在应对全球快速变化环境的过程中，需要将新的跨国和国际权力结构引入传统的民族国家权力体系中；二是政策共同体与网络整合程度标志着国家和公民社会行为主体之间决策权力的分配状况。然而，全球科研协同和跨国科研活动打破了传统国家边界，国际科研协同战略行为主体日益多样化，如国际组织、国外政府、跨国企业、各国大学和科研机构等，在走向国际科研协同进程中，不但部门组织日益增多和多样化，而且新的关系网也增加了。瑞士政府在应对全球科研转型中，将新的加强与新兴、发展中国家合作的科研协同计划纳入已有的科研战略体系中，这对瑞士国际科研协同问题的决策权力分配产生了直接影响。

2010年，瑞士联邦委员会发布了《国际教育-研究-创新战略》，这一联邦国际科研协同战略是在没有其他利益相关者参与下由瑞士政府直接制定的。这份战略只是瑞士国家科研政策的常规教育-研究-创新指令政策的补充，并通过教育-研究-创新指令赋予了国际教育-研究-创新战略决策的合法性，也就是说，第一部《国际教育-研究-创新战略》的决策权主要集中在联邦政府。随着国际科研协同利益相关者的不断增多和多样化，在随后的《国际教育-研究-创新战略》制定过程中，瑞士联邦政府充分整合了各级各类与科研协同相关的部门代表，并要求国际组织、国外科学政策专家参与决策，实现了国际科研协同战略决策的科学性和民主性。瑞士政府在推动国际科研协同战略向全球思维转型中，还建立了多利益相关部门协调机制，支持战略政策的制定和实施，特别是在各级相关部门建立了大量咨询委员会，建立了多方参与、高度协调的政策共同体和网络。

四、实施《瑞士开放科学战略》

为促进世界一流基础研究可持续发展，瑞士政府根据开放科学重大转型新理念，于 2018 年启动了国家开放科学战略的研制工作。2018 年 12 月，瑞士联邦政府授权瑞士大学委员会拟定"开放科学：科学信息 FAIR 服务"发展战略草案。2019 年 12 月，瑞士联邦政府发布了《2021—2028 年瑞士国家开放科学战略》（以下简称《瑞士开放科学战略》）。

1. 增强科研数据的共享性和可解释性

共享科研数据特别是数字化科研数据，需要遵循国际开放标准来实现。科研数据是此类数字对象的典型示例。高质量的科研数据是科研过程的关键组成部分。科研数据需要遵循"FAIR"原则，努力实现数据挖掘和研究结果的可重复性。《欧洲研究诚信行为准则》《FAIR 倡议》也指出，科研数据具有促进科学发现的稳健性和完整性，需要加速 FAIR 科研数据的生成，采用开放科学的软件工具和平台，按照国际标准和参考模型，确保研究结果的可重复性。科研数据管理、开放科研数据和 FAIR 数据与整个科研生命周期相关，是科学实践的重要组成部分。《瑞士开放科学战略》明确指出，科研数据、数字化科研基础设施等数字化科研数据资源需要以协作和累积的方式供他人使用；加强利益相关者之间的沟通对话，建立共享服务数字基础设施。[①]

2. 推进开放科学的分散化和多元化发展

为了实现开放科学的分散化和多元化发展，《瑞士开放科学战略》强调，需要跨越诸多分散的数字化科研数据对象存储和获取领域，建立各级交互操作框架，涉及科研数据、语义、法律和道德等方面；加强支持分散和增量科研数据分析，通过数据科学、机器学习和人工智能方法，促进和加速科研数据的开放使用；存储或删除数字化科研数据的内容选择在很大程度上取决于具体的领域或学科。随着越来越敏感的科学设备的出现，科研数据数量将迅速增加。这种科研数据的分散化特性要求加强科研基础设施生态系统开发；加强国际合

---

① Swissuniversities. Swiss National Open Science Strategy[R]. Bern：Swissuniversities，2019：16.

作，确保多样化开放科研数据资源之间具备交互操作性，从具体学科融入国际，鼓励瑞士基础科学研究人员积极参与国际开放科学资源共享网络；瑞士科学家应积极参与国际大科学计划以及世界人文科学领域特定分支机构的活动。①

3. 加强科学与社会的对话

知识生产过程正在经历重大范式转型，有助于加强科学对社会的积极影响，这种变化建立在学术界内外能力建设的基础上。为推动开放科学中的公民科学发展，加强科学与社会之间的互动和对话，《瑞士开放科学战略》指出，需要社会公民通过多种途径积极参与科学共同体事务，推动数字化教育资源开放共享。开放教育需要适当的资源、工具和实践来实现最初教育目标并满足最终质量要求；同时，鉴于66%的研发投资来自瑞士的私营部门，提高私营部门和公共部门之间的共享研究数据能力有助于实现双方互惠互利，帮助瑞士凭借科学驱动的开放创新获得竞争优势。瑞士大学应在国家和国际层面更大的科学生态系统中深度协同，包括获取和解释科学界数字化数据，以及科学数据获取工具、方法和知识，帮助公民应对社会挑战，进而为实现联合国的可持续发展目标做出贡献；尊重高等教育机构的自主权，推动高等教育机构对科研成果评价改革，支持科学文化向开放科学转变；加强学术界、企业与社会之间的对话，重点关注"开放创新"、"公民科学"和"开放教育资源"等事关开放科学的重要议题。

第三节　瑞士大学基础研究高质量发展战略典范：苏黎世大学

苏黎世大学作为一所典型的地方州立大学，以学术卓越为突破口，依循多重生成逻辑，已由一所普通地方性大学发展成为世界一流研究型大学。该大学创建于1833年，创建初期仅有55名教师和161名学生。当时的苏黎世地方政府将已有的神学院、法学院和医学院合并为苏黎世大学，并增设了哲学院，开创了欧洲由民主政府而非君主或教会创办大学的先例。②

---

① Swissuniversities. Swiss National Open Science Strategy[R]. Bern：Swissuniversities，2019：20.

② University of Zurich. History of the University of Zurich[EB/OL]. http://www.uzh.ch/en/about/portrait/history.html. [2020-06-15].

一、苏黎世大学基础研究竞争力

苏黎世大学在学术领域取得了令世界瞩目的卓越成效，不仅产生了第一届诺贝尔物理学奖得主伦琴、"世纪伟人"爱因斯坦等 12 位诺贝尔奖得主，而且已由一所普通州立大学跻身于世界一流大学之列。苏黎世大学在世界高校综合实力排名、科研创新能力、人才培养、师资水平和国际化程度等诸多学术领域享有世界一流卓越的良好声誉，特别是在医学、免疫学、遗传学、神经科学和结构生物学以及经济学等学科领域均居于世界领先水平。在上海交通大学 2019 年世界大学学术排名中，苏黎世大学排在第 54 位，其中生命与农业科学领域居世界第 25 位、欧洲第 4 位，临床医学与药学领域居世界第 36 位、欧洲第 9 位，社会科学领域居世界第 45 位、欧洲第 8 位。[①]2019 年，苏黎世大学在《美国新闻与世界报道》"全球最优大学排名"（U. S. News Best Global Universities Rankings）中居世界第 70 位，居欧洲第 18 位，居瑞士第 3 位，世界前 10%高被引论文比例居世界第 56 位，前 1%高被引论文数量居世界第 58 位，前 10%高被引论文数量居世界第 60 位，总引证量居世界第 67 位，前 1%高被引论文占本校论文总量的比例居世界第 77 位。[②]在 2019 年 QS 世界大学排名（QS World University Rankings）中，苏黎世大学综合排名居世界第 73 位，其中解剖学和生理学学科排名居世界第 20 位，全球毕业生就业能力排名居世界前 150 位。[③]在 2019 年《泰晤士高等教育》世界大学排名（THE World University Rankings）中，苏黎世大学居 106 位，世界大学声誉居世界前 100 位。[④]荷兰莱顿大学（Leiden University）发布的莱顿大学排名（Leiden Ranking）主要基于各大学科技论文贡献量进行排名，根据 2019 年莱顿大学排名结果，苏黎世大学在全球 903 所著名大学中排名第 87 位。[⑤]此外，苏黎世

---

① Shanghai Ranking Consultancy. Academic Ranking of World Universities 2016[EB/OL]. http://www.shanghairanking.com/ARWU2016.html. [2020-07-20].

② U.S. News & World Report. Best Global Universities Rankings[EB/OL]. http://www.usnews.com/education/best-global-universities/rankings. [2020-07-20].

③ Quacquarelli Symonds. QS World University Rankings[EB/OL]. http://www.topuniversities.com/qs-world- university-rankings. [2020-09-08].

④ Times Higher Education. World University Rankings 2019[EB/OL]. http://www.timeshigher-ucation.com/worlduniversityrankings/2019/worldranking#!/page/0/length/25/sort_by/rank/sort_order/asc/cols/stats. [2020-09-08].

⑤ Centre for Science and Technology Studies, Leiden University, The Netherlands. CWTS Leiden Ranking 2019[EB/OL]. http://www.leidenranking.com/ranking/2019/list. [2020-09-08].

大学长期以来注重通过高效的发明成果转化服务于技术创新和经济发展，在 Reuters 创新性大学排名中，苏黎世大学被誉为欧洲最具创新性大学之一，排名第 9 位（洛桑联邦理工大学排名第 5 位，苏黎世联邦理工大学排名第 11 位）。①在世界 22 个学科的 3000 名顶级高引研究者（highly cited researchers）中，苏黎世大学就拥有 6 名。②苏黎世大学坚持高度开放和国际化的办学战略，有 56% 的教授和 40% 以上的教师来自国外，外籍学生占全校学生总数的 18%，分别来自 100 多个不同的国家，其中外籍博士生占全校博士生的比例高达 42%，在《泰晤士高等教育》发布的 2019 年世界大学国际化排名中，苏黎世大学居世界第 15 位。③

二、苏黎世大学基础研究高质量发展战略向度

1. 以世界一流卓越为其基础研究战略的核心价值追求

苏黎世大学自创建初就开始奉行"卓越发展"的学术价值理念，确立了"建设成为国家级重点大学"的早期发展目标。在一个多世纪的发展道路上，苏黎世大学一直以"国际卓越"为标杆引领其学术发展。1998 年，苏黎世州政府通过新的《大学法》，赋予了苏黎世大学在走向世界一流大学进程中的高度学术自治权。2012 年，苏黎世大学在其新修订的大学使命宣言中又进一步强调了通过学术卓越促创世界一流研究型大学，强调科研人员的学术自由和道德责任，倡导跨学科研究和研究型教学。在大学学术治理方面，确立了学术权力下放、多方参与、公开透明和利益均衡的基本原则，要求行政部门以服务学术卓越为导向，按照国际最高学术标准引领苏黎世大学的各项学术活动。④与此同时，苏黎世大学围绕其核心学术使命，于 2012 年制定了《2020 年战略目标》，该战略目标又重新明确了"恪守卓越，确保一流"的价值追求，旨在大力提升苏黎世大学学术卓越水平和国际竞争力，到 2020 年发展成为具有较高国际声誉的世界一流大学，在诸多学术领域达到世界一流卓越水平。

① Greater Zurich Area AG. UZH is Among Europe's Most Innovative Universities[EB/OL]. http://www.greaterzuricharea.com/ch/detail/uzh-is-among-europes-most-innovative-universities/. [2020-09-18].

② University of Zurich. Highly Cited UZH Research Top Grades for UZH Researchers[EB/OL]. http://www.news.uzh.ch/en/articles/2019/die-fruechte-der-forschung.html. [2020-09-18].

③ Times Higher Education. The World's Most International Universities 2017[EB/OL]. http://www.timeshighereducation.com/features/worlds-most-international-universities-2019. [2020-09-18].

④ University of Zurich. The University of Zurich Mission Statement[EB/OL]. http://www.uzh.ch/en/about/basics/mission.html. [2020-09-18].

《2020 年战略目标》涉及科学研究、人才聘任、成果转化、对外关系等诸多学术领域。在科研方面，到 2020 年，苏黎世大学将进入欧洲大学前列，大部分学科领域达到世界一流水平；在教育教学方面，整体提升教学及课程质量，各教育阶段均按照国际一流标准开展研究型教学，硕士和博士教育质量大幅提升，继续教育项目具有较强的国际吸引力和竞争力；在人才聘用和支持方面，提供最优越的工作环境以吸收世界一流科研人才，通过创建"研究生校园"（the Graduate Campus）等措施，为初级学术人员提供持续的资源和服务保障。《2020 年战略目标》特别强调医学院的学术卓越发展，充分发挥苏黎世大学在医学研究和教学发展中的主导作用，与外界利益相关者建立密切的协同创新战略关系；在对外服务、知识转移和校友联络方面，积极推动学校文化资源向社会公众开放，大力促进研究人员的成果转化及其与私营企业的协同关系，推进学术研究与创新创业之间的深度对接，建立和保持与校友之间的长期战略联系；在组织发展方面，推动组织管理模式创新，提升领导执行力，不断改善组织环境，充分赋予科研和教学领域的学术自由；在基础设施建设方面，确保充足的建设资金，建立世界一流的基础设施，为世界一流学术发展提供基础保障；在财政方面，建立独立基金会，支持教职工的筹款活动，从而为大学卓越战略发展增加财政储备。[①]学术卓越已成为苏黎世大学发展的价值文化，苏黎世大学长期以来持续追求世界一流卓越的价值取向和浓厚的卓越文化为其学术卓越生成提供了必要的价值逻辑。

2. 以多主体分层协同为其基础研究发展的核心治理体系

为确保大学学术自治，通过有效治理促进大学学术卓越发展，1998 年，苏黎世州政府颁布的《大学法》从法律上赋予了苏黎世大学学术自治权，地方政府将财政预算、人事管理、教授聘任等具体事务决策权移交给了大学。2015 年，苏黎世州议会通过了《大学法》修正案，苏黎世大学又获得了更为广泛的学术决策权，从而能够独立裁决大学学术治理方面的相关事务。在大学高度学术自治背景下，苏黎世大学的治理模式呈现出典型的以大学董事会为核心的分层治理和内外多利益相关方协同共治的学术治理体系。

分层治理体现在大学各级治理主体的权力分配上，苏黎世大学形成了由"大学董事会-大学评议会-大学执行委员会或扩大执行委员会-基层院系"四级纵向学术治理结构。大学董事会是苏黎世大学的最高学术权力机构，主要负责制定学校学术发展战略，协调学校财务、人事和招生等事务，监控大学学术质

---

① University of Zurich. Strategic Goals 2020[EB/OL]. http://www.uzh.ch/en/about/basics/strategy.html. [2020-07-21].

量，负责学术人员职务晋升和任免，并拥有院系及其他组织机构设置的决策权。大学评议会由全体教授和师生代表及荣誉退休人员组成，负责向大学董事会提名校长和副校长的任免人选，就大学各项学术事务发表意见。大学执行委员会是大学学术行政机构，由校长、副校长和行政主任组成，负责协调教学、科研等各项学术活动，负责所有教授的委任协商等。扩大执行委员会由大学领导团队、各学院院长和师生代表组成，是重要的学术决策机构。扩大执行委员会主要负责确定大学使命宣言，选出大学各常设委员会，颁授学术头衔，审定各院系的组织规章制度，确定学习项目的细则等。院系一级的基层治理主体主要有两个：教职工大会和院长。教职工大会是学院的最高决策机构，由全体教授和师生代表组成，负责向扩大执行委员会提出学习项目及博士项目章程，决定学院的组织架构，选举院长、授予博士学位等。院长是学院对外的全权代表，主管本学院的各项事务。由此，苏黎世大学形成了"自下而上"学术信息决策输入和"自上而下"学术质量监控的上下融通的学术治理机制。

苏黎世大学学术治理采取多利益相关者协同治理模式。在外部治理方面，由于瑞士实行直接民主，在州政府层面上，立法和行政部门都由民众分别选举产生，颁布新的教育法律也必须经全民投票通过，大学办学理念和发展战略要想通过法律形式上升为州或联邦政府的意志，须先征求广大民众的同意。因此，为确保学术领域改革的合法性，苏黎世大学向公众积极开展游说活动，争取社会民众对大学办学理念和发展战略的理解和支持。同时，苏黎世大学还加强与州政府的伙伴协同关系，以此来促进大学体制机制改革政策的有效执行，从而不断扩大大学学术发展自治权。在内部组织构成方面，苏黎世大学董事会成员主要由来自政治、学术、文化、企业等社会各界利益相关者代表构成，充分汇集多利益集团各方利益诉求和信息资源，从而实现对大学学术事务的共同治理，具有典型的开放性、包容性和深层互动性，从而推动苏黎世大学学术卓越发展。多层次、多主体协同治理是苏黎世大学学术卓越发展的治理逻辑。

3. 以多维协同为其基础研究核心运行模式

在高级知识经济社会背景下，苏黎世大学的科研创新体现出典型的模式 3 知识生产范式所强调的"多层次、多形态、多节点、多主体"时代特质。[①]其中，多层次主要是指由机构、地方、国家、国际多层次构成的科研协同纵向谱系；多形态是指科研创新组织形式多样化；多节点是指科研创新实体组织分

---

① 武学超. 模式 3 知识生产的理论阐释——内涵、情境、特质与大学向度[J]. 科学学研究，2014，32（9）：1297-1305.

布多方位；多主体是指科研创新协同组织机构多元化。苏黎世大学通过创建多维度科研协同创新组织和立体化协同创新网络，有效地推动了其科研创新卓越发展。

早在 1975 年，苏黎世大学就与苏黎世联邦理工大学建立了学术合作联盟，创立了两校教授深度合作的"双教授职位制"（double-professor-positions），实现了两所大学科研团队优势互补的合作格局。21 世纪以来，苏黎世大学积极参与国家重大科研协同计划，比较典型的如 NCCR、NRP、"大学重点研发工程"、临床研究优先项目等。NCCR 是瑞士政府于 2001 年成立的长期性国家卓越科研计划，旨在提升对瑞士未来社会经济发展具有重大战略意义的卓越科研创新能力，通过跨学科研究、知识和技术转移、高层次青年研究人才培育等活动推动世界一流科研卓越发展。NRP 成立于 1975 年，其重要使命是以国际卓越为导向促进新知识生产，解决瑞士重大社会经济发展问题。该计划特别注重科学研究的问题性、实践性、跨学科协同性、成果转化性等特征，高度重视研究者和产业伙伴之间的协同关系，通过来自不同学科领域卓越研究人员以协同创新形式整合各方优势资源，以解决现实复杂社会问题。"大学重点研发工程"主要致力于促进科技前沿领域协同创新网络构建和卓越青年科研人才发展，并增进知识创新和社会效益。临床研究优先项目主要以苏黎世大学在研究和教学方面的良好声誉为基础，优先发展临床领域的研究，建立高效研究网络，加强基础研究、应用研究和临床护理之间的学术交流。

在多维度全球化科研创新网络中，政府、高校、企业和公民社会等多利益相关行为主体形成了多形态的科研创新模式和多节点的研究集群与创新网络。在瑞士国家科学基金会的教授职位计划（Förderungsprofessur）框架下，苏黎世大学成功地吸纳了大量国内外卓越科研人才，并采取"走出去"战略以加强与国际科研伙伴的协同关系。2004 年，苏黎世大学和瑞士联邦理工大学联合创建了苏黎世欧洲研究中心（Euresearch Zurich），旨在向欧洲各国研究人员提供科研咨询服务和项目管理支持。[①]基于经济学领域的学术优势，苏黎世大学与五家银行和保险公司组建了银行和金融业研究集群。2012 年，瑞士联合银行与苏黎世大学共同创办瑞士银行国际社会经济中心（International Center of Economics in Society），以促进经济学院的研究，以及推动科研、政治和社会之间的知识共享。

科学研究与创新实践的深度融合，使苏黎世大学逐渐形成一种鼓励科技

---

① Jungblut J. European Flagship Universities：Balancing Academic Excellence and Socio-Economic Relevance：University of Zurich[R]. Oslo：Univeristy of Oslo，2015：23.

创新面向市场的研究文化。为加快科研成果转化和技术转移，苏黎世大学与巴塞尔大学、伯尔尼大学联合成立了技术转移联盟，专门负责促进科学家与私营企业和其他公共或私人研究机构的合作，通过与知名企业合作或成立新衍生公司的方式将研究成果转化为新产品或服务。①因此，苏黎世大学的许多成功科研成果得到迅速转化并创造出巨大的经济效益与社会效益。据统计，苏黎世大学科研团队平均每天签署 2 项研究协议，每 2 周注册一项新的专利，每 10 天与私营企业签署一项新的专利实施许可协议，每 2 个月新创一家衍生公司。②2016 年统计资料显示，苏黎世大学已建立衍生公司 30 余家，申请专利 167 项。根据欧洲研究型大学联盟（League of European Research Universities，LERU）的研究，苏黎世大学仅 2016 年就创造了 49 亿瑞士法郎的附加值和 41 500 个工作岗位。③

近年来，苏黎世大学大力加强国际科研协同，与欧盟国家和世界其他国家顶尖高校及科研组织联合开展科研创新项目，在 2006 年和 2017 年，苏黎世大学分别加入了欧洲研究型大学联盟和 21 世纪大学协会，从而实现了从地方性合作实体转向国家性和区域性或全球性的科研创新网络。截至 2020 年，苏黎世大学已经与 60 多个国家的 330 所著名大学建立了科研协同关系，国际教授占 56%，国际教师占 39%，国际博士生占 42%。④多维度立体化科研协同创新为苏黎世大学学术卓越生成提供了必要的组织逻辑。

4. 以多方融资为其基础研究核心资助机制

充分稳定的资金来源是世界一流大学和学术卓越发展的必要条件。苏黎世大学为推动学术卓越发展，积极从多方融资，形成了多元化融资渠道，为学术卓越发展提供了充分稳定的经济保障。苏黎世大学学术发展资金主要来源于联邦政府、地方政府、国外资助、学费收入、第三方基金、自主性创收等。苏黎世地方政府拨款是苏黎世大学最大的经济来源，占该大学总收入的 50% 以上，2019 年，地方政府对苏黎世大学科研资助额为 1.9 亿瑞士法郎。苏黎世大学的另一项收入来源于联邦政府拨款，2019 年，联邦政府资助苏黎世大学的科研经费为 1.63 亿瑞士法郎。第三方基金资助也是苏黎世大学的重要收入来源，主要包括国内外私营企业、国外公共科研组织、社会基金等的相关科研

① University of Zurich. Innovation and Business Start-Ups[EB/OL]. http://www.uzh.ch/en/research/innovation.html. [2020-08-16].

② Unitectra. About Unitectra [EB/OL]. http://www.unitectra.ch/en/about-unitectra. [2020-08-16].

③ University of Zurich. Innovation and Business Start-Ups[EB/OL]. http://www.uzh.ch/en/research/innovation.html. [2020-08-16].

④ University of Zurich. Annual Report 2020[R]. Zurich：University of Zurich，2021：10.

赞助。国家科研资助部门包括国家科学基金会、CTI 等。国家科学基金会所运用的资助工具主要有科研项目资助计划（涵盖所有学科领域）、协同研究资助计划（针对协同和跨学科研究项目资助）、NRP（以重大社会问题为导向）、NCCR（以长期战略性研究为导向）、卓越人才资助计划（主要资助大学卓越科研人才）、科研设备资助计划（为科研设备等基础设施建设提供支持）、瑞士政府卓越奖学金（向苏黎世大学各学科领域的外国博士和博士后提供科研资助），此外还有卓越教授计划、博士后流动计划、外国政府奖学金计划、科学交流计划等。

CTI 主要是对产学研协同创新联盟实施研发创新项目的资助组织。瑞士个性化卫生网络（Swiss Personalized Health Network，SPHN）组织主要向大学提供国家生物医学信息共享设施资助。其他国家资助工具还有国家科学基金会和CTI 联合资助计划，该计划主要支持基础研究与基于科学的创新之间的科研创新项目，以推动科研成果转化；科研与创新合作计划是瑞士联邦政府支持国际科研创新合作的资助工具；苏黎世大学还针对教授群体设立了竞争性学术休假资助计划。国际科研资助工具主要包括欧盟"地平线 2020"、"研究与创新框架项目"、欧洲研究委员会高级资助项目（向科研人员提供高竞争性高级科研资助）等其他资助工具。另外，美国国家卫生研究院等资助机构也向苏黎世大学科研人员提供相关科研资助。第三方基金会科研资助工具包括以下几个：苏黎世大学科学与人文研究基金会向苏黎世大学教授和副教授提供教学和科研项目资助；副教授基金会（Foundation of Privatdozents）专门向苏黎世大学副教授提供科研资助。

2020 年，苏黎世大学通过欧盟框架计划获得赞助约 4100 万瑞士法郎，通过欧洲研究委员会（The European Research Council，ERC）获得拨款约 3000万欧元；2002—2017 年，该校获得的第三方资助（包括科研和教学）已经从约 1.355 亿瑞士法郎增长到 3.255 亿瑞士法郎。[①]一直以来，苏黎世大学通过学费所获得的收入基本保持稳定。根据一项协议，针对跨州上学的学生，派遣州要为每个被录取的学生向负责接收的教育机构支付费用，苏黎世大学通过这一渠道从其他州获得部分收入。另外，苏黎世大学还通过科技成果转化和创新活动进行自主创收。多渠道资金来源为苏黎世大学学术卓越发展提供了必要的财政保障。

---

① University of Zurich. Annual Report 2020[R]. Zurich：University of Zurich，2021：23.

第四节　科研范式转型视角下瑞士大学基础研究高质量发展战略的基本特征

瑞士作为世界上典型的小而精国家，在全国人口仅有 800 多万人的情况下，却创造了连续多年国家竞争力和创新能力位居世界首位的奇迹。[①]这主要得益于其世界领先的基础研究实力。从资金投入、人才投入、科研成果产出竞争力看，瑞士都具有国际显著优势。瑞士政府在推进世界一流基础研究发展战略中，突出体现了如下特征。

一、以"知识三角"生态逻辑为牵引，激发教育-科研-创新正外部效应

创新驱动发展需要教育、科研、创新三大知识领域之间的深度互涉，需要政产学研用各利益相关主体围绕知识创新构建教育-科研-创新"知识三角"生态系统，这也是基础研究卓越发展的必然选择。瑞士在推动基础科学研究卓越发展中，在国家战略层面部构建了教育-科研-创新生态系统，有效整合了国内外政府、大学、企业、社会组织等各利益相关主体的知识创新资源，形成了完善"知识三角"生态系统和政策协同体系，促使瑞士成为世界一流大学最密集、就读世界一流大学公民比例最高的国家之一，同时也推动了瑞士大学在诸多学科领域的科研创新能力位居世界前列。另外，瑞士"知识三角"相关部门形成了协同联盟关系和"政府-学术-企业"三角协同治理模式。瑞士以宪法和法律形式赋予了"知识三角"生态系统领域高度学术自由和机构自治的权限，使其尽可能摆脱官僚制的束缚。政府依循"自下而上"治理原则，形成了国家、区域、地方、机构之间纵向协调和多利益相关者之间横向协同的治理体系。

在"知识三角"生态系统中，瑞士政府仅负责"知识三角"各知识领域的战略规划，主要为教育、科研和创新提供相关资助，因此其政治决策更多地

---

① World Economic Forum. Global Competitiveness Report Special Edition 2020：How Countries are Performing on the Road to Recovery[R]. Gnenva：World Economic Forum，2020：35.

强调大学教育、科研和创新宏观支持环境以及公共资助相关规则设计，其政治治理理念始终奉行尊重学术自由和机构自治（如大学、国家科学基金会、CTI等）。其逻辑结果是，"知识三角"相关政策主要是促进各部门利益相关者之间的协调和协同。高等教育机构多样化和分层化是瑞士高等教育体系的主要优势特征，为"知识三角"协同治理提供了逻辑前提。同时，高等教育体系的典型双元制结构赋予了职业与学术教育领域的互涉互补，不但拥有世界一流学术型大学集群，同时也具有世界一流实践创新导向的现代职业教育体系，特别是其应用科学大学体系与学术型大学体系形成了典型的双元并置体系。新《高等教育法》进一步推动了瑞士高等教育系统的分类协同治理体系走向成熟。从瑞士发展经验看，教育-科研-创新生态系统的良性运行需要政产学研用相关利益主体的协同治理，积极构建"知识三角"三大知识领域政策协同体系，以竞合和共进方式推动教育、科研、创新三大知识领域协同发展，激发三大知识领域的正外部效应。

二、以多维协同为新动力，推进基础研究组织模式创新

在当今高级知识社会，知识生产范式已由传统的模式 1 走向模式 2 和模式 3，模式 3 知识生产和第四代科研范式正在国际科研创新领域兴起并趋于主流，是人类科研范式演进规律的必然结果，也是卓越科研成果的新生点。为促进学术卓越发展，瑞士政府始终重视与国内高校、欧盟国家及国际顶尖大学和科研机构建立战略性协同关系，出台了一系列相关战略，不断强化大学、产业、政府和公民社会之间的协同创新关系，形成了多主体、多形态、多节点和多层次的全方位协同创新格局，从而实现了科研创新与社会经济发展之间的协调发展。多维科研协同在瑞士世界一流基础研究发展过程中发挥着决定性作用。高度国际化和密集化的全方位科研协同为瑞士大学学术卓越发展开辟了新的增长点。

国际人才市场发展规律显示，当一个国家拥有一定数量的国外高层次人才时，这个国家的创新优势就会凸显并不断增强。一般来讲，国际流动科技人才层次越高，其创造的附加经济价值就越高。从主要创新能力较强国家的发展经验看，这些国家都具有较高的国际科技人员影响因子。国家科研创新能力与该国国际科研协同能力和国际高层次科技人才引进力度存在着高度正相关关系，如瑞士拥有世界一流的国际科研协同能力和国际研发人员影响因子。因此，国际科研协同已成为促成世界一流科研创新能力的必然选择。研发协同主

要包括国际地域协同和部门协同。瑞士在加强"知识三角"各知识领域协同的基础上，不断加强地方、国家、国际产学研协同创新，取得了显著成效，成为世界产学研协同创新能力最强的国家之一。从科技论文与国家创新能力的关系看，单位人口跨部门合作论文量与国家创新能力也存在着一定的正相关关系。在欧洲，创新能力较高的国家，其单位人口跨部门合作论文量也较高。在科研治理方面，瑞士政府推行多主体共同治理模式。在瑞士高等教育治理体制持续改革进程中，许多大学从地方政府手中获得了高度自治权，探索出以董事会为核心的分层和多利益相关方协同的共治模式，地方政府实行自下而上决策信息输入和自上而下宏观监控相结合、多主体共同参与的协同治理模式，为瑞士大学基础研究卓越发展提供了治理保障，进而实现了大学学术治理体系现代化。

三、以青年杰出人才为抓手，培育世界一流基础研究人才

为培育世界一流基础研究人才，瑞士政府在提升国家卓越青年学术研究人才培养质量上实施了一系列行动计划，通过开展国家青年杰出人才计划，培养具有世界一流水平的基础研究人才，取得了突出成效。瑞士政府在加强世界一流基础研究人才中，特别注重青年杰出人才的跨国、跨部门流动，同时积极引进其他国家的基础研究杰出人才，设立促进女性青年科学家投身于世界一流基础研究的相关计划，为瑞士开展世界一流基础研究提供了充分的人才保障。近年来，在国家人才战略框架下，我国针对青年科技人才培育实施了诸如"创新人才推进计划""青年英才开发计划"等一系列战略行动工程，各高校也都启动了杰出青年学术研究人才培育计划等，取得了一定成效。但目前这些计划在实施过程中仍存在一系列突出问题：监管力度不够、经费使用不规范、高层次成果产出率低等。这些也是我国学术研究人才国际竞争力严重缺失的重要原因。因此，我国应整治学术作风，在为杰出青年学术研究人才提供必要激励性资助的基础上，严格规范审批程序和经费使用程序，并将高层次成果产出率作为最关键指标予以考核，切实将财政支出用在那些真正具有卓越学术研究潜能并致力于学术研究事业的杰出青年学术研究人员身上。只有用好以高层次成果产出率为核心的评价机制，并严格实施，让那些缺乏学术研究潜质又以追求经费支持为获益目的的人员望而却步，才能从根本上解决我国杰出青年学术研究人才培育过程中的其他相关问题。同时，要进一步加强博士生和博士后教育培养工作。博士生是初级阶段科研人才，博士生质量是决定一个国家研究人才整

体质量的关键，切实提升博士生教育质量是培育杰出青年学术研究人才的关键
环节和核心任务。

四、以《瑞士开放科学战略》为导向，推进基础研究范式转型

开放科学时代，瑞士政府将开放科学作为推进世界一流大学基础研究的
新范式和新增点，从国家层面出台了《瑞士开放科学战略》。《瑞士开放科学战
略》明确了国家开放科学发展的主要目标是以数字形式广泛获取公共资助的科
学研究成果，为整个学术界和社会开放共享。开放科学一方面有益于公众更深
刻地理解科学研究，另一方面还能极大地促进科学谱系的完整性，支持建立良
好科学实践的关键标准，确保研究结果的透明性和可验证性。《瑞士开放科学
战略》依据"2018 欧盟 FAIR 计划"，明确了瑞士大学数字化科学研究成果的
收集和管理（如期刊文章、研究数据、学习和培训材料），开放、共享的科学
研究方法的开发和应用，数字化基础研究数据的交互操作性，应用程序的快速
翻译和开发，公众特别是学生、教师和讲师在教育领域对科学知识的公开使
用，以及公民对科学成果的使用。开放科学依赖于技术发展和文化变革对科学
活动合作与开放的综合影响。开放科学通过提供科技合作、实验和分析的新型
工具，尽可能增强科学知识的公开性、方便性、交互操作性和重复利用性，使
科学进步更加高效和透明。《瑞士开放科学战略》还指出，开放科学涵盖 FAIR
原则，设计范围不仅限于研究数据，还旨在促进机构间的合作，以及科学、社
会与经济间的对话。《瑞士开放科学战略》为大学、科学界、公民社会等科学
利益相关者就科学研究全方位开放协同和资源共享提供了有力的政策依据，通
过促进公众对科学的参与和信任，加强开放科学在社会中的领导作用，对瑞士
大学基础研究高质量发展具有重要的指导价值。

第六章 科研范式转型视角下世界一流基础研究生成的相关性逻辑命题及国际经验

科学域内外环境持续巨变，推动了知识生产范式从模式1到模式2再到模式3的重大转型。在这一全球知识生产范式持续演化过程中，不同历史时期形成了不同时段的科研范式理论群。大学作为基础研究的重要场所，19世纪初，德国教育家洪堡提出了"教学与科研并重"的逻辑命题，标志着科研作为大学的一项根本使命得以诞生，当时的科学研究主要强调纯科学研究，即自由探究高深学问，不受外界干预和影响，确立了为科学而科学的"初心"。伴随着大学外科学的兴起，在科学建制阶段，美国科学史家和科学哲学家库恩（Kuhn T S）在其《科学革命的结构》经典论著中较早地用"范式"一词构建了科学范式，当时的知识生产范式也就是吉本斯所称的"模式1知识生产"，也称"洪堡模式"或齐曼所称的"学院模式"。到了20世纪90年代，在西方发达国家科学领域，知识经济社会发展给科学研究提供了新的挑战和机遇，科学的社会需求日益强烈，科学与社会的关系发生了重大变革，从传统的二元分离逐渐突破显性边界，形成了相互作用、相互融合的新型契约关系。模式2知识生产开始出现，从而实现了从模式1到模式2的重大转型，与此同时，美国学者斯托克斯提出了巴斯德象限理论，其强调的"应用引发的基础研究"与吉本斯所提出的基于应用情境的"模式2知识生产"思想一脉相承，继而出现了齐曼所称的"后学院范式"，由此形成了模式2科学范式群。21世纪以来，在创新驱动高级知识经济社会和全球本土化社会浪潮的影响下，西方诸多学者开始从不同视角提出了"模式3知识生产"，与此相适应，卡拉雅尼斯等学者提出了知识生产的"四重螺旋"理论。

与此同时，在高端信息技术及 Web2.0 和 Web3.0 的支撑下，另一维度的科学范式开始发生巨大转型，即由闭合式科学走向开放科学，开放科学的诸多思想与模式 3 知识生产和"四重螺旋"一脉相承，由此形成了模式 3 科学范式群。在科学范式转型下，世界各国特别是发达创新型国家开始将科学范式转型中的前沿理念引入国家基础研究发展战略，为这些国家推进世界一流基础研究发展提供了深刻的前沿理论依据和战略指导。从对欧盟、英国、美国、瑞士等世界一流基础研究强国和国际组织的研究中，我们可以发现一些具有国际普适性的世界一流基础研究生成的逻辑命题和基本经验，能够为我国面向 2035年基础研究发展战略规划的研制与实施提供国际前沿理论指导和战略思考。

第一节　世界一流基础研究生成的相关性逻辑命题

一、国家创新能力、基础研究系统环境、基础研究质量之间呈高度正相关

从欧盟、英国、美国、瑞士等国家和国际组织大学基础研究高质量发展战略看，欧盟绝大多数成员国和英国、美国、瑞士属于典型创新驱动型国家，这些国家和国际组织的创新能力均处于世界一流水平，在基础研究能力等诸多指标上位居世界首位或前列，并且非常重视依循科研范式转型规律加强国家基础研究政策法规体系建设，推动财政体制、治理体制、评价体制、组织模式、开放文化等领域的深刻变革，为大学基础研究高质量发展提供了良好的生态系统环境。由此，笔者提出如下假设：假设 1——国家基础研究质量与国家创新能力之间呈正相关；假设 2——国家基础研究系统环境与国家基础研究质量之间呈正相关，国家基础研究环境与国家创新能力之间呈正相关。鉴于此，本研究选取了欧盟和欧洲 36 国的国家创新能力指数、世界前 10% 高被引论文（高被引论文是国际社会衡量基础研究质量的核心指标）和国家基础研究系统指数为指标（表 6-1），采用 SPSS 软件进行了相关性计量分析，结果显示，它们之间均呈高度正相关。具体来说，一是国家创新能力与国家基础研究质量之间呈高度正相关，二者相关度为 0.915，为显著正相关（$p<0.01$）；二是国家创新能力与国家基础研究系统环境之间呈高度正相关，二者相关度为 0.923，为

显著正相关（$p<0.01$）；三是国家基础研究质量与国家基础研究系统环境之间呈高度正相关，二者相关度为 0.925，为显著正相关（$p<0.01$）。这说明，国家基础研究系统环境是国家创新能力和国家基础研究高质量发展的决定性因素；国家基础研究质量直接影响到国家创新能力。根据欧盟的界定，国家基础研究系统环境指标包括政策法规体系协同性、财政支持有效性、治理能力现代化程度、多维度协同体系、人才培养培育体系等与基础研究相关的软环境和硬环境。对此，在创新驱动发展战略背景下，为提升国家创新能力，必须优先加强国家基础研究系统环境建设，切实推动基础研究高质量发展，从而为国家创新能力建设提供必要的逻辑前提。在推进国家基础研究系统环境建设中，重点要强化科研范式新转型、新变革在基础研究高质量发展中的新动力作用，将其作为未来基础研究高质量发展的新增点；重点依循科研范式转型规律推进政策法规体系建设和基础研究领域的综合体制改革，特别要加强应用或创新引发的基础研究以及纯基础研究系统的软环境和硬环境建设。

表 6-1 欧盟和欧洲 36 国国家创新能力指数、世界前 10%高被引论文指数、国家基础研究系统指数分布情况

国家和国际组织	国家创新能力指数	世界前 10%高被引论文指数	国家基础研究系统指数
欧盟	0.525	109.5	0.473
比利时	0.618	127.7	0.714
保加利亚	0.235	12.6	0.097
捷克	0.431	48.0	0.309
丹麦	0.680	157.1	0.869
德国	0.612	113.7	0.406
爱沙尼亚	0.500	93.3	0.446
爱尔兰	0.567	123.0	0.619
希腊	0.394	85.9	0.280
西班牙	0.409	90.3	0.363
法国	0.535	94.4	0.541
克罗地亚	0.287	27.9	0.159
意大利	0.410	119.9	0.426
塞浦路斯	0.419	90.3	0.518
拉脱维亚	0.317	41.4	0.194
立陶宛	0.391	38.3	0.176
卢森堡	0.623	136.8	0.911
匈牙利	0.333	50.2	0.235
马耳他	0.413	33.2	0.253

续表

欧盟和欧洲 36 国	国家创新能力指数	世界前 10%高被引论文指数	国家基础研究系统指数
荷兰	0.651	156.0	0.804
奥地利	0.602	110.1	0.619
波兰	0.295	46.1	0.145
葡萄牙	0.471	92.8	0.488
罗马尼亚	0.165	31.9	0.114
斯洛文尼亚	0.423	68.7	0.372
斯洛伐克	0.333	34.9	0.196
芬兰	0.704	123.5	0.640
瑞典	0.713	132.5	0.786
英国	0.616	144.6	0.745
冰岛	0.573	88.7	0.733
以色列	0.570	92.7	0.480
北马其顿	0.209	13.4	0.253
挪威	0.616	116.0	0.661
塞尔维亚	0.307	28.3	0.148
瑞士	0.823	155.4	0.983
土耳其	0.311	39.1	0.128
乌克兰	0.129	7.9	0.063

资料来源：European Commission. European Innovation Scoreboard[R]. Brussels：European Commission，2020：24

二、国家创新能力与跨部门科研协同能力之间呈高度正相关

在创新驱动高级知识经济社会，创新模式由传统的线性创新模式走向非线性创新模式，从闭合式创新模式走向开放式创新模式。与此相适应，科学范式由模式 1 知识生产走向模式 2 和模式 3 知识生产，以及斯托克斯"巴斯德象限"思想的出现，促使应用引发的基础研究以及创新引发的基础研究开始成为基础研究新范式，同时基础科学研究的基本组织形式呈现出集群化和网络化特征，产学研协同开始在科学范式转型中成为基础研究的主流模式，并成为世界各国特别是发达国家提升国家创新驱动基础研究能力和国家创新能力的有效战略途径。从欧盟、英国、美国、瑞士等主要发达国家和国际组织大学基础研究高质量发展战略研究中发现，为提升国家创新能力，这些国家和国际组织都

非常重视跨部门科研协同，特别是在新的科学范式下，大学-产业-政府-公民社会"四重螺旋"协同创新开始成为新的跨部门科研协同模式，成为推动世界一流基础研究和创新能力发展的新型组织形式。基于此，我们假设：国家创新能力与跨部门科研协同能力之间呈正相关。

　　为验证该假设，笔者从《2019—2020 年全球竞争力报告》中随机抽取了26 个主要发达国家和发展中国家作为参照，选取了创新能力和产学研协同能力两个指标，对其相关性进行了定性分析，结果显示，一个国家的创新能力与该国产学研协同能力呈显著正相关（图 6-1）。因此，产学研协同能够推进应用或创新驱动的世界一流基础研究生成。加强产学研协同是提升国家创新驱动基础研究能力和国家创新能力的必然战略选择。从欧盟、英国、美国、瑞士等主要国家和国际组织推进世界一流基础研究的发展战略中也能看出，这些国家和国际组织都依循科学范式转型规律，采取跨部门协同的战略举措，特别是将"四重螺旋"引入国家基础研究战略文本中，彰显了开放式创新时代创新驱动基础研究卓越发展战略的基本规律。由此，提升国家创新能力必然要提高产学研协同能力。

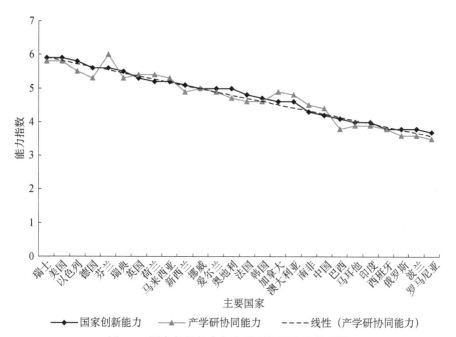

图 6-1　国家创新能力与产学研协同能力关系图

资料来源：Schwab K.The Global Competitiveness Report 2019-2020[R].Geneva:
World Economic Forum，2019：27

三、科研资金投入强度与人才投入强度之间呈高度正相关

资金投入是一个国家大学基础研究投入的必要条件。从欧盟、英国、美国、瑞士等研究对象国和国际组织推进大学基础研究高质量发展战略看，各国都在持续加大科研资金投入强度，并设下了未来科研资金投入占 GDP 比例的战略目标，日益加大基础研究资金投入力度；另外，各国都在努力加大科研人员引进和培养力度，将科研人员占就业人员总数的比例以及单位人口科研人员数量作为国际社会衡量基础研究人才投入的重要指标，并持续加大博士生培养力度，推进博士教育模式和体制改革，提升博士生培养质量。由此，我们提出以下假设：一个国家基础研究资金投入强度与该国基础研究人才投入强度存在密切关系，二者呈正相关。

根据假设，本研究选取了 2017 年 OECD 主要成员国和非成员国科研资金投入占 GDP 比例与其科研人员占本国总就业人员比例两大指标数据（表 6-2），运用 SPSS 软件对这些数据的相关性进行了分析，发现二者相关度高达 0.82，呈显著正相关。在对 35 个主要国家基础研究资金投入占 GDP 比例与每千人就业人员中基础研究人才数量的相关性进行分析发现，二者相关度为 0.668，呈显著正相关（$p < 0.01$）。绝大多数国家科研人员占国家总就业人员比例越大的国家，其研发投入强度就越大；基础研究人才投入强度越大，其基础研究资金投入强度就越大。这说明，一个国家科研（或基础研究）资金投入强度与该国科研人员（或基础研究人员）占总就业人员的比例（科研人员投入强度）呈较高正相关。但也存在一定变量，如不同国家存在不同的科研资金投入分配（如科研人员薪金）、科研专业化程度、科研基础设施资本开支等，这些也会影响二者的不平衡性和不同国家之间的差异性。但有部分国家由于本国其他相关因素的影响，未能落在正向相关性分布线上，如中国、印度等发展中国家表现出明显的科研资金投入强度与科研人员投入强度不匹配问题，即虽然这些国家的科研资金投入强度较大，但其科研人员投入强度并不大。

表 6-2 OECD 主要成员国和非成员国科研资金投入强度与单位就业人员中科研人员数量比较

国家和国际组织	国内科研资金投入占 GDP 的比例/%	每千人就业人员中科研人员数量/人
美国	2.8	9.1
中国	2.1	2.1
欧盟 28 国	2.0	8.0

续表

国家和国际组织	国内科研资金投入占 GDP 的比例/%	每千人就业人员中科研人员数量/人
日本	3.3	10.0
德国	2.9	9.0
韩国	4.2	13.7
法国	2.2	9.8
印度	0.6	0.6
英国	1.7	9.2
俄罗斯	1.1	6.2
巴西	1.2	1.5
意大利	1.3	4.9
加拿大	1.7	8.8
澳大利亚	2.1	9.0
西班牙	1.2	6.6
土耳其	0.9	3.6
荷兰	2.0	8.8
瑞士	3.4	8.8
瑞典	3.3	13.6
奥地利	3.1	9.9
比利时	2.5	12.0
以色列	4.3	17.4
墨西哥	0.5	0.8
波兰	1.0	5.2
丹麦	3.0	15.0
捷克	1.9	7.4
芬兰	2.9	15.0
挪威	1.9	11.1
南非	0.7	1.6
葡萄牙	1.3	8.6
爱尔兰	1.5	10.8
匈牙利	1.4	5.9
希腊	1.0	8.7
印度尼西亚	0.1	0.2
新西兰	1.3	7.9
斯洛伐克	1.2	6.4
智利	0.4	1.0
斯洛文尼亚	2.2	8.4
尼森堡	1.3	7.1

续表

国家和国际组织	国内科研资金投入占 GDP 的比例/%	每千人就业人员中科研人员数量/人
爱沙尼亚	1.5	6.7
冰岛	2.2	10.6
拉脱维亚	0.6	4.1

资料来源：OECD. Science, Technology and Industry Scoreboard[R]. Paris：OECD Publishing, 2018：46

从欧盟、英国、美国、瑞士大学基础研究高质量发展战略中也可看出，在持续加大基础研究人才引进和培养力度的过程中，大多数国家在持续增加科研经费投入，加大国家研发和基础研究投入强度，从而实现科研人员人均科研经费充分的目标。从国家推进基础研究发展战略层面看，应充分考虑国家科研人员占全国就业人群比例与国家科研资金投入强度之间的一致性和匹配性，同时还要考虑一个国家内部在科研专业化程度、科研基础设施建设资本开支方面的独特之处。

四、科研资金投入强度与科研产出质量之间呈高度正相关

质量是一个国家基础研究竞争力的重要标志。为增强国家基础研究竞争力和科研成果产出质量，欧盟、英国、美国、瑞士都在持续加大科研投入强度，并将国家科研投入强度特别是政府资金投入强度作为重大战略任务，由此，从科研资金投入强度和科研产出质量二者的关系看，我们提出如下假设：一个国家科研资金投入强度与该国科研产出质量呈正相关。

根据假设，本研究选取了 2019 年欧盟和欧洲 36 国公共部门科研资金投入占 GDP 比例（即科研资金投入强度）与该国世界前 10%高被引论文占本国科研论文总量的比例两大指标数据（图 6-2），采用 SPSS 软件对这些数据进行了定性聚合分布相关性分析和定量相关性分析，定性聚合分布相关性分析得出，这些国家在这两大指标上大致呈线性分布。绝大多数国家的科研资金投入强度越大，其高被引论文指数就越高。另外，通过定量分析发现，公共部门研发开支强度与其高被引论文量呈显著正相关，相关度达 0.692（$p < 0.01$）。这说明，一个国家科研资金投入强度与该国基础研究成果产出质量之间呈高度正相关，但也存在一定的差异性，主要影响因素可能是，由于高被引论文属于基础研究领域，而国家科研资金对基础研究领域的分配比例是一个变量，基础研究分配比例高的国家，其高被引论文所占比例就越高，反之亦然。由此可见，持续加大国家科研资金投入强度特别是公共部门对基础研究的资金投入强度，是促进世界一流基础研究生成的必要投入条件。

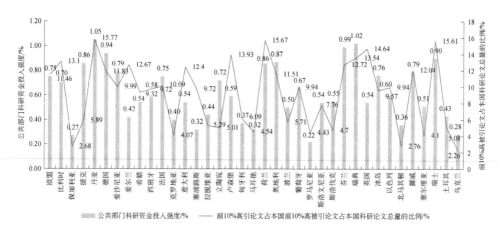

图 6-2　欧盟和欧洲 36 国公共部门科研资金投入占 GDP 比例与该国世界前 10%
高被引论文占本国科研论文总量的比例

资料来源：European Commission. European Innovation Scoreboard[R]. Brussels：
European Commission，2020：23

这说明，某国科研资金投入强度与该国基础研究质量之间呈高度正相关，但并非完全呈线性分布，也就是说，不同国家之间在科研资金投入强度和科研论文被引影响力的相关性上仍存在较大差异。因此，科研论文被引影响力的差异并不能完全由科研资金投入强度来决定，而是受多种因素的影响，如国家科研系统构成及其运行机制等科研环境的独特性也会直接影响科研人员开展科学研究的效率。奥地利作为科研资金投入较大的国家之一，在较长一段时期，其科研论文被引影响国际竞争力并未与其科研投入相匹配，如何改善国家科研体制机制条件和环境，已成为近年来奥地利政府提升科研质量亟待解决的突出问题。对此，奥地利政府提出了大量推进国家科研体制机制改革的举措，以期为实现科研资金投入强度与科研产出质量的高度协调发展，从而推进基础研究竞争力提升和国家原创性科学研究进步。

五、基础研究多维协同度与基础研究产出质量呈高度正相关

自洪堡提出"教学与科研并重"理念以来，科学研究就成为研究型大学的一项标志性使命。同时，伴随着人类科学域的持续性深刻变革，大学知识创新范式正在发生根本性转型，呈现出多维图景：一是从以学科为本、大学为主要场所的模式 1 知识生产向以跨学科、应用情境、组织异质性为主要特质的模式 2 知识生产范式转型，并正在向以超越时空的创新网络和知识集群为基本单元

的多主体、多层次、多形态、多节点的模式 3 知识生产范式转型。[①]在知识生产范式转型过程中，斯托克斯提出的"巴斯德象限"（应用引发的基础研究）为创新驱动大学基础研究域开拓了新路径。二是从闭合式科学范式向以高端信息技术为支撑的开放科学范式转型。三是从闭合式创新到开放式创新 1.0 和开放式创新 2.0 范式转型。四是从单/双螺旋知识创新体系向大学-产业-政府"三重螺旋"和大学-产业-政府-公民社会"四重螺旋"创新生态系统范式转型。在多维度知识创新范式转型中，基础研究与研发创新开始走向生态融合，成为创新驱动高级知识经济时代大学基础研究范式的基本流向。从欧盟、英国、美国、瑞士大学基础研究发展战略看，其都高度重视基础研究跨部门协同和跨国协同。根据科研范式转型和发展战略向度的一致性，我们提出如下假设：假设 1——跨部门科研协同与科研质量呈正相关；假设 2——跨国科研协同与科研质量呈正相关。

对于假设 1，我们选取了欧盟和欧洲 36 国每百万人口公共部门与私营部门合作科研论文量和世界前 10%高被引论文占本国科研论文总量的比例两个指标，通过柱状分布图（图 6-3）和 SPSS 软件对两大指标数据的相关性进行分析，发现这些国家和地区公私合作科研论文量与高被引论文占本国科研论文总量的比例的趋势基本一致，也就是说，公私合作科研论文量多的国家，其高被引论文占本国科研论文总量的比例也就越高。定量分析结果也显示，公私合作科研论文与前 10%高被引论文占本国科研论文总量的比例之间的皮尔逊相关系数为 0.763，为显著正相关（$p < 0.01$），从而验证了假设 1 的正确性。

对于假设 2，我们一方面选取了欧盟和欧洲 36 国为一组检验，另一方面选取了 OECD 成员国和主要非成员国为另一组检验，结果发现，二者检验结果具有高度一致性。在第一组检验中，我们选取了欧盟和欧洲 36 国每百万人口国际合作科研论文量与世界前 10%高被引论文占本国科研论文总量的比例两个核心指标（图 6-4），采用 SPSS 统计软件对二者的相关性进行了分析，结果显示，二者的皮尔逊相关系数为 0.770，为显著正相关（$p < 0.01$）。在第二组检验中，我们选取了 41 个 OECD 成员国和主要非成员国的机构间每百万人口国际合作科研论文占本国科研论文总量的比例与标准化论文引用指数两大指标（图 6-5），通过 SPSS 统计软件对两个指标的相关性进行分析发现，二者相关度为 0.712，为显著正相关（$p < 0.01$）。这充分验证了假设 2 的正确性，即国际科研协同与科研质量之间呈高度正相关。由此可见，跨部门科研协同、跨国科研协同是生成世界一流基础研究的重要因素。

---

① 武学超. 模式 3 知识生产的理论阐释——内涵、情境、特质与大学向度[J]. 科学学研究，2014，32（9）：1297-1305.

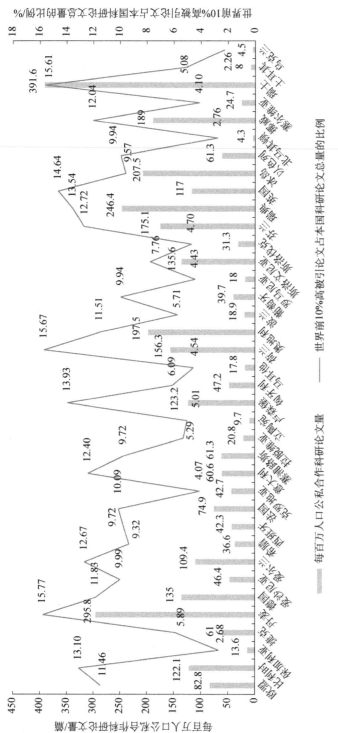

图 6-3　欧盟和欧洲 36 国每百万人口公私合作科研论文量与世界前 10%高
被引论文占本国科研论文总量的比例分布情况

资料来源：European Commission. European Innovation Scoreboard[R].
Brussels: European Commission, 2020: 38

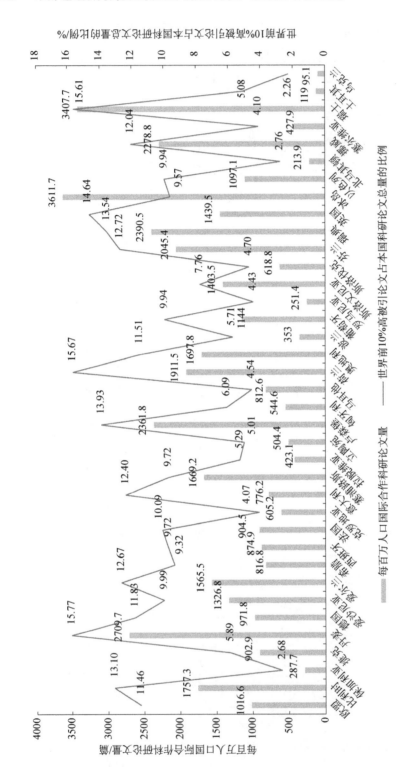

图 6-4 欧盟和欧洲 36 国每百万人口国际合作科研论文量和世界前 10%高被引论文占本国科研论文总量的比例分布情况

资料来源：European Commission. European Innovation Scoreboard[R].
Brussels: European Commission, 2020: 26

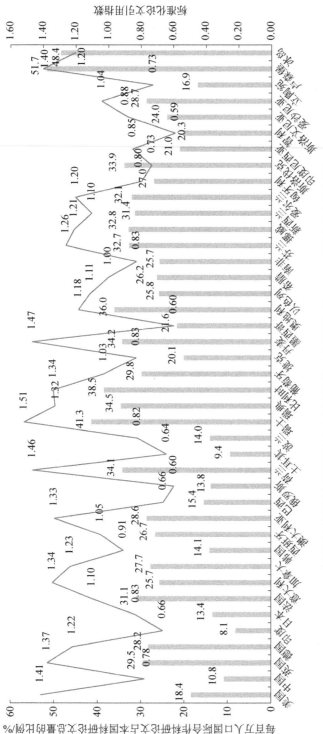

图 6-5　OECD 成员国和主要成员国国际合作科研论文占本国科研论文
总量的比例与标准化论文引用指数分布情况

资料来源：OECD. Science, Technology and Industry Scoreboard[R]. Paris: OECD Publishing, 2018: 26

综上所述，基础研究跨部门、跨地域协同度与基础研究质量之间存在着明显的正相关关系，已成为世界基础研究领域基于证据的重大命题，对各国基础科学研究战略决策具有重要参考价值，主要表现为，多作者科研论文被引次数比单作者科研论文被引次数多，科研论文合作场域越大，其被引次数就越多，也就是说，跨机构作者合作论文比单一机构合作作者论文的被引次数多，跨部门作者合作论文比单一部门作者合作论文的被引次数多，跨国家作者合作论文比单一国家作者合作论文的被引次数高。基于这一普适性规律，瑞典研究委员会特别强调加强国际科研协同和全方位开放科学能力建设，通过国际化、数字化卓越科研基础设施建设和开放共享，鼓励瑞典大学科研人员跨国科研合作，并根据模式 3 知识生产和"四重螺旋"基本原理促使大学科研人员跨部门科研协同。

六、国外博士生量与国际合作科研论文量呈高度正相关

从国际上看，欧盟、英国、美国、瑞士在推进世界一流基础研究发展战略中都将国际科研人才流动特别是博士层次的科研人才作为战略重点。对此，我们假设：国外博士生量与国际合作科研论文量呈正相关。为验证该假设，本研究选取了欧盟和欧洲 37 国的国外博士生占国内就读博士生总量的比例和每百万人口国际合作科研论文量这两个指标（表 6-3），运用 SPSS 软件对其相关性进行量化分析，发现二者之间的皮尔逊相关系数为 0.716，为显著正相关，由此验证了该假设的正确性，即一个国家国外博士生引进数量占国内就读博士生总量的比例与其国际合作科研论文量呈明显正相关。由于国际合作科研论文质量高于国内合作科研论文质量，同时高于非合作科研论文质量，可以看出，一个国家国外博士生占国内就读博士生总量的比例与该国科研质量呈高度正相关。因此，为提升一国基础研究质量，需要持续推进高等教育国际化进程，并应高度重视博士生层面的国际合作和交流，以吸纳国外优秀博士生及以上科研人才为高等教育国际化战略重心。

表 6-3　欧盟和欧洲其他主要国家国外博士生占国内就读博士生总量的比例
及每百万人口国际合作科研论文量

国家和国际组织	国外博士生占国内就读博士生总量的比例/%	每百万人口国际合作科研论文量/篇
欧盟	17.8	1092.5
比利时	37.9	1944.1
保加利亚	6.6	319.4
捷克	17.0	1084.7
丹麦	35.2	3202.8
德国	9.7	1065.0
爱沙尼亚	14.2	1826.7
爱尔兰	29.0	1910.6
希腊	1.4	947.0
西班牙	18.0	1007.8
法国	39.7	961.7
克罗地亚	8.5	778.9
意大利	14.9	913.7
塞浦路斯	15.3	2423.8
拉脱维亚	9.8	549.5
立陶宛	4.4	730.8
卢森堡	85.2	2764.3
匈牙利	14.7	608.4
马耳他	16.1	994.8
荷兰	43.1	2201.5
奥地利	30.3	1924.5
波兰	2.2	436.3
葡萄牙	27.3	1408.1
罗马尼亚	4.4	283.6
斯洛文尼亚	8.9	1580.1
斯洛伐克	9.7	719.8
芬兰	22.1	2398.7
瑞典	35.1	2700.2

续表

国家和国际组织	国外博士生占国内就读博士生总量的比例/%	每百万人口国际合作科研论文量/篇
英国	42.1	1703.7
冰岛	28.6	3916.1
以色列	—	1199.5
北马其顿	38.8	246.5
黑山	19.0	564.1
挪威	20.7	2720.2
塞尔维亚	7.1	556.6
瑞士	55.3	3712.9
土耳其	8.4	142.8
乌克兰	7.0	126.4

资料来源：European Commission. European Innovation Scoreboard[R]. Brussels：European Commission，2020：26

七、基础研究成果数量和质量呈低相关

数量和质量本身是既相互联系又相互独立的两个变量。一般意义上，数量和质量并非呈高度正相关，即数量多、规模大，并不代表质量高，相反，数量少、规模小在一定程度上更容易生成高质量。由此，针对欧盟、英国、美国、瑞士推进世界一流基础研究发展战略的基本特征，我们可以假设：科研论文数量与科研论文质量呈低相关。为验证该假设，我们选取了 OECD 成员国和主要非成员国 2015 年发表的科研论文作为分析数据（图 6-6），具体选取了一个国家 2015 年发表的科研论文总量和该国 2015 年世界前 10%高被引论文占本国科研论文总量的比例为指标数据，通过 SPSS 统计软件分析得出，二者呈明显的低相关，相关度仅为 0.125，这说明从国际上看，科研论文总量与高被引论文总量之间呈明显的低相关（$p < 0.01$）。也就是说，一个国家在推进世界一流基础研究发展中不能以数量为战略目标，更重要的是要以世界一流卓越为战略取向，增加高层次基础研究成果产出，并在科研评价体系中予以有效实施。

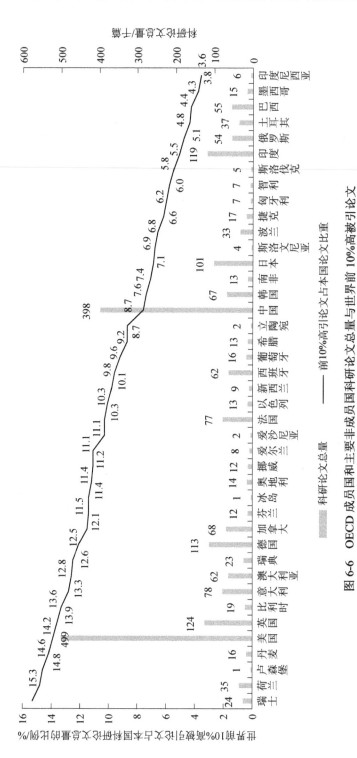

图 6-6　OECD 成员国和主要非成员国科研论文总量与世界前 10%高被引论文
占本国科研论文总量的比例

资料来源：OECD. OECD Science, Technology and Industry Scoreboard[R].
Paris：OECD Publishing, 2017：30

第二节　科研范式转型视角下大学基础研究高质量发展战略的国际经验

基于科研范式转型基本规律，作为世界一流基础研究最具代表性的国家和国际组织，欧盟、英国、美国、瑞士在推进世界一流大学基础研究高质量发展战略中充分彰显了科研范式转型的基本逻辑规律，并积累了丰富的成功经验。

一、基础研究人才：注重多维协同育人与分类发展

人才是科技发展的第一生产力。任何国家任何领域的卓越发展都离不开人才这一重大智力支撑。世界一流基础研究需要世界一流基础研究人才做保障。可以说，基础研究人才是大学基础研究卓越发展的第一生产力。这在上述国家和国际组织推进大学基础研究高质量发展战略中得到了充分体现。

从知识生产范式转型看，模式 1、模式 2、模式 3 知识生产代表了当代科学研究范式的可能性选择。模式 1 的质量观主要以追求"学术卓越"为核心指标，由学科为本的知识生产共同体对科研成果进行同行评价；模式 2 以追求"问题解决"为核心指标，即追求对现实世界问题解决的有效性，由知识生产者和应用者共同体协同评价；模式 3 则实现并超越了模式 1 和模式 2 整合型质量观，以"协同创新能力"为核心指标。从知识生产范式转型审视学术职业模式，模式 1、模式 2、模式 3 知识生产范式为学术职业生涯重构提供了基本认知逻辑基础，新公共管理和网络化治理为学术职业生涯重构提供了新的治理情境。

依循知识生产范式转型规律，从欧盟、英国、美国、瑞士等主要发达国家和国际组织推进大学基础研究高质量发展战略看，其都采取了诸多激励措施以加强基础研究人才队伍建设，并通过跨边界、跨地域、跨部门流动战略确保基础研究人才的灵活流动，激发基础研究人才生态系统的活力。其中一项重要表现是：核心学术教职岗位日益减少，非核心（边缘）教职岗位日益增加。虽然大学仍存在具有一定影响力的核心学术教职群体，但已经开始转向学术职员

的结构性少数群体，非核心学术教职群体正在占据学术职业共同体的主流群体，但在大学内部决策上仍处于弱势。①核心教职岗位通常与终身全职就业身份相关，非核心学术教职群体的就业身份更多强调兼职、持续聘任、固定任期、非终身制或走出终身生涯轨迹体系等多种形式。在模式1知识生产范式运行逻辑下，大学学术教职希望成为核心学术教职终身成员，其就业身份是以某一大学的"单一就业"（single-employment）为基本特质的。在模式2、模式3以及网络化治理情境中，大学学术教职在欧美国家基础研究系统中形成了"多重就业"或"跨域就业"等典型特征。②对于跨域受聘学术教职，在大学边界内外存在多元选择条件，以"学术卓越"为特质的模式1知识生产正在与以"问题解决"为特质的模式2知识生产相融合。模式1知识生产情境下的学术职业终身生涯模式代表了学术核心教职的"纵向整合"（vertical integration），而跨域就业强调学术教职的"横向整合"。从模式1和模式2知识生产整合观看，现代大学或其所属机构可以走向"模式3大学"，这类大学倾向整合不同资助机制和不同就业合同，以推动现代大学组织的进一步发展。这可以在组织单元的结构层面和学术人员的个体层面得以实现，但需要组织具有高度灵活性和创造性，如一所大学能够通过多元资助机制向个体学术人员提供非全日制终身职位。大学至少能够在其内部院系之间实现跨域就业，允许那些边缘（非核心）职员在后期阶段成为核心职员。在这种情境下，知识生产范式强调大学学术职业及其学术生涯的内外部治理必须受制并互涉于支撑大学发展的基本知识生产范式。只有这样，才能真正实现大学内涵式可持续发展。欧美主要发达国家在推进大学基础研究高质量发展中，激励大学科研人员到企业、科研院所、公民社会等科研创新组织兼职，或多部门共同聘用，特别是鼓励科研人员跨部门、跨学科自由流动，并建立多部门协同育人机制，为科研人员职业发展提供灵活多样的生涯路径。

从欧盟、英国、美国、瑞士等主要发达国家和国际组织大学基础研究高质量发展战略中发现，其都在致力于加强世界一流博士生培养和基础研究人才队伍建设。国际社会把博士生作为科研职业发展的早期阶段，归入科研职业发展生态体系，赋予这一群体应有的学术荣誉和使命担当。将其归入科研职业发展生态体系，表明这一群体具有从事科学研究的良好学术素养，并能够承担探究高深学问、独立开展科学研究的使命和责任。从国际角度看，从对欧洲国家

① Fumasoli T, Goastellec G. Academic Work and Careers in Europe: Trends, Challenges, Perspectives[M]. Cham: Springer International Publishing Switzerland, 2015: 135.

② Cavalli A, Moscati R. Academic systems and professional conditions in five European countries[J]. European Review, 2010（18）: 35-53.

新增博士生数量与高被引论文数量二者相关性的分析发现，二者呈高度正相关，即一个国家新增博士生数量越多，其高被引论文量就越多。这为国际社会在推进世界一流基础研究发展战略中加大博士生培养力度提供了逻辑基础。例如，欧盟在《关注大学为本的研究》《欧洲 2020 战略》《开发潜能领域》《研究型大学的优先战略》等战略报告中提出了加强欧盟世界一流博士生教育体制改革的战略举措，从而推进了欧盟各国博士生数量的持续增加，并在欧盟成员国中掀起了"博士学院"机构创建和培养模式创新的浪潮。奥地利在推进公立大学基础研究高质量发展战略中就明确提出，通过"博士团队""博士后轨迹"等项目，为学术型博士生提供博士论文奖励资金，建立博士项目、博士研究院、博士学院相整合的集群化博士培养模式，通过跨地域、跨部门、跨学科知识转移，支持博士生的学术职业发展。瑞典和瑞士都把青年科研人才培养和培育作为基础研究重大人才战略，建立有利于早期青年基础研究人才发展的激励机制。美国在基础研究人才战略上重点加大 STEM 领域博士生培养和国外高端科学家引进力度，但美国在引进和聘用国外高端基础研究人才时，始终将国家安全作为限制性条件，也就是说，任何国外科学家在美国开展基础研究必须在确保美国国家安全的前提下进行。英国和瑞士是基础研究领域高端人才引进开放度最高的国家，其国际化人才战略成为世界一流基础研究生成的核心要素，其世界一流基础研究成果国际合作比例居世界领先地位，同时也塑造了其基础研究成果的卓越质量。

另外，各国都在依循新型人才分类标准拓展基础研究人才范围。在基础研究人才分类上，依据巴斯德象限理论，目前在国际上出现了新型的巴斯德立方基础研究人才分类框架。学术人才资源开发是推动基础研究卓越发展的一项重要软实力。巴斯德象限一方面为创新驱动大学基础研究范式转型提供了新的学理依据，另一方面为基础研究人才分类提供了全新的理论框架。按照巴斯德象限逻辑，基础研究人才可分为两类：一类是玻尔式[①]的从事纯基础研究的传统学术型科学家（主要开展科学发现取向的基础研究）；另一类是巴斯德式的既促进科学发展又追求商业应用价值的研究者，即开展应用引发的基础研究的研究者，通常处于学术域与企业域界面。巴斯德式基础研究者日益成为科研创新人才谱系的重要类别，特别是在应用引发的基础研究项目设置的引导下，这类研究者比其他研究者在科研论文产出及论文影响因子等指标上具有显著优势，很多国际一流星级科学家都属于此类，体现了这些研究者追求学术质量与社会影响的双重身份取向。

---

① 在斯托克斯提出的"科学研究象限模型"中，他将世界著名原子物理学家尼耳斯·玻尔开展的由认知需求引起而不考虑应用目标的纯基础研究称为玻尔象限或玻尔式研究。

近年来，一些学者又提出了巴斯德立方分类框架，即将科研创新谱系分为科学进步取向、技术应用取向、用户创新取向三类研发活动，交叉研究者主要是指从事这三类研发活动的研究人员，超脱了巴斯德式科学取向和应用取向的交叉研究者，交叉研究者比传统科学取向研究者更具卓越基础研究和竞争效能。[①]欧盟和美国都出现了创新导向的基础研究人才群体，瑞士国家科学基金会还专门成立了"应用引发的基础研究课题项目"类别，该项目是专门针对从事应用引发的基础研究的科学家设立的项目。奥地利的《规划》依循巴斯德象限和巴斯德立方提出了纯基础研究者和交叉研究者的分类标准，并提出了一系列交叉研究者人才开发机制，为加强基础研究人才库建设提供了体制机制保障，以国家常规科研项目为依托，专门设立纯基础研究和应用（或创新）引发的基础研究项目，鼓励更多从事纯基础研究和应用研发人员从事应用和创新引发的基础研究活动，加大交叉研究者人才开发和队伍建设力度，为国家原始性创新提供充分的基础研究人才资源保障。

二、基础研究场域：强化大学和公共部门主导战略要地

从科研范式转型规律看，科学作为探究真理性知识的学术活动，自建制以来，为科学而科学是科学发展的逻辑基础，也就是所谓的纯基础研究。随后，在社会发展进程中，科学与社会之间相隔离的二元格局开始发生变革，科学与社会之间的联系越来越密切，边界越来越模糊，由此产生了应用引发的基础研究。基础科学研究的基本特性在于它的自由性和共有性，正如默顿所提出的科学的共有性、无私利性。自德国洪堡提出"教学与科研并重"这一重大功能性命题以来，科学研究就成为大学的三大使命之一，大学作为学术殿堂，本性就在于它的公有性和无私利性，因此大学所开展的科研工作主要是基础研究工作；与此同时，公共部门如公共科研机构，也是开展基础研究的重要场所，其共有性使命赋予了其开展具有共有性特质的基础研究的合法性和合理性。事实也证明了这一点。2017 年发布的 OECD 的《科学、技术与产业记分牌》统计报告显示，2016 年，所有成员国的基础研究主要集中在高等教育部门和政府部门，绝大多数成员国高等教育部门和政府部门基础研究所占比例在 70%以上，有相当一部分国家这两个部门的基础研究占全国基础研究的比例在 90%以上，如捷克、俄罗斯、波兰等（表 6-4）。

---

① Robert J W. Anatomy of use-inspired researchers: From Pasteur's quadrant to Pasteur's cube model[J]. Research Policy, 2018, 47（6）：897-913.

表 6-4　OECD 成员国与中国高等教育部门和政府部门基础研究比例

单位/%

国家	政府部门承担基础研究比例	高等教育部门承担基础研究比例	高等教育部门和政府部门共同承担基础研究比例
中国	43.8	54.6	88.8
捷克	52.7	43.9	91.3
爱沙尼亚	19.6	76.4	94.5
俄罗斯	75.7	18.8	91.6
斯洛伐克	35.6	58.1	84.8
波兰	30.6	62.1	93.9
希腊	33.3	58.6	89.0
墨西哥	51.6	39.3	88.6
冰岛	4.4	85.7	90.6
西班牙	29.2	60.7	85.1
葡萄牙	2.6	86.6	66.9
挪威	14.6	73.2	89.6
立陶宛	17.1	70.1	99.0
新西兰	20.3	66.9	86.2
南非	19.9	62.0	70.6
法国	12.2	69.4	83.3
匈牙利	44.0	36.0	95.5
丹麦	3.1	76.1	81.3
荷兰	11.3	67.2	79.6
意大利	14.2	63.8	86.5
奥地利	5.0	70.4	81.3
以色列	3.0	70.5	73.0
英国	19.5	50.7	73.7
爱尔兰	3.5	64.1	67.0
美国	11.8	49.2	74.0
比利时	12.2	48.1	59.3
斯洛文尼亚	30.4	29.6	85.2
智利	3.9	52.4	84.1
瑞士	0	55.1	64.1
日本	13.6	39.8	57.0
韩国	24.2	18.7	40.3

资料来源：OECD. OECD Science，Technology and Industry Scoreboard[R]. Paris：OECD Publishing，2017：39

从国家和国际组织战略看，欧盟、英国、美国、瑞士都将研究型大学和公共资助的著名科研院所作为国家推进基础研究卓越发展的战略重地。欧盟在推进欧洲研究区战略进程中出台了大量针对研究型大学基础研究发展的战略报告和重大举措，特别是奥地利、瑞典、德国都启动了面向世界一流大学建设的国家卓越计划战略，旨在推进世界一流基础研究竞争力提升。英国在国家政府的引导下成立了罗素大学集团、1994 年大学联盟，这些都是英国开展世界一流基础研究的战略基地。瑞士也将联邦理工大学及其所属研究机构划定为联邦理工大学域群，成为瑞士推进世界一流基础研究的战略辐射源和引领者。

三、基础研究组织形态：构建多维协同新模式

模式 3 知识生产揭示了全球本土化和高级知识经济社会背景下知识生产方式的深刻变革和转型，充分表达了人力资本、知识资本、社会资本、文化资本等优势资源的协同放大效应，为当前知识集群、创新网络、分形创新生态系统的多层次、多节点、多主体和多形态的协同创新模式构建提供了深厚的理论依据和崭新理论视角，也为高级知识经济社会大学发展在理论上开拓了新的生存空间和思路。广域“四重螺旋”创新生态系统的引入，赋予了模式 3 知识生产的“创新生态系统”（即社会环境）的生存形态，以此实现不同知识创新模式和多层创新生态系统情境中非线性创新模式的协同演进。因此，在模式 3 知识生产创新生态系统中，复杂的创新网络和知识集群有效地将大学、商业企业、学术企业等组织行为主体相聚合。同时，模式 3 知识生产在理论上为熊彼特的“创造性破坏”（creative destruction）的创新模式提供了一个演化性的迂回进路，有效地消解或转变了“创造性破坏”的破坏性。[①]另外，从高等教育生态学看，大学发展是内在自身逻辑与外在环境共同作用的博弈结果。在以创新驱动的高级知识经济社会，人、技术、文化、社会和自然环境等各种要素协同影响大学知识生产，进而影响大学发展；同时，知识集群和创新网络将成为适应高级知识经济社会发展的模式 3 知识生产和“四重螺旋”创新生态系统的核心构件。大学发展要充分考虑不同层次地域、不同部门、不同社会要素等协同整合的增值效应，准确把握大学发展的学术企业向度，学术企业将成为模式 3 知识生产范式下大学发展的必然选择。由此可见，基础科学研究已由传统的大学为核心场所走向社会分布式基础科学研究分布格局，并以跨部门、

---

① Carayannis E　G，Ziemnowicz　C. Rediscovering Schumpeter. Creative Destruction Evolving into Mode 3[M]. Houndmills：Palgrave MacMillan，2007：26.

跨学科、跨地域协同为主流组织形式，以超越时空的知识网络和创新集群为基本组织单元，强调学术界、政府、产业企业、公民社会等多行为主体的共同参与，科研活动的个体、机构、区域、国家、国际的多层次、立体化发展，科研组织形式的日益多样化、灵活性和多形态性，科研组织分布呈现出不同部门、地域、学科等领域内外的多节点性。因此，政产学研协同、国际科研协同等维度协同成为基础科学研究卓越发展的主流样态。

在此背景下，国际社会都在致力于跨部门、跨地域、跨学科、跨边界多维科研协同。奥地利公立大学基础研究高质量发展核心向度充分彰显了知识创新范式转型的实践逻辑。奥地利的《规划》提出了"四重螺旋"创新生态系统构建的多元实践路径，并将公立大学融入国际知识创新网络，搭建多样化开放科学平台，推动多学科、多主体、多形态、多层次、多节点协同的知识创新模式的形成，旨在通过多维生态协同提升公立大学基础科学研究质量。大量实证数据也证明了协同科研成果质量高于非协同科研成果质量，跨国、跨部门协同科研成果质量高于单一国、单一部门科研成果质量。因此，在推进基础研究能力建设进程中，大学应顺应国际科学知识创新范式高质量发展新趋向，依循巴斯德象限范式，积极开展创新驱动基础研究项目，鼓励多利益相关主体采取多样化形式进行跨部门、跨地域科研协同，将公民用户作为科研协同创新的新生力，充分发挥不同行为主体各自的知识创新资本，通过知识资本、经济资本、政治资本、社会信息资本的生态循环实现基础研究质量卓越发展。

遵循新知识生产范式转型规律，瑞典研究委员会在推进大学基础研究卓越发展中以"多维协同"主旋律成功实施了一系列战略举措，有效提升了大学基础研究竞争力。瑞典研究委员会在欧洲研究区框架下实施了欧盟"第五自由"，积极推进基础研究人才在欧盟区的自由流动，并鼓励大学积极参与国际科研协同网络，将国际科研协同范围从欧盟扩大到全球；增强不同部门行为主体之间的生态协同关系，促使基础研究与技术创新的无缝对接；以"四重螺旋"指导，不断加强政府与大学、企业、公民社会之间的深度协同关系和科学-社会之间的生态互动关系。例如，2016年11月，瑞典政府发布的《为知识、社会挑战、竞争力而协同2017—2027》国家科研政策法案就指出，为将瑞典发展成为世界顶尖科研创新型国家，有效解决高级知识经济时代的社会大挑战问题，瑞典将持续增强科学与社会生态互动，激励大学及其科研人员积极与企业、公共部门、公民社会协同开展科学研究，形成"四重螺旋"科研生态网络；通过联合聘用岗位（联合教师、产业博士研究生、双向跨部门就业等形式），激励学术界与社会之间的人才流动；激励大学在人才聘用时采用跨边界流动性岗位聘任制度。[①]

英国在脱欧背景下最新出台了《国际科研与创新战略》，前瞻性地规划了未来英国国际科研协同的战略任务。瑞士采取科学外交等多种政策工具促进国际科研协同。从这些国家的发展经验看，多维度科研协同组织已逐渐制度化，科研协同形态日益分形化和多元化，科研协同广度日益全方位化，科研协同深度日益生态系统化。

四、基础研究新动力机制：打造开放科学战略新高地

17 世纪后期，西方国家科学研究院及其科学出版物的出现，推动了传统封闭式科学向开放科学转型发展的第一步，这使得科学发现能够更迅速而便捷地进行广域传播和交流。20 世纪后期，互联网的诞生极大地提高了科学信息的传播速度，但在科学研究范式上并未引发新的重大变革，也没有从根本上改变科学信息传播和交流的方式，仅仅表现为电子邮件取代了纸质信件，电子期刊取代了纸质期刊。但在 21 世纪初的十几年间，专为研究人员设计的新型数字化、高精密计算信息技术加快了科学范式向全方位高度开放的开放科学范式的根本性转型过程。这些数字化信息技术工具为高度开放的科学研究生态系统的运行提供了必要的技术条件。大量数字化信息技术工具的应用，促进了科学信息的共享，出版物能够被所有同行评审专家共时审阅，通过使用文本挖掘技术从出版物中提取量化信息，并为研究人员智能推荐阅读材料。开放科学表现出的诸多学术品性符合全球开放时代发展的根本趋向，是顺应时代发展的必然逻辑结果，并在科学域形成了异常繁荣的全球开放科学新图景。

开放科学涉及公众参与科学、知识共享、开放协同、开放数据、开放方法、开放获取、开放同行评审、开放资源等多维度科学活动范畴，具有科研全方位的高度开放性、科研参与主体的多元全纳性、科研过程的高度透明性等显著的时代特质。传统科学范式主要以学科研究为驱动力，在科学共同体中，研究主流（research streams）由极少数专题期刊决定。这种科研论文狭隘的学科化结构赋予了人们对传统科学范式接受的可能性。另外，"不出版就退稿"（publish or perish）的信条迫使研究者对其学术成果严格保密，直到提交到科学期刊确定发表。传统闭合式科学范式在带来纯科学进步的同时，也给学科之

间、部门之间以及地域之间的协同带来了严重阻隔。

在过去几十年间，交叉学科期刊数量快速增加，以互联网为本的新型协同创新模式不断涌现。这一方面为科学出版和科学协同提供了新路径，另一方面促使了科学思维开始走向更为开放和跨学科的研究。各研究领域之间新型科学的交叉联合为科学界提供了新的出版平台，从而推动了整个科学域谱系的深刻变革。同时，在传统的洪堡科学模式中，大学是科学研究的核心场所和组织机构。随着科学研究范式的不断演进，在科学域中，公共部门和私营部门中的研究机构开始日益专业化。当前，科学界成本效益的诉求迫使科学研究活动更加关注科学研究机构的价值创造和效益生成。由于开放科学充分利用了具有高度可扩张性的第二代互联网技术等高度发达的网络技术源，开放科学显现了前所未有的高度、全方位的开放性。比如，开放科学特别强调非专业人士的参与，即具有科学敏感性的一般公众能够以不同形式参与到科学研究中，既超越了传统科学共同体边界，也将科学创新主体扩大到大学-产业-政府-公民社会"四重螺旋"开放生态系统，体现了开放科学高度的学科互涉和跨部门、跨地域协同的超时空图景；同时，在科学数据和信息获取方面，开放科学也具有面向全社会的高度开放性。开放科学作为科学范式演化过程中的新生产物，深入推动了大学科研范式的根本转型，并成为世界各国推动世界一流基础研究的重要战略工具。

在知识生产范式转型中，在高端数字化信息技术网络的支持下，全球掀起了开放科学战略浪潮，许多国家纷纷出台了相应的开放科学战略，同时大量科学社交网络平台开始在全球兴起，不同形式的在线科学工具和开放获取资源日益膨胀，人类科学域正进入开放科学新时代，开放科学已成为基础研究高质量发展的新样态。2002 年，《布达佩斯开放获取计划》出台，初步建立了开放获取的原则。随后，欧盟又发布了《贝塞斯达开放获取出版声明》《柏林宣言：开放获取科学与人文学知识》。2005 年，英国研究理事会也引入了对开放获取的要求。欧盟委员会在 2015 年 5 月又发布了《科学 2.0 公众咨询报告》。2016 年 5 月 27 日，欧盟科学、创新、贸易和工业部部长发表了一份承诺，呼吁到 2020 年全面实现科学研究的开放获取。近年来，为推进欧盟成员国抢占开放科学制高点，为世界一流基础研究注入新动力机制，欧盟创建了"开放科学云"区域平台，确立了开放科研数据五项基本原则，启动了"促进开放科学训练的欧洲研究计划"（Facilitate Open Science Training for European Research）。欧盟主要成员国，如奥地利、瑞典、波兰、芬兰等国家在欧盟开放科学云框架下出台了本国的开放科学战略。瑞典研究委员会借助"欧洲开放科学云"，依据 FAIR 原则，加强开放科学相关平台建设和数字化基础设施建设，以推动科研数据和科研成果向公众开放，这为瑞典大学基础研究卓越可持续发展提供了全新转型契机。英国在 2017 年制定了《开放科研数据协议》战略报告，美国自 21 世纪初就开始陆续发布联邦政府资助科研数据开放获取的相关政策法规，瑞士在 2019 年出台了新的《瑞士开放科学战略》报告。这标志着开放科学已由理念倡导走向战略实施，进而成为推进世界一流基础研究的新生动力机制，引领着世界基础研究发展的基本趋向。

五、基础研究评价取向：推进卓越–影响双导向评价体系改革

科研范式转型发展中，模式 3 知识生产的兴起，表达了人类知识生产模式的包容性，即不但包括了传统模式 1 知识生产以及后来的模式 2 知识生产，同时新生了以创新网络和知识集群为基本单元的超越时空的知识生产模式，在"四重螺旋"广域创新生态情境中进行知识创造，与此同时，开放科学也将公民等利益相关者纳入科学共同体，异质性的知识生产共同体既强调科学研究的科学质量（即卓越），又强调科学研究的非学术影响力。以卓越和影响双重价值取向的科研评价体制改革在全球兴起，为创建世界一流基础研究提供了战略导向。比较典型的如英国的 REF、美国的 STAR METRICS、澳大利亚的"研究质量与获取性框架"、荷兰的"情境中的科研评价"，以及欧盟的"开放科学职业评价矩阵模式"等。

基础科学研究非学术影响评价有其深厚的学理逻辑基础。科研非学术影响评价在成为新常态的过程中受到学术共同体的广泛质疑和争论，引发了诸多学者对研究者自治权和基础学术自由的担忧。本质上讲，自治是学术专业领域的固有属性。法国社会学家布尔迪厄曾指出："科学场域（scientific field）是具有自身法则的微观世界。"[1]科学场域比其他领域更具自治性。由于自治性的存在，19 世纪科学场域创造了如政治学以及非科学性文化生产场域无可比拟的重大成就。对此，建立一个明晰的具有专业特质的知识共同体，是维护科学场域的社会合法化及其自治权的重要保障。[2]因此，布尔迪厄所理解的科学

---

① 皮埃尔·布尔迪厄. 科学的社会用途——写给科学场的临床社会学[M]. 刘成富，张艳，译. 南京：南京大学出版社，2005：67.

② Henkel M. Academic identity and autonomy in a changing policy environment[J]. Higher Education，2005（49）：155-176.

自治是动态的"独立中依赖"或"依赖中独立"。这就赋予了学术研究人员在"他处"（elsewheres）培育和提升其"自我身份"的多元选择，如作为公共知识分子参与媒体、与用户协同知识生产、建立智库、参与社会知识网络、吸纳产业资金或为决策者提供咨询服务等。尽管新目标群体的激增削弱了科学领域自治，但研究人员或研究机构"他处"范围的日益扩展，促使了自治基础从同行认可赋予科学家学术权力情景向权力资源日益分化情景转变，科学家具备了协调知识生产不同逻辑域的品性，通过跨学科话语体系满足日益增强的科学知识的社会需求，而不摒弃由专业化学科发展形成的质量监控机制。①

从知识生产角度看，其自治形式主要依赖于研究者是否具有从事科学研究非生产性工作时间的自由支配权，这与其科学研究主导性绩效指标之外的工作自由度密切相关。在实践中，越是科研成果高产者，就越相对容易地走出"规范科研生产"的高压化空间。②同时，这种自治更容易受到学术领域市场化的挑战而非外部的直接干预，如 REF 评价机制艰难的改革进程向人们传递了这种自治在学术界的争议性信号。科研影响评价机制一方面并不排斥当前学术界实施的对"迟缓性研究"（slow research）和"风险性研究"（risk-taking research）具有一定规避的有限绩效管理体制，另一方面赋予了学术成果的非传统产出（如政策咨询报告、情景化知识产出等）的超学术价值。

从知识转移角度看，科研影响是将科研赋予用户的方式的可利用性，即研究者需要向同行、潜在用户、资助者和决策者解释证明其科研价值。吉伦（Gieryn T）曾指出："值得信赖的非学术组织创造了学术组织层面学术自治的'遮护器'。"③在当前科学研究新范式下，科研伙伴、协同者以及受益者的选择不但要考虑所生成的新知识类型，也要考虑其社会影响，但这并不侵蚀科学自治。自治并不是通过将社会与科研问题选择相分离或通过研究者对知识运用的自我隔离来实现的，而是通过构建确保特定情境场域之间知识转化过程中自治的机构来实现的。④卡隆（Callon M）指出，只有自治才能保证科学研究机构不惜一切代价保证知识转移，在知识转移过程中，必然需要社会学家以及其

① Goulet V, Ponet P. Journalists and sociologists: Reviewing the battles over ways of giving an account of society[J]. Questions de Communication, 2009（16）：7-26.

② Felt U. Convergences and Heterogeneity in Research Cultures in the European Context[R]. Prague：Institute of Sociology AVČR, 2009：23.

③ Gieryn T. Boundary-work and the demarcation of science from non-science：Strains and interests in professional ideologies of scientists[J]. American Sociological Review, 1983（48）：781-795.

④ Callon M, Lascoumes P, Barthe Y. Acting in an Uncertain World：An Essay on Technical Democracy[M]. Cambridge：The MIT Press, 2009：68.

他科学家与其同行共同商讨，因为这一知识转移过程源于区域情境中其他行为主体网络的建构。[①]REF 等科研影响评价模式通常会邀请学术界参与这种边界作业，目的就在于让学术界获得知识生产自治权限，同时其评价主体还包括大量科研终端用户以及其他利益相关者，目的是将绝大多数的科研成果用户纳入非学术影响评价过程，并没有运用同行评价，而是运用了来自各界代表的"专家评价"。因此，学者自由发展的权利和服务国家战略的责任并不矛盾，二者可以实现"万物并育而不相害，道并行而不相悖"，科研非学术影响评价并不悖于学术自治。[②]

　　从科学边界看，科学对社会的影响是科学家为竞争实质性和象征性资源在意识形态边界作业的核心利益所在。边界冲突是关于科学与其他活动领域（如政治、经济、宗教）之间"自治"与"他治"之间关系的博弈。吉伦曾指出，导致边界作业的争辩存在三种形式，即新专业活动领域的建立（自治拓展），新行为主体进入现有领域并为自己的地位而努力（身份塑造），守护科学自治免受外界干预（自治保护）。[③]在科学知识观上，"维多利亚式"科学家（Victorian scientists）试图建立新类型知识的可信度。该流派强调科学研究的实证主义和社会利用性，是为了区别科学与宗教的边界关系，强调科学研究的理论深度和去兴趣化，是为了区分科学与工程的边界关系。英国社会学协会启动的"社会科学证例"（Making a Case for the Social Sciences）跨学科计划的宗旨是实现社会科学知识的社会影响，证明社会科学知识如何贡献于社会、经济和政治创新。在谈及整个科学的社会影响时，传统科学观认为是"科学纯真的丧失"和"真理与政策价值边界空间的腐蚀"；而在新科学观看来，与所有政治和市场问题相脱离的"纯真科学"实际上是对"真理的玷污"。[④]由此可见，任何科学观点总蕴含着某种政治立场，即对知识治理范式变革的理解和认识必然受科学领域行为者的利益，以及对科学知识技术的政治、经济、社会等外部组织需求的影响。大学科研非学术影响评价模式涉入了扩张型边界作业，规定提交的代表作品必须包括其成果的实证影响，影响评价领域强调科研单

① Callon M, Lascoumes P, Barthe Y. Acting in an Uncertain World: An Essay on Technical Democracy[M]. Cambridge: The MIT Press, 2009: 96.

② 黄正夫，崔延强. 自由探索抑或国家意志：大学学者学术责任的审思[J]. 西南大学学报（社会科学版），2013（9）：66-70.

③ Gieryn T. Cultural Boundaries of Science: Credibility on the Line[M]. Chicago: University of Chicago Press, 1999: 53.

④ Gieryn T. Cultural Boundaries of Science: Credibility on the Line[M]. Chicago: University of Chicago Press, 1999: 86.

元。另外，在当代知识生产范式下，科研影响案例通常包括科研团队的协同成果。这就说明，某一学科领域知识生产是多主体协同生成的集体成果。因此，国际主流科研影响评价模式几乎都强调在整体科研单元层面进行卓越性评价。这与传统的在院系单位层面或所有未实质协同知识生产的科研人员集中作为评价单元的评价方式相反。REF 等非学术影响评价机制规定以科研单元为评价对象，为描述科研工作对不同潜在用户产生影响的多元转化互动过程提供了广域空间。因此，不论从科学范式转型视角，还是从国家基础研究发展战略视角，抑或学术自身发展逻辑视角看，以卓越为质量取向和以影响力为贡献取向的双重价值取向是当前国际社会推进世界一流基础研究发展的重大科研评价改革趋向，直接引领着世界一流基础研究的新发展。

六、基础研究治理：恪守学术自治品性推进治理现代化

自 19 世纪初期德国洪堡提出"教学与科研并重"理念以来，科学研究就成为大学的核心使命之一，探究"高深学问"自然成为大学的重要品性。科学研究的基本原则是学术自由、大学自治，这是大学科学研究的灵魂和生命线。只有坚持学术自由，科学研究才能够得到激励、繁荣和发展。然而，在现代社会，大学学术自由面临着新的困境，特别是以科研经费为纽带导致围城式的外部利益相关者干预，大学科学研究传统的中立地位受到前所未有的挑战。为恪守学术自治品性，激活研究者开展科学研究的动力，有效推进世界一流基础研究的可持续发展，形成良性的学术生态环境，美国政府出台了大量政策法规，旨在优化政府资助科研管理制度，消除繁文缛节，减轻科研人员的行政负担和降低各种成本，提高政府资助科研的产出效率。政府资助大学科研项目管理者必须真正懂得"学术自由作为大学科研生命线"这一基本命题和核心信念，政府在推进大学科研项目管理制度改革进程中，要始终坚守"大学自治、学术自由"这一科学研究基本品性，我们并非不要科研行政管理，而是要通过科研行政管理服务于科研活动和科研项目的顺利开展，真正让科研人员从烦琐的行政事务中解放出来，回避以变相形式（如电子信息系统）将行政事务由科研管理者转嫁给科研人员，从而以学术自由精神为引领，实现大学科研官僚行政化管理向科研服务治理的根本转型，切实消除科研管理的行政化倾向。

　　知识、质量、诚信作为基础研究的三大知识域，三者的辩证统一构成了科学与社会良性生态系统。基础研究生成新知识，新知识促生可持续社会发展。基础研究是一种面向所有科学领域新知识增量和应用的创造性活动。[①]基础研究及其生成的新知识成果是社会进步、经济增长、增进未来福祉和促进可持续发展的逻辑基础。在高度开放的高级知识经济时代，开放科学作为一种新样态开始在全球兴起，基础研究和知识日益成为社会问题的反映者和解答者，科研成果和知识信息的获取日益个性化，社会公众对科学研究和知识的信任度也存在高度不确定性。[②]为增强基础科学研究在社会发展中的角色意识，广域社会跨部门、跨学科、跨领域开放协同日益成为当代科学主流范式，科学与社会之间的协同关系日益加深。为创造社会发展所需的知识基础，科学研究必须高质量发展。

　　基础研究的灵魂是学术自由，研究者能够独立自由地决定其研究问题、方法和结果，由好奇心驱动的研究通常能够产生突破性科学发现，这种发现通常具有不可预见性。为激发这种不可预见性科研发现，需要守护科研诚信。科研诚信和伦理是科研活动的生命线，是确保科研质量、科研社会信任度、科研社会影响的逻辑基础。为实现三者生态协同促生大学基础研究卓越发展，许多国家在坚守学术自治、学术自信的基本精神的基础上高度倡导科研诚信，坚守科研伦理，为科研卓越发展提供良性生态环境和自由开放的学术治理制度。例如，瑞典研究委员会坚持以高质量为分配导向的科研资源投入机制，加强高质量基础设施建设，为基础科学研究提供长期战略性卓越条件，促使研究者能够在国家和国际竞争环境中开展突破性前沿研究，科研评价突出卓越和贡献双重导向。为确保科研卓越发展，生成符合伦理规范的"向善"的新知识成果，以生态友好型方式解决社会大挑战问题，瑞典研究委员会加强科研诚信和伦理制度建设，科研人员恪守科研诚信和伦理，建立新的全国统一的伦理治理政府机构，取代传统上六个区域性伦理评估董事会（Ethical Review Boards），负责全国人体研究领域的伦理评估；制定新的科研不端行为审查和处理政策法规，重点是制定更加严格的人体研究伦理评估和惩处制度，确保所有学科领域的科学

---

① OECD. Frascati Manual：Guidelines for Collecting and Reporting Data on Research and Experimental Development, The Measurement of Scientific, Technological and Innovation Activities[R]. Paris：OECD Publishing，2018：43.

② ALLEA. Trust in Science and Changing Landscapes of Communication[R]. Berlin：ALLEA，2019：20.

研究都能迎合国际高标准科研伦理原则和向善科研实践，增强科研社会公信度，从而实现科研活动、科研质量和科研伦理之间的生态协调发展。恪守基础研究学术自由、大学自治，是任何科研范式转型过程中大学基础研究必须遵循的基本法则，也是国际社会推进大学基础研究治理体系和治理能力现代化的灵魂。

后　记

　　我在西南大学教育学院攻读博士学位时师从徐辉教授，由此开启了我从事比较高等教育研究的学术生涯，重点从事大学知识创新领域的国际比较研究。当时应《国家中长期科学和技术发展规划纲要（2006—2020年）》关于技术转移发展战略之需，在导师的精心指导下，我认真撰写并于2009年6月顺利通过了《美国研究型大学技术转移政策研究》博士学位论文答辩，后经过多次增删修改，于2017年8月以徐辉教授主编的"比较教育博士论丛"的第一本专著《美国创新驱动大学技术转移政策研究》（教育科学出版社出版）正式出版，并获得了河南省社会科学优秀成果三等奖。在撰写该著作的过程中，我深刻认识到世界范围内的大学知识生产范式正在发生重大变革转型，并对各国大学的科技创新战略产生着深刻影响。从那时候起，我就开始重点关注知识创新范式转型的国际前沿理论和世界主要发达国家科技创新战略的最新发展趋向，这成为我一直以来从事学术研究的核心志趣。近年来，围绕大学知识创新，我发表了大量较高水平的学术成果，在国内率先引入了"模式3知识生产"（见《科学学研究》2014年第9期）、"五重螺旋创新生态系统"（《自然辩证法研究》2015年第6期）、"开放式创新2.0"（《自然辩证法研究》2016年第9期）等国际前沿理论，在学界产生了较大影响。

　　时逢中国特色社会主义建设进入新时代、新发展阶段，科技强国建设和高等教育高质量发展成为新时代主旋律，国家将基础科学研究提到了前所未有的战略高度，并发布了一系列战略文件，如2018年发布了《国务院关于全面加强基础科学研究的若干意见》，2020年发布了《科技部办公厅 财政部办公厅 教育部办公厅 中科院办公厅 工程院办公厅 自然科学基金委办公室关于印发〈新形势下加强基础研究若干重点举措〉的通知》，2021年发布的《中华人民共和国国民经济和社会发展第十四个五年规划和2035年远景目标纲要》又明确提出了"持之以恒加强基础研究""制定实施基础研究十年行动方案""基础研究经费投入占研发经费投入比重提高到 8%以上"等中长期战略任务。与此同时，科研范式正在全球发生新的转型，主要发达国家率先依循科研范式转型规律实施了大学基础研究高质量发展的战略举措，积累了丰富的成功经验。本书应新时代大学基础研究高质量发展战略之需，从科研范式转型视角审视主要发达国家和国际组织大学基础研究高质量发展战略及其成功经验，提炼出世界一流基础研究发展的普适性规律，对新时代我国大学基础研究高质量发展和科技强国建设具有重要的理论价值和战略意义，对研制和实施"基础研究十年行动方案"具有一定的参考价值。

本书由我总体规划研究思路、内容框架和主笔立作，在前期相关研究积淀的基础上，对欧盟、英国、美国、瑞士等大学基础研究高质量发展战略的原始文本进行了搜集、整理和深度分析，并对部分国家进行了多途径调查研究，以最新外文文献资料和国际权威统计数据为支撑，得出了真实可靠的研究结论，具有很强的规律性。在撰写本书过程中，我吸纳了两位老师参与本著作的撰写工作：河南理工大学李翔海老师参与撰写了第二章和第三章相关内容，河南理工大学杨晓斐老师撰写了第六章第一节内容。两位老师的撰写工作为充实本书内容提供了重要支持，在此表示感谢。

在本书写作过程中，我深深受到博士生导师徐辉教授的思想启迪，在此表示由衷感谢。同时，本书在撰写过程中也离不开我亲爱的父亲母亲、岳父岳母、爱人和女儿的默默支持，对她们深表感激。本书从选题到定稿，几经修改完善，得到了科学出版社教育与心理分社付艳社长、朱丽娜编辑、冯雅萌编辑的多次指导，她们为本书的出版提出了大量富有建设性的见解和建议，在此表示真诚的谢意。

武学超
2021 年 9 月 16 日于河南理工大学文综楼 512